中外教育交流与变革书系

ZHONGWAI JIAOYU
JIAOLIU YU BIANGE
SHUXI

余子侠　主编

留学生与近代中国研究生教育

◎／郑　刚　著

中原出版传媒集团
中原传媒股份公司

大象出版社
·郑州·

图书在版编目(CIP)数据

留学生与近代中国研究生教育 / 郑刚著. — 郑州 :
大象出版社, 2020. 6
(中外教育交流与变革书系)
ISBN 978-7-5711-0630-0

Ⅰ. ①留… Ⅱ. ①郑… Ⅲ. ①留学生-影响-研究生
教育-研究-中国-近代 Ⅳ. ①G643

中国版本图书馆 CIP 数据核字(2020)第 098738 号

(本书为 2015 年度湖北省社科基金项目研究成果)

留学生与近代中国研究生教育

LIUXUESHENG YU JINDAI ZHONGGUO YANJIUSHENG JIAOYU

郑 刚 著

出版人 王刘纯
责任编辑 张 涛 张 欣 赵子夜 阮志鹏 张 阳
责任校对 牛志远 安德华 张迎娟
版式设计 付铗铗
封面设计 王晶晶

出版发行 大象出版社(郑州市郑东新区祥盛街 27 号 邮政编码 450016)
发行科 0371-63863551 总编室 0371-65597936
网 址 www.daxiang.cn
印 刷 郑州新海岸电脑彩色制印有限公司
经 销 各地新华书店经销
开 本 720 mm×1020 mm 1/16
印 张 22.5
字 数 387 千字
版 次 2020 年 6 月第 1 版 2020 年 6 月第 1 次印刷
定 价 96.00 元
若发现印、装质量问题,影响阅读,请与承印厂联系调换。
印厂地址 郑州市鼎尚街 15 号
邮政编码 450002 电话 0371-67358093

总序

人类社会已进入这样的历史时期——任何国家要想跻身于世界强国之列，必须高度重视教育。人才是国家强盛的战略资源，而人才的培养依赖教育的发展。教育交流与互鉴，对教育的发展有重要的促进作用。缘此，今日在认定教育为立国之本的同时，积极推进和发展与世界各国之间的教育交流，既是历史之必然，也是时代之应然。

一

早在十五年前，笔者在组织撰研中外教育交流丛书时，就阐明自学校教育在中国社会产生以来，中华民族的教育交流就在不断地推进和发展。站在中国自身的角度或立场，这种教育交流大致可分为顺向交流、逆向交流和互向交流几种类型，并且笔者还根据学校教育与中华文化变迁和传衍之间的关系，大致分析了每种类型交流方式在中国历史进程中的主要特征或表现。

所谓顺向交流，是指在教育领域以中国为定点，通过相应的途径，将自身处于先进地位的文明因子和文化成分传输给其他的国家或民族的交流活动。以这种方式发生教育交流活动之时，往往中华文明处于一种上势地位或先进态势，通过相应的教育交流渠道，传播或输出到与己交流的国家或民族。例如中国近代以前的教育交流就是顺向交流，正是这种顺向教育交流，促进了今日人们所言的“东方儒学文化圈”的形成。

所谓逆向交流，则是中国作为一个文化的接受者，通过种种教育交流的渠道，将自身亟须他国或他民族的先进文明因子和文化养分吸纳或引进国内，再结合国情所需融收化解于自身文明之中。其时自身的教育基本处于一种后进态势。这种逆向交流初现于明清之际，尤其突显于近代。这种类型的教育交流，推动了中国学校教育的变革和更新。

所谓互向交流是指在中外教育交流过程中，既有中华文化通过相应的教育交流途径传输给其他国家或民族，同时又有他国文化或他种文明输入中国的教育领域。其时教育交流的双方各有对方可资借鉴和吸纳的文明因子与文化养分。这种教育交流的情形，近二三十年来比较明显。它促进了中外文化的交流与互鉴，推动着人类文明的发展。

回望历史，上述三种教育交流类型只是以一种静态的眼光相对而言，其实无论在哪一个历史时期，中外教育交流的活动方式及文化内容，都不是单一的类型在发生或进行，而是顺向交流时也有逆向交流发生，逆向交流时也有顺向交流活动，或者互向交流发生时一时顺向交流占据优势，一时逆向交流成为主流。这不仅因为人类社会各个民族或国家，其文化各有优势，任何时候交流的双方互相都有可取之处，还因为双方的政治、经济、文化以及国际地位都处于一种恒动状态，故而在借鉴和吸收对方先进文化养分和积极文明因子时，也将自身的优良因素传输给对方，反之也是。如若求其区别，只是态度方面的积极与消极，作为方面的主动与被动，流量方面的充沛与弱小，以及交流时选择层面与领域的不同而已。要言之，教育，使人类社会走向文明且日益进步；交流，使教育事业得以创新而不断发展。

二

根据哲学的变易观点，任何事物只有不断地输入活性因子或吸纳新鲜养分，才能真正做到“日新，日日新”，具有“生生不息”的生命力。学校教育，无论其教育制度、教学内容、教育的思想理论、教学的方式方法，都只有不断地吸纳新的养分，才能够适应人类社会的发展和时代的需求，才能求其“系统”的活力常新，以利其更好地发挥自身的社会功能。

进入近代社会，中国发生了“数千年来未有之变局”：国际政治地位由传统的“天朝上邦”沦落为贫弱挨打的后进之国，主体经济形态表现为自给自足的农耕经济被迫纳入世界工商经济的运行轨道；与之相应的传统教育系统，同样处于必须革新的历史关头。于是，通过教育交流我国的学校及其知识人才的培养获得了“自救”：学校教育系统吸纳新的养分，在艰难的“蜕变”过程中走向“涅槃”。

这一过程，在后人看来不过是万变宇宙间的一瞬，但在我国学校教育的发展历程中是一个极其重要的阶段，基本完成了中国学校教育的历史转型。这一转型，由何而起、因何而生、如何实现以及有何成效和经验教训，都值得学界去分析、总结，并借以探究其历史发展的规律性。因此，我们有必要也应该对这一历史时期的“中外教育交流”与中国教育的应变、革新与发展进行系统性研究和总结。

三

本书系定名为“中外教育交流与变革”，其中“交流”指中外之间在教育领域的交流，“变革”则指中国自身学校教育的变革。这两者自近代中国新式教育产生之后，一直处于一种相互联系又互相促进的状态。但学校教育无论是在理论层面、制度层面，或是教育教学实践层面，若进行线性梳理和分析，涉及的方方面面实在太多，不是一个小小的书系即能完事，因此在着手选题时，既要考虑研究者自身的学研能力和知识基础，又要考虑研究内容具有一定代表性。其结果就是产生了“码堆”的10部著作或10个方面的研究，虽说有些杂乱，但并非完全无“章”。

就学校教育的层次看，有学前教育方面和研究生教育层级的交流和变革作代表；就学校教育的类型看，有专门美术教育和电化教育这两种不同形态的教育交流与演变作代表。就教育交流的主体而言，既有来华者，也有华人出国者；既有受教者——学生群体，也有授教者——教师群体；就教育交流的成效而言，既有促进自身教育发展的教育翻译，又有促进中国社会变化的人才培养……当然，就教育交流的主要渠道或重要途径而言，留学教育及留学生群体着墨最多；就教育交流的流向及成效而言，则选题大多立足于中国自身教育的变革和发展。所有这些选题，从时间上来看，大多立足于“近代”。但如前面所言，中外教育交流与中国学校教育的发展，进入了一个新的历史阶段，即在过去近一个半世纪主要呈现为逆向交流的基础上，已开始转入以互向交流为主要特征的时代。缘此，本书系在外人来华留学和中外合作办学两项研究上，将其时间下限延至“当代”——以利于人们借以窥见新的“时代变局”中教育交流流向、形态变化之一斑。

纵观中华民族自古以来的教育交流，既有将自身现有的最先进文化推向世界的活动，亦有从其他先进的国家或民族摄取自身所需的文明因子的行为。在这种传输与求取、播衍与认同人类新知的过程中，中华民族通过种种途径一直未停歇教育交流活动，直到今天，仍在深化拓展与世界各国的教育交流与互鉴，为构建人类命运共同体贡献力量。

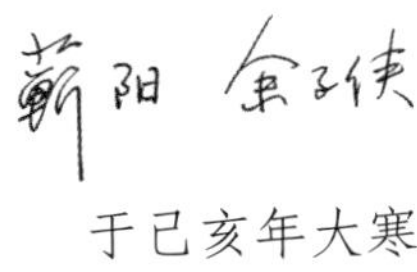

于己亥年大寒

目录

第一章

留学生与中国高知群体的形成

近代以来，西方列强对华的一次次侵略，逼迫清政府签订了一个个不平等条约，一步步将中国推向民族危亡的深渊。清政府国际地位的日益下降与国内局势的动荡，强烈地震撼着国人的心，激起国人强烈的救国热情。从“师夷长技以制夷”的提出到“中学为体、西学为用”的践行，再到“民主、科学”精神的高扬，先进的中国人将实现国富民强的宏愿寄托于对西方文明的借鉴吸收上。在这样的大背景下，教育被视为社会转型的重要驱动力，而以科举制为主的传统教育制度弊端凸显，革新传统教育的呼声日益高涨。借“造才异域”培养新式人才来变革传统教育，成为当时有识之士的共识。留学教育就是在这种社会变革、教育转型的背景下悄然兴起，并不断发展壮大的。留学生归国后投身于社会各界，成为不少领域的骨干力量，壮大了近代中国新型知识分子的队伍。

第一节　近代中国留学教育的历史轨迹

受多种因素的影响，近代中国的留学教育走过了一段曲折的历程，呈现出一条色彩斑斓的发展路径。幼童留美开我国官费留学之先河，留欧、留日紧跟其后，于是留学教育由几条涓流逐步涌涨成一股洪流，激荡开借助多国的先进教育培养我国新知人才的航路。近代中国学子出国留学多途并进，学科领域日益扩大，教育层次逐步提升。这种借他国学校培养中华人才的教育事业，不仅对中国的教育，而且对中国社会的发展都产生了巨大的影响。

一、留美教育勇开潮头

1872 年 8 月 11 日，在容闳这位中国首位留美毕业的中国学者的带领下，首批留美幼童从上海启航远赴大洋彼岸的美国，开启了中国官费留学的首航。然而，受国内封建顽固势力的破坏，1881 年处在学业半途的留美幼童被迫集体归国，随后官费留美停派，这项借异域教育培养中华人才的计划夭折。1909 年“庚款留学”计划的付诸实施，使得赴美留学的浪潮再度涌起。北洋政府时期，赴美留学日成风气，且呈现出多元化特征。南京国民政府成立后，美国仍是主要的留学目的国。在 1927—1937 年间，派遣的留美学生呈逐年增长之势，在专业选择上也更加多样。在全民族抗战开始后，国民政府为培养所需人才，重新制订派遣计划，但受战争影响，留学人数仍然有限。抗日战争胜利后，为了战后的重建工作，国民政府又派遣了大量人员前往美国，使留学美国再度形成高潮。

（一）扬帆重启北美旅途

作为第一位毕业于美国著名大学的中国人，容闳回国后目睹满目疮痍的祖国，感到沮丧和失望。经过反复思索后，一个宏大的计划在他心中逐步明朗起来："予意以为予之一身，既受此文明之教育，则当使后予之人，亦享此同等之利益。"[①]经过十余年的努力，1870年，容闳在江苏巡抚丁日昌的帮助下，向朝廷重臣曾国藩提出派人留学的求学计划。后由曾国藩、李鸿章等人联名向清政府呈递《奏选派幼童赴美肄业酌议章程折》，该奏折后得以批准施行。该章程规定：暂定留学名额为120名，分4批，每批30人，按年分送出洋；学生为12岁至15岁、家世清白、有殷实保证、身体健康之孩童，经考试合格后，先入预备学校，肄习中西文字至少一年，方可派赴美国留学；在出洋之先，学生之父兄须签名于志愿书；至于学生留学经费及服装，皆由政府出资供给；每批学生放洋时，并派一汉文教习随同偕往。[②]1872年，清政府在上海设立"幼童出洋肄业局"，在美国设立"中国留学生事务所"。容闳被委任为副监督，主持招生、设立预备学校等工作。同年8月11日，清政府派出的第一批官费留美学生从上海启程。

正当幼童留美初见成效时，封建顽固势力却以开销过大等为由，极力进行阻挠。继而又采用政治攻势，"外洋风俗流弊多端，各学生腹少儒书，德性未坚，尚未究彼技能，先已沾其恶习。即使竭力整饬，亦觉防范难周，极应将局裁撤。"[③]1881年6月，清政府作出了撤回全体留美幼童的决定。自此以后，由国家派遣留学美国的举动中断近20年之久。民间留学虽未中断，但人数极为有限，且不具稳定性与连续性。

20世纪初开始的新政倡导大力发展新式教育。1901年，直隶总督署理北洋大臣袁世凯从北洋大学堂选派王宠惠、陈锦涛、张煜全、吴桂龄、王宠祜、胡栋朝、陆耀廷、严锦容等8人前往美国留学。这是继留美幼童撤回后的首批官绅留美学生，同时也开启了中国高等学校派遣留学生的先河，"我留学界精神为之一振"[④]。同年，直隶通州的美国教会学校潞河学院资送两名毕业生孔祥熙、费起鹤赴美留学。此后，留美教育开始得到朝野各方的重视，各种公费、自费留美生日渐增多。1902年10月，清政府下令各省督抚选派学生

① 容闳：《西学东渐记》，湖南人民出版社，1981，第23页。
② 舒新城编：《中国近代教育史资料》（上册），人民教育出版社，1985，第190页。
③ 《光绪七年二月初六日出使美日秘国大臣陈兰彬折》，转引自王奇生《中国留学生的历史轨迹（1872—1949）》，湖北教育出版社，1992，第9页。
④ 《美洲留学报告》，转引自李喜所《中国留学通史·晚清卷》，广东教育出版社，2010，第315页。

留学欧美各国。1903 年，署理湖广总督端方接连从湖北各学堂选派数十名学生留学欧美，其中 10 人前往美国。1904 年，端方又分两批续派 85 名学生赴欧美学习“各种实业专门之学”，其中留美生 12 人。此后，湖南、广东、山西等省纷纷效仿。1905 年 9 月，清政府再次晓谕各省多派学生赴欧美留学。此外，鉴于留日学生学风浮嚣、革命思潮蔓延的状况，从扭转学风、防范革命的目的出发，1907 年，学部在经过多次开会讨论后，达成了选派学生以留日为主转向以留学欧美为主的共识：

> 东洋学术，虽属日新，而风气浮嚣，故学生一经到东，即多为邪说所惑，此辈留之不可，诛之又不忍，势属两难。与其严惩于日后，不如防变于事前。嗣后各学生宜多派赴西洋。[①]

由是重开不久的留美航路获得了新的东风，加之当时社会对西方世界及西学新知认识的加深，远渡重洋赴美留学成为国人培养子弟的上选。

清政府还鼓励其时一些兴办不久或正在创办的高等学堂选派学生留美。这些从国内高等学府毕业生中选出的学生，可不经过考试直接派出。1904 年，南洋公学派出徐维震等 5 人留学美国，上海高等实业学堂也选派优等生赴美学习。1906 年、1907 年北洋大学堂将两批学生共 44 人送往美国，其中 1906 年北洋大学堂复校后第一班学生未待毕业，全班即被送往欧美留学，计有刘瑞恒、蔡远泽、赵天麟、钟世铭、马泰钧等 34 人，除 3 人赴法外，余皆赴美。1907 年，北洋大学堂第二班马寅初、冯运熙等 13 人也未毕业就被送往美国。

1906 年，端方、戴鸿慈等五位大臣赴美考察宪政，其间和美国大学积极接洽，商讨派遣留学生事宜，最终争取到美国大学学额和资金的支持。其中耶鲁大学赠给学额 11 名，康奈尔大学每年赠给学额 6 名，威尔斯利女学赠给学额 3 名，并且膳费、宿费、学费概免[②]，条件是学生水平必须“程度合宜”。端方回国后即调任两江总督，遂将这些学额交给两江学务部门。1907 年 6 月，江苏举行留美学生考试，录取男生胡敦复等 11 人分别赴耶鲁大学（4 名）、康奈尔大学（7 名），女生胡彬夏等 3 人赴威尔斯利女学。这既是中国女子官

① 《学部之宗旨》，转引自关晓红《晚清学部研究》，广东教育出版社，2000，第 392 页。

② 端方：《端忠敏公奏稿》，转引自章开沅、余子侠《中国人留学史》（上册），社会科学文献出版社，2013，第 113 页。

费留美的开始，也是启用留美奖学金的开端。

将清末留美运动推向高潮的有力举措，自然是“庚款”留美运动。甲午中日战争后，师法日本一度成为晚清朝野的共识，有志者纷纷东渡日本。相对来说，赴美留学者甚少，1895—1908 年间仅有 293 人。目睹留日学生的迅速增长，美国政府担心众多的中国学生流向他国，自己必将丧失很多好处。1907 年 12 月 3 日，西奥多·罗斯福总统在国会正式宣布：“我国宜实力援助中国厉行教育，使此繁众之国能渐渐融洽于近世之文化。援助之法，宜将庚子赔款退赠一半，俾中国政府得遣学生来美留学。”[①]1908 年初，他又表示：“美国欲使中国渐蓄实力，采用欧洲近世之制度，故期以切实之方法，教育华人，不惜量力以资助，而奖励其留学美国；使美国各大学，尽力以相缓引……”[②]5 月 25 日，罗斯福为退还赔款事又行文国会：

> 本国当尽其所能，助中国教育之进行。俾此幅员广袤，人民众多之国家，得适应世界之趋势，共求进化。助中国教育发达之一道，为奖励中国学生，来美留学，使受美国高等教育。吾国之教育家，务体此意，共同襄助。[③]

同日，美国参、众两院联合议决通过了《豁免中国部分赔款》法案。

获悉美方决定以庚款退还部分“资助”中华以“教育”华人，清政府特派奉天巡抚唐绍仪担任专使，赴美协商相关事宜。1909 年 7 月 10 日，外务部与学部共同会奏了《收还美国赔款遣派学生赴美留学办法折》，并拟定了较为具体的《遣派游美学生办法大纲》，提出在北京设立游美学务处，附设游美肄业馆。鉴于当时留日学生良莠不齐、失之过滥，清政府在选拔庚款留美学生时，严格标准、宁缺毋滥。考试科目有经义、历史、地理、英文、高等代数、平面几何、三角、物理、化学等。1909 年 9 月 4 日至 11 日，游美学务处在学部举行了第一次考试，录取了梅贻琦、胡刚复、秉志等 47 人。10 月 12 日，由唐国安护送乘“中国”号轮船由上海启程赴美。1910 年 7 月 21 日，游美学

---

① 清华大学校史编写组编著：《清华大学校史稿》，中华书局，1981，第 4 页。

② 《论各国以国际竞争争夺中国教育权》，转引自李楚材辑《帝国主义侵华教育史资料·教会教育》，教育科学出版社，1987，第 574 页。

③ 《教育评论》，转引自蒋梦麟《过渡时代之思想与教育》，知识产权出版社，2018，第 264 页。

务处举行第二次考试，录取赵元任、竺可桢、胡适等70名学生。1911年7月，举行了第三批庚款生的考试，录取了姜立夫、梅光迪、陆懋德等63名学生。经由游美学务处考试选拔，清政府在1909—1911年间共派出180名留学生前往美国。

这180名庚款留美生是继洋务运动时期幼童留美后又一次大规模的官派留美生，与以前的幼童留美、留欧及留日生有显著的不同。他们是在清末实行教育改革，引进西方现代教育体制后，经过了五年至七年正规而系统的学校教育，所以已经有了一定的自然科学基础。而且他们是通过严格的考试选拔出来的高才生，因此到美国后，他们能够迅速接近世界科学技术的前沿，其中许多人后来成为我国现代科学技术事业的奠基者和开拓者。

（二）东渡北美渐趋高涨

中华民国甫建之际，留学生们由于其特定的身份和所拥有的知识而被社会各界重视，在社会中扮演着极为重要的角色。清政府加强对留学教育的管理，在数次对留学归国者举行的考试中，多为留学欧美人士拔得头筹，这使国人普遍觉得留日不及留学欧美，于是有条件的家庭，莫不以留学欧美为荣。但留学欧洲毕竟存在语言上的困难，因为国内学子接受的外语教育主要是英语教育，很少有学过法语、德语等，这也使越来越多的学子将目光投向美国。中国人留学理想的目的国已悄然由日本转向美国。1912年，留美人数为594人，占美国的各国留学生总数的14%。1914年增至1300人，1915年达到1461人，1924年为1637人。1925年更跃至2500人左右，占在美外国留学生总数的1/3[①]。在此后的数十年里，中国留美人数虽时有增减，却一直居各国留美学生人数之首。

北洋政府时期留美运动的中坚力量是庚款留学生，其派遣机构就是清华学校。1912年10月，清华学堂更名为清华学校，主要任务仍然是通过一定时期的留美预备教育，向美国输送一定数量、规格的学生，为中国培养“新式人才”。由于清华学校在录取学生时采取较为严格的方式，注重学生的外语、科学及综合素养，再加上入学后学校的严格管理，考试实行计分法淘汰制，

① 章开沅、余子侠主编：《中国人留学史》（上册），社会科学文献出版社，2013，第277页。

良好的教育环境，强大的师资力量，使得清华学校在校生经过几年的学习已经基本具备了留学海外的能力。清华学校的学生由各省按分配名额考入，分中等和高等两科，学制均为四年。高等科的毕业生可直接进入美国大学的二、三年级学习。清华学校首批派遣的学生是侯德榜等 16 名高等科毕业生。自 1921 年起，清华学校停招中等科，1924 年又停招高等科。除每年常规办理的本校预备部毕业生选派外，清华学校还招考女生和专科生。1914 年，清华学校面向社会公开举行选送女生留美考试。唐玉瑞、张端珍、韩美英、陈衡哲等 10 名女生被选派至美国大学留学。[①] 第一次世界大战以后，美国物价上涨，留美费用骤增，清华学校只得减少留美派出名额。1928 年，清华学校正式更名为国立清华大学。次年，清华留学预备部派遣 37 名毕业生、考选 10 名专科生赴美留学，这是清华用庚款退款派出的最后一批留学生。至此，清华结束了作为留美预备学校的历史。

在 1909 年到 1929 年间，清华总计派出了 1289 名庚款留美生，人数之多，居同期官费留美学生之冠。其中自 1913 年开始，稽勋局先后派出三期共 154 名官费留学生，其中留美学生共 43 名。1918 年，教育部还从各大学中选拔优秀教员赴欧美留学。当年即选派了北京高等师范学校教授邓萃英、南京高等师范学校教授卢颂恩、北京高等工业学校助教梁引年、北京女子高等师范学校学监主任杨荫榆和北京女子高等师范学校教授沈葆德。除中央派遣外，地方也积极选送。例如，1912 年河南省成立了留学欧美预备学校，招收第一届英文班学生 120 名，该校从 1913 年起还增设了德文班和法文班。1917 年，第一届英文班学生毕业之后，学校从中挑选了 20 名优秀学生赴美国留学。而其他各省，为了培育先进的科技人才，也纷纷派出了自己的留美生。

除官费留美学生外，自费留美生的数量也日益增多，且大大超过了官费生，成为留美运动的主力。1924 年 7 月，北洋政府颁布了《管理自费留学生规程》，给予自费留美学生一定的优惠政策。诸如：自费生派遣资格较公费生降低，一般以中等学校毕业为准；自费生不以地域分布为限，不受名额的限制。自费生如选择国家急需专业或学习优秀，可转为公费生或享受公费津贴；自费

① 孙石月：《中国近代女子留学史》，中国和平出版社，1995，第 145 页。

生回国后，其待遇与公费生一样。在北洋政府自费留学政策的鼓励下，自费留美保持强劲势头。1924 年，中国留美学生共 1637 人，其中自费生为 1075 名，占总数近 66%。[①]

（三）抗战前后潮落潮起

南京国民政府成立后，对公费、自费留学资格审查倍加缜密，从学历、经验、外语三方面对出国留学资格加以限定，提高留学门槛。据教育部 1929—1937 年所发留学证书统计，9 年间留美学生总计 1835 人，其中公费生 318 人，自费生 1517 人。据环球中国学生会 1929 年发布的统计结果，该年留美学生人数由 1927 年的 2500 人下降到 1279 人，此后两年继续减少。1929 年后，呈现出急剧减少的趋势。出现这种状况的主要原因可归纳为以下几点：第一，受美国经济危机的影响。1929—1932 年的经济危机席卷了整个资本主义世界，美国也不例外。经济的不景气导致学校纷纷关门，美国青年因此难以入学，外国留学生就更难入学了。第二，南京国民政府成立后先后颁布了《发给留学证书规程》和《选派留学生暂行办法大纲》，其中规定留学生必须具备高中毕业以上水平。这两项政策旨在提高留学资格，整顿留学教育。第三，南京国民政府成立初期战事频仍，军费浩繁，留学教育分摊到的有限经费不敷分配，自然影响了留美教育的发展。第四，清华学校改办大学后次年停止庚款留学。由于清华一直在留美学生的派遣上占有较大的比例，是故庚款留美学生的停派亦导致留美学生总数有所下滑。第五，美国对中国留学生增加了限制措施。1929 年的经济危机使美国政府采取了提高中国留学生入学门槛和减少名额等一系列限制性措施，在一定程度上迫使留美学生数逐年下降。

尽管清华摘下留美预备学校的帽子，但南京国民政府利用庚款向美国派遣留学生，仍然主要由清华大学主持进行。1928 年 8 月，清华大学在北平、南京两地首次同时举行留美公费生考试，共录取 25 名学生。此后，这种留美选拔考试就作为一种制度被固定下来。1930—1932 年，清华大学连续三年暂停留学考试。这一阶段庚款留美生的派遣主要是通过中华教育文化基金董事会来操作。1932 年，清华大学成立“清华公费留美招考委员会”，由梅贻琦

① 舒新城编著：《近代中国留学史　近代中国教育思想史》，商务印书馆，2014，第 64 页。

校长牵头，考选工作主要由理学院院长叶企孙负责。1933 年 6 月，教育部训令清华大学慎重考选留美学生，并颁发办法纲要 7 项，规定自该年度起，连续 3 年，每年额定 40 名，除 10 名备该校选派教员、5 名备该校选派研究生外，其余 25 名面向全国公开考选。从 1933 年到 1936 年，由清华大学主持的留美考试共有四届：第一届留美公费生考试，录取了顾功叙等 25 人；1934 年第二届公费生考试录取了张光斗、钱学森等 20 人；1935 年第三届留美公费生考试共录取了王锡蕖、张骏祥等 30 人；1936 年第四届留美公费生考试录取了马大猷、王铁崖等 18 人。后来又于 1940 年和 1943 年断续举行了两届。通过这种形式，南京国民政府于抗战时期共选拔资送近 200 名优秀学生留学美国。

为了培养“党治”人才，从 1929 年至 1931 年，国民党中央先后派遣了数批国民党党员出国留学。截至 1937 年 7 月前，国民党党员留学生先后成行计四批，实数合为 94 名，其中赴美者共计 70 人，约占这类学生总数的 74%。除此之外，还有特殊的“军事留学生”：1929 年 8 月，主管陆军留学的训练总监部公布了《军事留学计划》，拟定自当年起，每年考选欧、美、日留学军事生 60 名，其中美国学员 5 名；1932 年 8 月该部又考送留美生 5 名；另有海军部在 1928—1938 年间派遣了海军留美生 4 人。此外，还有少量的“交通部特送留美生”。

除中央各部门及庚款留美外，这一时期各省留美教育也有所发展。1933 年，美国渐渐走出经济危机，经济开始全面复苏，能够进一步吸收和接纳外国留学生。同年，国民政府教育部颁布了《国外留学规程》46 条，以各省市留学教育为重心，分别就留学生的资格、考选、管理、服务义务等项作了详细规定。根据此规程，各省纷纷举行了省选留学生考试。冀、鲁、皖、苏、赣、粤、桂等省至少举行了一次留学生考试。其中以赴美者为最，留学科目注重理、工、农、医等实科。正是在这种形势之下，1933—1937 年间，留美人数有所上升。据统计，1935 年在美国大专院校注册的中国学生共有 1443 人[①]，1936 年增加

① 《中国留美留加学生概况》，转引自王奇生《中国留学生的历史轨迹（1872—1949）》，湖北教育出版社，1992，第 27 页。

到 1580 人[①]，1937 年人数多达 1733 人[②]。

全民族抗战开始后，美国成为中国留学生选择最多的国家。据教育部统计，1938 年 5 月滞留美国的中国留学生仍有 1000 人左右。为节省外汇支出，以应战时之需，国民政府对留学教育开始严加限制。1938 年 6 月，国民政府出台《限制留学暂行办法》，规定凡国外留学者一律暂以军、工、医各科与军事国防有关者为限，并将专科学校毕业出国前研究或服务年限由两年增加到四年，而大学本科毕业生也由可直接出国改为需有两年的研究或服务经验。受政策法规、经济状况及国际局势等方面的多重影响，留美学生人数骤减。1939 年 4 月，国民政府又颁布了《修改限制留学暂行办法》，重申并强化了各项限制，于是出国留学成为一件极其不易之事，留学教育转入战时统制状态。这种政策的实施，自然也导致留美人数锐减。据 1939 年 5 月的统计，留美生减至 1163 人[③]，与 1937 年 7 月前相比约减少了 1/3。其中，受影响最大的是自费留学生。1937 年自费留学人数为 325 人，1938 年降为 33 人。[④]1938 年至 1941 年的 4 年间，累计赴美留学人数只有 193 人[⑤]，每年的公费、自费留学生均不足百人。

太平洋战争爆发后，抗战形势日趋明朗，国民政府从培养人才的角度出发，于 1942 年宣布废除《限制留学暂行办法》，重新放宽留学政策，并拟定了《留学教育方案——五年留学教育计划》，设想在 1943—1947 年间，每年选派公费、自费留学生各 1000 名赴英美留学。与此同时，国民政府加强了对自费留学的管理，要求自费出国留学也要经过考试，借以改变过去自费留学的混乱状况。全民族抗战开始后，一年一届的清华留美考试中断。1940 年，清华大学在校务趋于稳定后，开始筹办第五届留美考试。1940 年 8 月 12 日，清华大

---

① 《中国留美学生学科统计》，转引自王奇生《中国留学生的历史轨迹（1872—1949）》，湖北教育出版社，1992，第 28 页。

② 《我国留美学生概况》，转引自王奇生《中国留学生的历史轨迹（1872—1949）》，湖北教育出版社，1992，第 28 页。

③ 《中国留美学生现况》，转引自王奇生《中国留学生的历史轨迹（1872—1949）》，湖北教育出版社，1992，第 29 页。

④ 刘真主编，王焕琛编著：《留学教育：中国留学教育史料》第 4 册，"国立"编译馆，1980，第 1671—1672 页。

⑤ 陈启天：《近代中国留学史》，转引自章开沅、余子侠《中国人留学史》（上册），社会科学文献出版社，2013，第 377 页。

学在昆明、重庆、香港等地招考，最后录取 16 人[①]。1943 年，在重庆、昆明、成都、桂林同时举行第六届清华公费留学考试，最后录取 32 人[②]。1943 年美国宣布放弃庚款，清华大学利用历年结余，资助一批学生留美。如 1944 年录取 32 人，次年赴美。与此同时，美国向中国提供了一些留学奖学金，鼓励中国学生赴美留学。1944 年 12 月，教育部在重庆、昆明等 7 地同时举行选派奖学金考试，共计录取留美研究生 61 名，其中工科 41 名、农学 20 名，他们于 1945 年夏陆续出国。不过，据其时有关报道，这批留美生因交通问题仅有 10 人到达美国，而滞留国内者已有 1 人去世。[③] 此外，美国罗氏基金会、华医社、美国医药助华会和有关医院学校也设有中国留学生奖学金，可直接报名。

1942 年 11 月，海军部举办留美考试，录取人数多达 80 名[④]。1944 年秋，美国就租借法案拨款 480 万美金，其中一部分作为训练 1000 名海军学员的费用。这批留学生由国民政府军事委员会负责选送，于 1945 年 1 月派赴美国。除此之外，国民政府各部门也选派了一批留学生：1943 年教育部选派 75 名专科以上学校的理工农医各科副教授以上研究人员、10 名中央研究院理工农医研究人员、10 名教育行政人员赴英美考察研究，期限 1 年或 1 年半。1943 年，美国国务院邀请中央大学、西南联合大学、浙江大学、武汉大学、四川大学、云南大学各派 1 名教授赴美讲学。1945 年 4 月，交通部派出 110 人赴美实习铁道业务。

第二次世界大战结束之后，大量中国学生选择去美国留学，并且在短短数年间形成了一股热潮。究其原因如下：一是由政府和各部门出资派遣。战后重建，国民政府曾派几百名在政府部门工作的科技和管理人员前往美国，多数在厂矿实习或进研究院深造。二是受美国大学和教会提供的奖学金吸引。美国各大学都设有助学金和奖学金制度，资金来源多半是私人捐款，各大学以此招揽学生，每年公布奖学金名额，说明给予奖学金的条件，符合者皆可

---

① 北京大学、清华大学、南开大学、云南师范大学编：《国立西南联合大学史料五（学生卷）》，转引自章开沅、余子侠《中国人留学史》（上册），社会科学文献出版社，2013，第 378 页。

② 同上。

③ 《留美学生在沪候轮赴美》，转引自章开沅、余子侠《中国人留学史》（上册），社会科学文献出版社，2013，第 378 页。

④ 《留美海军考试昨日举行口试》，转引自章开沅、余子侠《中国人留学史》（上册），社会科学文献出版社，2013，第 379 页。

申请，且不受国籍限制。除专门指定给某一国家由该政府选派留学生外，其余则是由各大学所设的审查委员会根据申请人提供的机关或个人的推荐书来挑选。三是留学费用由某些国际组织支付。例如，美国医药助华会每年都会资助一批赴美留学的中国学生。

国民政府 1946 年举行了青年军留学考试，1947 年举行了翻译官考试，并选派通过考试的青年赴海外留学。其中，青年军留学考试有 165 人参加，共录取 25 人，均赴美留学。翻译官考试录取 97 人，大多数赴美留学。战后除公费留美外，自费也是留学美国的重要途径之一，而且自费留美的人数要远超过公费留美人数。截至 1947 年 10 月，由教育部发给留学证书者共 1163 人，其中赴美留学者 1018 人。

二、留日教育潮起潮落

在近代，中日两国间的外交关系直接影响着中国留日教育的走向。19 世纪末 20 世纪初，日本成为自强变革的榜样。赴日留学者争先恐后，先后有两万多名学子东渡，形成了近代中国历史上的第一次留日热潮。民国前期，政权更迭频繁，缺乏足够的财力支撑和制度保障，加上日本不时暴露出侵华的野心，使得留日教育呈现几起几落的特征。南京国民政府成立后，加强了对留学教育的宏观管理，留日教育获得新发展。全民族抗战开始后，留日教育跌至甲午中日战争以来的最低谷。

（一）清末时期留日波澜涌退

鸦片战争以后，中国的国门虽已被西方列强打开，但对近邻日本仍然不屑一顾。直至 1895 年甲午中日战争的失败，才让清政府开始正视两国的关系。痛定思痛，朝野上下掀起了一股向日本学习的热潮。张之洞认为：

> 日本，小国耳，何兴之暴也？伊藤、山县、榎本、陆奥诸人，皆二十年前出洋之学生也，愤其国为西洋所胁，率其徒百余人分诣德、法、英诸国，或学政治工商，或学水陆兵法，学成而归，用为将相，

政事一变，雄视东方。[①]

也就是说，日本兴盛的一个最重要原因就是向国外派遣留学生。张之洞进而明确地提出向日本派遣留学生的主张：

出洋一年，胜于读西书五年，此赵营平“百闻不如一见”之说也。入外国学堂一年，胜于中国学堂三年，此孟子“置之庄岳”之说也……

至游学之国，西洋不如东洋：一、路近省费，可多遣；一、去华近，易考察；一、东文近中文，易通晓；一、西书甚繁，凡西学不切要者，东人已删节而酌改之。中东情势风俗相近，易仿行。事半功倍，无过于此。[②]

一方面是晚清政府日益严峻的时局，另一方面受日本迅速崛起的刺激，国人留日热情高涨。维新派人士也非常赞同派遣留学生向日本学习强国之道。康有为指出：“惟日本道近而费省，广历东游，速成尤易。听人士负笈，自往游学，但优其奖导，东游自众，不必多烦官费。但师范及速成之学，今急于须才，则不得已，妙选成学之士，就学于东，则收新学之益，而无异说之害。”[③]

洋务派官僚和维新派人士的共同倡导，使得留学日本的提议逐渐为清政府所采纳。1898 年 8 月 2 日，光绪皇帝以上谕的形式明确了留学日本的政策：“现在讲求新学，风气大开，惟百闻不如一见，自以派人出洋游学为要。至游学之国，西洋不如东洋，诚以路近费省，文字相近，易于通晓。”[④]

与此同时，为培植亲日势力，日本政府也别有用心地“吸引中国留学生”。时任日本驻华公使矢野文雄就明确指出：

如果将在日本受感化的中国新人材散布于古老帝国，是为日后树立日本势力于东亚大陆的最佳策略。其习武备者，日后不仅将效日本兵制，军用器材等亦必仰赖日本，清国之军事，将成为日本化。又因培养理科学生之结果，因其职务上之关系，定将与日本发生密切关系，此系扩张日本工商业于中国的阶梯。至于专攻法政等学生，

① 张之洞：《劝学篇》，中州古籍出版社，1998，第 116 页。
② 同上书，第 117 页。
③ 郑力民：《康有为集》，广东人民出版社，2018，第 333 页。
④ 陈学恂、田正平编：《中国近代教育史资料汇编·留学教育》，上海教育出版社，2007，第 3 页。

定以日本为楷模，为中国将来改革之准则。果真如此，不仅中国官民信赖日本之情，将较往昔增加二十倍，且可无限量地扩张势力于大陆。[①]

可见，从维护在华的长远利益着眼，日本政府也愿意主动地吸纳中国留学生。

随着甲午战争后清廷内外对于强国模式的认同和日本朝野政府的吸引，清政府逐渐加大了对留学日本的倡导与鼓励，赴日留学潮逐步形成。这股潮头的先锋始于驻日使馆留学生和地方选派的留学生。

甲午中日战争后的第二年，时任驻日公使裕庚就派理事官吕贤笙从上海、苏州等地招募唐宝锷、戢翼翚、朱光忠、胡宗瀛、吕烈辉等13名青年赴日留学。裕庚委托东京高等师范学校校长嘉纳治五郎负责对这批学生进行培养。这批学子赴日，正式拉开了中国官派留学日本的序幕。虽然比第一次幼童留美（1872年）晚了20余年，但由此而发端的赴日留学迅速呈现出后来居上之势。

当历史的车轮转入20世纪，随着国际政治风云的突变，深重的民族危机迫使先进的中国人进一步反思。为汲取他国经验，探求救国自强之道，越来越多的有志青年浮槎东渡，进而形成了近代中国历史上一场影响深远的留日求学运动。

1901年，时任湖广总督的张之洞与两江总督刘坤一联合向慈禧太后上陈《江楚会奏变法三折》，其中第一折即在此前力主坚定官派留日政策的基础上，加大倡导与鼓励的力度。“此时宜令各省分遣学生出洋游学，文武两途及农工商等专门之学，均须分门肄习；但须择其志定文通者乃可派往。学成后，得有凭照回华，加以复试，如学业与凭照相符，即按其等第作为进士举贡以辅各省学堂之不足，最为善策。”除提倡对官费留学生的奖掖政策外，该奏章还提出将自费留学纳入其中，“拟请明谕：各省士人如有自备资斧出洋游学得有优等凭照者，回华后复试相符，亦按其等第作为进士举贡”。[②]9月，慈禧太后下旨，一面要求各省督抚加大派遣留学生的力度，一面要求海外留

① ［日］河村一夫：《驻清公使时代的矢野龙溪氏》，转引自章开沅、余子侠《中国人留学史》（上册），社会科学文献出版社，2013，第99页。

② 陈学恂、田正平编：《中国近代教育史资料汇编·留学教育》，上海教育出版社，2007，第12—13页。

学生学成之后，“按其所学，分门考验。如果学有成效，即行出具切实考语，咨送外务部覆加考验，据实奏请奖励”；至于“自备旅资出洋游学者，著各该省督抚咨明该出使大臣随时照料”，“如果学成得有优等凭照回华，准照派出学生一体考验奖励，候旨分别赏给进士举人各项出身，以备任用而资鼓舞”。[①]

随着清末新政改革力度的不断加大，清政府对于留日政策的倡导与鼓励也更加稳定而积极。1903 年 10 月 6 日，张之洞再次建议：“惟必须中国于安分用功学成回国之学生，予以确实奖励，使各学生有歆羡之心。并使彼国学堂确见中国有劝学求才之实意……”[②]同时他还附上了《奖励游学毕业生章程》，作为具体实施奖励的制度依据。

除通过倡导与鼓励增强留日政策的正面吸引力之外，科举考试制度的废除也助长了国人赴日留学的热情。从 1901 年开始，清政府注重发展新式学堂，并逐步递减科举人数。1905 年，清政府决定“自丙午科开始，所有乡试一律停止，各省岁科考试亦即停止”。科举制度的废除断绝了传统士子读经做官的路径，迫使他们不得不面对现实，谋求新的出路。

在多项利好政策的推动下，留日人数直线上升。据《日本留学中国学生题名录》统计：1898 年为 77 人，1899 年为 143 人，1900 年为 189 人，1901 年为 266 人。至此，留日人数已超出同期留学欧美人数的总和。但是，这还仅仅是开始，此后留日人数继续成倍地增长。1902 年，驻日大使蔡钧奏报，“官生陆续增派，自费生来者尤多，随时准咨送学，向无迟滞”。是年 9 月，留日学生增至 614 名。1903 年 11 月，留日学生数再创新高，达 1242 人。1904 年，赴日留学势头依旧强劲，当年年底就达到 2406 人。就中国学生赴日留学呈现前所未有的广度和规模而言，1905 年是值得纪念的年份。中国近代以来第一次留日热潮就出现在那一年。

无数游学生，乃如聆体操口令，整饬其向右转之步，相与辞学堂之门，指东航之路，不惮千里之遥，大有如潮之势。北者抵天津，

① 陈学恂、田正平编：《中国近代教育史资料汇编·留学教育》，上海教育出版社，2007，第 4 页。
② 同上书，第 55 页。

南者达上海，互相语曰“往东京、往东京！”趁日本行之便船，争先乘附。一船之乘客既满，有求附二次三次既满之船。至局促于船室之隅，而仍若（苦）不易得者。试观此急于东渡之中国学生，东京各学校之学期、学年不问也，学年之中途拒绝入学亦不问也，而惟有热中之实状，以一时一刻速抵东京为快。[①]

据国内学者研究，“根据既有史料综合分析，在第一次留日高潮形成之际，留日人数的规模和阵势当在一万人左右”[②]。任何事情都会出现盛极则衰的现象。大批中国学生奔赴日本，给日本的学校带来了很大的压力，于是一些专以谋利为目的的“学店”应运而生。有些学店根本不具备基本的办学条件，但为获取高额的经济利益，滥收中国留学生，损害了日本学校教育的整体声誉。在此情况下，日本文部省于1905年11月2日颁布了《关于许清国人入学之公私立学校规程》。由于文中有“取缔”字样，是对中国留学生的歧视，有损中国的国权和留学生的人格。为抗议日本政府颁布的“取缔规则”，中国学生全体罢课，不少学生愤而西渡回国。随后，留日生开始呈现下降趋势。1907年为6797人，1908年为5216人，1909年为5266人，1910年锐减至3979人，1911年为3328人。1911年辛亥革命爆发后，留学生大部分返国，到1912年更是减至1437人。[③]

随着留日学生民族意识的觉醒以及革命思想的传播，留日学生群体的价值取向也渐渐超出了最初留学政策的制度设计。清政府在积极倡导与鼓励国人留学日本的同时也加强了对留日学生的管理与监督。早在1904年1月驻日本大臣杨枢就曾报告：“缘近数年间，各省官费自费生自到东游学者日增月盛，其中循规蹈矩专务学业者固多，而纵性任情好为横议者亦在所不免……”[④]1905年11月，杨枢再次报告：

近月以来，东渡学生日多一日，品流既杂，监督愈难。学生偶有无理取闹情形，日人即以为有碍治安，来相诘问。日人偶有范围

① ［日］青柳笃恒：《日本人之对于中国留学生》，转引自章开沅、余子侠《中国人留学史》（上册），社会科学文献出版社，2013，第89—90页。
② 章开沅、余子侠主编：《中国人留学史》（上册），社会科学文献出版社，2013，第90页。
③ 陈学恂、田正平编：《中国近代教育史资料汇编·留学教育》，上海教育出版社，1991，第689页。
④ 同上书，第363页。

学界举动，学生即以为有关国体，力与抗争。夫学生既不愿受外人约束，必需洁己自好，冀免外侮。乃又不知检束，时自犯其法律。而学生之学识优长者，犹思有以挽回之……[①]

形势的急剧变化，促进清政府调整留日教育政策的走向。为了更好地对留日学生的学业进行规范，对其思想意识进行有效控制，清政府相继颁布了一系列约束和限制政策。

1906年3月13日，学部颁布了《通行各省选送游学限制办法电》，首先从留学资格入手进行限制，规定：

学长期者，除习浅近工艺，仅须豫备语言，于学科无庸求备外，凡欲入高等以上学校及各专门学校者，必有中学堂以上毕业之程度，且通习彼国语文，方为及格。……其习速成科者，或政法或师范，必须中学与中文俱优，年在二十五岁以上，于学界政界实有经验者，方为及格，否则不送。无论官费私费长期短期游历游学，必品行端谨无劣迹，身体强健无宿疾，否则不送。非由咨送，公使概不送学，非经考验，本省概不咨送。[②]

同年10月2日，学部又制定《考验游学毕业生章程》，加强对归国留学生学习成绩的考核力度。1907年7月，为加强对留学生日常学习的管理，驻日留学生监督处颁布了《留学生请假规则》。可见，清政府留日政策的调整与转变，也促使赴日留学生的总数呈下降趋势。

（二）民国前期留日潮流的起落

武昌起义爆发后，大部分留日学生由于关心祖国命运和政治前途，纷纷回国投身到推翻帝制建立共和的斗争中来。至1911年12月，仅剩下500名留日生滞留未归。中华民国临时政府成立后，孙中山、黄兴等人在留日教育上给予高度重视，使得留学日本得以重整旗鼓，继续向前发展。一些因辛亥革命的爆发弃学归国的留日学子，又相率重返日本，继续求学。1912年，在日留学生人数回升到1437人。他们中既有滞留未归的学子，也有归国后因“革

① 郭慧：《光绪三十一年留日学生风潮史料》，《历史档案》2001年第3期。
② 陈学恂、田正平编：《中国近代教育史资料汇编·留学教育》，上海教育出版社，1991，第72页。

命成功”而再度赴日的学子，还有民国初年重新选派的学子。例如，1912 年 10 月，由稽勋局选择有功于革命的青年学子 25 人，分别派赴美、英、法、日、德、比等国留学，其中选送日本的学生有 9 人，经费由财政部直接拨付，这是民国建立后派遣的第一批官费留日学生。除此之外，还有各省派遣的官费生，而这种官费生又分两种情形：一是由各省经考试选拔优秀者以省费派往日本留学；二是依对民国建立有功者或烈士后裔等政治条件而选送。

1913 年“二次革命”失败后，革命党领导人相率流亡海外。孙中山经台湾抵达日本东京，并于 1914 年组织成立中华革命党。大批留学生亦追随而至，群集东京，从事反袁活动。由是赴日留学人数急剧上升，形成了继 1905 年以来近代中国留学史上第二次留日高潮。“1913 年至 1914 年间，留学生人数颇多，最少也有五六千人，仅次于日俄战争前后的最盛时期。”[①] 据日本国立教育研究所的统计，1914 年赴日的留学生增至 3796 人。[②] 同时，这一时期还出现了新的留学形式，如 1914 年 7 月，北京大学派 10 名官费生留日，工商界也议定选派人员出国留学。

1915 年 1 月，日本政府乘第一次世界大战期间列强无暇东顾之际，向袁世凯政府提出旨在灭亡中国的“二十一条”。留日学生群起反对，却遭到袁世凯政府的镇压。在极端悲愤之下，留日学生相继归国。留学生的爱国行动有力地推动了全国人民反对“二十一条”的斗争。1916 年袁世凯死后，海外流亡人士相率归国。留日学生人数因之再减至 2326 人。民国初年留日学生人数起伏不定，并呈现逐年减少趋势，其因有三：一是“二十一条”的签订彻底暴露了日本侵略中国的野心，使很多人更清楚地认识到日本的本质，也丢掉了对它的幻想。二是日本对中国留学生的轻侮，导致留日学生与日本政府的冲突升级，隔阂和积怨不断加深。三是第一次世界大战时期日本物价暴涨，使很多留学生生活困难加剧，造成未往者无力赴日本留学或在日者经费难以为继的状况。

1917 年，中日关系相对较为缓和，留日人数略有上升，达 2891 人，其中

---

① ［日］松本龟次郎：《中华留学生教育小史》，转引自曹必宏、夏军、沈岚《日本侵华教育全史》第 3 卷，人民教育出版社，2005，第 364 页。

② 陈学恂、田正平编：《中国近代教育史资料汇编·留学教育》，上海教育出版社，1991，第 689 页。

官费生达1107人。1918年3月，日本与北洋政府秘密签订《中日共同防敌军事协定》，企图以协同对苏俄作战为幌子，掌控中国的军事大权。留日学生当即召集大会，议决全体归国。据其时日方报道：留学本国的中国学生最近归国者非常多。11日从横滨出发的有180名，12日约有70名。另外，不限于东京市内，各地的留学生都打算回国。[①] 据统计，在3548名留日学生中，归国者达2506人，占总数的70%以上。1919年巴黎和会召开，中国要求日本归还山东的权益遭到拒绝，顿时中国学生的排日运动风起云涌，轰轰烈烈的五四运动就此爆发。5月6日，数千名留日学生集会，举行国耻纪念日大会，发表对外宣言，却遭到日方警察棍棒的毒打。于是，中国留日学生再度纷纷归国，使留日学生人数大为减少。据《留东外史补》所载，1919年的留日学生较两三年前减少80%—90%。1920年，留日学生人数降至3251人；1921年继续下降至2119人。1922年稍有上升，达3042人。随后数年间留日学生人数呈平缓上升之势，但在1926年又出现了大规模的归国之举，留日学生人数再次下降。

从总体趋势看，在民国前期，由于国内重大政治风潮和日本屡次侵华辱华事件的发生，留日学生都以大规模的归国行动作为斗争方式，经历着“归国—返日”或“赴日—归国”的起落和反复，致使这一时期的留日求学呈现潮起潮落的态势。这一现象体现了留日学生为维护国家领土主权完整和中华民族尊严的革命精神。

（三）抗战前后留日航道的通阻

1927年南京国民政府建立以后，日本开始加紧侵华的步伐，中日之间冲突不断，留日教育也深受影响。从南京国民政府成立到1937年的10年间，留日教育受政治经济因素影响仍起伏不定（参见表1.1.1）。

---

① 章开沅、余子侠主编：《中国人留学史》（上册），社会科学文献出版社，2013，第221页。

表 1.1.1 "日华学会"统计 1927—1937 年中国学生赴日本留学人数统计表

年度	1927	1928	1929	1930	1931	1932
人数（人）	1924	2480	2485	3049	2972	1400
年度	1933	1934	1935	1936	1937 年 6 月 1 日	
人数（人）	1357	2168	3527	5662	5934	

[资料来源]章开沅、余子侠主编：《中国人留学史》（上册），社会科学文献出版社，2013，第 351 页。

由上表可以看出，1927—1930 年，留日人数稳步上升，这与当时国内的政治经济环境密切相关。首先，南京国民政府成立后，在整顿高等教育的同时，也很重视留学生的派遣，因此，无论是公费生还是自费生，人数都呈上升之势。中日两国一衣带水，路程较近，文化风俗相似，许多学生选择留学日本。其次，此时的中日汇率对留学较为有利，中国银圆与日元的兑换几乎达到 1∶1，在国内学习和在日本留学的花费相差无几。再次，留日学生在日本获得公费补助的机会多，这是许多家境贫寒的学生选择留学日本的重要原因。

1931—1933 年间，留日人数急剧下降，一度跌至 1300 余人。这种状况受以下因素的影响：经济方面，自 1930 年起，金价不断上涨，以银圆为本位的中国货币在国际汇兑上遭受极大打击。银价下跌，出现了 100 银圆仅能兑换 42 日元的最低水平。受经济的影响，中央和各省都暂时停止了派遣留日学生。政治方面，国民党军阀间的战争不断，各省教育经费多被挪作军费，拖欠留学经费的现象十分严重，根本无力派遣留学生。同时，1931 年，日本发动九一八事变，翌年又在上海制造"一·二八"事变，这两次蓄意侵华事件使留日学生的愤慨臻于极点，纷纷迅速做出回国的反应，这也是清末以来留日学生因政治事件集体归国最彻底的一次。同时，国民政府废止了 1924 年北洋政府与日本政府签订的《日本对华文化事业协定》，停止留日学生的庚款补助。此外，国民政府还加强了对留日学生的管理，相继颁布了《修正管理留日学生事务规程》《未经驻日留学生监督处介绍入学之留日学生学籍及其毕业资格不予承认》等一系列规章制度。在这些因素的综合影响下，留日学生人数直线下降。到 1933 年，留日学生只有 1357 人，仅为 1928 年 2480 人的 54.7%。

1934 年，留日学生再度陆续返回日本，人数有了较大的增加。1935 年留日学生人数持续增加，至当年年底总数已超过 3500 人，超过了战前的水平。因此，1935 年也形成继 1905—1906 年、1913—1914 年以来的第三次留日高潮。为什么竟有如此多的中国留学生前往日本留学呢？其因有三：第一，九一八事变之后，国际社会对日本注意力增强，不仅亚洲的许多国家，甚至一些欧洲国家也向日本派出了留学生。同时，为了抵抗日本的侵略，中国也需要深入了解日本，“不入虎穴，焉得虎子”，一时间东渡日本者络绎不绝。第二，国际汇率对中国更为有利。金价下跌，银价上升。1935 年出现 100 银圆兑换 146 日元的高价。经济因素成为留学生选择留学地时考虑的最为现实也是最为直接的因素。第三，1933 年教育部颁布的《国外留学规程》要求必须领取留学证书才可以出国，但是留学日本不用护照即可出国，这也促成留日人数的上升。在 1936 年至 1937 年 6 月间，留日学生人数维持在 5000 人至 6000 人之间。

全民族抗战开始后，其时身处敌国的留日学生置身其中，外受日寇的侵扰，内感国土的沦丧，义愤填膺、心急如焚，除少数未能及时离境外，其他均迅速离开日本，留日学生骤减至 403 人，成为近代中国人留日史的最低谷。

三、留欧教育渐进求稳

前文已揭，当 1871 年曾国藩奏准派遣幼童赴美留学时，福州船政大臣沈葆桢也萌发派遣海军留学欧洲的设想。两年后，沈葆桢正式具折请求派遣学子赴英、法两国学习造船、驾驶，并得到清政府的准许，由此拉开官派赴欧留学的序幕。虽说与早期留美中途顿跌一样，留欧教育亦在序幕揭开不久就受到阻挫，但至清末“新政”时期在振兴实业的追求中，国人又纷纷将目光转向欧洲，留欧之风再起，除英国、法国、德国之外，比利时、奥匈帝国等国也有成批的中国留学生。及至中华民国成立，留学欧洲平稳推进。后来受第一次世界大战影响，留欧走势呈马鞍形。在规范留学政策影响下，1937 年之前留学欧洲呈现较为有序的局面。全民族抗战开始后，以及随后爆发的第二次世界大战，欧洲主要国家纷纷加入战争，方兴未艾的留欧教育又遭受到严重挫折。

（一）清末时期留欧教育再举风帆

19世纪七八十年代，清政府先后派出的80多名留欧生形成了晚清的第一波留欧潮，但总体而言，早期留欧生基本为军事留学生，且留学国度局限于法、英两国。20世纪初的留欧教育日趋多元化，无论就留学国度、留学专业，还是留学类别、留学生性别、留学生年龄等方面都呈现出新的特点。

1901年，驻法公使孙宝琦赴巴黎就任时，随带李石曾、张静江、夏坚仲等官费、自费学生20余人留学法国，这是20世纪中国第一批赴欧洲的留学生。同年7月，盛宣怀将南洋公学中院头班的4名毕业生派往英国留学，分别学习铁路、机器、商务和政治。10月18日，他又奏呈《资送学生出洋游学片》，再以南洋公学名义，向英国派出了10名留学生。1903年，为了培养师资，管学大臣张百熙从京师大学堂的师范馆、仕学馆和译学馆选派一批学生去欧美和日本留学。其中俞同奎、何育杰、潘承福和林行规等4人赴英国，魏渤、柏山2人赴俄国，华南圭和陈祖良赴法国，程经邦赴德国。与此前后，署理两江总督张之洞从江南水师学堂毕业生中选派习英文者8人赴英国学习管轮与驾驶；从陆师学堂中选习德文者8人赴德国习步、骑、炮、工兵等陆军各科。1906年7月，北洋大学堂选派唐文盛、王开治赴英国学习管轮，选派孙瑞林、沈瓒赴英国学习枪炮制造。湖广总督端方在湖北各学堂中选派36人留学欧洲：其中锦铨、杨祖谦等8人留德，萧焕烈、夏维松等4人留俄，杨荫蕖、吴国良等24人留比利时习实业。端方在《奏派学生前赴比国游学折》中指出，鉴于比利时国家实业较精，加之“学费较省，诚能多派学生前往肄习。他日学成而归，上足以备任用，下足以裕资生，实于大局不无裨益”[①]。是年，广东学务处亦选派2人留欧。

除以上各校公派留欧学生之外，此际各省也先后向欧洲派出了大量的留学生。这些留学生的选派主要是适应当时大力发展实业学堂的需要。

1904年，在清政府颁布的《学务纲要》中明令各省速设实业学堂。但鉴

① 陈学恂、田正平编：《中国近代教育史资料汇编·留学教育》，上海教育出版社，1991，第274页。

于设立实业学堂"各省筹款不易，教员亦难得其人"，故而饬厉各省"于各项实业中，择本省所急须讲求者，先行选派学生出洋学习"，并规定出洋的实业留学生可分作两班：

一班习中等学，以期速成；一班习高等学，以期完备。俟中等实业学生毕业回省，即行开办学堂，先教简易之艺术；俟高等实业学生毕业回国，再行增高等学堂程度，以教精深之理法，为渐次推广扩充地步。①

是年9月，外务部、学务大臣奏准《游学西洋简明章程》言：有鉴于"英、美、德、法于武备、制造、农工商诸学，各有专门，一时推重。比利时路矿工艺，素所擅长"②，故而规定此后留学英、美、德、法、比五国者，应以武备、制造、农、工、商、路矿、工艺等为专业，留学者必通西文。此章程对留欧学生的语言、品学、监督及考核等均作了详细规定。至此，官派留欧有章可循，步入正轨。

1905年9月1日，光绪帝再颁谕令，提倡、鼓励各省多派学生赴欧美留学。

前经降旨谕令各省选派学生出洋游学，该督抚已陆续遵照办理。惟所有派出之学生，皆应讲求实学专科，以期致用，毋得避难就易，徒托空言。著各视其性之所近，责令分门肄习，殚心研究，务底专精。毕业回华，考试合格，优予出身，用备器使。现在留学东洋者，已不乏人，著再多派学生，分赴欧美，俾宏造就。③

在系列留学政策的激励引导下，赴欧美留学人数日渐增多。同年，江苏选派水师学堂优秀学生沈操、吴振南、王光熊等6人赴英习驾驶。广东黄兆佳、黄兆元两人自费赴英国习法律、矿学。京师译学馆选拔优等生吴庆嵩等5人，分赴英、俄、德、法四国留学。江苏高等学堂就头班学生中挑选七八名学生赴比留学。同年夏，南洋公学中院的10名第五届毕业生，由实业家张謇捐助，赴英留学；山东巡抚周馥选派3名步兵赴德学习。

1906年，新疆伊犁的养正学堂挑选20名品学兼优之学生赴俄国留学。时

---

① 璩鑫圭、童富勇、张守智编：《中国近代教育史资料汇编·实业教育　师范教育》，上海教育出版社，1994，第7—8页。
② 陈学恂、田正平编：《中国近代教育史资料汇编·留学教育》，上海教育出版社，1991，第26页。
③ 同上书，第4页。

任直隶总督的袁世凯拨天津海关税经费，派遣5名北洋大学堂法文班学生赴比利时留学。保定速成武备学堂选拔5名德文班的学生赴德国学习军械。奉天将军选派通晓法文的李兆濂赴比利时留学修习矿业。

1907年，山西大学选派20余名优等生赴英国官费留学，研习土木工程、采矿冶金等实用学科。李道行、李道在等4名自费生随同赴英。同年3月，京师大学堂师范馆在首届毕业生中挑选8名优秀学生官费留学欧美，其中孙昌煊、阮志道等2人赴英，潘敬、高继颐2人赴法。这是京师大学堂选派的第二批官费赴欧留学生。除学堂派遣外，地方政府也继续选派留学生，如江苏省当年选拔10名学生留学奥地利。

1908年，浙江省第一次招考20名学生赴英、比、德等欧洲国家。两江总督从水师学堂中选拔8名优秀学生，由早期留英生蒋超英送至英国学习军事技术。北洋大学堂也选送4人赴欧洲留学，其中3人留法、1人留德。新疆养正学堂派遣2名学生赴俄留学。

1909年，邮传部高等实业学堂选派吴思远、高恒儒、潘善闻、胡士熙等4名铁路专修科毕业生赴英留学。福建船政学堂选送23名学生赴英研习海军。山东省派遣4名高材生入德国高等学校学习。[①]

1910年4月，学部在《奏酌拟管理欧洲游学生监督处章程并单》中更规定：

> 一，游学欧洲之官费学生，以已入大学习医、农、工、格致四科之专门学者为限，习法政、文、商各科者，虽入大学，不得给官费。至未入大学之学生，以后概不得给予官费。
>
> …………
>
> 一，自费生能考入大学专门学校习农、工、格致、医科，经监督处查明，确能循分力学，成绩优异者，由监督处咨明本省，酌量补助学费。[②]

这些有关政策规定，不仅对当时的留学教育本身起到了规范和指导作用，而且有力地推动了留学欧洲的进一步发展。1910年，邮传部考送13名学生赴奥

① 李喜所主编：《中国留学通史·晚清卷》，广东教育出版社，2010，第284—285页。
② 陈学恂、田正平编：《中国近代教育史资料汇编·留学教育》，上海教育出版社，1991，第305页。

地利学习邮政，其中德文生10名、法文生3名。

1911年，浙江第二次招考选拔了20名学生留学欧洲，研习实业。具体办法为："俟前送学生有毕业归国者，即与此次考取二十名内，顺序换补，陆续派送。因留美学生，现在京师清华学堂，浙省业已陆续考送，拟专送英、德、法、比四国实业学堂，先其所急。"[①]

就留学队伍总体分析，20世纪初的留欧教育体现出几个明显的特点：其一，公派年龄多在20岁以上，西文水平大多不佳，不少有传统功名，而自费生中也有部分幼童生。其二，在公派留欧生中，生源区域以湖北、江苏两省为多。这主要归因于在这两地主事的张之洞、端方等人对近代新式教育与留学教育的大力提倡。因此，当"各省派往欧洲英、法、德、俄、比各国游学者亦渐增益"时，"而江、鄂两省厥数尤多"。其三，20世纪初留欧主要集中在比利时与英国。英国为老牌帝国，文教事业发达，19世纪末已有留英传统，加上英文这一语言的便利，留英人数多则不足为奇。而留学比利时则主要是因为当时比利时"实业较精，学费较省""路矿之学，尤为他国所推许"[②]。其四，留学专业选择上偏重实科。随着新政的实施，发展实业以及举办实业学堂成为社会发展的重点领域。此时留欧则扩展至铁路、矿冶、机电、商贸等与国计民生密切相关的专业，以满足社会发展的需要。

（二）民国前期留欧教育一波三折

中华民国成立后，随着政局的相对稳定，留学欧洲逐渐受到重视，并呈现由西欧向东欧扩展的特点。自1913年8月到1915年8月，教育部先后颁布了《经理欧洲留学生事务暂行规程》《留欧官费学生学规》《管理留欧学生事务规程》，用以加强对留欧学生的管理。除教育部派遣留学生外，还有稽勋局、交通部、陆军部、海军部以及各省所派遣的留学生。与清末新政时期官费留欧生居多的局面有所不同的是，此期自费留欧生逐渐增多，甚至在数量上超过了官费留欧生。

---

① 《浙省续送欧美留学生办法》，转引自李喜所《中国留学通史·晚清卷》，广东教育出版社，2010，第285—286页。

② 端方：《奏派学生前赴比国游学折》，转引自陈学恂、田正平《中国近代教育史资料汇编·留学教育》，上海教育出版社，1991，第274页。

北洋政府成立初期，国内政局动荡，留英教育受国内局势和第一次世界大战的双重影响，派遣的规模小、人数少。据有关统计，1912 年初在英的公费留学生只有 120 人左右。由于官费生的经费中断，驻英游学生监督钱文选不得不分别致函各省请求汇解学费。在多次电请各省迅速汇解留英学生经费而不得的情况下，钱文选只得向伦敦华比银行借款以暂渡难关。随后，国内局势稍有稳定，对于清末派遣的留欧官费生一般都按照原来的派遣单位给予承认并给官费，留英学生的救济工作基本解决。

公费留英生除稽勋生、教育部派生和省派生外，最为特殊的要数海军部所派出的留学生。为了进一步加强海军留英生的管理，早在 1913 年，海军部就设立了留英海军生监督办事处，还派遣施作霖专任驻英海军留学监督。1916 年，海军部还颁布了《英美海军留学生规则》，以加强对留英海军生的管理。

根据上述规则规定，晚清留英习海军的学生未中断学业，其留英教育继续进行。之后，一些省份也逐渐恢复了本省留欧官费学生的经费，为留学生提供了机会。同时，一些地方还成立了留学俭学会组织，鼓励青年学子通过勤工俭学的形式完成学业。例如在上海就设立有“留英俭学会”。但是，在英国俭学很难行得通。一是因为留学英国的生活费用较高，再加上英国大学的学费昂贵，故自费留英学生的人数明显减少；二是因为当时的英国存在排华倾向。第一次世界大战后，在英国求学的环境渐好，然而国内的政治形势动荡，有时连官费留英生的经费也不能按时拨付。1921 年 12 月，留英官费生已有 4 个月未领到资助，省费生的历年积欠就更多了。即使在如此困顿的境况下，相较留学于其他国度而言，其时留学英国之人所取得的教育成效较他国更为明显，“留英生以不问政治问题著称于世”，安心求学，养成了严谨认真的态度。

民国前期也是留德史上的惨淡时期。先是国内政权更迭造成的政治失序和经济混乱，使得政府无暇也无力发展留欧教育，留德自然也提不上日程。据 1913 年 3 月驻德学生监督处报告，当时留德的中国学生共有 41 人，其中官费生 28 人、自费生 13 人。其后，留德生渐多，并以自费生为主体。当时教育部为鼓励留德，曾对每位留德自费生每月发放津贴 200 马克。1914 年第一次世界大战爆发后，中国学生到德国留学便暂时中断。在第一次世界大战结束前夕的1917年，据“留德学会”统计，是年春在德的中国学子共有“四十人左右”，其中“官费者二十五人”，其余十余人为自费者。而且这些学生因中德断交而陷入不利境地，直至第一次世界大战结束后方才得以好转。

第一次世界大战后，留德教育出现大的转机，堪称留德史上的一段黄金时期。此时，中国留学生络绎不绝地赴德深造，其人数仅次于勤工俭学热潮中的留法生人数。据有关统计，至1920年秋已有百余人。1921年年初，仅柏林一地的中国留学生就有五十余，其他散处各城亦如之，总计已在百人外。1922年时已有300人左右。及至1924年，仅柏林就有中国公费及自费留学生近千人。[①]

第一次世界大战后留德学生人数激增的主要原因有三：第一，战后《中德协约》的签订及中德文化交流的加强，使大批学生留德成为可能。战后，中、德两国于1921年5月20日签订了新的邦交协定《中德协约》，德国政府把在华的发展重点转向文化和经济领域。留学作为中外教育交流的主要形式，随国家间关系的变化而变化，随政府政策的改进而发展。第二，战后德国通货膨胀极为严重，马克大幅贬值，持美元等硬通货的外国人在德国生活的各种费用较战前大为减少，这种状况刺激了外国学生流向德国。有人统计，仅1923年冬在德国留学的外国学生就达14000多人。出于生计考虑，中国学生不得不随各国物价的变动而更换留学国家。因此，当时留学欧美其他国家的中国学生，有些便转到德国留学。如林语堂，本在美国哈佛大学学习，由于经济原因，1920年便转到德国莱比锡大学学习。第三，德国的丰富文化、一战后重建的热情及成绩也吸引着大批中国青年把目光投向德国。如王光祈即对“新败”之德国“上下竞竞图存”深感钦佩，主张“国内青年有志者，宜乘时来德，观其复兴纲要”。[②]

1925年以后，德国的通货膨胀得到控制，马克的汇率回升，物价和生活费用跃居欧洲各国之首，加上欧洲的经济危机，许多外国学生开始离开德国。

---

① 章开沅、余子侠主编：《中国人留学史》（上册），社会科学文献出版社，2013，第271页。
② 左舜生等撰：《王光祈先生纪念册》，文海出版社，1936，第35页。

中国学生留德人数也开始大幅减少：1925 年为 232 人，1926 年至 1927 年为 193 人，1927 年至 1928 年为 174 人，1928 年至 1929 年为 153 人。[①] 同期每年中国派遣留德学生人数亦逐渐减少。

在 20 世纪初期的赴欧留学生当中，以赴比利时最早，随后赴英、法留学人数渐有增加，但总数并不多。据初步统计，截至 1910 年，大约有 50 名留法学生大学毕业。但留法勤工俭学运动伴随着中华民国的建立逐步发展，五四运动时甚至一度达到高潮，规模迅速扩大。究其缘由，可从以下几点来分析。

其一，留学观念的转变。清末以来，中西方交流日渐频繁，国人对留学的观念也在潜移默化中发生改变，即从原来的排斥、不理解发展到后来的理解与认可。例如，其时有人认为“若能出洋留学数年，谋事较易”[②]，这种以谋生为目的的想法，在国人中具有一定的代表性。从留学国度的选择来看，起初日本的受欢迎程度高，或是因为日本在短时间内发展壮大，吸引留学青年前往；或是得益于两国毗邻的地理优势，较为便利，又或是受原有传统的同文同种观念的影响，等等。但是，随着日本军国主义的膨胀，以及日本对中国侵略的加深，使得中国青年对日本的好感大幅下降，遂将留学目光转向他国，法国便是可供选择之一。

其二，救亡图存的需要。近代尤其是 19 世纪末以来，一些有志青年目睹国势危亡，为寻求救国救民的知识和真理，将留学视为挽救民族危机和社会危难之良方，毅然投入到留学运动中去。诚如时人指出，留法青年“日见其多，皆感于国难”[③]，恰好能够解释留学青年面对国家窘境时，选择留法勤工俭学的原因。可以说，倘若民族危亡决定了 20 世纪初留学救国具有迫切性，那么五四运动前后，数十批共上千名青年投入留法勤工俭学运动中，则更加凸显出其自觉性。

其三，法国文明的吸引。法国以其独特的历史文化与灿烂的文明，吸引着大批的有志中国青年。正如陈独秀在《法兰西人与近世文明》一文中所言：“欧

---

① 周一良主编：《中外文化交流史》，河南人民出版社，1987，第 134 页。
② 《秋瑾集》，上海古籍出版社，1979，第 44 页。
③ 张允侯、殷叙彝、李峻晨：《留法勤工俭学运动》（一），上海人民出版社，1980，第 437 页。

罗巴之文明，欧罗巴各国人民皆有所贡献，而其先发主动者率为法兰西人。”[①]的确，法国地处西欧，是西方资本主义文明的摇篮地之一，其文明程度和社会进步引人注目。例如，法国没有绅民阶级、政府万能等思想观念，法国的宗教神权较弱……这些在留法勤工俭学的组织者看来，不仅适合当时中国变革社会现实的需要，而且也调动了中国青年追求新社会、建设新社会的热情，令人向往。

为“输世界文明于国内”，“造成新社会、新国民”，李石曾、吴稚晖、蔡元培、吴玉章等便开始酝酿留法勤工俭学。1912 年 2 月，他们在北京发起组织了留法俭学会，“以节俭费用，为推广留学之方法；以劳动朴素，养成勤洁之性质”[②]为宗旨，关在北京创办了留法预备学校，对有意赴法俭学者进行法文、算术及应用科学等科目的预备教育。

1914 年 7 月，以欧洲为主战场的第一次世界大战爆发，英、法等协约国开始向中国招募华工，用以补充劳动力的不足。这些赴法的华工成为其时一些有志推行“平民教育”人士的教授对象，勤工俭学会应时而生。随着赴法华工及求学青年的增多，勤工俭学会已无力承担更为繁重的任务了。1916 年 6 月 22 日，华法教育会在巴黎成立，它以“发展中法两国之交通，尤其以法国科学与精神之教育，图中国道德、智识、经济之发展”为宗旨，在教育方面的主要工作是“联络中法学界诸团体；创设学问机关于中国；介绍多数中国留学生来法；助法人游学于中国；组织留法之工人教育；在法国创设中文学校或讲习班”[③]。

1919 年 3 月 17 日，第一批 89 名勤工俭学生离沪启程，拉开了留法勤工俭学的序幕。在此后大约两年的时间里，共有 17 届 20 批近 1600 名勤工俭学生赴法，这一数据远远超过了同时期留学欧洲其他国家的学生。这些勤工俭学生来自全国各地，尤以湖南籍、四川籍居多。1920 年下半年，在国内大批青年踊跃赴法的同时，法国的形势却发生了急剧的变化：一方面是第一次世

① 陈独秀：《法兰西人与近世文明》，载陈独秀《独秀文存·论文》（上），首都经济贸易大学出版社，2018，第 7 页。

② 张允侯、殷叙彝、李峻晨：《留法勤工俭学运动》（一），上海人民出版社，1980，第 14—15 页。

③ 《旅欧华法教育会一览》，转引自黄利群《留法勤工俭学简史》，教育科学出版社，1982，第 15 页。

界大战后复员需要更多的岗位来安置本国的失业人员；另一方面是随之而来的经济萧条使得大量工厂倒闭，连带使得工作岗位也供不应求。受此影响，在法的勤工俭学生已异常艰难，多数人只能依靠华法教育会及相关团体发放的救济金来维持生活。

总体说来，民国前期的留欧教育相较于清末又有了进一步的发展，这不仅反映在人数上，而且也反映在留学国度上，更反映在满足社会发展需求上。第一，受第一次世界大战的直接影响以及国内政局的变化，留欧教育呈一种马鞍形的发展态势。具体而言就是，第一次世界大战前的留欧教育出现过短暂的繁荣，战争期间的留欧教育遭受了挫折并明显萎缩，第一次世界大战后的留欧教育形成了一股较大的热潮，并成为中国留学史上的重要篇章。第二，此时期留欧教育无论是国外还是国内的宣传鼓动都起到了很大的推动作用。留法勤工俭学正是借助其时中法双方的宣传鼓动而形成运动，即如其时欧洲其他各国对中国学子的招徕，也有不少得益于种种宣传功夫。第三，此期留欧教育仍然偏重于自然科学尤其是理工诸科的专业选择，以适应当时中国民族资本主义经济发展对人才的急需。“中国留德学生，以工、医二科为最多，次为化学、经济等科。”[①] 即使留法勤工俭学运动中的留学生，也大多受到较多的工业科技方面的训练和学习。

（三）抗日战争前后留欧教育稳中求进

在规范化留学政策的影响下，1929—1938 年间留学生的派遣呈现出较为有序的局面。此期，青年学子若想外出留学，必须参加由教育部举行的留学资格考试。只有通过考试、领取了留学证书者，才有可能申请出国留学。这10 年间赴欧洲留学的概况可见表 1.1.2。

① 葆葆：《德国通信·留德学会机械电工部周年纪念》，转引自章开沅、余子侠《中国人留学史》（上册），社会科学文献出版社，2013，第 247 页。

表 1.1.2　1929—1938 年留欧学生领取留学证书之人数统计

年度	项目	英国	德国	法国	比利时	意大利	瑞典、瑞士	奥地利	丹麦、荷兰
1929	公费	15	6	2	1				
	自费	34	80	163	55	1			
	合计	49	86	165	56	1			
1930	公费	13	5	5					
	自费	3	61	137	42	2		10	21
	合计	16	66	142	42	2		10	21
1931	公费	4	15	3	1	1			
	自费	21	69	103	25		21		
	合计	25	84	106	26	1	21		
1932	公费	9	6	7	3				
	自费	47	58	101	7			3	
	合计	56	64	108	10			3	
1933	公费	18	17	6	1		1	2	1
	自费	57	51	39	13	2		2	
	合计	75	68	45	14	2	1	4	1
1934	公费	64	11	2	2	1		1	2
	自费	57	50	40	14	9	1	1	
	合计	121	61	42	16	10	1	2	2
1935	公费	28	10	1	5			3	2
	自费	74	92	54	10	2	5	3	21
	合计	102	102	55	15	2	5	6	23

续表

年度	项目	英国	德国	法国	比利时	意大利	瑞典、瑞士	奥地利	丹麦、荷兰
1936	公费	37	6	5			1	6	
	自费	49	3	17	7	6	1	6	
	合计	86	9	22	7	6	2	12	
1937	公费	10	6						
	自费	27	45	14					
	合计	37	51	14					
1938	公费	22		3					
	自费	8	10	4	2				
	合计	30	10	7	2				
总计		597	601	706	188	24	30	37	47

［资料来源］根据刘真主编、王焕琛编著的《留学教育：中国留学教育史料》第4册（“国立”编译馆，1980）第1670—1672页“十八年至二十七年领留学证书学生人数统计”摘编而成。

除教育部外，各省在留学派遣方面也制定了更为严格的法规。安徽、江苏、湖北、黑龙江等省份均制定了招考省费留欧生的章程，并通过严格的考试甄选，向欧洲派出了少量省费留学生。留学科目由文法类逐渐转向理工类。1931年，在教育部核准给予留学证书的278名留欧生中，学习“文类”的有145人，约占总数的52%；学习“实类”的有122人，约占总数的44%。

1938—1942年，在限制性留学政策影响下，留学人数明显减少，留欧学生更少（参见表1.1.3）。1938年，在英、法、德、比四国留学者尚有72人，到1939年仅剩在英国留学的26人，至1940年在英国也没有中国留学生了。

表 1.1.3　1938—1942 年欧洲留学生人数统计

	1938 年	1939 年	1940 年	1941 年	1942 年
英国	40	26		3	46
法国	8				
德国	22		1		
比利时	2				
合计	72	26	1	3	46

［资料来源］根据中国第二历史档案馆编的《中华民国史档案资料汇编》第 5 辑第 2 编教育（江苏古籍出版社，1997）第 892—893 页表格编辑而成。

另据 1938—1943 年教育部核发的留学证书统计，1938 年领取留学证书的尚有 4 名留英生和 2 名留德生，1939—1941 年领取留学证书的留欧人数则为零。1942 年后，留学生人数有所回升，但主要是前往英国的留学生。此期留欧学生人数回升的原因，一方面是战争时期对专门人才的迫切需要，另一方面则是战争形势开始朝着有利于中国的方向发展。

太平洋战争爆发后，南京国民政府与英、美等国缔结了新约。战争局势明朗后，基于战后建设需要人才的考虑，南京国民政府又将派遣留学生出国深造提上议事日程。1943 年，教育部计划选派留法交换生 50 名、留英公费生 40 名、留美公费生 40 名、留瑞士公费生 22 名、留丹麦公费生 7 名、留澳大利亚公费生 4 名、留比利时公费生 5 名、留荷兰公费生 4 名、留加拿大公费生 2 名、留意大利公费生 3 名等。在这次公费留学计划中，留欧生占绝大多数名额。经过留学资格的甄别和专设考试，共录取公费生 148 名。

抗战胜利后，国民政府继续与英、法、比等欧洲国家保持文化交流，并通过各种形式进行留学生选拔，向英国及其他欧洲国家派遣了一定数量的公费生和自费生。如 1946 年 7 月，国民政府教育部举办了第二届自费留学考试及公费留学考试，在被录取的 148 名公费考生中，除部分派往美国，其余则被派往英国、丹麦、瑞士、荷兰等 10 余个国家。[①] 加上其他渠道的派出者，本年度出国留学总人数达 730 人，其中 24.11%被派往美国以外的国家。二战

① 丁晓禾主编：《中国百年留学全纪录》（三），珠海出版社，1998，第 896 页。

后中国留学生绝大多数涌向美国，去欧洲留学者数量不多。这主要是因为欧洲的许多国家处于战后的恢复、重建阶段，同时各自也有大批青年返回学校，对本国教育的容量和能力造成了较大的压力，一时无法接纳大批外国留学生，因此中国留学欧洲的学生在总量上未见明显增加。

通过对近代中国留学教育发展历程的梳理，我们可以清晰地看到，在不同历史阶段，中国留学教育在留学人数、国别选择、学科领域、专业分布、学习内容以及学习状态等方面都体现出不同的特点。但是留美、留日、留欧是主流，它们之间相互影响、相互借鉴、相互整合，共同构建出一幅波澜壮阔的留学历史画卷。留学生派遣作为中外文化交流的一个重要途径，对近代中国的政治、军事、经济、科技、教育等领域产生了深远的影响，而在这些领域中，留学生通过教育对社会产生的影响最持久、最广泛。留学生走出国门到国外接受教育，是对中国封建传统教育的突破和变革，也是中国教育现代化的重要途径和手段。留学教育的走向对中国教育现代化变革的方式、路径和内容等都产生了深远的影响。研究生教育作为近代以来中国教育现代化体系中的重要领域，也是通过留学生引进、移植，并逐步实现“中国化”的。所以说，从整体上把握近代中国留学教育的概貌及特点，能帮助我们更好地理解近代中国研究生教育发展的特点。

第二节　近代中国大学教授群体形成

在近代中国，伴随着近代留学教育的发端和发展，新式知识分子群体在不断地产生、发展和壮大。学成归国后的大批留学生，将海外所见所闻，特别是西方文明引入中国，加速了西学东渐的进程，催生了近代中国新式教育的产生。新教育体系的完善既得益于近代留学生，又促成了中国新式知识分子队伍的壮大，并将教授群体推向了历史的前台。作为社会转型时期的知识分子，他们怀抱着“教育救国”“学术救国”的理想，担当起民族救亡和文化启蒙的双重历史使命。近代中国大学教授群体的主要来源有三个：一是从传统经生、儒士中脱颖而出的知识分子，他们已经不同程度地接受了新思潮、新学理的洗礼；二是由19世纪下半叶创办的各类新式学校所培养出来的学生；三是由近代中国的留学生群体逐渐成长而成。在不同历史阶段，这三支队伍发挥着不同的作用。随着我国教育制度的完善，留学生在继承民族传统文化和吸纳西方先进文化的过程中，逐渐成为大学教授群体的中坚力量，学历层次越来越高，整体素养也越来越高，在中国近代研究生教育发展中发挥了中流砥柱的作用。

一、高知层的产生及教授制度的完善

教授群体是知识分子阶层最重要也是最高组成部分。中国近代知识分子的产生早于教授群体的形成。知识分子阶层的形成为教授群体的产生奠定了基础，教授群体的壮大又进一步巩固了知识分子阶层。因此，在讨论教授群体形成之前有必要对中国近代知识分子的产生进行分析，以便更好地从源头上去理解近代教授及研究生导师群体的形成。

（一）新式知识分子群体的形成

中国近代意义上的知识分子形成于1840年鸦片战争之后。面对西方势力的入侵和西方文明的冲击，以儒家思想为核心的传统观念受到无情的挑战，中华民族正面临着“数千年未有之大变局”。为了挽救民族危亡，废科举、兴新学、立新说，中国士大夫阶层逐渐摆脱传统观念的束缚，开始向近代知识分子阶层转化。随着1905年科举制度的废除，古代士大夫阶层逐渐消失，新式知识分子群体应运而生。知识分子群体的形成为教授群体的诞生奠定了基础。

19世纪60年代，以“自强”“求富”为目的的洋务运动拉开了中国早期现代化的序幕。洋务运动既是一场学习西方谋求富国强兵的近代化运动，也是一场创立新式教育、培养新式人才的社会变革。它以培养“洞达时势之英才，研精器数之通才，练习水陆之将才，联络中外之译才”[①]为教育目标，与传统“学则优而仕”、培养士大夫的目的迥然相异。为探求“算学格致之理，

① 中国史学会主编：《中国近代史资料丛刊 洋务运动》（一），上海人民出版社，1961，第259页。

制器尚象之法，钩河摘洛之方”[1]，造就新型人才、变革科举、改造书院、兴建学堂、派遣留学生等成为开展洋务运动的重要举措。1862年，在北京开办了第一所外国语学校——京师同文馆。该校聘请外教教授英文、俄文、法文，培养外交、翻译人才，成为中国近代教育的肇始。随后，一批新式学堂如雨后春笋般相继建立。至1894年，共创办外语、科技、军事、实业学堂26所，并改造和兴办了一批兼习中西学的书院。就其性质而言，这批学校仅仅是高等职业类院校，还不能完全肩负起培养知识分子的重任。

1895年，盛宣怀在天津创办了天津中西学堂（后改名“北洋大学堂”），设采矿冶金、土木工程、机械、法律四科，成为我国近代大学诞生的重要标志之一。1896年，孙家鼐呈奏《议覆开办京师大学堂折》。在“百日维新”中，中国第一所国立大学——京师大学堂在北京建立，孙家鼐为管学大臣，丁韪良被聘任为西学总教习。无独有偶，当北方新式高等教育萌发之时，南方新式高等教育的星星之火也正在点燃。1896年，盛宣怀在上海创办了南洋公学，使上海成为近代高等教育的重要发源地之一。从上述中国人自办的大学中培养出来的新学生，成为中国早期新式知识分子的重要来源。

与此同时，传教士在华兴办的西式教育也为中国培养了一大批新式知识分子。鸦片战争以后，中国沦为半殖民地半封建国家，西方列强的坚船利炮与宗教势力相互庇护，为培养其所需的中国籍传教士以及为其服务的通译、买办等，传教士开始在华兴办各种学校，通过传授西方的知识与文化，来消除民众疑虑和扩大自身的影响。教会学校是中国最早的西式学校，不仅传授外文，而且还传授一些实用科学知识。最初规模很小、体制混乱，只相当于小学或初级中学水平，后来办学重点才逐步转向高等学校。1879年，美国圣公会在上海创办圣约翰书院；1889年美以美会在北京建立汇文大学等。这些学校一般都是由普通教会学校增添课程和设备而试办的高等教育，除英语和宗教课外，还开设有关西方科学与医学方面的课程。进入20世纪，教会在华创办的学校规模扩大、层次提高，其中最重要的有东吴大学（1901年）、圣约翰大学（1905年）、华北协和女子大学（1905年）、沪江大学（1906年）、

① 《续修四库全书》（四二〇·史部·纪事本末类），上海古籍出版社，1996，第167页。

金陵大学（1910 年）、华西协和大学（1910 年）、湘雅医学专门学校（1914 年）、金陵女子文理学院（1915 年）、燕京大学（1919 年）、福建协和大学（1915 年）、北京协和医学院（1919 年）等。这些大学不仅建在中国沿海大城市，而且深入长沙、成都等内地，其整体实力比中国自己创建的大学要强，更重要的是这些学校所开设的一些课程把一系列西方的新科学介绍到中国，由此培养了一批通晓西方近代科学文化的知识分子。[①]

向各国派遣留学生成为近代中国知识分子产生的第三条路径。1847 年，容闳等 3 人随西方传教士赴美留学，拉开了近代中国人负笈游学的序幕，开辟了我国通过留学培养知识分子的新途径。1872—1875 年间，清政府共选派 120 名幼童赴美游学，虽然遭受顽固势力的阻挠，“幼童留美”计划夭折，但此举开启了中国新式知识分子培养的新途径。1877 年，清政府又选派学生赴欧学习驾驶、造船、矿学、公法等，着力培养军事人才，开创了官派留学生的新航向。甲午中日战争战败，举国震惊，蕞尔岛国能在短时间内跻身世界强国之列，使国人意识到全方位学习西方科技文化知识的重要性。有鉴于中日文字接近，易于通晓，风俗习惯类同，加之路近费省，故学子东游日本于此期呈风起云涌之势。进入 20 世纪，中国派遣留学生的规模开始达到高潮。当留日高潮受政治等因素影响而有所衰退时，借助庚子赔款的留美教育又悄然兴起，从 1909 年至 1911 年间共考选留美学生 180 名。除此之外，还有教育部直接遣送、各省公派以及由教会学校资助和自费留学的留学生。据统计，留美学生从咸丰四年（1854 年）到民国 24 年（1935 年）共计有 20906 人，而留日学生从庚子年（1900 年）到民国 26 年（1937 年）共约 34081 人。[②] 这些留学生在国家积贫积弱、民族饱受欺侮之际，肩负使命，出洋游学。他们亲身接触到一个广阔的新世界，对中国的落后状态有了更为深切的认识，从而怀着极大的热情去汲取新知，学成归国后积极贡献于社会的各行各业。

与传统士大夫相比，上述三种途径所培养的近代新式知识分子有着明显的变化。

---

① 罗荣渠：《论美国与西方资产阶级新文化输入中国》，《近代史研究》1986 年第 2 期。

② 汪一驹：《中国知识份子与西方》，转引自张继辉、李小宁《统一战线中的知识分子问题》，中央编译出版社，2007，第 12 页。

首先是知识结构变化了，从四书五经变为亦中亦西的新学，从伦理政治的规范性知识变为应用性的自然知识；其次是知识的空间变化了，从过去的私塾、书院变为中西混杂的洋学堂，到民国以后又变为西方式的以学科化为中心的学校体制。最后是读书人的出路变化了，不再是像过去那样只有仕途一条路，他们与国家的制度化联系随着科举制度的废除被切断了，知识分子不再是国家精英，他们成为了自由浮动资源，开始流向社会：军队、商业、金融、实业、媒体、出版业和学院……[①]

（二）教授制度的完善

伴随近代新式知识分子的产生，中国早期的教授群体也开始孕育成长。该群体既脱胎于封建社会的士大夫阶层，又主动向西方大学教授的专业化学术职业人接轨，因而带有中国古代的“士”和西方专业学术人员的双重特点。随着近代中国留学教育的发展、高等教育实力的提升及相关政策法规的完善，教授群体逐步形成，规模日渐扩大。

清末高等教育尚处在初创期，大学教授的名称尚未出现，但已有了相当于大学教授职位的教师群体，先被称为“教习”，后被称为“教员”。“教习”之称始于洋务运动时期的新式学堂，其中总教习的任职条件是“中国通人，学贯中西能见其大者”，教习的任职条件是“品学兼优，通晓中外者，不论官阶，不论年齿，务以得人为主。或由总理衙门大臣保荐人才，可任此职者，请旨擢用”。[②]可见，当时将“学贯中西”“通晓中外”作为聘任教师的重要条件之一。“教员”称呼始于1904年颁布的《奏定学堂章程》，该章程将大学堂教员分为正教员、副教员两种。正教员“以将来通儒院研究毕业，及游学外洋大学院毕业得有毕业文凭者充选”，副教员则“以将来大学堂分科毕业考列优等，及游学外洋得有大学堂毕业优等、中等文凭者充选”。[③]“游学外洋”已成为获取教员资格的重要条件之一。总体而言，清末时期的教授群

---

① 许纪霖编：《20世纪中国知识分子史论》，新星出版社，2005，第2页。
② 陈学恂主编：《中国近代教育史教学参考资料》（上册），人民教育出版社，1986，第442页。
③ 《奏定学堂章程》，转引自璩鑫圭、唐良炎《中国近代教育史资料汇编·学制演变》，上海教育出版社，1991，第428页。

体规模较小，仍然沿袭着传统的“官师合一”的特点，其影响力也十分有限。但是，这些规定形成了我国大学教授群体制度的雏形。

民国初期，军阀持续混战，政权更迭频仍，高等教育获得了相对宽松的发展空间。学校数量和整体规模持续扩大，呈现出公立、私立及教会大学竞争共存的格局。据统计，1926 年全国大学增至 51 所，其中公立大学 37 所、私立大学 14 所。大学数量的迅猛发展加快了教授群体的形成。为确保教授群体的整体质量，教育部通过制定系列规章对教授资格进行了限定。1912 年 10 月公布的《大学令》，首次将大学教员分为教授、助教授和讲师三级。这是近代中国首次使用“教授”作为大学教师名称，标志着近代中国教授制度的出现，并为这一群体赋予了一个合法的称谓。1913 年 1 月 16 日，《私立大学规程》规定：

> 凡具有下列各款资格之一者得充私立大学教员……（一）在外国大学毕业者；（二）在国立大学或经教育部认可之私立大学毕业，并积有研究者；（三）有精深之著述，经中央学会评定者。[①]

这一规定再次将海外留学经历作为大学教员选聘的重要标准之一。1917 年 9 月，教育部颁布的《修正大学令》规定，大学设正教授、教授、助教授，必要时得延聘讲师。1924 年，《国立大学校条例》又将教员重新划分为正教授、教授及讲师三级。可见，民国初期的教员称谓实际上包括了正教授、教授、助教授和讲师四类。自是而后，中国大学的“教授”与现代西方大学“教授”的含义基本保持一致，并一直沿用至今。然而由于教育落后、人才匮乏，其时一般大学对教师资格的要求并不十分严格，许多人只要大学毕业，出国游学，取得硕士或博士学位，更有甚者仅是访问研究一段时间归国后，就可出任大学教授。

到 20 世纪 20 年代末至 30 年代中期，中国高等教育进入了一个新时期，大学教授群体也进入了稳定发展阶段。教育部通过制定一系列法令、条例，逐步使大学教授制度走向规范化。1927 年 6 月 15 日，教育行政委员会颁布《大学教员资格条例》，从名称、资格、审查和附则四个方面进一步完善教师制度。

---

① 舒新城编：《中国近代教育史资料》（中册），人民教育出版社，1985，第 660 页。

该条例明确将大学教员划分为教授、副教授、讲师、助教四等。他们的任职资格分别如下：助教须为“国内外大学毕业，得有学士学位，而有相当成绩者”或“于国学上有研究者”；讲师须为“国内外大学毕业，得有硕士学位，而有相当成绩者”或“助教完满一年以上之教务，而有特别成绩者”，或“于国学上有贡献者”；副教授须在“外国大学研究院研究若干年，得有博士学位，而有相当成绩者”或“讲师满一年以上之教务，而有特别成绩者”，或“于国学上有特殊之贡献者”；教授须为“副教授完满二年以上之教务，而有特别成绩者”。[①] 该条例规定了大学教师职称由低级向高级递升的条件，形成了一个由低级向高级发展的序列，这是一个较规范的大学教师制度，标志着近代中国大学教授聘任制度正式形成。1929 年国民政府公布的《大学组织法》再次规定：“大学各学院教员，分教授、副教授、讲师、助教四种，由院长商请校长聘任之。”[②] 这就以立法形式正式将大学教师制度确立下来，并成为日后各校聘任教师的法令文件。

20 世纪 30 年代末至 40 年代中后期，国民政府又颁行了一系列法规、条例，使大学教授资格检定与聘任逐步走向制度化发展的轨道。1940—1943 年间，《大学及独立学院教员聘任待遇暂行规程》《大学及独立学院教员资格审查暂行规程》和《大学及独立学院教员资格审查暂行规程施行细则》三个文件相继出台，使大学教授资格审查、等级审定、教授聘任、工资待遇和师资管理更加系统化、制度化和规范化。同时，教育部还成立了学术审议委员会对教授资格进行审查，这是对大学数量增多、办学规模扩大、教授群体增长所带来的水平参差不齐的制度保障。《大学及独立学院教员资格审查暂行规程》规定了大学教师分助教、讲师、副教授、教授四等及其任职资格，其中对教授制度做出了更具体的规定：

> 一、任副教授三年以上著有成绩，并有重要之著作者；二、具有副教授第一款资格（在国内外大学或研究院所研究得有博士学位或同等学历证书而成绩优良，并有有价值之著作者），继续

① 教育部编：《教育法令汇编》第一辑，商务印书馆，1936，第 145 页。
② 罗廷光：《教育行政》（下册），福建教育出版社，2010，第 371 页。

研究或执行专科职业四年以上，有创作或发明，在学术上有重要贡献者。[①]

另规定，凡在学术上有特殊贡献而其资格不合于教授之规定者，经教育部学术审议委员会出席委员四分之三以上之可决，得任教授。可见，学术成就成为获得教授资格的重要条件，这为那些有真才实学的留学生充任教授创造了机会。

综上可知，近代中国的教授群体是新式知识分子在被动适应时代变迁和主动抉择出路的双重影响下形成的。它伴随着近代中国动荡不安的时局以及教育制度的变革，经历了从无到有、迅速壮大并最终稳定成熟的发展演变历程，对近代中国高等教育的发展产生了不可忽视的影响。

二、留学生的培养与教授群体的构成

新文化运动以后，我国已逐步形成了一支为数可观、具有多元化色彩、结构比较合理的教授群体。这支队伍的组成大致可以分为三个层面：第一个层面，是出生于封建士大夫营垒、在维新运动时期实现了自我转变的老一辈文化教育界人士。他们开眼看世界，向西方学习，积极倡导新知识、新教育的伟大实践。第二个层面，是出生于19世纪七八十年代，更多地接受过近代新式教育熏陶的一代，留日归国学生构成其主体。这批人在民国肇始、革故鼎新的历史大变革关头，运筹帷幄、大刀阔斧，积极从事创建知识体系和新式教育制度的伟大实践。第三个层面，是出生于19世纪90年代以后的一代，他们在甲午中日战争失败的耻辱和维新运动的思想启蒙中度过童年、少年时代，在20世纪初的兴学热潮中完成初等、中等教育，他们中的大部分人在留学潮流的转换中远赴欧美，特别是留美学习，归国后又恰恰赶上了新文化运动、五四运动的风云际会。这批人出国留学少则两三年、多则五七载，师从名家、学有专长，受过全面的西方教育熏陶和科学方法训练，取得了硕士、博士等

① 中国第二历史档案馆编：《中华民国史档案资料汇编》第五辑第二编，江苏古籍出版社，1997，第716—717页。

较高学位。他们年富力强、血气方刚，视野开阔、思想敏锐、富有朝气，积极从事科学研究、人才培养和社会改革的伟大实践。

随着负笈游学的知识分子学成归国投入教育事业，留学生在教授群体中所占的比重越来越大。洋务运动时期，清政府实施“幼童赴美”计划及派遣学员留欧时，并没有将培养本国学堂教习人员纳入议事日程。但是，在这批留学生中，有不少人选择从事教育行业，如严复、梁敦彦、蔡绍基等，他们长期在新式学堂中任职。

至19世纪末20世纪初，随着近代大学数量和规模的急剧扩张，高校师资短缺的问题日益凸显，通过派遣留学生解决国内教育发展所需师资问题，已成为社会共识。于是，培养高校师资也逐渐成为留学教育的重要目的之一。早在1898年7月，驻日使臣裕庚在调查日本大学堂的规制时，除详细介绍了日本大学的分科和课程外，还特别强调说：“日本仿照西法设立大学……自大臣以至校长教师，则莫不由西国学成而来，如前任文部大臣西园寺公望，则从法国大学堂出身者也。继之者为蜂须贺茂韶，则从英国大学堂出身者也。又继之者为外山正一，则从美国大学堂出身者也。现任之屋崎行雄，则又从英国大学堂出身者也。”[①]1903年12月，复校不久的京师大学堂首次派遣余棨昌、俞同奎等47名速成科学生赴东西洋留学，其目的即是充实该校师资力量。主持此项工作的管学大臣张百熙认为：“中国大学分科，照目前物力士风而论，求其规制完备，程度高深，恐非三四年所能猝办……亟应多派学生分赴东西洋各国学习专门，以备将来学成回国，可充大学教习，庶几中国办理学堂尚有不待借材操纵自如之一日，早为之计，应用无穷，及今不图，后将追悔。”[②]同时，他奏请清政府，请求派遣京师大学堂学生出洋留学：“计自开学以来，将及一载。臣等随时体察，益觉咨遣学生出洋之举万不可缓，诚以教育初基，必从培养教员入手。而大学堂教习尤当储之于早，以资任用。”[③]可见，通过派遣留学生来解决创办新式高等教育的师资问题成为重要途径之一，也为教

① 《太仆寺少卿出使大臣裕庚片》，转引自田正平《留学生与中国教育近代化》，广东教育出版社，1996，第405—406页。

② 陈学恂、田正平编：《中国近代教育史资料汇编·留学教育》，上海教育出版社，1991，第19页。

③ 同上。

授群体的形成开辟了新路径。

中华民国成立后，留学教育进入新的发展时期。留学国别多元化、就读时间延长、取得学位的人数扩大，这就使得在留学生群体中有更多的人获得了在高等教育机构任职的资格。教育部于1912年又先后颁布了《公立私立专门学校规程》和《私立大学规程》，将国外大学毕业作为在高等教育机构任教的首选条件，进一步激发了归国留学生从事教育行业的热情。1922年，北洋政府颁行新学制，放宽了大学标准，使得国内大学数量骤增，师资力量普遍匮乏，当时的大学急需通过聘请归国留学生来缓解师资不足的状况。社会也自然对学贯中西的归国留学生寄予厚望。于是，各公立、私立大学都不惜以高职位、高薪金争相延聘"学有所成"的归国留学生。主观条件的具备和客观上能够提供较好的物质待遇以及发挥他们所学之长的机会，使民国以后在高等教育机构任教的归国留学生人数大幅度地、持续地增长，并逐渐取代外籍教师，构成了高校师资队伍的主体。正如教育家舒新城所言："高等教育界之人员亦十分之九以上为留学生。"[①] 以清华为例，1909年至1922年间，赴美留学归国者共516人，回国后在高等学校任教职者155人，约占30%。[②] 另据20世纪20年代《东大各科教员出身统计表》统计，222名教员中，留学出身及外籍教师共有143人，占教员总数的64%以上。[③]

随着归国留学生人数的增加，进入20世纪30年代以后，高等教育界的"人才荒"问题一度有所缓解。有学者对1931年出版的《当代中国名人录》中的教育界名人作过一个统计：在1103位教育界人物中，国内新、旧教育出身者有199人，约占18%；国外留学出身者904人，约占82%。[④] 可见，留学生群体在教育界已占据着主体地位。教育部的官方调查再次证明了这一点。根据教育部对20世纪30年代专科以上学校教员资格的分布状况所做的调查：1931年国外专门以上学校出身者占39.8%，国内专门以上学校出身者

---

① 舒新城：《近代中国留学史》，中华书局，1929，第212页。
② 田正平：《留学生与中国教育近代化》，广东教育出版社，1996，第107页。
③ 王德滋主编：《南京大学百年史》，南京大学出版社，2002，第97页。
④ 《当代中国名人之调查与研究》，转引自王奇生《中国留学生的历史轨迹（1872—1949）》，湖北教育出版社，1992，第272页。

占 32.7%，中等学校出身者占 4.3%，其他占 23.2%。[1] 而 1935 年的调查结果显示：留学出身者约占 44%。此外，全国学术工作咨询处也在 1937 年对数千名回国留学生的职业做了一次调查，结果显示：在接受调查的 4933 人中，从事教育者 1804 人，约占全数的 37%，居于各种职业之首。[2] 从上述统计数据可知，留学生在高校师资中所占的比例呈扩大之势。具体到各个高校而言，此种趋势就更加明显了。如 1930 年，中央大学 153 位讲师以上的专任教师中有 130 人曾留学国外。[3] 南开大学全校 41 位教师中有留学美国经历者 31 人。清华大学在 1927—1937 年间有 326 位教师获得学位，其中获国外学位者 204 人。至于教会大学，如燕京大学、辅仁大学、金陵大学等，均因是教会势力所创办，教育体制、教育是内容和方法与国外更接近，其归国留学生在教授中的比例更不待言。由此观之，此期高校师资整体规模的扩大及水平的提升，确为研究生教育的进一步发展壮大提供了师资保障。

全民族抗战开始后，身处异域的留学生也深深感受到祖国的危难，以肩负拯救民族危亡的历史责任感纷纷回国。在“学术救国”“科技救国”的感召下，他们纷纷投身于高等教育界。日本帝国主义的野蛮行径打断了我国教育现代化的正常进程，但是在“战时需做平时看”教育方针的指导下，包括研究生教育在内的各级各类教育并未因战争的影响停滞不前，而是克服重重困难重获新发展。这其中很重要的一个原因就是海外留学生充实了战时教育的师资力量，为教育的发展提供了强大的师资保障。国民政府教育部曾对全国专科以上学校教员做过一次全面的资格审查，其中 1941 年 2 月至 1944 年 3 月间审查合格的第一批教授、副教授共 2488 人（具体见表 1.2.1）。

① 教育部中国教育年鉴编审委员会编：《第一次中国教育年鉴》（丁编　教育统计），开明书店，1934，第 3—4 页。

② 《回国留学生调查表》，转引自王奇生《中国留学生的历史轨迹（1872—1949）》，湖北教育出版社，1992，第 273 页。

③ 王德滋主编：《南京大学百年史》，南京大学出版社，2002，第 143 页。

表 1.2.1　1941—1944 年国民政府教育部审查合格教授、副教授留学出身人数统计表

科别	教授	副教授	合计	留学人数	所占比例
文	351	130	481	259	53.8%
理	412	120	532	431	81%
法	254	85	339	300	88.5%
教	144	55	199	154	77.4%
农	179	77	256	232	90.6%
工	250	75	325	252	77.5%
商	80	37	117	96	82%
医药	134	57	191	152	79.6%
艺术	25	23	48	37	77%
总计			2488	1913	76.9%

[资料来源]《专科以上学校教员名册》(第 1—2 册)，转引自王奇生《留学与救国——抗战时期海外学人群像》，广西师范大学出版社，1995，第 167—168 页。

在接受资格审查的 2488 人中，有留学经历者 1913 人，占总数的 76.9%。各科留学出身的教授、副教授比例以农科居首，高达 90.6%；法科次之，为 88.5%；文科最低，亦达 53.8%。留学生对近代中国高等教育的影响之大可见一斑。这些学有专长、学有所成的归国留学生，不仅充实了我国高等教育的师资力量，而且从国际学术前沿阵地带回国际学术界的最新信息，使战时几乎与世隔绝的中国学术仍然能紧跟国际潮流，不致因战乱而中断、脱轨。以西南联大 1941 年的统计为例，其时西南联大共有教授、副教授 179 名，占全校教职工总数的 22.3%。其中 97 人留美、56 人留欧、3 人留日，共计 156 人为留学出身，占教授、副教授总数的 87%以上。西南联大三位常委中，梅贻琦和蒋梦麟负笈美国，张伯苓曾赴哥伦比亚大学研修。全校 5 个学院的院长均为留美博士；26 个系的系主任，除中国文学系外，皆为留学归来的教授。正如陈省身回忆的：

数学系教师队伍人才甚盛，已有名望的教授就有十二三人。年资较老的名教授如南开的姜立夫、清华的杨武之、北大的江泽涵诸名家都聚集于一系；加上一部分新从国外留学归来，学有所专、业

有所成的原清华大学、北大、南开数学系的毕业生和教师，如华罗庚、许宝騄，我也在其中，此外还有刘晋年、张希陆、蒋硕民、申又枨、程毓淮等。教师力量较战前各校更为充实。[①]

通过以上分析可知，教育领域是归国留学生的首选职业类别，成为这批青年才俊实现“教育救国”“科学救国”理想的主要阵地。随着近代中国高等教育体系的完善及实力的增强，教授群体队伍日益扩大，成为中国高知阶层中最为重要的一部分，而留学生则是充实这支队伍的最主要力量。留学生在教授群体中所占的比重越来越大，他们在高等教育领域所发挥的作用是其他群体无可比拟的。

三、高学历留学教授群体队伍的壮大

随着高等教育事业的发展，不仅越来越多的留学生投身于此领域，而且学历层次也越来越高。这既是我国近代高等教育发展的必然结果，也是历届政府加强留学管理的有益成果。高学历留学教授群体队伍日益壮大，为研究生教育的产生、发展提供了最强大的支撑力量，他们不仅将海外接受教育的最真切的感受融入对高层次人才培养的理解当中，而且将学位制度、培养机构引入我国的学校教育体系中，进行中国化的探索，同时还切实地承担起培养高层次知识人才的责任，成为近代我国研究生导师的主体。

清末时期，留日学生因为未经严格挑选，导致鱼龙混杂、良莠不齐，尤其是速成留学教育导致留日生学习成绩并不理想。民国建立以后，由于速成留学教育的结束，再加上北洋政府加强对留日教育的管理，留学生质量有了大幅度的提高。据1920年日本留学生监督称：“查现在各省留学日本官费学生一千二百余名，以肄业第一高等学校、东京高等师范学校、东京高等工业专门学校为最多数……此外自费学生约计三千数百名……亦皆刻苦励学志无旁骛，颇多颖秀可造之彦。”[②] 同时，据日本文部省1926年对中国留学生入

① 《神游数学王国六十余年——访陈省身教授》，《人物》1992年第5期。

② 陈学恂、田正平编：《中国近代教育史资料汇编·留学教育》，上海教育出版社，1991，第373页。

学状况调查结果显示，是年中国留日学生在籍人数 1774 人，读高等、专门学校和大学者 1354 人，约占总数的 76.3%，其中读大学者约占 45.3%，[①]这种现象在前期留日浪潮中并未有过。可见，留日学生的整体质量逐步得以提升。与留日学生相比，欧美留学生向来以学习成绩优异著称。比如，1915 年 8 月美国麻省理工学院有 13 名中国学生毕业，其中 5 人获得硕士学位，8 人获得学士学位。同年，在康奈尔大学学习的中国学生有 50 多人，他们的"成绩之佳，为全校所共晓"[②]。从 1917 年、1918 年汇编的《游美同学录》来看，90% 以上的留美学生获有学士学位，很多人获得硕士学位和工程师资格，有 35 人获博士学位。[③]1916—1929 年，清华研究生留美共 62 名，1/3 以上获博士学位。[④]

南京国民政府成立后，进一步加强对留学教育的管理，提高出国留学的标准，选送留学生的标准较此前有了明显的提高。如对公费、自费生的学历、资历标准都有较大提高；在自费生的经费上要求必须筹足经费并有人担保才行；为节省时间和经费，公费、自费生必须通过留学国语言考试；考试的内容分初试和复试，合格者领取留学证书方准出国。对此，有人评价说：

> 教育部对于公费留学生之考选方法，虽较前特别加严，而对研习之科目特别注重，大都事先与各派遣机关详细议定。自费生之出国，除提高资格外，各省大多数设有奖学金，以补助成绩优良之自费生。留学生在国外，须按期呈缴研究成绩，归国后，并须向教育部呈验证书，申请登记，凡此规定，留学生之管理，较前严格矣。[⑤]

这一系列措施的实行，提高了出国留学教育的质量，促使一批批真才实学的青年才俊远赴海外攻读高级学位。1934 年 8 月 17 日的《大公报》报道："近年来关于留学生方面，有一个很好的现象，便是留学生在质上有极剧的改进。换言之，以前的留学生多半是到外国去入大学本科，甚或中学，现在大批的学生，则多是入大学研究院，有的并已在国内有了两三年的专门研究，或数

---

① 张玮、刘润民：《清末民初中国留学教育的多元趋向》，《教育理论与实践》2006 年第 12 期。
② 《康乃耳大学校闻》，转引自王奇生《中国留学生的历史轨迹（1872—1949）》，湖北教育出版社，1992，第 23 页。
③ 张俊勇编著：《从土秀才到洋博士》，四川人民出版社，2003，第 74 页。
④ 汪一驹：《中国知识份子与西方》，梅寅生译，枫城出版社，1978，第 132 页。
⑤ 刘真主编，王焕琛编著：《留学教育：中国留学教育史料》第 4 册，"国立"编译馆，1980，第 1664 页。

年实际经验，专为到海外求得登造最后峰极的。”[①] 特别是赴美留学生群体获得学位的比例更大。据统计，1931—1936 年间，留美学生中共有 223 人获得博士学位，396 人获得硕士学位[②]。与欧美留学生相比，这一时期留日学生的质量要逊色得多。据 1935 年的统计，赴日中国留学生中，大学毕业者仅占 11.8%，专科学校毕业者占 12.7%，其余 75.5%为大专学校肄业生和中学毕业生[③]。1937—1945 年间，国民政府对留学教育采取了紧缩政策，出国留学受到了影响。抗战结束后，出国留学再次受到重视，赴美国留学的人数逐年增长。在 1945—1949 年间，中国总计赴美留学人数在 5000 人以上。他们接受的教育程度很高，其中研究生人数最多，占全体留美学生的半数以上。

通过以上分析，我们可以清晰地发现越来越多的青年才俊远赴海外接受研究生教育，攻读高等学位。他们学成归国后，不仅充实了我国高等教育的师资，而且提升了教师队伍的整体水准。

1912 年后，大批留学生归国，逐渐取代了原来的外籍教授，构成了中国高等教育的基本力量。中国籍教授开始成为近代大学教授群体的主体，这一趋势反映了中国大学摆脱对外籍教授的依赖，培育自己的学术研究队伍的要求。严复认为：“所聘教习，如非万不得已，总以本国人才为主。其聘请之法，则选本国学博与欧美游学生各科中卒业高等而又沈浸学问，无所外慕之人，优给薪水，一面教授，一面自行研究本科。如此则历年之后，吾国学业可期独立，有进行发达之机。”他还认为这种办法“较之从前永远丐人余润，以重价聘请一知半解之外国教员，得失之数，不可同年而语矣”[④]。

新文化运动前后，更多的留学生投身于高等教育界，例如，1918 年占北京大学师资总数近 70%的有留学经历的教师中，有留美经历者 43 人，留日经历者 37 人，留欧经历者 47 人。[⑤]清华大学中具有留学经历的教师所占比重更大。

---

① 王奇生：《留学与救国——抗战时期海外学人群像》，广西师范大学出版社，1995，第 25 页。

② 《我国留美学生获得学位学校统计》，转引自王奇生《留学与救国——抗战时期海外学人群像》，广西师范大学出版社，1995，第 25 页。

③ 《关于留学教育问题》，转引自王奇生《留学与救国——抗战时期海外学人群像》，广西师范大学出版社，1995，第 25 页。

④ 萧超然、沙健孙、周承恩、梁柱：《北京大学校史（1898—1949）》，上海教育出版社，1981，第 29 页。

⑤ 留学生丛书编委会编：《中国留学史萃》，中国友谊出版公司，1992，第 136 页。

据统计，“大约是1926年底以前，清华至少新聘了50位中国教员。其中留学生26人”[①]。1929年，东北大学全校125名教师中，留美的48名、留英的4名、留法的3名、留德的3名、留日的6名。留学生人数占教师总数的一半以上，并且以美国留学生为主。除国立大学外，教会大学中归国留学生所占的比例也不小。1925—1926年间，在教会大学181名中国教师中，有79人为归国留学生。

不仅留学生所占的比例越来越大，更为重要的是在这批留学生教授群体中，高学历者越来越多。以20世纪20年代的东南大学为例，据《国立东南大学教员履历》统计（见表1.2.2），在222名教员中，有留学经历者有127人。其中，在国外获得博士学位或双硕士学位的教授约占该校教授的18%，在国外获得硕士学位或相当职务者约占25%，在国外获得学士学位或曾出国留学者约占14%。也就是说，在东南大学的教员中，获得硕士、博士学位者约占43%。

表1.2.2　东南大学教授统计表

科别	曾在国外任教授、研究员或获博士、双硕士者	曾在国外获硕士学位或相当职务者	曾在国外获学士学位或曾出国留学者	本国教授，含档案中无学历记载者	外籍教授	共计
文科	9	8	7	43	3	70
理科	8	13	3	4	1	29
教育科	8	7	5	11	2	33
工科	1	7	4	3	0	15
农科	10	12	7	7	6	42
商科	4	9	5	11	4	33
合计	40	56	31	79	16	222

［资料来源］朱斐主编：《东南大学史（1902—1949）》第1卷，东南大学出版社，1991，第127页。

20世纪30年代有留学经历的教师占全体教员总数的比例更大，并且以美

① 苏云峰：《从清华学堂到清华大学（1911—1929）》，生活·读书·新知三联书店，2001，第141页。

国留学生为主。据1935年的统计，全国教师7234人中，留学国外者3827人，[①]有留学经历的教师约占全体教员总数的53%。1930年，中央大学的153位讲师以上的专任教师中，曾留学国外者就有130人。[②]1930年，南开大学全校教师41人，有留学美国经历者31人。1935年，重庆大学有教授33人，其中有留学经历的有29人，约占教授总数的87.9%。这都再次说明留学生所受重用的程度。至于教会大学如燕京大学、金陵大学等均因系美国教会创办，教育体制、教育内容和方法一如美国，其归国留美生在教授中的比例更不待言。从1932年到1936年，清华大学校长梅贻琦每年都选聘一批海外留学生来校任教。据苏云峰对1927—1937年清华大学教师学历的统计，在398位教师中，除72人（约占18%）的资料未详外，具有博士学位者84人（约占21%）、硕士85人（约占21%）、学士149人（约占37%）。在已知具有学位的326位教师中，获国外学位者204人。此外，有3人为国内中学毕业，5人无学历但在国外作过访问研究。[③]可见，清华大学的教师多数曾留学国外，且获得硕士、博士高级学位的教师已接近45%。当时清华教师队伍无论就其资历或学历程度来说，在国内都是无与伦比的，有如此高学历的师资队伍，自然为研究生教育的实施创造了良好的条件。

抗日战争期间，在"教育救国"的感召下，大批高学历留学生投身于科技界、教育界，更好地充实了高教师资力量。20世纪30年代前受过完整西方教育的知识分子几乎全部回国，这批知识分子除少数人进入政府任职外，绝大多数成为大学教授。以西南联合大学为例，该校从1938年成立至抗战胜利后复员北返，前后共计8年，为战时中国培养了大批人才。这些人才活跃在各个学科领域，对推动中国现代化发展发挥了巨大作用。可以说该校所缔造的传奇很大程度上有赖于高素质的师资队伍。以院系为单位，将西南联合大学教授留学获得学位状况进行统计，可以使我们更好地了解该校的师资状况，其情况见表1.2.3。

① 《二十四年度全国教育统计简编》，转引自陈媛《中国大学教授研究》，山西教育出版社，2012，第86页。

② 王德滋主编：《南京大学百年史》，南京大学出版社，2002，第143页。

③ 苏云峰：《从清华学堂到清华大学（1928—1937）》，生活·读书·新知三联书店，2001，第116页。

表 1.2.3　西南联大教授统计表

院、系		在国外获得博士学位	在国外获得硕士学位	在国外获得学士学位或出国留学者	本国教授	外籍教授或不详	共计
文科	中国文学	2		5	5		12
	外国语文学	9	10	6		3	28
	历史学	3	3	6	3	1	16
	哲学心理学	7	7		1	1	16
	小计	21	20	17	9	5	72
法商科	政治学	9	4				13
	经济学	5	7	1			13
	法律学	3	3	4			10
	商学	2	3				5
	社会	4	3				7
	小计	23	20	5			48
理科	数学	12	2				14
	物理	14					14
	化学	12					12
	生物	9	1				10
	地质地理气象	9	4	1		1	15
	小计	56	7	1		1	65
工科	土木工程	7	6				13
	机械工程		10	2			12
	电机工程		6	7			13
	化学工程	1	2				3
	航空工程	1	4				5
	小计	9	28	9			46

续表

院、系		在国外获得博士学位	在国外获得硕士学位	在国外获得学士学位或出国留学者	本国教授	外籍教授或不详	共计
师范科	教育和公民训育	7	5				12
	国文				1		1
	英语		1				1
	史地		1				1
	理化	1					1
	小计	8	7		1		16
合计		117	82	32	10	6	247

[资料来源]根据王文俊主编的《国立西南联合大学史料四》教职员卷（云南教育出版社，1998）相关资料整理而成。

根据上表统计分析，在西南联大教授群体中，具有海外留学背景的共有231人，约占93.5%。其中，在国外获得博士学位的教授约占47%，比例最高，尤其是在物理系和化学系，所有的教授都获得海外著名大学博士学位；在国外获得硕士学位者约占33%。也就是说，约80%的教授在国外接受了研究生教育，获得了博士或硕士学位。这组数据较20世纪二三十年代有较大的提高。总之，越来越多的高层次留学生加入到教师队伍群体中，优化了近代我国知识分子的结构，提高了教授群体的整体素质。

进入20世纪40年代，高学历留学生教授群体在各学科领域更是独占鳌头。中央研究院是民国最高学术研究机关，1948年首届81名中央研究院院士足以代表当时中国学术界的最高水平。他们是当时中国自然科学界和社会科学界的最高代表。这81名院士中有海外留学经历者达77名，占比高达95%以上（见表1.2.4）。更为重要的是，在这批院士中，绝大多数都取得了博士或硕士学位，且多为博士学位。他们在中国近代科学及教育的历史转变中发挥了极为重要的作用，做出了非常重要的贡献。

表 1.2.4　1948 年中央研究院首届院士留学情况统计表

留学国别	数理组	生物组	人文组	总计	约占留学生比例	约占院士比例
美国	17	17	15	49	63.6%	60.5%
英国	3	4	2	9	11.7%	11.1%
法国	2	1	2	5	6.5%	6.2%
德国	3	1	2	6	7.8%	7.4%
日本	1	1	3	5	6.5%	6.2%
比利时	1	1		2	2.6%	2.5%
瑞士	1			1	1.3%	1.2%
合计	28	25	24	77		95.1%

[资料来源]根据周雷鸣的《一九四八年中央研究院院士选举》（《南京社会科学》2006 年第 2 期）和王春南的《民国时期中央研究院院士选举》（《历史档案》1991 年第 3 期）两文资料整理而成。

分析上表可见，在这个群体中，在海外获得博士学位的人数比例更大。其中，数理组的 28 名院士中，获得博士学位的有 25 人、硕士学位的有 3 人；生物组的 25 名院士中，获得博士学位的有 20 人、硕士学位的有 2 人、不详者 3 人；在人文组中，除几位承传清代的考据学和朴学系统的传统文史学科专家，如柳诒徵、陈垣、顾颉刚等没有留学经历外，大多数当选院士都有留学经历。当选院士中又以留学美国者最多，占 60%以上；如果加上留学欧洲者，则高达 88%以上。20 世纪初留日潮中的留日学子在数量上远远超过早期庚款留学生，但当选院士的比例很低，其主要原因是，留日学生大多完成大学学业后便回国工作，很少留在日本继续深造以获取更高学位。而留学欧美者，不但在取得大学学位后留在海外继续深造，取得了硕士或博士学位，且多在导师的指导下进行过相当一段时间比较深入的研究工作，大多领悟到了研究的性质和途径。同时，无论是社会科学还是自然科学，其时许多学科的前沿已经集中在美国，且建立起了有利于科学发展的现代学术制度，留学生能更好地接受完整的研究生教育。正如曾在英国留学并获得考古学博士学位、后在中央研究院工作的夏鼐指出："我国留日的学生，在数量上恐远超留美学生，但是在院士的比例却很低。这大概由于留日的多在受过大学教育后便返国，很少仍留日本进毕业院校获得较高学位。"[①]留学欧美者绝大部分获得博士学位，少数为硕士学位，这些都是院士中留学欧美者占如此高比例的重要因素。从当选院士的就职单位来看，在大学就职的院士共有44人，约占总数的54.3%。在大学中的当选院士基本上都是各学科的领军人物，这在某种程度上再次说明，在海外留学的高层次人才逐渐成为我国近代研究生教育发展的重要力量。

近代留学生充实了我国知识分子的队伍，他们投身于教育界，不仅缓解了高等教育师资匮乏的燃眉之急，而且改变了我国高深学问由外国人执教的教育局面。同时，随着我国高等教育的发展及教授制度的完善，越来越多曾在海外获得博士或硕士学位的留学生加入到高师队伍中来，他们在高校中积极钻研高深学问，讲授科学理论及思想方法，开拓学科建设，为培养高层次人才具体而切实地做出了应有的贡献。正是这批集中西方教育理论、科学文化知识于一身的精英人才的加入，才使得近代中国的高等教育焕发出勃勃生机，为研究生教育发展提供了最宝贵的人力资源。

① 罗丰：《夏鼐与中央研究院第一届院士选举》，《考古与文物》2004年第4期。

第二章

留学生与中国学位制度的嬗变

从清末萌发一直延续至民国的留学热潮，为近代中国培养了大批留洋学士、硕士、博士。他们不仅加深了国人对学位价值的认同，而且成为推动中国近代学位制度建设的最重要力量。以 1862 年京师同文馆的创立为嚆矢，中国一路蹒跚走上教育早期现代化之路。1895 年创办的天津中西学堂的头等学堂、成立于 1896 年的南洋公学的上院制度设计以及 1898 年创办的京师大学堂，标志着近代中国高等教育体系雏形初现。在此背景下，借西学东渐之风，以适应现代高等教育发展的需要，通过广大留学生引进、传播和实施，学位制度逐步在近代中国萌芽、确立、发展、完善并定型。

第一节　中国学位制度的介绍与萌芽

学位是授予个人的一种终身称号。它往往由国家授权的或根据某种公认的办法认可的高等学校、科学研究机构或其他学术机构授予，或由国家的有关考试、审定机构授予。[①]它表明称号获得者曾受教育的水平，或已达到的学力水平。学位制度是关于学位分级、各级学位学术标准、学位授权审核原则和学位授予办法等方面的系统规定，是一种高层次人才的培养制度。研究生学位通常是在获得初级学位后，再经若干年的学习和研究后方能获得，包括硕士学位、博士学位等。学位制度与高等教育的发展有着密不可分的联系。无论是西方国家还是中国的学位制度，都有着悠久的历史。

随着走出国门开眼看世界的有识之士日众，他们组成了近代中国的留学生群体。在系统接受了西方教育之后，他们认识到科举制度的弊端，并开始向国人宣传和介绍西方的学位制度。留学生在中国高等教育的土壤中撒下了学位制度的种子，并陪伴其萌芽、移植至定型的整个发展历程。

一、清末留学生对学位制度的介绍

一般而言，近代中国留学教育的开端以容闳为代表。“无容闳，虽不能一定说中国无留学生，即有也不会如斯之早，而且派遣的方式也许是另一个样子。故欲述留学之渊源，不可不先知容闳。”[②]探讨中国学位制度，同样也绕不开容闳。因为他既是接受了西方系统高等教育并获得学位的第一位中国人，也是接受西方荣誉博士学位的第一位中国人。

① 《教育大辞典》编纂委员会编：《教育大辞典》（第3卷），上海教育出版社，1991，第74页。
② 舒新城编：《近代中国留学史》，上海中华书局，1929，第2页。

容闳，号纯甫，早年就读于香港马礼逊学堂。1847年1月，马礼逊学堂校长、美国人布朗因病回国调养，表示可以携带数名学生与他同赴美国进一步学习。于是，在外国教会和香港英商的资助下，容闳和他的同学黄宽、黄胜一同随布朗远渡重洋，赴美留学，成为近代中国的第一批留美学生。到达美国后，容闳等人被送入马萨诸塞州的孟松学校（一所为报考大学而设置的预备学校）学习。1850年，容闳得到美国乔治亚州萨伐那妇女会资助，考取了美国著名的耶鲁大学。经四年苦读，容闳于1854年以优异的成绩从耶鲁大学毕业，并且获得了文学学士学位。在其自传《西学东渐记》中，记叙了归国后向母亲展示学位证书的情形。其母惊异地问，此物“可博奖金几何？”，容闳耐心地解释道：“此非可以得奖金者。第有文凭，则较无文凭之人，谋事为易。至大学之给学位，亦非有金钱之效用。惟已造就一种品格高尚之人材，使其将来得有势力，以为他人之领袖耳。大学校所授之教育，实较金钱尤为宝贵。”[①] 这段话，亦为向国人介绍学位价值的最早文字，但当时大多数人对学位究竟为何物还不甚了解。

1855年，容闳回到祖国后拟订了幼童赴美留学的计划。经多方筹划，1872年8月11日，经过学习准备的30名幼童，由监督陈兰彬率领，从上海启航赴美。在此后的3年中，清政府又先后送90名幼童赴美留学，从此揭开了近代官派留学的序幕。后来，由于顽固派从中作梗，1881年6月，这120名留美学生分3批被遣送回国，幼童留美遂告结束。幼童留美虽夭折，却开拓了学习西方科学文化的风气，促进了中美文化的交流，加速了中国的近代化历程，为留学教育开辟了道路。留美学生虽然绝大多数学业尚未完成，但是第一批中的杰出代表詹天佑、欧阳庚等已获得了西方国家现代意义上的学位。他们将西方的学位制度和科学文明之风带回国内，加深了国人对西方科学知识及西方学位的认同，为学位制度在中国的传播与发展奠定了良好的基础。鉴于容闳在中美文化教育交流中所做出的重要贡献，美国耶鲁大学后授予他荣誉法学博士学位。这也是中国人最早接受西方荣誉学位之始。[②]

---

① 容闳：《西学东渐记》，湖南人民出版社，1981，第28页。

② 谢桂华主编：《20世纪的中国高等教育·学位制度与研究生教育卷》，高等教育出版社，2003，第16页。

在人们为幼童留美夭折而“欷歔久之”时，令人欣慰的是，后期进行的留欧和留日教育都顺势而上。这些留学生在各自领域学有所成，载誉归国，并随即成为各个领域的领军人物，加速了中国的近代化进程。他们的成功，用事实证明了科举功名不是唯一的出路，接受高等教育获得学位同样可以有光明的前途，这成为对西方学位和学位制度的最好宣传。随着留学生的激增，西方的学位制度也开始备受中国高等教育界关注，很多教育家和教育界人士都主张废除科举制度，仿行西方培养人才的教育机制——学位制度。

在晚清留学生群体中，对近代学位制度的倡导最为系统的人物，当推严复。严复是中国近代史上向西方国家寻找真理的“先进的中国人”之一。1867 年，严复考入福州船政学堂，学习英文及近代自然科学知识，后以优等成绩毕业。1877 年到 1879 年，严复等被公派到英国留学，先入朴茨茅斯大学，后转入格林威治皇家海军学院。留学期间，严复对英国的社会政治发生兴趣，涉猎了大量资产阶级政治学术理论，并且尤为赞赏达尔文的进化论观点。1879 年严复毕业回国，到福州船政学堂任教习，次年调任天津北洋水师学堂洋文正教习，后升为总办（校长）。严复还曾担任过京师大学堂译书局总办、上海复旦公学校长、安徽师范学堂监督、清朝学部审定名词馆总纂等职。从海军界转入学术界，严复积极倡导西学的启蒙教育，完成了著名的《天演论》的翻译工作。

严复于 1898 年维新运动进入高潮之际提出了自己关于近代学位制的理论。其实早在 1895 年他便指出：“虽然，谓十年以往，中国必收其益，则又未必然之事也。何故？旧制尚存，而荣途未开也。夫如是，士之能于此深求而不倦厌者，必其无待而兴，即事而乐者也。否则刻棘之业虽苦，市骏之赏终虚，同辈知之则相忌，门外不知则相忘，几何不废然反也！是故欲开民智，非讲西学不可；欲讲实学，非另立选举之法，别开用人之涂，而废八股、试帖、策论诸制科不可。”[①] 也就是说，欲培养新人，不仅要更新教学内容，更要变革人才选拔和任用方式。显然，他强调必须建立某种不同于旧制的新制度，以利于人才脱颖而出。废除以“八股”为文式的科举，是建立育人与用人相连接的教育制度的突破口。

① 王栻主编：《严复集》第 1 册，中华书局，1986，第 30 页。

在严复看来，在八股取士的科举指挥棒下，学校及书院“所课者，仍不离乎八股试帖，或诗赋杂体文”[①]，即一切都是为参加科举、为中举入官做准备。“士之当穷居，则忍饥寒，事占毕。父兄之期之者，曰：得科第而已。妻子之望之者，曰：得科第而已。即己之寤寐之所志者，亦不过曰：得科第而已。”[②]不仅读书人自己，就连其父兄妻子也被这种科举所强化的官本位教育，或者说以得官为目的的教育价值取向彻底地征服了。然而，这些唯科举而学，唯做官为目标的读书人，“应试之具之外，一物不知，无论事物之赜，古今之通，天下所厚望于儒生者，彼不能举其万一”[③]。如果要进行教育内容的改革，就必须首先去掉八股、试贴、策论等，也就是要废除八股取士的官本位教育，进而彻底破除德成而上、艺成而下的旧教育价值观。与此相应，要通过对西学的学习来形成新的教育价值观，即教育必须面向社会现实生活特别是经济生活，艺与德同样重要。

严复不仅对旧的人才培养选拔制度进行了严厉的批判，而且还提出了建立与新式教育相适应的选人制度。“天下之人，强弱刚柔，千殊万异，治学之材与治事之材，恒不能相兼。尝有观理极深，虑事极审，宏通渊粹，通贯百物之人，授之以事，未必即胜任而愉快。而彼任事之人，崛起草莱，乘时设施，往往合道，不必皆由于学。便强奈端（即牛顿，引者注）以带兵，不必能及拿破仑也；使毕士马（即俾斯麦，引者注）以治学，未必及达尔文也。惟其或不相侵，故能彼此相助。”[④]显然，他是从个人各自不同的身心特点和不同的才能禀赋入手，说明了人各有适合自己或自己适应的职业，不必也不可能完全归入做官一途。这就更从人的本身出发，批判了官本位教育及其价值取向。不仅如此，严复还正确引用了人类分工的原理进一步说明：“土蛮之国，其事极简，而其人之治生也，则至繁，不分工也。国愈开化，则分工愈密，学问政治，至大之工，奈何其不分哉！”[⑤]既然社会分工是愈来愈细，则职业的分途也就必然愈来愈多，因此，教育也就必须面对这一日益增多的

① 王栻主编：《严复集》第1册，中华书局，1986，第88页。
② 同上。
③ 同上。
④ 同上书，第89页。
⑤ 同上书，第89页。

各行各业的需求，不仅仅是德更是艺的各行各业了，这正是他新教育价值取向之所在。

正是在确立这种新教育价值的基础上，他提出了实行近代学位，以充分体现新教育中人尽其力的价值理论。他指出，“学成必予以名位，不如是不足以劝。而名位必分二途：有学问之名位，有政治之名位。学问之名位，所以予学成之人；政治之名位，所以予入仕之人。若有全才，可以兼及；若其否也，任取一途。”[①] 所谓学成之后给予的“名位”，从其已与为官应然分途的意义看，显然相当于西方近代的学位。西方近代的学位是给予求学者的学历学识资格证明。学位制度的实质，证明其“学”而不是指向“官”，是面向近代社会各种职业分工需求的制度。从这个角度来看，严复提出的“名位”制无疑具有这一层含义。

不过严复在此又做了某种变通，即设定了“政治之名位”。这种“政治之名位”所包含的，应该有知识学问的素养，更应有“治事”的阅历当是无疑的。这种名位的直接趋向是入仕，则显然相当于科举选官了，或者说仍具有通过某种依照一定的凭据（如“政治之名位”），公平竞争做官的意味。如果广义地将他所说的“政治之名位”也列入他的新选人用人制度的话，那么在这与“学问之名位”中，显然他是侧重“学问之名位”的。他说：“农工商各业之中，莫不有专门之学。农工商之学人，多于入仕之学人，则国治；农工商之学人，少于入仕之学人，则国不治。”[②] 在他看来，在近代社会发展中，最终起作用的，还是农工商之业，所以应该是学习农工商之学的人最多，这种学问的“名位”也应最为人注重。

面对中西两种制度的“矛盾”，严复也考虑了这两种“名位”在实施中可能出现的情况及其处理方法。在他看来，政治名位，由于传统文化因素及其与官职明确相连，富贵利禄显而易见，“人自能贵而取之”，不必虑其无人问津；相反，“与仕宦不相涉”，而实际上又是很重要的，且需要人数很多的学问名位，可能从事的人将很少。为此，他提出：“今即任专门之学之人，

① 王栻主编：《严复集》第1册，中华书局，1986，第89页。
② 同上。

自由于农、工、商之事，而国家优其体制，谨其保护，则专门之人才既有所归，而民权之意亦寓焉。”[①]要求国家让学有专门的人才放手进行各种实业活动，在制度上给予优惠，并进行保护，唯有如此，才能使社会各行业处于平等的地位而不是唯官为贵，才能使民主获得实质性的内容。这也就是说，他所要求的是让政府以提高实业的地位来促进学位制的确立，促进以新的教育价值为内在标尺的新教育的成长。

至此不难看出，严复对近代学位制的倡行，并不只是对西方学位制形式上的模仿，而是以教育价值的转换为内涵，围绕教育价值而进行的。他从对维系和强化旧的教育价值的科举内容及其形式的批判入手，冲击了科举考试，实际上也就击毁了官本位教育的支柱，从而引起重官重德的旧教育价值的崩溃，蕴含了新教育与旧体制脱轨的必然，在这一破的过程中，他立于近代理论的高点，确立了自己崭新的教育价值观，进而提出了从制度上对近代学位制的确立予以保障。[②]

留学生归国后往往将自己的所见所闻整理成册，或直接翻译国外相关著作以及学校制度、章程，陆续出版了一些介绍西方教育的书籍，其中有相当一部分涉及西方学位制度。正是通过这些留学生，国人对学位制度有了间接的认识和了解。例如，早期改良派代表人物之一的郑观应，他不仅叙述过西方的近代学位制，还认识到国情的不同，提出了“变通”的具体办法，即将中国科举制的进士、举人、秀才的三级功名与大、中、小三级学校相配合。他的这种主张既仿行了学位制，又将学位制融于科举之中，并随着他的《易言》，特别是轰动一时的《盛世危言》的问世，引起了人们的普遍关注与仿效。再如维新运动的代表人物康有为，也开始了解和接纳学位制度。他在《大同书》中明确指出：“大学卒业后，其尤高才者，或有精奇之思，博综之学，或著新书有成，或创新学独出者，由大师几人公同保荐，除就业一年外，公家特给学士荣衔，别给俸禄三年以成其绝学。”[③]也就是说，他设计了在大学毕业后，鼓励学生继续深造研究，并可奖励“学士”荣衔。

---

① 王栻主编：《严复集》第1册，中华书局，1986，第89—90页。
② 崔运武：《严复教育思想研究》，辽宁教育出版社，1993，第225页。
③ 康有为：《康有为文集》，线装书局，2009，第206页。

关于在中国仿行西方式的学位制，洋务派代表人物张之洞在其《劝学篇》中谈论得更为详细和明确。他认为外国学校："小学、中学、大学又各分为两三等，期满以后，考其等第，给予执照。国家欲用人才，则取之于学堂，验其学堂之凭据，则知其任何官职而授之。是以官无不习之事，士无无用之学。"[①]同时，他还明确提出："吾将以为学式"，即希望在中国也实行类似的制度。无疑张之洞的这一主张是从教育本身立言的，表现出他的认识又进了一步，甚而也有超出当时人们的议论水平。但是实际上不难看出，他仍是将学生的出路归之于为官一途，显然是根深蒂固的封建官本位思想，他所主张的是"变科举"而不是"废科举"，并且规定"惟科举必以生员为基"[②]，显然是设计了学校与科举两个为官系统。这样，如果说他设定了学位进而授官的话，那么这种学位已失去了其所具有的作为所有者学术知识水平的证明和面向各种专业的原意；如果说，退而让学生参加科举的话，那么真正意义上的学位制在科举下便无立锥之地了。总之，张之洞是将学位制最终通过为官而归入了科举。此外，姚锡光在考察日本学务后，于1898年在给张之洞的《查看日本学校大概情形手折》中，较完整地介绍了日本的学位制度。吴汝纶编写的《东游丛录》详细记载了他1902年赴日本考察学务的经历，在全面介绍日本教育状况时，也有涉及日本学位制度实施情况的内容。

除上述留学热潮的渲染、留学生国外游历的整理出版及对西方学位制度的直接翻译外，国内教育类刊物也是彼时留学生宣传和介绍国外学位制度最新动态的又一窗口。鉴于报刊具有周期短、篇幅小、主题多元等特点，留学生可以根据当时中国的实际需要来选择、介绍学位制度的各种信息及相关内容，及时而有效地为中国学位制度的发展提供急需的知识和经验。

由罗振玉发起创办的《教育世界》1901年5月在上海出版，这是我国最早的教育专业杂志。该刊物主编王国维，字静安。1900年冬，王国维在罗振玉的资助下赴日留学。归国后，即投身教育事业，在史学、文学、教育学、哲学等领域成就卓著，对中国近代学术文化做出了多方面的贡献。王国维致

① 苑书义、孙华峰、李秉新主编：《张之洞全集》第12册，河北人民出版社，1998，第9742页。
② 同上书，第9751页。

力于中西教育理论的融合和汇通，翻译了大量有关西方教育理论和教育制度的著作，试图建立一套教育科学理论。由于当时介绍东西方教育的媒介还非常少，所以《教育世界》在引入西方教育制度、教育思想、倡导改革传统教育方面具有开路先锋的作用。就其对近代中国学位制度发展所起的作用而言，则主要体现在通过刊载介绍西方国家特别是日本的学位法规，将学位教育制度引入国内，以及通过介绍西方国家学位制度的发展状况并刊登倡导学位制度的文论，推动了中国学位制度的发展等方面。据初步统计，《教育世界》在清末短短几年时间里就先后刊登了10余篇涉及西方学位制度的文章。如翻译日本的《帝国大学令》中，对学位层次、学位授予的条件以及学位审查机构等都作了详细的介绍："大学院所以考究学术、技艺之蕴奥"，"分科大学之卒业生及有与之同等之学力者，入大学院考究学术、技艺之蕴奥，经定规之试验者，授与学位"。[①] 此外，近代最著名的教育刊物《教育杂志》，曾开辟《世界教育新潮》专栏，较系统地介绍了西方各国教育制度的最新发展状况，使国人对国外学位制度发展的最新动态有了更准确把握，也为政府官员制定学位法规搭建了信息平台。

综上可知，借由留学生的大力引介，西方学位制度于清末民初之际迅速在中国传播开来，并向我国固有的、以科举功名奖励士子的传统观念发起挑战。国人建立学位制度的意识逐渐萌芽，要求变通科举制度、仿行西方学位制度的呼声日益高涨。如著名学者、教育家罗振玉就极力主张"今宜采用日本之制，相宜变通之"，"大学校卒业者，始授学士。（农科称农学士，法科称法学士，其他工、理、医、文各科仿此。）卒大学院业者，或于学务有功者授博士"。[②] 随着大批留学生的归国并充实到高等教育第一线，近代中国的学位制度也开始走上漫长而又艰辛的创建之途。

---

① 璩鑫圭、唐良炎编：《中国近代教育史资料汇编·学制演变》，上海教育出版社，1991，第222页。
② 同上书，第148—149、159—160页。

二、奖励出身制对学位制度的变通

“一切民族对于不熟悉的事物尤其是观念，常常借着自己早已熟悉的事物和观念来解释。这也是把外来文化的要件综摄到自己的文化里去。”[①] 通过留学生对西方学位制度的引进和宣传，清政府逐渐熟悉并接受了西方的学位制度，并尝试着将其与中国的科举制度相结合。

1901 年，清政府下令改书院为学堂，各地新式学堂相继建立，极大地拓展和增强了新式高等教育的规模及实力，为学位制度的推行创造了条件。随后，清政府制定颁布“壬寅·癸卯学制”，为清末高等教育的系统化发展构建了框架体系，也对学位制度建设提出了要求。1905 年科举制被废除，扫清了阻碍新式教育发展的最后屏障。随着清末新式学堂的创建和科举制度的废除，教育界出现了“天下士子，舍学堂一途，别无进身之阶”的局面。为鼓励新式学堂发展，做好从旧学至新学的过渡，并对兴办新式教育和研习新学知识者给予奖励，清政府在结合自身实际情况的基础上，借鉴吸纳西方学位制度，将其同中国的科举功名奖励杂糅在一起，创建了“奖励学堂出身制”，这标志着清政府对西方学位制度的基本肯定与接受，也可视为中国现行学位制度的滥觞。

学堂奖励出身制最早实行于留学毕业生之中，并将学位制度的产生与留学生之间的关系联系得更为紧密。早在 1899 年 8 月，总理各国事务衙门呈递的《奏遵议出洋学生肄业实学章程折》中就指出：“请将业成回华得有文凭之学生，甄别优劣，分发委用，量予官职，以资鼓励也。”同时设计了具体的操作办法，即派遣学生出国学习，“限定六年学成，务以考得优等文凭为度，责成各出使大臣出具切实考语，方准咨送回华。其由同文馆派出者，归臣衙门考试，评定优劣，奏请分发沿海省分差委。其由各省派往者，归各督抚考试，一体量材委用，俟有成效，然后准其保奖，酌予升阶，以励成材而储远器”。[②]

1903 年 10 月，清政府制定颁行《约束鼓励游学生章程》，对赴日游学毕

① 殷海光：《中国文化的展望》，上海三联书店，2002，第 382 页。
② 陈学恂主编：《中国近代教育史教学参考资料》（上册），人民教育出版社，1986，第 689—690 页。

业生给予相应科举功名奖励，其中鼓励章程部分如下：

一、中国游学生在日本各学堂毕业者，视所学等差，给以奖励……

一、在普通中学堂五年毕业得有优等文凭者，给以拔贡出身，分别录用。

一、在文部省直辖高等各学堂暨程度相等之各项实业学堂三年毕业得有优等文凭者（在学前后通计八年），给以举人出身，分别录用。

一、在大学堂专学某一科或数科，毕业后得有选科及变通选科毕业文凭者（在学前后通计或十一年，或十年），给以进士出身，分别录用。其由中学堂毕业径入大学堂学习选科，未经高等学堂毕业者（在学前后通计或八年或七年），其奖励应比照高等学堂毕业生办理。

一、在日本国家大学堂暨程度相当之官设学堂，三年毕业，得有学士文凭者（在学前后通计十一年，较选科学问尤为全备），给以翰林出身。

一、在日本国家大学院五年毕业，得有博士文凭者（在学前后通计十六年），除给以翰林出身外，并予以翰林升阶。

以上所列之外，在文部大臣所指准之私立学堂毕业者，视其所学程度，一体酌给举人出身，或拔贡出身。[①]

至此，清末政府奖励留学生科举出身就有了明确的制度规范。

1904 年 4 月，留学日本毕业生回京后调入进士馆。因为这批学生“曾得有博士文凭，与奖章相符也”[②]，学务大臣奏请给予他们进士出身，这可视为清末奖励留学生科名出身之肇端。同年 12 月，学务大臣颁布《奏定考验出洋毕业生章程》八条。根据考验章程，学务处于 1905 年举办了第一次留学生毕业考试，并于同年由光绪帝在北京保和殿主持廷试。除查验文凭外，还考试经论、史论各一策。当年共有 14 名留日归国毕业生应考，结果具体如下：

① 陈学恂主编：《中国近代教育史教学参考资料》（上册），人民教育出版社，1986，第 705 页。
② 《教员回京》，转引自左玉河《中国近代学术体制之创建》，四川人民出版社，2008，第 587 页。

学务处考试回国游学毕业生名单

光绪三十一年（1905年）

金邦平、唐宝锷给予进士出身，赏给翰林院检讨；

张瑛绪、曹汝霖、钱承瑛、胡宗瀛、戢翼翚给予进士出身，按照所习学科，以主事分部学习行走；

陆宗舆给予举人出身，以内阁中书用；

王守善、陆世芬、王宰善、高淑琦、沈琨、林启给予举人出身，以知县分省补用。[①]

1906年5月15日，学部奏准每年8月考试留学东西洋毕业生，并于同年10月与外务部共同颁布《考验游学毕业生章程》五条，即：

一、考试分两场，第一场就各毕业生文凭所注学科择要命题考验。第二场试中国文外国文。

一、第一场每学科各命三题，作二题为完卷；第二场试中国文一题，外国文一题，作一题为完卷。

一、考卷由襄校分阅评记分数，再由学部大臣会同钦派大臣详细复校，分别最优等优等中等。

一、毕业生考列最优等者给予进士出身，考列优等及中等者给予举人出身，均由学部开单带领引见请旨。

一、毕业生准给出身者并加某学科字样，习文科者准称文科进士文科举人，习法科者准称法科进士法科举人，医科理科工科商科农科仿此。[②]

此后，考验归国留学生并“给出身”遂成定制。

据《学部官报》第4期统计，1906年举行的第二次留学毕业生考试，及第者有32人。从留学国别看，欧美留学生17名、日本留学生15名。从等级来看，最优等9名（陈锦涛、颜惠庆、谢天保、颜德庆、施肇基、李方、徐景文、张煜全、胡栋朝）均为留学欧美者，优等5名（田书年、施肇祥、陈仲篪、

① 陈学恂、田正平编：《中国近代教育史资料汇编·留学教育》，上海教育出版社，1991，第61页。
② 同上书，第62页。

王季点、廖世纶），中等18名（曹志沂、黎渊、李应泌、王鸿年、胡振平、王荣树、路孝植、薛锡成、周宏业、陈威、权量、董鸿祎、嵇镜、富士英、陈耀西、罗会坦、傅汝勤、徐廷爵）多为日本留学生。[①] 上述32人根据等级分别授予了进士和举人出身。另据曹汝霖回忆："第一次应试者，只有十四人，西洋学生无一人应试。第二试人即多了，西洋学生应试者亦多，颜惠庆即是第二次应试者。考试留学生分两次，第一次在学务处，及格者再行保和殿殿试……越二日发黄榜，张于左角门外，一榜尽赐及第，惟分一等为进士，二等为举人……此次殿试结果，引见后授职，一等者授翰林检讨、主事、内阁中书；二等授七品小京官、县知事。"[②] 据统计，1905—1911年间，清廷共举办留学毕业生考试7次，考验合格者达1399人。具体见表2.1.1：

表2.1.1　清季留学毕业生部试人数等第统计

届次		一	二	三	四	五	六	七	合计
年份		1905	1906	1907	1908	1909	1910	1911	
送考人数		14	43	50	178	383	721	587	1976
准考人数		14	43	42	127	285	561	526	1598
录取人数		14	32	38	107	255	460	493	1399
等级	最优	7	9	7	15	13	62	59	172
	优	7	5	17	45	52	76	123	325
	中		18	14	47	190	322	311	902

［资料来源］《光绪政要》卷31，宣统元年上海官书局刊印本；《学部官报》第4期，光绪三十二年九月十二日；《政治官报》，光绪三十三年十月十五日，光绪三十四年九月十四日，宣统元年九月初九日，宣统二年八月初七日、八月十六日，宣统三年八月十三日。转引自左玉河《论清季学堂奖励出身制》，《近代史研究》2008年第4期。

除举办留学毕业生考试外，清政府于1907年采纳了袁世凯关于对回国10年以上、业绩突出的早期留学生补行奖励出身的建议，并将这一办法推广。学部奏请令各省督抚广加延访，"凡专门学成回国在十年以外，学力优长，

① 陈学恂、田正平编：《中国近代教育史资料汇编·留学教育》，上海教育出版社，1991，第63—64页。

② 陈学恂主编：《中国近代教育史教学参考资料》（上册），人民教育出版社，1986，第698页。

复有经验者，以及耆儒硕彦，博通中外古今之故，经师人师，众望允洽者，或胪举实绩，或征其著述咨送臣部汇办”[①]。经核定择其著述卓然成家，成绩确然其见者，赐予出身，以奖励后进。次年，清政府出台了《考核各省采访游学专门各员章程》，规定：考核分为一、二两等，分别给予进士、举人出身；其办法或征其著述，或考其成绩，自应力求精审；同时“应博访周咨，证之舆论，其行谊不妥者不得入选”[②]。从 1907 年 4 月到 1909 年年底，各省督抚推荐 23 名预选者，由钦差大臣梁敦彦、于式校、绍昌与学部审查，公布一等 12 名、二等 7 名，免试授予进士、举人出身。其中詹天佑等 7 人获工科进士，严复、辜汤生（鸿铭）等人获文科进士，张康仁获法科进士，邝佑昌等 6 人获工科举人，陈联祥获格致科举人。[③]

在清末特定的历史条件下，对留学生实行毕业奖励出身与录用考试不失为鼓励新学与招徕人才的有效政策。“这项制度是在由科举向学堂转变过程中，适应传统社会文化氛围和民众心理的需要而建立起来的。作为特定历史变革中的过渡性政策，奖励科名出身制度减缓了新旧教育制度转换的阻力，对提高各级学堂办学质量产生一定的积极作用，从而推动了中国高等教育近代化的发展。”[④]然而俟科举废止后，奖励出身制这个科举制的尾巴遭到的抨击日盛。

1905 年，御史陈曾佑在《奏请变通学堂毕业奖励出身事宜折》中指出，科举制是一种官制，学校奖励出身，实际上是延续了科举制的最大弊端——“学问即权力”的读书做官价值取向。他认为：“学堂课程，皆以中制，中材以下，可勉而成。”采用学校奖励出身制，是坚持“以学堂为专造人才而设，实昧于兴学之本旨”。他倡导学习日本学校授予学生毕业文凭的做法，“日本取士用人，仍行试验之法，但其应试者，皆已于学堂卒业，领有文凭之生，无所学非所用之弊，与中国大异耳。今宜一仿其法，自小学以至大学，卒业时皆授以文凭，惟须由文部颁发，学官考试，以昭郑重”。1910 年，崇有在

① 胡连成：《走向西洋——近代中日两国官派欧美留学之比较研究（1862—1912）》，吉林大学出版社，2007，第 165 页。

② 《政治官报》光绪三十四年十月初三日，转引自左玉河《中国近代学术体制之创建》，四川人民出版社，2008，第 590 页。

③ 张亚群：《科举革废与近代中国高等教育的转型》，华中师范大学出版社，2005，第 176—177 页。

④ 同上书，第 172—173 页。

《学堂奖励章程疑问》中说："世之论学堂奖励者，大抵有二：曰以官职诱学生，使全国青年沉迷利禄而不求实际也。曰所学非所用，其弊与科举等也。"次年4月，各省教育总会联合会决议《请停止毕业奖励案》进一步指出："学堂毕业，仍奖以实官……旧习相沿，实滋流弊。其尤著者，一害吏治：……职官有限，而学堂毕业生无穷，得官者浮于差缺数十百倍……供过于求，斯官方难肃，而吏治愈不可问……一害教育：国民教育之精义，在养成全国人民之责任心，而虚荣心者正与责任心相反而不能并立者也。"①

1911年4月，上海高等实业学堂监督唐文治在《咨邮传部转咨学部文》中也对清廷奖励出身的弊端进行了猛烈抨击。他认为："举贡生员只适用于科举时代，学堂毕业非由乡里推选，无所谓举；国子监已裁，无所谓贡；无廪给名额，更无所谓廪、增、附循名责实，在中学堂及其他程度相当之学堂，并高等小学以下毕业者，应称某学堂毕业生；高等学堂毕业者，称某科学士；大学堂毕业者，称某科博士；方与东西洋学制不背，而与尚实之义相符。盖科举以取士，故分设举、贡、生员之阶级，不得已也。若学堂则为学业之阶级即为其人生业之阶级，非为取士也。"②可见，他的这种认识已将学堂与科举、学业阶段同奖励出身及官位明确区分开来了。

学堂奖励出身严重妨碍新式学堂的正常发展，"学堂之奖励一日不废，即科举之精神一日尚存，科举之精神尚存，而其所谓学堂者，徒其形式焉"③。由于该制度实际上是"学而优则仕"观念的延续，滋生并助长了"以学干禄"风气，强化了"官学一体化"格局，受到有识之士的猛烈抨击。

正因为存在如此众多弊端，清廷对奖励出身考试制度做出相应变革。1911年，清学部宣布停止各学堂奖励实官制，开始将学位考试与入仕考试区分开来。然而，关于是继续沿用固有的秀才、举人、进士的旧科举体系，还是模仿日本改用博士、学士等名称来授予学校毕业生，其时尚有争议。为此，清学部于同年9月9日在《会奏酌拟停止各学堂实官奖励并定毕业名称折》

---

① 朱有瓛主编：《中国近代学制史料》第2辑（上册），华东师范大学出版社，1987，第136页。
② 王桐荪、胡邦彦、冯俊森等选注：《唐文治文选》，上海交通大学出版社，2005，第111—112页。
③ 顾实：《论学堂奖励》，转引自左玉河《中国近代学术体制之创建》，四川人民出版社，2008，第603页。

中指出：

> 至于毕业名称，近时人士有以为宜仿日本，改用博士、学士、得业士者，有以为宜从中国习惯，仍用进士、举人、贡生、生员者，二说均持之有故，言之成理。惟仿日本之制，则高等、专门学堂毕业者始称得业士，大学毕业者始称学士……若将社会习惯所推重之荣名，改革殆尽，恐无以鼓励群情推广学校……是废止进士、举、贡等名称别定学位，虽属正当办法，而按之现在情形，则尚未能骤行。[①]

因此，规定以后大学毕业者仍称进士，高等及同等程度之学堂毕业生仍称举人，中等学堂毕业生统称贡生，高等小学及初等农业学堂毕业者统称生员，同时规定获得科名者不与官职挂钩，这标志着科举学位与做官完全分离，构建现代学位制度的思想日趋明朗。民国建立后，教育顺应时势步入改革的轨道，清末学堂奖励出身制度的各项规定正式全部废止，取而代之的是现代学位制度。

第二节　留学生与学位制度的移植和发展

1911 年 10 月 10 日，以武昌起义为标志的辛亥革命爆发，推翻了清王朝的腐朽统治，也终结了中国延续两千多年的封建专制制度，传播了民主主义思想，促进了人们的思想解放，缔造了资产阶级民主共和国——中华民国。社会的进步，促成了留学教育的发展。留学教育在国人心目中的吸引力越来越大，人们对学位的认同感也日益增强。这种社会需求直接促进了学位制度在中国的生成和发展。留学生们对学位制度的介绍逐渐由日本转向欧美诸国，并逐步由法规层面的介绍过渡到实践层面的探索。

① 潘懋元、刘海峰编：《中国近代教育史资料汇编·高等教育》，上海教育出版社，1993，第 332—333 页。

一、民国前期学位制度建设的背景

民国前期社会政治、经济、文化教育的发展，为学位制度的建设创造了时代契机。资产阶级民主政权建立后，社会秩序并没有稳定下来。先是袁世凯篡夺革命果实，然后二次革命、护国运动、张勋复辟、护法运动相继发生，中国进入北洋军阀统治时期。由于政权更迭频仍，政府当局无暇掌控教育，这为近代中国高等教育提供了相对宽松、自由的生存环境。同时，民族资本主义经济的发展对高等教育提出了新的要求。在学界有识之士，尤其是归国留学生群体的不懈努力下，中国的高等教育彰显出顽强生命力，并艰难地发展起来。在蔡元培、范源濂等人的推动下，近代中国的留学教育呈现出多元化的发展趋势，留学欧美尤其是赴美留学发展势头强劲，且呈后来居上的态势。学位制度在这种历史机缘下获得了新的生命力。

（一）政治秩序失常

辛亥革命爆发后，清帝逊位、民国成立，这是中国历史发展进程中的一次重大飞跃，更是中国教育从传统向现代转变过程中的一个重要里程碑和划时代的起点。

以孙中山为首的南京临时政府成立后，为“尽扫专制之流毒，确定共和，以达革命之宗旨”[①]，陆续颁布了一系列政治、军事、经济和文化的改革政策，并制定了《中华民国临时约法》。万象更新，教育领域也呈现出欣欣向荣的景象，学位制度有了良好的开端。然而不久，以袁世凯为代表的北洋军阀窃取了政权，近代中国进入军阀统治时期。各派军阀为争权夺利连年内战，政局动荡、财政困绌，北洋政府根本无暇顾及、无力发展乃至无法掌控教育，已颁行的教育政策“数度更改，多未能贯彻，这是政府部门表现最弱”的一个时期。[②]从 1912 年至 1928 年，17 年间更换了 47 届政府；教育总长更动 50 余次，并更换了 38 个教育次长。“人存政举，人去政息”乃至“朝令夕改”的现象经

---

① 《中华民国临时大总统宣言书（一九一二年一月一日）》，转引自张磊《孙中山文粹》（上卷），广东人民出版社，2009，第 177 页。

② 苏云峰：《中国新教育的萌芽与成长（1860—1928）》，转引自李海萍《清末民初大学内部职权研究》，教育科学出版社，2014，第 126 页。

常发生。然而，这种政府对教育控制薄弱的局面，反倒在客观上给予高校在自主办学方面以很大的自由。如北京大学的卓有成效的改革、清华大学各科研究生教育的试行、教会大学整体实力提升等即为历史实证。混乱失控的政治局面为高等教育提供了较为宽松自由的发展环境，为学位制度的探索和实践提供了时代机遇。

（二）民族经济发展

民国成立伊始便颁布了一系列振兴民族实业、发展民族经济、体现资产阶级利益的经济法规。例如，《中华民国临时约法》第六条明确规定："人民保有财产及营业之自由"[①]，确立了私有财产不可侵犯和企业经营自主权。此外，无论是以孙中山为首的南京临时政府，还是后继的袁世凯政府，都重视实业建设。孙中山在民国成立之初就明确指出："实业为民国将来生存命脉"，"不能不切实经营"。袁世凯也曾表示："民国成立，宜以实业为先务。"[②] 历任政府通过颁布法令提倡兴办实业，鼓励华侨回国投资，统一币制和度量衡等举措，为民族资本主义经济的发展创造了有利条件。

同时，1914 年第一次世界大战的爆发，使得列强忙于欧洲战场的战事而无暇东顾，暂时放松了对中国的经济侵略和控制，中国民族资本主义工业获得了飞速发展的空间和机遇。一方面，西方国家对中国的商品倾销大为减少，中国历来严重的入超危局得以缓解；另一方面，国际社会对各种战略物资的急迫需求拉动了中国的出口，由此而形成了对民族资本主义工农商业发展十分有利的国际、国内两大市场。以工厂数为例，1903—1908 年间，平均每年注册的公司有 21.1 家；1913—1915 年间，平均每年注册公司就有 41.3 家；1916—1918 年间，平均每年注册的公司达 124.6 家。[③] 民族资本主义经济发展步入"黄金时代"。

此外，由于西方列强在战后需调整数年才能再次进入中国市场，同时在五四运动中出现的抵制洋货运动，使得西方经济在中国市场逐渐丧失竞争优势，加上北洋政府对国内经济的控制力极大地削弱甚至失控，都为 20 世纪 20

① 张晋藩：《中国宪法史》，中国法制出版社，2016，第 188 页。
② 徐有明编：《袁大总统书牍汇编》，新中国图书局，1931，卷首文辞第 3 页。
③ 陈真、姚洛合编：《中国近代工业史资料》第 1 辑，生活·读书·新知三联书店，1957，第 14 页。

年代初民族资本主义的发展提供了有利条件。民族资本主义经济的快速发展，激发了社会对学校教育尤其是高层知识人才的极大需求，为近代中国高等教育的发展提供了市场，为学位制度的探索与发展提供了契机。

（三）高等教育基础增厚

民国成立后，教育部陆续颁布了《大学令》《师范教育令》《专门学校令》等各种旨在推进高等教育发展的法令，构成了近代我国第一个资产阶级学制——“壬子·癸丑学制”主体的高等教育段的主要制度体系。依循这一学制的规定，我国高等教育进入新的发展阶段。民国元年，我国只有北京大学一所国立大学。而两年后，全国高等院校达 102 所，其中大学 7 所，学生 730 人；专门学校 95 所，学生 31346 人。至 1915 年，全国高等院校有 104 所，其中大学 10 所，学生 1219 人；专门学校 94 所，学生 27975 人。至 1922 年，全国有 19 所大学，其中私立大学 9 所。随着 1922 年“壬戌学制”的颁行，高等教育蓬勃发展，繁荣一时。从高等教育机构的创立、教育体制的完善到学校数量、硬件设施、师资力量、课程建设、学科设置、学生素质等方面都已具相当规模。到 1927 年，全国有公立大学 34 所，经政府批准的私立大学 18 所。这样的高等教育阵营，为学位制度的建立及实施提供了良好的载体，使学位制度能够从构想变成现实。

与之相应，留学热潮也推动着学位制度的发展。民国初年，百废待举、百业待兴，国家对高层次专门性人才需求尤大，刺激着高等教育的快速发展。同时，随着留学毕业生大批回国，高等教育成为他们谋职的首选领域。他们投身于高等教育界，充实了师资，发展了学科，增添了专业，并竭力提升高校办学层次，为发展研究生教育奠定了坚实的师资基础。他们中的多数人都获得了留学所在国大学的学位。由于世界各国对学位名称的界定并不一致，不便留学生回国后开展工作，从而迫使政府考虑学位认定事宜。1914 年 9 月，北洋政府规定：“嗣后凡留学外洋，曾在大学或专门学校毕业领有博士学士文凭者，均应于归国后径赴政事堂公所报名，详加考验，以觇学识，而备任使。”[①]这成为我国政府对待留学生学位的基本原则，这些举措也有力推动了近代中

① 谢青、汤德用主编：《中国考试制度史》，黄山书社，1995，第 660 页。

国学位制度的建设进程。

（四）教育观念更新

从近代中国第一个留学生容闳于1854年获取耶鲁大学文学学士学位到1912年中华民国成立，国人对学位的认识已愈半个世纪。随着近代归国留学生对西方学位制度的引介，以及教会大学研究生教育的开展和学位制度的创建，教育界人士对西方学位制度有了更为详尽的认知。1905年科举制度废止后，比照西方学位制度设计的“奖励出身制”，是国人对学位制度的接纳与变通。然而随着时间的推移，这种变通所带来的弊病日重，时代强烈呼唤现代意义上的学位制度的出现。

中华民国成立后，人们对于学位的认识发生了巨变。1912年，庄启在《教育杂志》第4卷第7号发表《论大学学位及学凭之颁给》一文，明确阐明自己对于学位的意见：“临时教育会议于大学卒业生之学位仅略及之，现闻教育部将以原议案与在京教育家商榷办法，此案诚不可缓”；“所应得学位者，惟专门学校及大学毕业生耳”，“惟大学毕业生应得学位，而学位颁给之法，在视其曾否完习所定课目。凡完习而应试及格者，均得其应得之学位，而考次前后无关也”。在文中他建议除农、工二科外，凡按章毕业者，均应颁给学士及博士学位，农、工二科毕业生所给学位则称硕士。当时他所设想的硕士对应的英文为Engineer。至于大学研究生，当特别定制，“其学位亦宜慎重定之，此学位即进士是也”①。在民国初年考虑建立现代学位制度的时候，庄启建议将学士、博士和硕士等作为不同学科的大学毕业生所获学位名称，而研究生所获学位则使用“进士”。清末民初虽在学制体系中建立起研究生制度，但在相当长的时间内，研究生教育并未实施，《学位令》也就仅仅停留在设想中。不过，从庄启设想的学位体系中不难看出，进士与学士、硕士、博士一样，都是拟议中的学位名称。当时人们对西方学位制度的认知已经开始从感性认识上升到理性认识阶段。国人开始要求从制度形式上引进系统的西方学位制度，而不是“依葫芦画瓢”简单地做临时变通。这表明时人不仅在思想上全

① 潘懋元、刘海峰编：《中国近代教育史资料汇编·高等教育》，上海教育出版社，1993，第831—833页。

面接受了学位制度，而且强烈要求在现实教育实践中予以实际兑现。这种认识和要求为学位制度的建立奠定了坚实的认知基础。

综上所述，历经半个多世纪，人们对学位的认知经历了由陌生到熟悉再到逐渐接受的过程。学位制度在高等教育中的重要性毋庸置疑，学位制度的建立和实施已是大势所趋。政治制度的变革、经济实力的积累、高等教育的发展以及人们认知观念的更新等，都为学位制度的建立创造了必备的条件。近代留学生回国后，顺应了历史发展的潮流，积极投身于学位制度的探索和建设之中，为近代中国学位制度的建立做出了贡献。

二、学位制度的初步设计与探索

民国前期，留学生参与学位制度建设的主动性越来越强，力度也越来越大。在历次学制改革中，学位制度成为其重要内容，与研究生教育的关系更加紧密。留学教育的走向也直接影响着学位制度的建设。此时学位制度已呈现出从“仿行日本”转向“仿行德法”，再由“仿行德法”转向“仿行美国”的趋势。

（一）留学生与学位制度建设的转向

纵观近代中国研究生教育发展史，我们可以清楚地看到留学教育热潮的走向直接影响着近代中国仿行西方学位制度的路径。每次留学潮流的转向都引导和推进了中国学位制度的转向。

1. 从“仿行日本”转向“仿行德法”

中华民国成立后，在孙中山、黄兴等人的直接关怀下，近代中国的留学教育高潮再起，并呈现出多元化发展态势。随着赴欧留学人数的激增，国人探寻教育真知的目光开始由重视日本转向重视欧洲。

民国初期，教育改革呈现出竭力摆脱模仿日本而转向学习德、法等国的特点，这与以蔡元培为代表的欧美留学生归国后执掌各级教育行政主管部门有着密切的联系。蔡元培于 1907 年赴德国留学，先后入莱比锡大学、柏林大学，研究心理学、美学、哲学等。当时德国的高等教育，在洪堡主导的改革后蒸蒸日上，使大学不仅成为高级人才培养的中心，也成为科学研究、创造知识的中心，形成了全新的高等教育办学模式，成为世界各国大学的楷模。正如英国教育史家所言："柏林大学的建立不只是增加了一所大学而已，而是创造了一种体现大学教育的新概念。重点在于进行科学研究而不在于教学和考试。"[①] 这种变化对蔡元培的影响是不言而喻的。在他回国后执掌中国教育大权，领导和主持民国初期教育改革时，就为其时的学校教育设计打下了模仿德、法等欧洲国家的烙印，学位制度也不例外。正如蔡元培在临时教育会议上所言：

> 至现在我等教育规程，取法日本者甚多。此并非我等苟且，我等知日本学制本取法欧洲各国。惟欧洲各国学制，多从历史上渐演而成，不甚求其整齐划一，而又含有西洋人特别之习惯；日本则变法时所创设，取西洋各国之制而折中之，取法于彼，尤为相宜。然日本国体与我不同，不可不兼采欧美相宜之法。即使日本及欧美各国尚未实行，而教育家正在鼓吹者，我等亦可采而行之。我等须从原理上观察，可行则行，不必有先我而为之者。[②]

蔡元培是这样想的也是这样做的。他主张模仿德国大学学制，"即在大学中分设各种研究所，并规定大学高年级学生必须入所研究，候所研究的问题解决后，才能毕业"。这正是蔡元培教育理念的体现，直接追溯现代学位制度的源流"取法于上"——也就是说中国的学术研究制度开始了学习欧洲（主要是德国）的意向，并力求与当时国情相适应，而不是盲目模仿。此外，从教育部提交的《学校系统草案》中同样可以看出这样的特征："日本制：大学校以上有大学院，清制有所谓通儒院，欧洲各国学制多无之。盖大学校中本有各种专科之讲习院，为教员及生徒研究之所，大学生毕业以后尚欲极深研究者，仍可肄业其中。如有新发明之学理或重要之著述，即可由博士会承认而推为博士，初不必别设机关也。今仿其例。"[③] 显然，这是竭力摆脱模仿日本学位模式的最直接体现。

由于当时教育部的官员"总长、次长、参事、佥事共计一百二十名"中，系留学日本的有"范总长、董次长以下实有四十二名之多"，即以范源濂为

---

① ［英］博伊德、金：《西方教育史》，转引自蒋洪池《大学学科文化研究》，光明日报出版社，2011，第59页。

② 高平叔编：《蔡元培教育论著选》，人民教育出版社，2017，第18页。

③ 《教育部拟议学校系统草案》，转引自璩鑫圭、唐良炎《中国近代教育史资料汇编·学制演变》，上海教育出版社，1991，第635页。

代表的留日学生占据多数，他们的学识、阅历及思维定式，都直接或间接地影响到他们所主持的工作，故而在民国初期教育政策的制定上还是仿行日本较多一些。但就总体趋势而言，此期在学位制度的仿行路径上已经开始发生转变。

2. 从“仿行德法”转向“仿行美国”

第一次世界大战后，美国经济发达，社会繁荣安定，国际地位也迅速提高。同时，随着实验主义教育思潮的涌动与进步教育（新教育）运动的兴起，美国逐步取代德国成为世界高等教育的中心。良好的社会环境，加上美国政府推行“门户开放”“退款兴学”等举措，博得了不少中国人尤其是知识分子的好感。进入20世纪20年代后，越来越多的学子将目光投向美国，中国留学目的国已悄然实现由欧洲各国向美国的转变，中国高等教育的改革也开始借鉴美国模式。

归国后的留美生许多进入了教育界，仅以清华学校所派学子为例，据统计，1909—1922年间归国的544名清华留美生中，从事教育者204人，占总数的37%以上，位于所有职业之首。此外，从1917年和1918年汇编的《游美同学录》看，这批留美生90%以上获有学士学位，一些人获得硕士和工程师学位，还有35人获得博士学位。[①] 由于这批留美生大多学有专攻，教育程度高，故而在教育岗位的选择上更加青睐从事高等教育。在高等教育界，他们被委以重任，成为其时中国高等教育师资队伍的主力军，并迅速在各自岗位上崭露头角，推动了高等教育的迅猛发展。正是这批留美生归国后产生的影响力，中国开始注意美国的教育制度，学位制度亦在其借鉴之列。如教育部于1924年2月公布了《国立大学校条例》，即比照美国的相关制度而拟定。其中规定：“国立大学校学生修业完毕试验及格者，授以毕业证书，称某科学士。”“国立大学设大学院，大学校毕业生及具有同等程度者入之；大学院生研究有成绩者，得依照学位规程给予学位；学位规程另订之。”[②] 这可视为近代中国借鉴西方学位制度路途中的再次转向。

---

① 李喜所：《近代留学生对祖国的贡献》，《人民日报》1987年6月8日。

② 王学珍、张万仓编：《北京高等教育文献资料选编（1861~1948）》，首都师范大学出版社，2004，第522页。

总体而论，在学位制度的建设上，中国是典型的后发外生型国家，留学生在其中扮演着十分重要的角色。他们是学位制度的介绍者、设计者和建设者。因其留学经历、兴趣特长、学术修养、教育理念的不同，再加上当时中国社会环境的复杂性，对于学位制度的引进，不是简单借鉴一国模式，而是坚持博采众长、为我所用的原则，推进其渐次完善。近代我国学位制度建设在价值取向上具有多元化的特点：最初基于模仿日本，发展阶段效仿德法，最后借鉴美国并注重其与本国现实相结合，从而形成了具有中国特色的学位制度。要言之，近代留学生直接影响到中国大学的学位制度建设走向。中国大学学位制度的实行，不仅促进了中国现代高等教育的发展，同时也加快了高等教育设置从传统到现代的转变，从而架起了一条增进中国高等教育与国际高等教育沟通的桥梁，推动着中国和外国教育的交流与融合。

（二）学位法案的颁行

民国成立后，教育适应政体的变革而走上了改革的快车道。孙中山强调："学者，国之本也。若不从速修旧起废，鼓舞而振兴之，何以育人才而培国脉。"[①] 故而在组建南京临时政府时，孙中山对教育给予了高度重视，寄希望于从教育入手，除旧布新，改变社会风气，实现民主共和。1912 年 1 月 3 日，深孚众望的蔡元培就任中华民国第一任教育总长，统筹教育的方方面面，"经纬万端，必先以规定学校系统为入手之方法"。《普通教育暂行办法》明确指出："民国既立，清政府之学制，最必须改革者。""至于完全新学制，当征集各地方教育家意见，折衷厘定，正式宣布。"[②] 同年 7 月，蔡元培在临时教育会议上直言旧教育之弊病："前清时代承科举余习，奖励出身，为驱诱学生之计，而其目的，在使受教育者皆富于服从心、保守心，易受政府驾驭。"[③] 这实际上是为民初教育改革指明了方向。蔡元培及其同人在革故鼎新的重大历史转折时期，为顺应社会发展潮流，为"给教育立一个统一的智慧的百年大计"，破旧立新、博采众长、融贯中西，在教育领域进行了一系列开创性的工作。

---

① 孙中山：《孙中山全集》第 2 卷，中华书局，1982，第 253 页。

② 璩鑫圭、唐良炎编：《中国近代教育史资料汇编·学制演变》，上海教育出版社，2007，第 605 页。

③ 《临时教育会议日记》，转引自璩鑫圭、唐良炎《中国近代教育史资料汇编·学制演变》，上海教育出版社，2007，第 647—648 页。

这一切推动了民国初期教育界的万象更新，学位制度的建设也由此拉开帷幕。

1. 北洋政府前期学位法令的制定

1912 年 7 月 10 日，由蔡元培主持的全国临时教育会议在北京召开，其主要任务就是对学校系统及相关条令进行讨论。9 月，教育部颁行了民国第一个《学校系统令》。次年，教育部又陆续颁布了专门学校、实业学校、师范学校及大学的系列法令规程，与之前的法令合称“壬子・癸丑学制”，确立了民初教育体系的总体框架。

在上述学制系统中，涉及高等教育的法令包括《大学令》《专门学校令》《高等师范学校规程》等。其中于 1912 年 10 月 22 日公布的《专门学校令》规定：“专门学校得设预科及研究科”“专门学校之修业年限、学科、科目，别以规程定之”。[①]从教育部公布的各专门学校规程中可知，法政、农业、工业、商业、药学、外国语等科，“本科之修业年限为三年”，同时设置预科，“修业年限为一年”，并为本科毕业生设“研究科”“其年限为一年以上”；医学、商船“本科之修业年限为四年”“预科与研究科同上”。《高等师范学校规程》规定：“高等师范学校分豫科、本科、研究科。”“研究科公费生，由校长在本科及专修科毕业生中选取之。在本国或外国专门学校毕业及从事教育有相当之学识、经验者，经校长认可，得以自费入学”“高等师范学校之修业年限：豫科一年，本科三年，研究科一年或二年，专修科二年或三年，选科二年以上、三年以下”。[②]从上述规程的具体内容可知，专门学校和高等师范学校都设有本科和研究科，特别是研究科从规定上看已经具有研究生教育的性质，但学生正常毕业后只授予毕业证书，没有关于学位证书方面的规定。

1912 年 10 月 24 日颁行的《大学令》则对大学的宗旨、规模、学生入学资格、修业年限、学位授予等情况都做出明确规定，可谓中国有史以来第一个明令授予学位的法令。该法令规定：“大学为研究学术之蕴奥，设大学院”，“大学以教授高深学术、养成硕学闳材、应国家需要为宗旨”，“大学院生入院之资格，为各科毕业生或经试验有同等学力者”，“大学各科之修业年限三

---

① 潘懋元、刘海峰编：《中国近代教育史资料汇编·高等教育》，上海教育出版社，1993，第 461 页。

② 璩鑫圭、唐良炎编：《中国近代教育史资料汇编·学制演变》，上海教育出版社，1991，第 714—715 页。

年或四年，预科三年，大学院不设年限”，“大学各科学生修业期满，试验及格，授以毕业证书，得称学士”，“大学院生在院研究，有新发明之学理或重要之著述，经大学评议会及该生所属某科之教授会认为合格者，得遵照学位令授以学位”。大学评议会有“审查大学院生成绩及请授学位者之合格与否”之事项，教授会有“审查提出论文请授学位者之合格与否”的事项。[①]

可见，在《大学令》中既明确了本科毕业授予学士学位，也规定了研究生毕业应授予学位并成立相应组织审查学位授予事宜等内容。但是，该法令对于研究生层次学位的名称并未做出明确的界定，这在一定程度上说明当时人们对这个问题的认识可能还不甚清晰，或者还有一些分歧。关于学士学位的设置，在整个北洋政府时期虽有一些变化，但是最终没有超出“壬子·癸丑学制”规定的范畴。虽然在《大学令》中学位制度的记载并不是很多，但是在学位制的名称、学位授予的资格以及学位的授予者，甚至学位制的审查机构等方面都做出了明文规定，这可以称得上是中国学位制度设计的肇端。自此，“学位”二字开始频频出现在中国高等教育法规中。

关于研究生教育及相关学位的规定，最早出现于1913年1月教育部公布的《大学规程》中，所涉及的内容有：（1）“大学院为大学教授与学生极深研究之所。大学院之区分，为哲学院、史学院、植物学院等，各以其所研究之专门学名之”，这就确定了研究生教育的机构及其性质。（2）“大学院以本门主任教授为院长，由院长延其他教授或聘绩学之士为导师”，明确了研究生教育机构的组成。（3）“大学院不设讲座，由导师分任各类，于每学期之始提出条目，令学生分条研究，定期讲演讨论”，“大学院之讲演讨论，应记录保存之”，这就确定了研究生教育的学习方式，也是中国研究生教育导师负责制的开始。（4）“大学院生经院长许可，得在大学内出席担任讲授或实验”。（5）“大学院生自认研究完毕，欲受学位者，得就其研究事项提出论文，请求院长及导师审定，由教授会议决，遵照学位令授以学位”，“大学院生如有新发明之学理，或重要之著述，得由大学评议会议决，遵照学位

① 潘懋元、刘海峰编：《中国近代教育史资料汇编·高等教育》，上海教育出版社，1993，第367—368页。

令授以学位”[①]，这就确定了学位授予机构、程序及资格等。该法令中关于研究生教育制度的设计颇具前瞻性，其中一些设想如导师负责制、研究生担任助教、获取学位必须有学位论文或特殊贡献并经过一定机构的审评等，更是一直沿用至今。然而遗憾的是，直到北洋政权覆亡，《学位令》也没有出台。尽管如此，但毕竟该规程为与高级学位相适应的教育层次——研究生教育做了详细的法令设计，是有史以来中国官方最早涉及研究生学位制度方面的法令规程。

由于传统观念根深蒂固，此期学位制度的建设也并非一帆风顺。袁世凯为复辟帝制，极力在教育上推行尊孔复古的政策，使得学位制度建设一度遭受挫折。1914 年，北洋政府国务卿徐世昌令法制局拟定“学校考试奖励法”，主要内容包括：

> 一、小学毕业每年在县会考一次，品端学优者给以秀士名衔；二、中学毕业生每年在各道会考一次，品端学优者给以俊士名衔；三、高等毕业生每年在省城会考一次，品端学优者给以国士名衔；四、大学毕业生每三年在北京及各大学所在地会考一次，学有专长、品端学优者给以学士名衔。学士有专门著述，经大学院评认，可授以博士衔。[②]

该法令首次提及“博士”学衔，但是这一违背历史发展规律、意在使教育回到科举取士老路的提议引起了教育界的强烈不满。

尽管其时受复古逆流的影响，学位制度的建设险些遭遇挫顿，但是由于教育界对复古逆流的强烈抵制，以及对学位制度的力主推行，使得学位制度建设还是有所创新和发展的。如为严格学位制度运作，袁世凯政府在教育行政机构中还设置了相应的职权行使部门来监管学位制度的运行，即将“授予学位事项”与“博士会事项”规定为专门教育司所掌事务之一，这就为学位制度在我国进一步发展提供了行政保障。1915 年 1 月以袁世凯名义发布的《特定教育纲要》，其中在学位制度方面有两点进步之处：

---

① 舒新城编：《中国近代教育史资料》（中册），人民教育出版社，1985，第 658—659 页。

② 陈学恂主编：《中国近代教育大事记》，上海教育出版社，1981，第 262 页。

一、学位除国立大学毕业，应按照所习科学给与学士、硕士、技士各字样外，另行组织博士会，作为审授博士学位之机关，由部定博士会及审授学位章程暂行试办。

说明：按学位所以证明学问之成就，与科举出身视为授官之阶梯者，性质微有不同。故各国惟专门大学方有学位，其普通学校，只认为有普通之知识技能，不足以言学问，故不与以学位。现在国立大学已有学士学位之规定。其高等专门毕业取法日本制，不授学位，尚与事实相合。惟博士学位，尚未规定，现宜仿照东西各国成法，制定博士会章程，并组织博士会（此与学术评定会办法不同），作为审查学术及授与学位之机关，以期奖进高等之学术。

二、学位规定后，政府应颁布学位章服，以表彰其学迹。[①]

《特定教育纲要》首次提出了硕士、博士学位的设想，并倡导建立学术审查及学位授予机关，对于和学位相关的服饰也有了一定的关注，这些规定无疑向学位制度规范化又前进了一步。学位制度建设取得的这些关键性成果，与时任教育总长汤化龙的努力密不可分。然而令人惋惜的是，随着汤化龙的辞职及袁世凯政府的垮台，《特定教育纲要》未能全面实施，“博士会”并未组织，《审授学位章程》也未及拟定颁布，“学位章服”也没有下文。

袁世凯政府垮台后，中国进入军阀混战时期，政局更加动乱，各项教育工作更是难以开展。从 1916 年 7 月到 1919 年 5 月主持教育部部务的先后有范源濂、袁希涛、傅增湘。这些人都比较热心新式教育，使一度低迷的学校教育事业开始有所回升。

为恢复混乱的教育秩序，在范源濂等人的推动下，北洋政府于 1917 年召开了“国立高等学校校务讨论会”。期间教育部听取了留学生们的建议，对我国大学学习年限进行了相应的调整，并于同年 6 月出台了《改订大学学制办法》，“规定大学修学年限：预科二年，本科四年”[②]。大学修业年限的改变，明确了预科与本科的关系，更符合西方大学对学位获得者学习年限的规定。

① 璩鑫圭、唐良炎编：《中国近代教育史资料汇编·学制演变》，上海教育出版社，1991，第 757—758 页。

② 陈学恂主编：《中国近代教育大事记》，上海教育出版社，1981，第 293 页。

9月，教育部公布《修正大学令》，其中第十条："大学本科学生修业期满，试验及格，授以毕业证书，称某科学士。"[①]这就从法令上明确了只有经过本科学习合格者才有资格获得学士学位，同时不再笼统地称为"学士"，而是称"某科学士"，这种改革已非常接近现代大学对学士学位的规定。随后还规划了授予学位的专门机关。1919年3月初，教育部公布的《国家教育计划》中决定"设立中央评定学术授与学位之机关"，并认为"此项机关亟宜筹设，用昭宏奖"。[②]这一规定把学位授予之权从大学转向了专门授予机关，应该说是一种进步和完善，遗憾的是最终未能施行。总之，这一时期的法令建设使学位制度在中国正式确立，并逐步与世界发展趋势接轨。在北洋政府时期，学位建设能有如此成绩和进步实属不易。

2. 北洋政府后期的学位制度建设

进入20世纪20年代，在接受了数年西方新知识教育和民主精神熏陶后，郭秉文、蒋梦麟、胡适、陶行知、廖世承、晏阳初、孟宪承、陈鹤琴、郑宗海、任鸿隽、陆志韦、张耀翔、刘廷芳等留美学生先后回国。在百废待兴的情况下，他们被寄予厚望。作为未来国家建设的栋梁之材，他们选择高等教育作为实现报效祖国宏愿的舞台。他们中既有教育行政部门的官员，又有高校的各级领导人和教师队伍的中坚力量，这为学位制度在中国的完善和定型蓄积了强大的力量，搭建了更广阔的平台。他们的年龄大多在22—35岁，留学少则二三年，多则五七载，师从名家，学有专长，受过全面的西方教育熏陶和科学方法训练，分别取得了学士、硕士、博士学位。这批人血气方刚，视野开阔，承袭的负担少，思想敏锐，富有朝气。他们此呼彼应，成为推动教育改革的主力军。

身处异域的留学生们亲身感受了欧美国家高等教育的先进和发达，对学位制度有着实际的体会和直接的了解，突破了清末时期依靠日本间接了解西方教育的弊端。在国内高等教育改革的刺激下，这批留学生对国外学位制度的介绍不再局限于政策法规层面，而是着眼于本国学位制度的实践建设，通

① 璩鑫圭、唐良炎编：《中国近代教育史资料汇编·学制演变》，上海教育出版社，1991，第815页。
② 王学珍、张万仓编：《北京高等教育文献资料选编（1861~1948）》，首都师范大学出版社，2004，第433页。

过比较、鉴别后，呼吁建立起适合我国高等教育实际的学位制度，力图促进学位制度本土化发展。此期出版的教育类书籍多有介绍学位制度的内容，例如曾赴欧美教育考察的袁观澜的《袁观澜先生考察欧美教育讲演录》、曾留学日本的吴家镇的《世界各国学制考》、留学美国的陶孟和的《大学校之教育》等。此外，以《中华教育界》《新教育》《教育丛刊》等刊物为平台发表的有关学位制度的文章，不仅在数量上有所增加，而且突破了以往单纯介绍的模式，尝试结合中国实际需要讨论学位制度的建设。（见表 2.2.1）

表 2.2.1　北洋政府后期教育期刊发表有关学位制度文章列表

刊名	册数	文章名称
《教育公报》	第 6 卷第 1 期	《欧美挽近学校教育与理科教授》（续）
	第 6 卷第 3 期	《日本之新大学令及高等学校令》
	第 6 卷第 9 期	《记剑桥大学并及英国学风》
《北京高师教育丛刊》	第 2 卷第 5 期	《高等师范应改师范大学之理由及办法》
《中华教育界》	第 13 卷第 6 期	《法国学制大概及留法学生状况与将来革新意见》
	第 13 卷第 11 期	《再论留学生问题：留学生对于社会上物质生活的影响》
	第 14 卷第 1 期	《英国之教育行政：附表》
《新教育》	第 2 卷第 3 期	《西班牙之教育制度及状况》
	第 5 卷第 2 期	《新学制草案与各国学制之比较》
	第 5 卷第 4 期	《美国教育之状况》
《教育杂志》	第 9 卷第 10—12 号	《各国大学之特色》
	第 12 卷第 10 号	《美国高等教育之问题》
	第 19 卷第 5 号	《由英伦函谈美国学位制度》

例如，在 1921 年云甫就曾倡议：“凡属大学，无有不授其毕业生以学位

之制，此乃世界各国之通例”，“吾以为今日中国欲推广大学教育，以铲除知识阶级之流弊，则凡高等专门学校皆应改为单科大学，废除二年预科，而本科四年毕业即授以学士学位，本科以上，再设研究科及大学院”，“毕业本科者授学士学位，毕业研究科者授硕士学位，在大学院研究而有得者，授博士学位。如此，则富有余力之学子，尽可由本科而入研究科或大学院，作长期或无限制之研究，以资深造”。[①] 这是近代最早在中国建立学士、硕士、博士三级学位体系的倡议。

另有袁希涛于1922年在《新教育》1922年第2期上发表的《新学制草案与各国学制之比较》一文，针对1922年学制草案中未述及学位制度这一问题，选取美国、英国、法国、德国等12国的学位制度进行介绍、比较：

> 美国：大学四年，(得但设前二年之初级大学，)得第一级学位(学士)，文，理，法，医，与农，工，商，等科合设之。(法科医科，有须大学二三年后转入者，合计五六年以上。)研究院一年以上，得第二级学位（硕士）。二年以上得第三级最高学位（博士）。[②]
>
> 英国：大学三年以上，得初级学位（学士）；研究科二年或一年以上，得第二级学位（硕士）；再三年得第三级最高学位。（博士，但格兰大学学位，初级即为硕士，第二级为博士。）[③]
>
> 法国：大学三年，（文科可二年以上，理科不限年期，法科三年以上），得第一级学士学位；各再加一年以上，得博士学位。（医科四年，须先入理科二年，只有博士学位一级。）[④]
>
> 德国：大学四年至五年分神，哲，法，医，四科。（哲学最少有三年者，法四年，医五年，其学位均只博士一级。）[⑤]

由于新学制草案没有规定研究院年期，因此他建议：“依我国现制，自当为英美式之研究院，但英国研究科年期最长，当以参仿美制为近。”此外，

① 云甫：《高等师范应改师范大学之理由及办法》，转引自潘懋元、刘海峰编《中国近代教育史资料汇编·高等教育》，上海教育出版社，1993，第699、703页。
② 袁希涛：《新学制草案与各国学制之比较》，《新教育》1922年第2期。
③ 同上。
④ 同上。
⑤ 同上。

研究院制与学位有关系，新学制草案也没有述及学位制度，他认为依据各国通例，学位制度可分为三类：

（1）一级制。但有博士学位；如德国，意国，比国，荷兰，等是。

（2）二级制。有学士博士两级；如法国，日本，西班牙，等是。

（3）三级制。有学士，硕士，博士三级；如美国，英国，（苏格兰除外）瑞典等是。[①]

在详加比较之后，袁希涛认为："依我国大学组织之趋势，似以取三级制为宜。"[②]

再如，吴家镇于1924年出版的《世界各国学制考》一书中，对法、德、英、美等国家的学位制度进行了介绍，其中对法国学位制度的介绍尤为详细："大学学位，分为两种：（一）学士（医科无之）；（二）博士（药科但有药剂师名号，无学位），修业期满，无学位者，予以证书。修业期限，各科不同。一、文科二年以上；得第一学位，再一年以上，得第二学位；二、理科无年限，但有三项学科及格之证书，即可换得给第一学位，但欲得第二学位，须加研究学科；三、法科三年以上，得第一学位，又一年以上，得第二学位；四、医科四年以上（药科三年，牙科同，但医科须先入理科二年）……博士试验，则须提出论文，其论文题目，须先得教授之许可，至脱稿付印后，经口试手续，乃给予第二学位，然各科试验办法，亦多不同。"[③]

在介绍德国学位制度时，他指出德国对学位制度的规定是："大学学生毕业后，欲在大学任事者，必经博士学位试验。盖系经过他种之毕业试，只得为法官、医生、牧师、中学教员此四类人，不必定有博士名号。惟工业化学家即得博士学位，为彼学力之证。此德国大学与法国及其他之欧洲各国大学独异者也。宗教学科有两种学位，一低级者为学士，一高级者为博士，其余各科，今只存博士学位。"至于学位的授予过程，"或按部令，或按各科定章，往时所行，殆与今异，得者恒以资财为主，或只有口试，或但凭呈稿，其学业多不充足。今则改良之，凡欲得博士学位者，著述口试二者，缺一不可，且著述亦须刊行公布"。若想获得博士学位还须具备以下条件：①授予博士

---

① 袁希涛：《新学制草案与各国学制之比较》，《新教育》1922年第2期。
② 同上。
③ 吴家镇：《世界各国学制考》，商务印书馆，1924，第27—28页。

学位，须凭著述及面试，著述且须刊印，名誉博士不在其内；②其著述须有学术上之发明，更须出自心裁；③凡欲考博士学位者，须证明其曾在本国中学毕业及有大学三年以上之资格。

此外，关于学位的等级，具体分为四等——甲、合格；乙、优；丙、甚优；丁、最优秀。[①]

最后在论及美国学位制度时，吴家镇指出："美国大学之组织与英德大学不同，英之大学为专门学校之集合体，德之大学并不分科，实一大学之毕业院而已。美之大学则仿自英制，而兼采德制，盖合分科与毕业院而为一者也。例如纽约哥伦比亚大学 Columbia University 包有 Columbia 及 Harvard，而专门科仅授学士学位，其余如哲学、政治、科学、法律、建筑、医学等科则仅为大学学士研究高深学问而设，仅授硕士及博士两种学位。总之称为 University 者系联合数个 College 及 School 富有研究各种高深学术之设备，授予学位至博士。"[②]

还有，曾留学于英国的余家菊在《英国教育要览》一书中也详细论及英国的学位：

> 十九世纪以来世界学术中心本在德国。世界各处学生皆汇集柏林等处。大战以前，英人即有起而与德人竞争之概。一九一二年大学会议会，即议决各大学一律增设哲学博士学位，一面并于外国大学为相当的承认，以为招徕外国学生之计。此种政策，盖受德国大学之影响。德国大学毕业生，即取得博士头衔，惟其学业论文，必须具研究性质，其意在用学位奖励研究。结果学术界大呈活气。美国学生之自德国归者，亦采用德国制度之精神，各处皆设立哲学博士学位。学术界所受影响亦不在小。英人审察此中情况，乃不得不憬然从风。于是以哲学博士奖励研究，以法学博士推崇名人，以科学博士表彰学者，乃成为英国大学大体之政策。大战而后，德国既倒，其学术界日为穷困所迫。欲图发展良非易事。英人乃乘此天予之机，

① 吴家镇：《世界各国学制考》，商务印书馆，1924，第 335—337 页。
② 同上书，第 383 页。

励精图治，以求为世界学术中心。[1]

除上述留学生群体的积极建言献策外，此期发展起来的民间组织、地方力量在新学制的制定上也积极参与进来。最典型的代表是全国省教育会联合会，它是全国性民间教育组织，从1915年到1922年共召开了八届年会，对新学制的制定贡献尤大。值得注意的是，活动于各省的教育会组织机构，均有不少留学生的身影。正是上述力量的努力，新学制于1922年11月1日以“大总统令”的形式正式颁行，是为“壬戌学制”。

历时7年，经反复讨论和研究方正式出台的新学制，是中国近代教育史上最完备的学制。该学制深受留美学生的影响，故而明显具有美国学制色彩。正如教育学教授兰西洛特·福斯特（Lancelot Foster）所言：“中国人在教育观念上如此大地受惠于美国，以致一个长期住在中国的人，会倡导实用主义的教育宗旨。中国教育体系受着哥伦比亚大学的控制和指导。”[2] 该学制取消了大学预科，使四年制的大学本科教育成为高等教育的主体。

新学制沿用先前设计，大学之上依旧设大学院：“大学院为大学毕业及具有同等程度者研究之所，年限无定。”关于大学主要有两点：一是重申设立单科大学。“大学校设数科或一科，均可。其单设一科者称某科大学校，如医科大学校，法科大学校之类。”这刺激了大学的兴办，不久全国出现了兴办大学的热潮。二是规定大学修业年限。“大学校修业年限四年至六年。（各科得按其性质之繁简，于此限度内斟酌定之。）医科大学校及法科大学校修业年限至少五年。师范大学校修业年限四年。”“依旧制设立之高等师范学校，应于相当时期内提高程度，收受高级中学毕业生，修业年限四年，称为师范大学校。”[3] 根据该学制，在“高师改大”后，强化了综合性大学办理的势头，推动了高校的学术化进程，从而为研究生教育的施行及学位制度的最终确立提供了可能。

1924年2月23日，教育部公布《国立大学校条例》，对高校的学生入学资格、

① 余家菊：《英国教育要览》，上海中华书局，1925，第232—233页。
② ［加］许美德、［法］巴斯蒂：《中外比较教育史》，上海人民出版社，1990，第75—76页。
③ 璩鑫圭、唐良炎编：《中国近代教育史资料汇编·学制演变》，上海教育出版社，1991，第992—993页。

修业年限等做了相关规定："国立大学校收受高级中学校毕业生或具有同等资格者；国立大学校录取学生以其入学试验之成绩定之。""国立大学校修业年限四年至六年，其课程得用选科制。"其中涉及学位制度的有两条：（1）"国立大学校学生修业完毕试验及格者，授以毕业证书，称某科学士"；（2）"国立大学设大学院，大学校毕业生及具有同等程度者入之；大学院生研究有成绩者，得依照学位规程给予学位；学位规程另订之"。[①] 这些规定进一步巩固和完善了学位制度的体系设计，为《学位授予法》的最终颁行理清了思路。

此期除相关法令的制定外，在归国任教的留学生的推动下，一些著名大学，如北京大学、清华大学、中山大学、厦门大学、东南大学等，开始创办研究生层次的教育，尝试着建立起完善的学位制度体系。如1926年4月公布的《清华学校组织大纲》规定："大学院未成立之前暂设研究院，先办国学一门，以后斟酌情形逐渐添办他门。"[②]1929年7月，清华大学评议会决定在1929年秋开办研究院，原有的研究院国学门则停办。清华大学研究院的招生对象是大学毕业生，学生考入研究院后，研究期限至少为两年，在这两年中须修完二十四学分的课程，并在导师指导下，写出研究论文，经过毕业初试（口试）和毕业论文口试及格（以七十分为及格）后，才会被准予毕业，获得硕士学位。[③] 可见，在清华的实践中已明确提出在研究生阶段授予硕士学位制度的主张，使得学位的分级思想更为清晰。究其原因，由于清华大学最初是留美预备学堂，大部分教师都有留美经历，因此该校也就成为力图建立美国式学位制度的先行者。

综上所述，随着留学生们对学位制度研究的深入以及近代高校在学位与研究生教育实践中的不懈探索，近代中国的学位制度在步履蹒跚中发展起来。北洋政府时期学位制度的建设，第一级学位——学士学位制度的设计相对而言比较全面；研究生教育设施——大学院也有明确规定，只是与该教育层次相适应的硕士、博士学位制度只有设置的意向，仅仅做了构想，没有细则规定，学位规程或者说是学位章程只是提及，并没有制定出来。同时，在留美学生

---

① 王学珍、张万仓编：《北京高等教育文献资料选编（1861~1948）》，首都师范大学出版社，2004，第522页。

② 同上书，第562页。

③ 清华大学校史编写组编著：《清华大学校史稿》，中华书局，1981，第113—114页。

的推动下，以美国学位为模板，中国近代学位制度逐渐实现由学士、博士两级学位向学士、硕士、博士三级学位过渡，为建立系统完善的学位制度体系做好了准备。

第三节　留学生与学位制度的定型和完善

经过新文化运动洗礼后，高等教育整体实力的提升、收回教育权运动的推动以及不同类型高校开展研究生教育的实践，都为学位制度的定型和完善创造了条件。此后，留学生在高等教育界的地位进一步得到巩固和加强，特别是大批在国外获得高级学位的留学生主持各科高等教育事业后，将国外学位制度同中国国情结合起来，在理论和实践方面，推动学位制度中国化的发展。即使在抗日战争期间，留学生群体依然积极推动学位制度的建设并在实践方面使之完善，最终形成了具有中国特色的学位制度。

一、民国后期学位制度建设的背景

在欧风美雨的浸染下，学位制度借西学东渐之势传入中国，并在“洋为中用”的指导下开始其本土化、中国化进程。至南京国民政府时期，近代中国的学位制度逐步完善成熟并最终完型出台。高等教育规范化发展的需要为学位制度的出台提供了条件，收回教育权运动加速了学位的建设进程，而公私立高校在学位制度上的实践探索，则为学位法令的最终出台积累了经验。

（一）高等教育的发展

在教育界人士的努力下，通过厘定学制、扩充经费、整顿学校、推进研究、改进留学等系列措施，民国时期的高等教育事业呈现出较为良好的发展态势。从高校数量和学生人数来看，1912 年全国专科以上大学校数为 4 所，在校生人数为 481 人[1]；1928 年全国专科以上院校有 74 所，在校生人数为 25198 人；到 1936 年，学校共发展到 108 所，在校生人数也增加到 41922 人。[2]随着经济的不断恢复，社会对人才的需求日增，国民政府改组并创建了一批有影响力的高校，同时还鼓励支持各地建设一些省立、私立高校。在着力发展本科教育的同时，各科研究生教育也开始起步。国立、私立高等院校在师资、设备等条件许可的情况下相继成立了研究院或研究所，开始招收研究生，为学位制度建设奠定了实践基础。此外，国民政府通过加强师资队伍建设、严格考试制度等举措来确保高校的教学质量。总之，高等教育规范化发展的需要为学位法令的诞生提供了现实条件。

（二）收回教育权运动的推动

1923 年春，尚在英国留学的余家菊在《中华教育界》上发表了题为《教会教育问题》的文章，从国家主权的角度提出了“收回教育权”的主张。随后，收回教育权运动逐步扩大影响，次年 10 月，全国教育会联合会第十届年会通过《取缔外人在国内办理教育事业案》，论证了取缔外人办教育的原因：“外人自由设学，既不陈报我国政府注册，复不受我国政府之考核，此侵害我国教育主权者一”；“外人之民族性质及国家形势与我国不同，办理我国教育，自必扞格难合，此违反我国教育本义者二”；“独立精神，全被澌灭，此危害我国学生之国家思想者三”；“即如学校编制，大抵任意配置，学科课程，未能切符我国应具之标准，此忽视我国学生应有之学科者四”。[3]随后，社会各界继续推动收回教育权运动。最终，在中国人民和政府的压力下，教会大学相继向国民政府登记立案注册，并逐渐由中国人接管担任学校的校长或副校长，开始进行中国化、世俗化的调整，进而成为中国高等教育体系的一个重要组成部分。

（三）研究生教育的探索与实践

近代以来，我国高等教育尤其是研究生教育的开展始于教会大学，而研

---

① 教育部高等教育司编：《全国高等教育统计》之表 5《民国以来国内大学教育概况表》，1928，第 25 页。

② 教育部教育年鉴编纂委员会编：《第二次中国教育年鉴》，商务印书馆，1948，第 1400 页。

③ 段琦：《奋进的历程》，商务印书馆，2004，第 283 页。

究生学位制度的实践亦由教会大学发端。鉴于当时中国的研究生教育已经起步，而与之相配套的学位制度尚未出台，教会大学在成立之初便着手解决学位授予的问题。为谋取学位授予权，各教会大学纷纷向国外大学注册立案，开设学位课程，使自己的课程与国外大学联系起来，提升自身在高等教育领域的竞争力，从而谋求享有与西方大学同等的权利。立身于近代中国的教会大学，除少数几所天主教大学外，其他多属美国、英国差会所创办，故而教会大学在学位制度的创建上主要借鉴了美国的三级学位制。以东吴大学法科为例，学生“毕业后授予法学士学位，经学校介绍可赴美国留学，也可直接进美国法律学院研究部门，一年后获法学硕士学位，二年后获法学博士学位”[①]。为保证教学质量，各教会大学在研究生的培养、考核及学位的授予上，均参照国外著名大学的标准制定学校规章，并严格执行。以圣约翰大学为例，该校在五四时期明确规定：“文科及理科高级毕业，给予学士学位。其中大学4年学业等第大半在超等、甲等或乙等者，凭照内特加名誉二字，以示优异。医科为5年制。其学生每年各课等第，必须符合医科专章中分纪及考试条之定章，才能给予文凭，作为医科博士。习道学者，其课绩等第有大半在超等、甲等或乙等，可得道学秀士学位。但此项学位须毕业时当众报告，俟该生受会长职后，方能实授。大学院生读毕大学院课程，可得文科或理科硕士学位。”[②]教会大学通过对西方学位制度的引进、消化、融合和调整，努力实现其本土化、中国化，为我国研究生教育的发展提供了参考样板，节省了我国高校自身探索的时间和成本，加速了学位制度化建设的进程。但教会大学最初创立的目的是传播宗教，是西方对中国的文化侵略，其文凭发放等也受国外控制。因此，教会大学对我国教育的发展有不少负面影响。

1918年，北大创设文、理、法三科研究所，开创了我国自办研究生教育的先河。此后清华大学、中山大学、东南大学等国立高校也纷纷开始了研究生教育的筹办工作。受北洋政府政策及混乱时局影响，彼时的学位制度未能与研究生教育同步发展。

---

① 《圣约翰大学章程汇录》，转引自陈学恂《中国近代教育史教学参考资料》（下册），人民教育出版社，1987，第135页。

② 熊月之、周武主编：《圣约翰大学史》，上海人民出版社，2007，第80页。

1926年，东南大学教授会修订通过了《国立东南大学研究院简章》，规定："研究院设高等学位委员会"；"研究生成绩及格者，得分别称为文科、理科、教育科、农科，或商科硕士"；"关于博士学位之规程另定之"。[①] 至此，国立高校方有较为明确和可操作的学位制度设计出现，其中关于硕士学位制度的设计更是国内首创。

1930年北京大学评议会重新制定《研究院规程》，从入学考试、学位课程设置、论文审查答辩和学位授予等方面，对学位制度建设进行了全面探索和实践。第一，对报考资格的要求，应为国内外大学本科毕业生和志愿研究并有专门著作经审查合格者。考试内容包括两方面：一是所习学科的基础知识，至少能了解所习学科的基础知识及其沿革历史，此项考试至少四门以上；二是外国语考试，至少能用一种外国语读书、对译。同时，该校还规定本校毕业生在校成绩和外国语成绩平均在75分以上者，才能免入学考试；本校助教同时为研究生者，经本系主任推荐，也可免入学考试。第二，研究生修业年限为2—5年，且规定最初两年必须在院研究。第三，研究生的指导由本科教授负责，必要时由研究院专聘教授或讲师，各教授指导的研究生人数由教授自定，但同时不得超过5人；研究生在入院后与指导教授商定研究计划，以后至少每月做读书报告或实习报告一次，交指导教授审查。第四，对学位授予的规定，研究院可以授予研究生博士、硕士学位，在学位授予法颁布以前，暂给予甲种和乙种证书，之后补授相应的学位。第五，学位评定机构的设立，1934年研究院成立院务会议，各所成立所务会议，作为评定和授予学位的机构。第六，严格考试程序，研究生只有经过指导教授证明在本院研究一个整学年以上以及做过8个读书报告或实习报告，且经指导教授审查及格者，才有资格进入初试。初试及格后，继续研究一年，按所研究的内容写成论文。指导教授认为合格者，经院务会议聘请本校教授和外校专家5人以上对其进行口试，合格者授予乙种证书（即硕士学位证书）；初试及格后，经指导教授证明在院研究三个整学年以上者，按其研究成绩作正、副论文两篇（已取得乙种证书者可免作副论文），由指导教授推

① 中国第二历史档案馆编：《中华民国史档案资料汇编》第3辑（教育），凤凰出版社，1991，第256—257页。

荐，经所务会议审查合格并由院务会议通过，由院长组织委员会对其进行口试，委员会的成员应包括该研究生所在系全体教授、其他系教授和外校专家，口试的内容不但包括所作论文的内容，还得有与所习学科相关的心得以及应具备的基础知识，口试合格者由研究院授予甲种证书（即博士学位证书）。[①]从以上规定来看，学位制度较为完备的框架体系已建立起来。

1934年5月，清华大学颁布《国立清华大学研究院章程》。其中明确规定："国立清华大学遵照教育部颁布大学研究院暂行组织规程，暨本大学规程第二章第四条，设立研究院。"研究院暂设文、理、法三科研究所。文科研究所设中国文学、外国语文、哲学、历史学和社会学5部；理科研究所设物理学、化学、算学、地学、生物学、心理学6部；法学研究所设政治学、经济学2部。研究院学生入学资格要求：以国立、省立或经教育部立案的私立大学与独立学院毕业生经入学考试成绩及格者。研究院各部研究导师，由所主任及部主任选定若干人担任，各自确定指导研究范围。学生入学后，在部主任的指导帮助下选定导师，在校所习的课程由部主任及导师审定，所研究论文由导师监督指导。研究生的研究期限为2—4年，必须修满所习学科24个学分，研究生考试分为初试口试和论文口试两种。初试口试的考试范围由各部决定，考试时间需在学生完成毕业论文前，成绩以百分法计算，70分为及格，不及格又在60分以上者，可请求补考。毕业论文由研究导师认可，再由论文考试委员会举行口试，成绩也按百分法计算，70分为及格，论文考试委员会需要校外教授、专家参加。"凡在本大学研究院研究满二年，其历年学分平均成绩、毕业论文，及毕业初试，皆及格者，给予研究院研究期满考试及格之证书，并依照教育部定章，授予硕士学位"。[②]

北京大学、清华大学在近代中国学位制度的建立过程中积累探索的经验，为《学位授予法》的出台及实施做好了实践上的准备。此外，北平师范大学、中央大学、交通大学、中山大学和燕京大学、金陵大学、辅仁大学、东吴大

① 萧超然、沙健孙、周承恩、梁柱：《北京大学校史（1898—1949）》，上海教育出版社，1981，第204—206页。

② 清华大学校史研究室编：《清华大学史料选编》第2卷（下），清华大学出版社，1991，第564—565页。

学等高校，在研究生培养和学位制度建设方面也都做了多方探索，这些实践和探索也都成为政府制定《学位授予法》的参考依据，并在客观上推动了《学位授予法》的及早出台。

二、留学生与学位制度的定型

南京国民政府建立至全民族抗战开始的这一时期，虽然内忧外患不断，但是相对稳定的政局为教育事业的发展创造了较好的外部环境。随着高等教育实力的增强，学位制度建设被提到重要议事日程。留学生特别是留美学生大批归国后，他们利用各类公共媒介宣传学位制度，并呼吁建立适合中国国情的制度体系。同时，还有部分留学生直接参与到学制改革中，将自己在海外的亲身经历及学界最新成果融入到学位制度体系建设中。

（一）关于学位制度建设的讨论

南京国民政府成立后，高等教育的改革与发展再次受到重视，“许多著名学者，系在中国大学，受其高等教育之一部或全部，又转而授教于此等大学；即中央与地方机关之办事人，以及中等学校之教师——二者均为主要职业——大半亦系此等大学出身。大学对于促进知识之贡献，在数种学问上，实已可观。故谓近代之中国，大都为其大学之产物，其趋势且日益增加，实非过言”[①]。而作为教育界人士的关注焦点，学位制度的发展引起了激烈论争。

曾留学于美国哥伦比亚大学、英国伦敦大学和德国柏林大学的常道直对各国教育制度深有研究。他在介绍英国学位制度时指出：“我国大学教育尚在幼稚时代，关于学位制度尚无明白规定。国立及私立大学毕业生，由各该学校给予‘学士’‘学位’，国家似乎并不过问，教部承认及未承认之学校均同样给予学位。”“我国（尤其是数年前）独重视外国学位，视同科举制度下之功名。”由于外国学位名称各异，且随着获取外国学位归国者日众，国人对不同学位的理解产生混乱。因此，常道直认为我国需“斟酌各国成例，

---

① 国联教育考察团：《中国教育之改进》，转引自左玉河《中国近代学术体制之创建》，四川人民出版社，2008，第 120 页。

自行规定学位制度”，学位制度应采用两级制：“毕业大学者称‘业士’，大学毕业后仍继续研究，而于学术上有特殊贡献者，给予‘学士’”，“对于后者，不必以在学校以内研究为限，对于自己研究卓著成绩者，亦许其一体应国家学位考试”。[①] 基于此，他建议仿行国外建立中国的学位制度。

1928 年 2 月，黎养源在《教育杂志》上发表《德国柏林大学之概况》，对德国的学位及获取学位的条件进行了说明。柏林大学的博士名目有法学博士、医学博士、牙医博士、哲学博士、政治经济学博士、神学博士等六种。“在报考博士试时，须缴验德国高级学校之毕业证书（或同等之外国学校毕业证书）及在德国大学修业满期之证明书。最重要者为自作之论文一篇，并经过数场口试。与考者须先与该科学长接洽，并呈验在研究院所得之证书或实习证书。纳费二百马克。”[②]

1928 年 5 月 15 日，大学院在南京举行了全国教育会议（后称第一次全国教育会议），出席会议人员有各省、区、特别市的代表和大学院当然委员及专家共 78 人，其中留美学生就有 27 名，占 1/3 强。[③] 全国教育界之硕彦汇聚一堂，对学位制度的建设积极建言献策，并最终发布了有关学位制度的条文：“大学教育应该严定标准，提高程度。我们议决请大学院颁布《大学毕业考试及学位授予条例》：以后各大学办理毕业时，应举行学生历年课程的总考试，合格的给予证书，不得授予学位；凡学士博士两级的学位，均须另经大学院考试或审查合格后，由大学院授予。严定公费留学的资格，对于大学师资设备上有特长者，由大学院给予岁费，设立特种研究所，以奖励高深学术的研究。”[④] 该议案详细规定了学位名称、学位授予资格及处置获得国外学位者的办法，是民国时期发展至此最为系统的学位提案。此后，留学生群体开始借由报刊载文、书籍译介等途径对西方学位制度进行集中论述。

吴泽霖曾在美国接受完整的高等教育，先后获得威斯康星大学学士学位、密苏里大学硕士学位和俄亥俄州立大学博士学位，并在英、法、德、意等国

① 《海外通讯》，《教育杂志》第 19 卷（1927 年）第 5 号。
② 黎养源：《德国柏林大学之概况》，《教育杂志》第 20 卷（1928 年）第 2 号。
③ 谢长法：《借鉴与融合：留美学生抗战前教育活动研究》，河北教育出版社，2001，第 125 页。
④ 中华民国大学院编纂：《全国教育会议报告》，商务印书馆，1928，第 5 页。

进行过教育考察。1931 年，他在《教育杂志》上发表《中国大学教育的改革》一文，其中也谈到在中国如何发展学位制度。在他看来，“凡不进职业专门而欲涉足高深学问者，得入普通大学。普通大学又可分为初级及高级二种”。“凡在初级大学毕业者给予一种学位，如称为俊士”；“凡俊士愿继续求学者，得进高级大学……这种毕业考试，最好由政府聘请专家会同校内教授每年在各校举行一次，凡及格者，由政府给予学士学位”。[①] 曾获得柏林大学地质学博士学位、时任教育部长的朱家骅，于 1932 年 11 月在《九个月来教育部整理全国教育之说明》中讲道：“至于大学，系研究学术之所，情形不同，但除对学生自习，实验，实习及实地考察等事，应随时加以考查外，严格考试亦须推行……学位授予，在学术未经昌明，国内大学未臻完善时，应授权于国家，即留学生回国，已在国外大学得有学位者，亦应由国家甄别考选，授予国家学位，以重教育上之荣典。”[②]

除上述报刊相关栏目的系列文字外，该时期还陆续出版了一批留学生论及外国学位制度的著作或译著（见表 2.3.1）。

表 2.3.1　留学生撰述涉及外国学位制度论述的部分著作

书名	作者	出版机构、时间
《明日之大学教育》	郑若谷	上海南华图书局 1929 年
《各国教育比较论》	庄泽宣	商务印书馆 1929 年
《德法英美四国教育概观》	常导之	商务印书馆 1930 年
《各国学制概要》	庄泽宣	商务印书馆 1931 年
《学制》	邱椿	商务印书馆 1933 年
《大学教育论丛》	董任坚	上海新月书店 1932 年
《法国教育制度》	常导之	北平文化学社 1933 年
《大学教育》	孟宪承	商务印书馆 1934 年
《各国教育制度及概况》	孙百刚	新中国建设学会 1934 年

① 吴泽霖：《中国大学教育的改革》，《教育杂志》第 23 卷（1931 年）第 2 号。
② 朱家骅：《九个月来教育部整理全国教育之说明》，《教育公报》第 4 卷（1932 年）第 49、50 期合刊。

续表

书名	作者	出版机构、时间
《各国教育新趋势》	庄泽宣	中华书局 1936 年
《六十七国教育制度一览》	赵演	商务印书馆 1937 年
《意大利教育》	曾作忠	商务印书馆 1937 年
《德国教育》	钟鲁斋	商务印书馆 1937 年
《各国教育制度》	常导之	中华书局 1936 年

总之，这些学理性的探讨文字为学位制度的建立创造了良好的舆论氛围，加深了国人对学位制度的理解，最终推动了《学位授予法》的出台。

（二）相关学位法规的出台

第一次全国教育会议后，大学院于1928年6月拟定《训政时期施政大纲》，计划第一年“制定大学严格考试条例及学位授予条例”，第二年“实行大学考试条例及学位授予条例”。关于国外留学生，则计划第一年“制定派送并管理国外留学生条例。每年依照条例，选取大学毕业生之得有国家学士学位者若干名，派赴各国留学”。[①]随后，国民政府教育部详细研究了高等教育中各种主要法规，拟定出《学位条例草案》（以下简称《草案》）。《草案》共11条，规定“学位分学士博士两级”：“学士学位，由大学授予之；博士学位，由国家授予之。”因为在此前各教育法规对学士学位的授予均有较为详尽的规定，所以博士学位成为该《草案》探讨的中心内容。《草案》对博士候选人资格，博士学位试验程序、试验时间，博士学位试验委员会，博士学位的获得及名誉博士学位的授予等都有明确规定。总体而言，《草案》汇集了中国教育界在学位制度方面进行探索的经验结晶，厘清了中国学位制度发展的基本思路，但对“硕士学位”有所忽视。这在某种程度上说明，当时教育界在确立学位制度时，还存在摇摆不定的态度。

1929年7月和8月间，国民政府先后公布了《大学组织法》和《大学规程》。其中《大学组织法》规定：大学“以研究高深学术养成专门人才”为宗旨，分为国立、省立、市立和私立四类；“大学分文、理、法、教育、农、工、

① 《大学院拟定训政时期施政大纲》，《大学院公报》第1卷（1928年）第8期。

商、医各学院。”“凡具备三学院以上者，始得称为大学。不合上项条件者，为独立学院得分两科。”“大学得设研究院。”[①]在《大学规程》中明确指出：大学“至少须具备三学院”，大学教育，“注重实用科学之原则，必须包含理学院或农工商医各学院之一”[②]。《大学规程》中还对大学学系及课程、经济及设备、试验及成绩等内容做了明确规定，这既对促进高等教育质量的提升起到了法律保障作用，也为研究生教育发展奠定了坚实的基础。随后，教育部着手拟定大学研究院暂行组织规程，对研究生培养机构进行规划，尝试建立与之相配套的学位制度。

至此，现代意义上互相衔接的三级学位制度终于形成。那么学位法出台的条件也基本成熟，1933 年国民政府教育部拟定确立学位授予制度的行政计划。经立法院、考试院、行政院三机关审议，于立法院第十二次大会上修正通过了《学位授予法》，其具体内容如下：

第一条　学位之授予依本法之规定。

第二条　学位分学士、硕士、博士三级。但特种学科得仅设二级或一级。前项分级细则，由教育部定之。

第三条　凡曾在公立或立案私立之大学或独立学院修业期满，考试合格，并经教育部复核无异者，由大学或独立学院授予学士学位。

第四条　依本法受有学士学位，曾在公立或立案私立之大学或独立学院之研究院或研究所继续研究两年以上，经该院所考试成绩合格者，得由该院所提出为硕士学位候选人。

硕士学位候选人考试合格，并经教育部复核无异者，由大学或独立学院授予硕士学位。

硕士学位考试细则，由教育部定之。

第五条　依本法受有硕士学位，在前条所定研究院或研究所继续研究两年以上，经该院所考核成绩合格，提出于教育部审查许可者，得为博士学位候选人。

① 阮华国编：《教育法规》第 2 版，大东书局，1947，第 151 页。
② 同上书，第 154 页。

第六条　具有下列资格之一，经教育部审查合格者，亦得为博士学位候选人。

一、在学术上有特殊之著作或发明者。

二、曾任公立或立案私立之大学或独立学院教授三年以上者。

第七条　博士学位候选人，经博士学位评定会考试合格者，由国家授予博士学位。

博士学位评定会之组织，及博士学位考试细则，由行政院会同考试院定之。

第八条　硕士学位及博士学位之候选人，均须提出研究论文。

第九条　本法施行前在公立或立案私立之大学或独立学院之本科毕业生，与依第三条受有学士学位者有同一之资格。

第十条　在经教育部认可之国外学校或其他学术机关得有学位者，得称某国或某国某学校某学位。

第十一条　名誉博士学位之授予，另以法律定之。

第十二条　本法施行日期，以命令定之。[①]

稍有遗憾的是，此法规一拖即是一年多，直到1935年4月22日《学位授予法》才正式公布。是年5月23日，国民政府教育部又公布了《学位分级细则》，规定：大学或独立学院可以授予大学本科毕业生的学士学位，分为文学士、理学士、法学士、教育学士、农学士、工学士、商学士和医学士。由研究院或研究所提出硕士学位候选人，考试合格后，所在大学或独立学院授予硕士学位，也分为文学硕士、理学硕士、法学硕士、教育硕士、农学硕士、工学硕士、商学硕士、医学硕士8种学位。研究院或研究所提出经教育部审查合格的博士候选人，经博士评定会考试合格由国家授予博士学位，除商科没有博士学位外，其他7科都有各自的博士学位。

为便于学位法的施行，国民政府教育部随之于5月28日公布学位法实施时间："一、学士学位，凡依本法有权授予学士学位之学校，得自民国

① 王学珍、张万仓编：《北京高等教育文献资料选编（1861~1948）》，首都师范大学出版社，2004，第614页。

二十四年（1935年）七月一日起，依本法开始授予各种学士学位；二、硕士学位，硕士学位之开始授予时期，应于硕士学位考试细则中另定之；三、博士学位，博士学位之开始授予时期，应于博士学位考试细则中另定之。”①

国民政府教育部在公布学位开始施行时间的同时，还对学位证书的样式也进行了相应规范：“案查大学毕业证书，前经令饬得载‘得称某学士’字样……兹规定自本年七月一日起，凡大学或独立学院毕业生证书，应遵照二十二年(1933年)六月本部学校毕业证书规程附载之第一种证书式样(如下图)，于‘准予毕业’之下，依学生所入文理法教育农工商医各学院或科，加载‘依照学位授予法第三条之规定，授予某学士学位’字样，以符现制。”②

《学校毕业生证书规程》第一种样式（1933年6月）

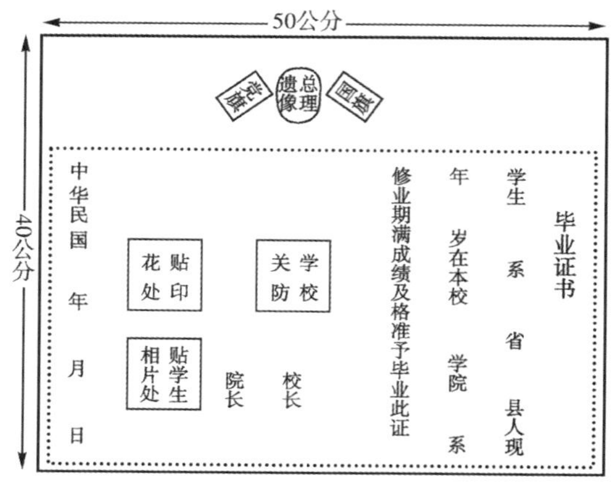

[资料来源]教育部教育年鉴编纂委员会编：《第一次中国教育年鉴》（乙编“教育法规”），开明书店，1934，第89页。

上图是国民政府为配合《学位授予法》的施行而配发的第一种学位证书样式，虽然彼时还是以“毕业证书”的名称出现，但其确为近代中国真正学位证书的最初样板，是学位制度化建设取得的一个重要成果。

鉴于部分学校招收的研究生面临毕业，国民政府教育部于1935年6月及

① 中国第二历史档案馆编：《中华民国史档案资料汇编》第5辑第1编教育（二），江苏古籍出版社，1994，第1411页。

② 《大学毕业证明书加载“依照学位授予法第三条之规定授予某学士学位”字样》，教育部编：《教育法令汇编》第1辑，商务印书馆，1936，第87页。

次年4月先后颁布了《硕士学位考试细则》和《硕士学位考试办法》，对硕士学位的获取资格、授予程序等工作做出了规范。由此可见，到这一时期，近代中国学位制度化建设已经初步形成。从对学生入学资格的限定到学生修业年限、学位考试的规定；从对毕业论文的审查及考试的要求到学位的最终授予等，形成了一套完整的制度体系。学士、硕士、博士三级学位制在中国确立起来并逐步走向成熟。

三、留学生与学位制度的完善及实施

全民族抗战开始后，学位制度建设经过短暂的调整后又重新启航。如果说全民族抗战前学位建设的重点在于制度完善，那么在全民族抗战时学位建设则更侧重于实施。经过几十年的探索，具有中国特色的学位制度正式建立起来。

（一）全民族抗战时期学位制度的完善

在全民族抗战时期，包括学位制度在内的高等教育制度仍在进行调整、改革和完善。一方面，国民政府教育部组建了学术审议委员会，加大对硕士学位授予的监督和规范；另一方面，开始了博士学位制度的草拟工作。近代中国的学位制度在全民族抗战期间进一步走向成熟和完善。

1. 国民政府教育部学术审议委员会的成立

1938年4月，中国国民党临时全国代表大会提出“全国最高学术审议机关应即设立，以提高学术标准”[①]。7月，在国民参政会上，作为政府提案的“各级教育实施方案”中，明确提出了建立学术审议制度及相应的机构，还就其基本任务作了具体阐述。1939年7月，国民政府教育部在此方案基础上，拟定了《学术审议委员会章程》草案。1940年3月，行政院公布该章程，并令教育部施行。5月11日，国民政府教育部学术审议委员会在重庆举行首次会议，正式宣告该会成立。此后中国学位制度的建设与发展主要是在学术审议委员会的领导下进行。而在历届学术审议委员会的会员中，留学生群体占据了绝大多数。可以这样说，《学位授予法》颁布之前，留学生们主要是以个体的

① 罗廷光：《教育行政》（下册），福建教育出版社，2010，第282页。

形式来宣传和推进学位制度；在此之后，留学生们主要是以群体的形式来建立和完善学位制度。

制定组织条例是机构运作的第一步。在学术审议委员会酝酿期间，就非常重视组织条例的制定。首先应需确立的是学术审议委员会审议职责的范围。根据“统筹全国各大学之学术研究”的精神，确定了以下几方面的重点内容：“（1）审议全国各大学之学术研究事项；（2）建议学术研究之促进与奖励事项；（3）审核各研究所研究生之硕士学位授予暨博士学位候选人之资格事项；（4）审议专科以上学校之重要改进事项；（5）专科以上学校教员资格之审查事项；（6）审议留学政策之改进事项；（7）审议国际文化合作事项；（8）审议教育部部长交议事项。”[①] 可见，在20世纪40年代以后，学术审议委员会成为学位制度建设和完善的最高学术权力机构。

审议范围确立后，就必须组建其运作机构。学术审议会委员由当然委员和聘任委员组成：国民政府教育部部长、次长及高等教育司司长为当然委员；另设聘任委员25人，其中由国民政府教育部直接任命者12人，其余13人由全国各国立专科以上学校校（院）长选举，再由国民政府教育部根据选举结果聘任。聘任委员任期三年，可连选连任。聘任委员须具备以下条件之一：“现任或曾任公立或已立案之私立大学校长或国立独立学院院长者；现任或曾任公立研究院院长或研究所所长者；曾任公立或已立案私立大学教授七年以上著有成绩者；对于所专习之学术有特殊之著作或发明者。”[②] 同时，还成立由5至7人组成的学术审议委员会常务委员会处理日常会务。常务委员会由国民政府教育部部长在全体委员中聘任。此外，还设兼任秘书、专门委员、干事等若干职位处理日常行政事务及教育部部长交议的专门学术问题。

选举产生委员是学术审议委员会存在并发挥作用的关键。聘任委员的产生是由国立专科以上学校校（院）长采用记名投票、分学科选举。其中文、理、法三科每科选举2人，农、工、商、医、教育、艺术、军事及体育七科每科选举1人。各科依得票最多者当选，由国民政府教育部聘为委员，得票相同时，

---

① 余子侠、冉春：《抗日战争时期中国教育研究》，团结出版社，2015，第194页。
② 同上书，第194—195页。

抽签决定。经选举，1940 年 4 月，学术审议委员会第一届委员产生，共 29 人。1943 年 4 月，第一届委员任期届满。经该会第四次大会改选，5 月第二届学术审议委员会委员产生，共 29 人。1945 年 2 月第二届委员任期届满，奉准延至 1946 年 12 月第三届委员会产生时为止，第三届委员会由 28 名委员组成。学术审议委员会历届委员人数总规模控制在 30 人以内，且多数委员蝉联，这在保证学术审议委员会运作的稳定性和政策制定的连续性等方面非常有必要，历届学术审议委员会委员基本情况见表 2.3.2。

表 2.3.2　历届学术审议委员会委员基本情况一览表

姓名	留学经历	主要任职	“学审会”任职
陈立夫	1923 年赴美国匹兹堡大学留学	国民政府教育部部长	一、二、三
顾毓琇	1923 年赴美国麻省理工学院留学	国民政府教育部次长	一、二
余井塘	1923 年留学美国西北大学，后入爱荷华大学	国民政府教育部常务次长	一、二
吴俊升	1928 年赴法国巴黎大学留学	国民政府教育部高等教育司司长	一、二
吴稚晖	曾赴日、英、法等国留学	国民党中央监察委员、中央研究院院士	一、二、三
张君劢	1906 年入日本早稻田大学，1913 年赴德国入柏林大学留学	北京大学教授	一、二、三
朱家骅	1914 年赴德国柏林矿科大学，后又到瑞士伯尔尼大学、居利克大学，柏林工科大学留学	国民政府教育部部长，中央大学校长，中山大学校长	一、二、三
陈大齐	1903 年赴日本留学，后入东京帝国大学；1921 年赴德国柏林大学留学	北京大学教授，代理北京大学校长，国民政府考试院秘书长	一、二、三
郭任远	1918 年赴美国加州大学伯克利分校留学	浙江大学校长	一
陈布雷	无	国民政府教育部次长兼国民党中央宣传部副部长，复旦大学教授	一、二
胡庶华	1913 年入德国柏林矿科大学学习，后转柏林工科大学	湖南大学校长，重庆大学校长，西北大学校长	一、二
程天放	1920 年入美国伊利诺伊大学，后入加拿大多伦多大学留学	浙江大学校长，四川大学校长	一、二
罗家伦	1920 年入普林斯顿大学学习，1921 年转入哥伦比亚大学，后又赴伦敦大学、柏林大学、巴黎大学留学	清华大学校长，中央大学校长	一

续表

姓名	留学经历	主要任职	“学审会”任职
张道藩	曾赴法国、英国留学	国民政府教育部常务次长	一、二、三
曾养甫	1923 年赴美国匹兹堡大学留学	交通部部长兼军事委员会工程委员会主任委员	一、二
赵兰坪	留学日本庆应大学学习经济学	中央大学教授	一
周鲠生	1906 年入日本早稻田大学，1913 年赴英国爱丁堡大学，后赴法国巴黎大学留学	武汉大学校长	一、二、三
颜福庆	1906 年赴美国耶鲁大学医学院深造，1909 年赴英国利物浦热带病学院研修，1914 年赴美国哈佛大学公共卫生学院研修	长沙湘雅医学专门学校校长	一
竺可桢	1910 年赴美国伊利诺伊大学学习，后入哈佛大学学习	浙江大学校长	一、二、三
王世杰	1913 年赴英国伦敦大学留学，后赴法国巴黎大学留学	武汉大学校长	一、二
蒋梦麟	1909 年入美国加州大学学习，后入哥伦比亚大学深造	国民政府教育部部长，北京大学校长	一、二、三
茅以升	先后入美国康奈尔大学、卡内基理工学院学习	北洋大学校长	一、二、三
傅斯年	1919 年赴英国爱丁堡大学学习，后转入伦敦大学，1923 年入柏林大学留学	中山大学教授，北京大学代理校长	一、二、三
冯友兰	1920 年入哥伦比亚大学研究生院学习	清华大学文学院院长	一、二
马寅初	1906 年赴美留学，先后在耶鲁大学、哥伦比亚大学学习	北京大学教授	一、三
邹树文	1908 年赴美国康奈尔大学，后入伊利诺伊大学、芝加哥大学学习	中央大学教授兼农学院院长	一、二
吴有训	1922 年赴芝加哥大学留学	中央大学校长	一、二、三
马约翰	两次赴美国春田学院学习	清华大学教授	一
滕固	1920 年留学日本东京东洋大学，后于 1930 年赴柏林大学留学	国立艺术专科学校校长	一
柳诒徵	无	中央大学教授	二
廖世承	1915 年赴布朗大学留学	国立师范学院院长	二

续表

姓名	留学经历	主要任职	“学审会”任职
徐悲鸿	1917年留学日本学习美术，后留学法国	中央大学教授	二、三
徐诵明	1908年留学日本学医，后于1914年入日本九州大学学习	北平大学校长	二
钱端升	1919年赴美国北达科他大学，后入哈佛大学深造	西南联合大学教授	二
刘大均	曾赴美国留学	北京大学教授	二
郝更生	1919年留学哥伦比亚大学，后转入春田学院学习	北京大学教授	二
田培林	1935年赴柏林大学留学	河南大学校长	三
周鸿经	1934年赴伦敦大学留学	国民政府教育部高等教育司司长	三
胡适	1910年入康奈尔大学留学，后入哥伦比亚大学	北京大学校长	三
杭立武	1925年留学英国伦敦大学，1926年留学美国威斯康星大学，后又赴伦敦大学攻读博士	国民政府教育部常务次长	三
邹秉文	1910年赴美留学，后入康奈尔大学	中央大学农学院院长	三
叶企孙	1918年入美国芝加哥大学学习物理，后入哈佛大学	清华大学理学院院长，西南联合大学教授	三
罗宗洛	1918年留学日本，入东京第一高等学校预科、仙台第二高等学校理科，后入北海道帝国大学留学	中山大学、中央大学、浙江大学教授	三
周炳琳	1920年赴哥伦比亚大学留学，后入英国伦敦大学、法国巴黎大学学习	西南联合大学教授	三
汪敬熙	1920年赴约翰·霍普金斯大学留学	中山大学、北京大学心理学教授	三
李四光	1904年赴东京弘文学院学习，后入大阪高等工业学校学习；1913年赴英国伯明翰大学留学	北京大学教授	三
艾伟	1921年赴哥伦比亚大学留学，后入华盛顿大学	中央大学教授	三
王星拱	1908年入英国伦敦皇家理工学院攻读化学	武汉大学、中山大学校长	三

续表

姓名	留学经历	主要任职	"学审会"任职
戚寿南	1916 年赴美国约翰·霍普金斯医学院留学	中央大学教授	三
袁敦礼	1923 年留学美国，先后在芝加哥大学、哥伦比亚大学和约翰·霍普金斯大学留学	北平师范大学校长，浙江大学教授	三

[资料来源]根据教育部教育年鉴编纂委员会编的《第二次中国教育年鉴》(商务印书馆，1948) 和周棉主编的《中国留学生大辞典》(南京大学出版社，1999) 相关资料整理而成。

从学术审议委员会委员群体的构成来看，这是继 1932 年 11 月成立的国防设计委员会后，又大量吸收专家、学者参政的行政机构，聚集了国家高等教育界的精英。他们中既有著名高校领导，又有教育行政部门负责人，更多的是各学科中居于首位的领军人物。在三届学术审议委员会委员中，除陈布雷、柳诒徵 2 人外，其余委员均有海外留学经历，且多以留学欧美为主。他们在哈佛大学、哥伦比亚大学、麻省理工学院、芝加哥大学、约翰·霍普金斯大学、康奈尔大学、柏林大学、伦敦大学、巴黎大学等世界著名大学学习，少则三五年，多则十余年，其中有 30 余名委员获得了博士学位，占全部委员一半以上。他们在学术界的地位及在学术上的成就，既进一步强化了国人对学位的认可，又为欧美式学位制度在中国的发展奠定了基础。

学术审议委员会每学期开一次大会，必要时经三分之一以上委员请求，可召开临时大会。常务委员会则每两月开一次会。大会及常务委员会均由国民政府教育部部长主持。历次会议都围绕着促进学术发展、培养抗战建国人才的宗旨，充分发挥审议职能。据统计，学术审议委员会第一届委员会自成立到 1943 年 4 月的近三年内，审议通过的决议案就有 114 件。其中，"关于全国各大学之学术研究者一一（11）件；关于学术研究之促进奖励者一五（15）件；关于研究院所及学位授予者一〇（10）件；关于专科以上学校之重要改进者二九（29）件；关于专科以上学校教员资格审议者二二（22）件；关于留学政策之改进者一（1）件；关于国际文化之合作者一（1）件；关于部长交议事项者七（7）件；其他不属于上列各类者一五（15）件”。[①]1943年5月，第二届委员会成立以后，先后举行全体委员会会议4次，常务委员会会议15次，审议议案多达130余件。其中，“关于专科以上学校之改进者八（8）件，关于国际文化之合作者一（1）件；关于重要法令者十（10）件；关于各大学学术研究者四（4）件；关于留学政策者二（2）件；关于专科以上学校教员资格之审查者五三（53）件；关于休假进修及部聘教授者三（3）件；关于学术奖励者二八（28）件；关于研究院所及硕士博士学位授予者十五（15）件；其他不属于上列各类者七（7）件”。[②]

为保证研究生学位授予的质量，国民政府教育部制定了硕士学位论文复审办法：“硕士学位之授予，自第六届起，各大学研究院所硕士学位候选人之论文，均呈部复核，除先请专家一人审阅外，均经提本会常会审查。关于此项论文形式上与实质上具备之条件，已于本届第二次常会予以相当之规定，审查合格后，始由部核定授予学位。”从1943年5月起，硕士学位论文审核划归学术审议委员会办理。《充实大学研究院并严格考核研究生成绩案》《硕士论文撰拟时应行注意事项及审查标准案》《规定各审查程序要点案》等提案的审议通过后，不仅在形式上规范了硕士论文应该具备的条件，而且在内容上强化了论文学术质量。经学术审议委员会审查通过硕士论文并授予学位者共110人。其中“文科十五（15）人，理科二十（20）人，法科十（10）人，师范科十二（12）人，农科二十九（29）人，工科五（5）人，商科十四（14）人，医科五（5）人”[③]。学术审议委员会的设立及论文复审的实施，使得硕士学位论文的质量大为提升，各高校在硕士研究生的培养质量上亦提高了重视度，从而为向社会提供高水准的学术人才奠定了坚实基础，硕士研究生学位制度化建设亦因此进一步走向成熟。总而言之，以留学生为主体的学术审议委员会，在历次大会及常务委员会工作中，以加强高校学术研究，建立统一学术标准为中心任务，在推动学位制度的有效实施及进一步完善上发挥了巨大作用。

---

① 《三年来学术审议工作概况》，《高等教育季刊》第2卷（1942年）第3期。
② 《教育部七年来学术审议工作》，《中华教育界》（复刊）第1卷（1947年）第1期。
③ 同上。

2. 博士学位制度的草拟

《学位授予法》出台后，各高校依据该法的基本精神，纷纷制定了研究院规程，在研究生教育的招生、考核、培养和管理等方面都做出了详尽规定，学士学位及硕士学位的授予工作也先后于 1935 年和 1937 年开始开展，然而唯独博士学位的授予始终未能开展。鉴于其时国家对政治、经济、教育、军事各方面人材的急迫需要，且“此后建国大计，经纬万端，人才之造就断不能仍完全仰给于留学”，因此实有实施所定博士学位授予法的必要[①]。

根据《学位授予法》第七条，博士学位的取得必须是“博士学位候选人，经博士学位评定会考试合格者，由国家授予博士学位”，又规定“博士学位评定会之组织及博士学位考试细则，由行政院会同考试院定之”。因此，战时学术审议委员会首要的工作仍是拟定博士学位评定组织法及博士学位考试细则。1940 年秋，国民政府教育部学术审议委员会第一届第一次大会通过《请政府实施博士学位授予案》。紧接着第二次大会又审议通过《博士学位评定会组织法草案》和《博士学位考试细则草案》。会后由国民政府教育部将修正案呈请行政院，转谘考试院会商办理。当考试院对原案提出修正原则时，教育部再次将此送请学术审议委员会复议。后经学术审议委员会第一届第五次常务委员会和第三次大会讨论，订成修正草案。1942 年 5 月，国民政府教育部将该修正草案呈送行政院，转商考试院同意后，付立法程序颁行。

与以往的法规相比，新审议的博士学位办法草案主要完善了以下几点：第一，规定了考察博士学位的机构为博士学位评定委员会。该委员会由国民政府行政院院长、考试院院长、中央研究院院长以及国立大学校长一人为当然委员，另外 16 位至 22 位委员必须是各学术机构的各学科专家。第二，规定博士学位种类有文学、理学、法学、教育学、农学、工学、医学 7 学科种类，而商科则没有博士学位。第三，规定了博士学位的考试及授予程序。博士学位考试分为论文审查、笔试、口试三种；经博士学位评定会指定之专家 3 人以上审查论文批准后，方能参加笔试；笔试科目为与论文有关的三科，笔

① 《教育部学术审议委员会工作概况》（1942 年 3 月），转引自王伟《中国近代博士教育史——以震旦大学法学博士教育为中心》，复旦大学出版社，2015，第 43 页。

试及格后准予参加口试。口试公开举行，行由本人口述论文大意，再由襄试委员各问一题，主试委员各问三题，来宾在经主试委员许可情况下亦可自由发问三题。口试结果由主试委员及襄试委员 7 人以无记名投票决定，5 人以上投许可票为及格，当场宣布投票结果。笔试口试及格后，即可授予中华民国博士学位。[①]

1943 年 5 月 12 日，国民政府行政院考虑到“抗战以前各校因设备及师资之限制，学术研究，窒碍良多，致使博士学位之授予迄未实施；近来各校困难加增，培植尤艰”，故下达了博士学位之授予“应缓办”的指示。[②]近代中国博士学位的探索再度中断。胡适曾对此提出严厉的批评：“博士学位的规定最足以阻碍大学研究所的发展。”他倡导国民政府应接受中央研究院评议会的建议，“博士候选人之大学或独立学院自行审查考试，审核考试合格者，由该校院授予博士学位”，修正《学位授予法》，“让国内有资格的大学自己担负授予博士学位的责任”。[③]战时的博士学位授予法虽终未实施，但其确有导乎先路的意蕴，为战后该项法规的颁行提供了有益借鉴。

从草案的审议，到修正案的复议，再到议决案的成型，无不凝聚着学术审议委员会全体成员的心血。其关于博士学位草案的审议如下：

博士学位草案之审议事项

查博士学位评定会组织法及博士学位考试细则两项草案，前经本会第一届第二次大会起草通过。会后由部将原案赍呈行政院，转咨考试院。对于原案之修正原则，交部复议。因此案关系重大，部中复将考试院修正原则，连同原草案送请本会各委员发表意见，并先后提出第一届第五次常会及第三次大会讨论，订成修正草案。三十一年五月，本部将修正草案呈送行政院，转商考试院同意后，付立法程序颁行。嗣于三十二年五月奉院令指示缓办。三十四年二月，考试院复召集中央研究院及本部代表审查该项草案，审查结果，

① 《博士学位评定会组织法修正草案》《博士学位考试细则修正草案》，转引自余子侠、冉春《抗日战争时期中国教育研究》，团结出版社，2015，第 193 页。

② 教育部教育年鉴编纂委员会编：《第二次中国教育年鉴》（第 6 编第 5 章），商务印书馆，1948，第 79 页。

③ 胡适：《争取学术独立的十年计划》，《教育》2014 年第 23 期。

除将原修正草案复加修正外，并建议博士学位除由国家授予外，并得由各大学依照规定授予。迨举行本届第三次大会后，由部交议修正。会后由部将修正案呈院。三十四年八月初，准行政院秘书处通知，交部复议。由本会提交本届第十三次常会讨论修正后，再行呈院。三十五年六月二十九日，已由行政院召集有关机关修正通过。[①]

（二）全民族抗战时期硕士学位制度的实施

《学位授予法》颁布当年，学士学位的授予就开始着手进行，然而硕士学位、博士学位授予工作的展开并非朝夕之功。研究生教育的开展需以高校研究院所为依托，但创办研究所对各大学来说实属不易。至 1936 年，全国计有 11 校 24 个研究所 39 学部（含暂停或未招生数），由于彼时研究院所发展的不成熟，1935 年和 1936 年两年硕士学位考试都出现了空白，直到 1937 年才开始举行第一届硕士学位考试。

全民族抗战开始后，身处战争前线的高校被迫内迁，刚刚起步的学位与研究生教育一度陷入困境。为满足战时社会对高层次研究型人才的需求，国民政府在政策、经费上给予了大力扶持，高校研究院所又呈现出蓬勃发展的态势。而担当起近代中国学位制度建设和实践者角色的留学生群体，在其发展过程中发挥了非常重要的作用。

《学位授予法》颁布后，硕士阶段的学位成为学位制度建设的重点。在既往的基础之上，硕士学位制度建设得到强化，主要表现在两个方面：一是完善硕士学位考试制度，二是强化学位论文的审核。这两个方面对确保硕士学位授予质量起到了至关重要的作用，也成为全民族抗战时期学位制度建设的亮点。同时，国民政府教育部将硕士学位授予权集中到中央层面，一改之前各有关高校各自为政的状况，对统一培养人才质量，加强控制战时学术起到了积极作用。

1. 硕士学位考试

1935 年国民政府颁布和实施《学位授予法》《硕士学位考试细则》等法规后，直到 1937 年才举行了第一届硕士学位考试。时值全民族抗战开始，为

---

① 《教育部七年来学术审议工作》，《中华教育界》（复刊）第 1 卷（1947 年）第 1 期。

指导各高校组织好这次考试，国民政府教育部就如何操作提出明确意见：

> （一）参加硕士学位考试之研究生，应以各该大学研究院或研究所，曾依大学研究院暂行组织规程第七条之规定，将该生资格证件，报部核准有案者为限。（二）举行硕士学位考试之院或所，如尚未依照大学研究院规程第九条之规定，将研究生应习课程及论文工作呈部核定，应于行政考前补报备核。（三）举行硕士学位考试之院或所，应依照硕士学位考试细则第七条规定，先期拟具校内外委员名单，呈部核准。（四）关于考试一切事宜，应由各大学研究院或所与考试委员，依照考试细则各规定分别办理。[①]

然而，由于日本侵华迫使高校内迁，正常的教学秩序被迫中断，通过硕士学位考试的学生直到 1939 年才拿到硕士学位证书。其中金陵大学理学院化学部沈彬康有幸获得教育部授予的“硕字第壹号”学位证书，这也是我国教育史上第一份由国民政府教育部颁发的硕士学位证书。

2. 硕士学位论文审核

硕士学位考试完毕，随之进入学位论文审核环节。国民政府教育部对成绩合格者的候选人进行复核，无异议者方可授予硕士学位。1939 年 7 月，国民政府发出第 16119 号训令强调：“各高校务须遵照《硕士学位考试细则》第九条规定，硕士学位候选人考试成绩，须由主持委员拟具考试及格报告书，经各委员盖章，并遵照第十条规定，于考试完毕后一个月，将合格论文（附提要）、试卷及研究期满成绩表，一并送教育部复核。”[②] 国民政府教育部复核时，“主要是聘请专家对各有关高校送来的学位候选人的有关材料——学习期间各科成绩、硕士论文提要及论文原件等进行复核。复审通过后，再由部令知各该校分别授予某科硕士学位。其经复核认为须加修改者，由教育部根据专家复核意见，令知各该校整饬各该生修正呈核；凡学位论文特别优异者，则由教育部予以刊印。学位论文审核通过后就进入硕士学位授予环节”[③]。

---

① 《本院与教部来往文件　规定硕士学位考试办法令仰遵照》，《国立中山大学研究院年刊》“本院文牍”，转引自余子侠、冉春《抗日战争时期中国教育研究》，团结出版社，2015，第 190 页。

② 张晞初编著：《中国研究生教育史略》，湖南师范大学出版社，1994，第 46—47 页。

③ 余子侠、冉春：《抗日战争时期中国教育研究》，团结出版社，2015，第 191 页。

全民族抗战前，硕士学位授予权在各高校，这样导致颁发的学位证书样式五花八门，管理起来颇为不便。全民族抗战时国民政府教育部对硕士学位证书的式样进行了规范，并于 1939 年 7 月公布了统一的硕士学位证书样式。

从 1937 年至 1947 年间，国民政府教育部共举办了 9 届硕士学位考试，在艰苦卓绝的抗战环境下几乎没有中断。可见，战火纷飞的岁月里，中国的学位与研究生教育依然取得了可喜成绩，这与高度重视研究生学位制度建设的留学生群体的不懈努力密不可分。

近代中国学位制度是在借鉴西方学位制度的基础上，结合自身教育发展实际渐次演变发展而来，展现了中华民族摆脱愚昧和落后、力图赶上世界教育潮流的毅力和决心。自清末传入，学位制度历时十余年便逐步为国人所接受，并在学校教育体系中占据一席之地。中华民国成立后，教育体制跟随政体做出了相应调整，学位制度与教育制度联系密切，相辅相成。此时，教育制度与学位制度是同时并举，教育制度的建设过程同时也是学位制度的建设过程。清末民初留日学生在社会各界占据了显赫的位置，如此状况下所进行的教育改革肯定会受到日本的影响，如大学院制、学士学位的授予、师范生不授予学位等制度要素均受到了日本的影响。随着留学教育的走向自东而西发生转变，国人对欧美教育给予了更多关注，留学生的动向对学位制度的建设必然产生重大的影响。再有民国第一任教育总长蔡元培留学欧洲多年，对德、法的教育制度较为熟悉，其在教育部人员的选任上也倾向于选用留欧人员，故而在学位制度的建设上更是热衷于效仿德、法。从“壬子・癸丑学制”弃大学院制而取法德、法研究制度即可窥见一斑。具体实施则体现在《特定教育纲要》中，将学位定为两级，其中学士、硕士为同级学位，第二级学位为博士学位，如此设置具有鲜明的德国特色。新文化运动前后，大批留美学生归国，并在教育界迅速占据重要地位。如在 1922 年“壬戌学制”的制定上，其参与制定者的骨干分子就是留美学生，郭秉文、蒋梦麟、胡适、陶行知、廖世承、张伯苓等人，都是从美国留学归来。此后，我国学位制度建设又开始转向仿行美国模式。南京国民政府建立后，学位制度“中国化”进程加快，完成近代中国三级学位制度由构想向实践的转变；突破了文、理、法等学科，开始在更多的学科设立硕士学位授予点；建立了适合中国国情的学位制度；

符合现代世界高等教育发展的潮流。更重要的是，通过学位制度的实施，提高了国家学术整体水平，改变了国人的传统观念，培养了一大批高层次人才，促进了教育事业现代化的发展。总之，在学位制度的创建上，中国是典型的后发外生型，担任其时教育交流主体角色的留学生所起的作用功不可没。因其教育理念、留学经历、兴趣特长、学识修养等方面的不同，加之当时国内外局势的复杂多变，我国对学位制度的引进，并非仅采取一国模式，初仿日本，进而德法，再取美国，最终形成了以仿效美国教育制度为主旋律，兼采欧日，博采众长的多元化特点。

第三章

留学生与研究院所的创建

研究院所是培养研究生的机构和基地。近代的留学生群体在海外留学获得高级学位，不少人具有在国外著名高校研究院所学习或工作的经历，他们熟悉研究院所的组织结构和运行模式等。在留学归国后，他们也纷纷提出模仿国外高校建立研究院所制度的建议。中国近代的研究院所，从其初步创设到制度规划再到普遍设置，都凝聚着归国留学生群体的努力和付出。研究院所的建立，为中国研究生教育的确立和实施奠定了坚实的基础，开辟了适宜的园地。需要指出的是，近代中国的研究院所主要有两类：一类是独立设置的研究院所，例如中央研究院、北平研究院、中国植物研究所等，其主要职能是从事科学研究，后期也有部分研究机构培养研究生，但整体规模不大；另一类是在大学中设置的研究院所，这些机构以培养研究生为主要职责，同时也开展科学研究，实行“教学与科研”相结合和统一的机构设置模式。基于此，本文所指的研究院所主要是指大学机构内设置的研究院所。

第一节 西方研究生教育制度的创立及沿革

自1810年“学术自由”“教学与科研相统一”这种“洪堡原则”的确立及柏林大学的创办以来，西方国家的研究生教育发展至今已有200多年。正如美国著名高等教育专家克拉克所说：“一切从19世纪早期的德国开始……高等学校的一个独特的特征是，它们把科学和学问设想为处理最终无穷无尽的任务——它们从事一个不停的探究过程。低层次的教育提出一批封闭的和既定的知识。在高层次，教师和学生之间的关系，不同于在低层次教师和学生之间的关系。在高层次，教师不是为学生而存在；教师和学生都有正当理由共同探求知识。”[①] 可以说，大学科学研究职能的确立为研究院所的创建奠定了基础。

一、西方研究生教育的创立

从16世纪初期到19世纪初期，德国经历了包括人文主义思想、理性主义思想、自然主义思想、新人文主义思想、浪漫主义思想、实用主义思想等思想潮流的冲击和洗礼。自17世纪以来，德国“认为学术与文化可以开辟通向‘改善人类现状’和‘道德与幸福之境’的道路的乐观主义，在人们思想中逐渐占了统治的地位”。[②] 前者肯定了人具有从事研究的创造能力，后者指出人从事研究的基本目的，从而为德国开办以创造性研究为其本质特征的研究生教育奠定了扎实的思想基础。18世纪蓬勃发展的新人文主义运动为改革德国高等教育，促成研究生教育的开展，提供了直接的思想指导。

① ［美］克拉克：《探究的场所——现代大学的科研和研究生教育》，王承绪译，浙江教育出版社，2001，第19页。

② ［德］弗·鲍尔生：《德国教育史》，滕大春、滕大生译，人民教育出版社，1986，第66页。

1808年，威廉·冯·洪堡出任普鲁士政府教育部部长。洪堡是一位新人文主义者，在任职的18个月内，他依照新人文主义精神对柏林大学进行了大刀阔斧的改革，把培养学者和发展学术看成大学的主要任务，从而确立了大学发展科学研究的职能，并且还提出"大学自治""学术自由""教学与科研相统一"的原则。学术自由使大学拥有特殊权利，"教师有了创立自己学说和研究科学、传播新理论、发展新学派的良好机会，也为新的讲座及其附设的研究室、实验室或研究所的产生提供了可能性"。[①]这些以研究为基础的自由讨论和共同探索的"习明纳"教学，为研究生教育的产生提供了可能。与此同时，柏林大学自由的学术气氛促使哲学院的地位迅速上升，取代了神学院以往在大学中的地位，成为大学的中心和科学研究的发源地，并在大学发展史上首次创设了由哲学院授予的具有现代意义的哲学博士学位。哲学博士学位的设立标志着现代研究生教育的开端。哲学博士教育以培养"科学接班人"为主要目标，重视学生独立的理论科学研究活动，在世界范围内首次形成著名的学术型研究生培养模式。长期以来，这种以科研为主导的培养模式对现代研究生教育产生了深远的影响，迄今为止，世界许多国家的研究生教育尤其是博士生教育仍沿袭着德国学术型研究生培养模式。像法国历史上的大学研究班、美国大学的研究院、日本的技术学校等，都打上了"德国制造"的印记。[②]

二、西方研究生教育的沿革

美国的研究生教育产生于19世纪下半叶。它是在国家政治和经济形势变革需要的推动下而产生的，是德国大学研究所教育模式在美国的移植和变异。1826年，曾留学德国的哈佛大学校长乔治·提克诺率先在哈佛为已经取得学士学位并愿意继续学习的毕业生开设了课程，这是美国研究生教育的开端。1847年，耶鲁学院最早开设了博士研究生课程，并新建了哲学与人文科学系，

① 李盛兵：《研究生教育模式嬗变》，教育科学出版社，1997，第45页。
② 曹健：《研究生培养模式论》，江苏大学出版社，2011，第53页。

给获得学士学位的人讲授从未讲授过的高级人文科学和自然科学以及自然科学在人文科学中的应用之类问题，同时还依照德国大学的办法，建立了附属于这个系的应用化学研究所。这一时期美国的研究生教育还处于萌芽状态，高等教育仍以本科生教育为主。南北战争以后，美国的经济获得了巨大发展，这无疑促进了美国现代研究生教育的形成。

1876 年，美国历史上出现第一所以培养研究生为主的私立高等学校——约翰·霍普金斯大学。该校校长吉尔曼和全体教师几乎都曾留学德国，他们深受德国大学的影响。约翰·霍普金斯大学一成立即宣布实施研究生教育是它的最重要的使命，并建立了一种新型的研究生培养形式——研究生院，该校不招收大学本科生，只设研究生院，开创了研究生院制的先河。因此，约翰·霍普金斯大学的成立，标志着美国研究生教育制度的确立和完善。在约翰·霍普金斯大学的带动下，原来已经开设研究生课程的哈佛大学、耶鲁大学、康奈尔大学等私立大学也先后正式成立了专门的研究生院。正在兴起的公立学校，如加利福尼亚大学、威斯康星大学等，也都以约翰·霍普金斯大学为榜样，大力发展研究生教育。1900 年，在哈佛大学等 5 所大学校长的倡议下，全美大学联合会正式成立，这标志着美国研究生教育进入了标准化阶段。该联合会对研究生院的标准、学位的标准、学习的年限、论文的要求、课程的要求、奖学金的发放条件、导师、外语以及毕业的要求等，都进行了探讨并做出了相应规定。①

日本的研究生教育产生于 19 世纪后期。“明治维新”后，日本引入西学，对学校教育进行了一系列变革。1877 年创设的东京大学，设有法、理、文、医四个独立学部。1880 年该校在法、理、文三个学部增设研究科，仿照德国模式，开启日本研究生教育之先河。东京大学于 1886 年据《帝国大学令》更名为“帝国大学”，设立法、理、文、医、工五个分科大学和大学院，以大学院作为研究生教育的实施机关，揭开了正规研究生教育的崭新一页。日本的大学院与美国的研究生院虽名异而实同。相对于欧洲诸国，日本在研究生

① 刘志强主编：《研究生管理与考核评估实务手册》第 1 卷，吉林电子出版社，2004，第 39—40 页。

教育方面大有后来居上之势。[①]“1918年，日本政府颁布了《大学令》，对研究生教育再次进行改革。规定大学的构成单位为学部，学部设培养研究生的研究科，在设置若干学部的大学，可将12个研究科综合起来设研究生院。这就改变了过去研究生院与分科大学平等分设的做法，研究生院也改变了它以往的职能，开始发挥联系和协调研究生教育的作用。这次改革对日本的研究生教育产生了深远的影响。”[②]

由上可知，现代意义的研究生教育发轫于德国，后经美国、英国、日本等国家的引入、调适，最终确立了在大学开展研究生教育的制度。随着近代中国留学热潮的兴起，经留学生的引介，西方研究生教育制度进入中国，并对近代中国高等教育的发展、变革产生重大影响。

第二节　留学生与研究院所的初步创设

论及学术研究，我国古代大学即有此传统。无论是自汉代创设的太学，还是后来历代书院的教育中，都高度重视教育与科研密切结合，重视学生自学，提倡独立研究，学生在学期间亦能积极参加学术研讨活动。凡是著名的书院，往往既是教育机构又是学术研究机构，还是某个学派的学术研究与传播基地。然而在大学中设立研究机构，则是进入近代后，通过留学生的引进、倡导而逐步建立起来的。

一、留日学生与清末通儒院

当历史的车轮驶入20世纪，饱受欺凌的中国依然没有走出困境。甲午战争以后，近代中国的有识之士开始意识到日本之所以取胜，“非其将相兵士

① 卢亮球、招乐辉编著：《体育学研究生教育研究——比较与借鉴》，华中师范大学出版社，2009，第8—9页。

② 刘志强编著：《研究生管理与考核评估实务手册》第1卷，吉林电子出版社，2004，第44页。

能胜我也；其国遍设各学，才艺足用，实能胜我也”[①]，国人从此开始“负笈东游”，取法日本，以期探寻救国图强的路径，清政府则更是开始“增其兴学之力，而坚其改良教育之志”[②]。

1902年，清政府拟定了中国近代第一个新学制系统《壬寅学制》。学制规划在“大学堂”之上设立“大学院”。这是我国首次在制度上确立研究生教育机构——“大学院”，其性质“为学问极则，主研究，不主讲授，不主课程”。该项制度虽未颁行实施，但使研究生培养机构在学制体系中占有一席之位，并且这一传统得到沿袭。1904年颁布并在全国正式实施的《奏定大学堂章程》（又称《癸卯学制》），将研究生教育机构定名为“通儒院”。同时规定：“通儒院以中国学术日有进步、能发明新理以著成书、能制造新器以利民用为成效”；“通儒院生不上堂，不计时刻”，从事学术研究，学习年限为5年。[③]该学制还颁行了通儒院章程，其内容具体如下：

奏定大学堂章程·通儒院

（1904年1月13日颁布）

第一节　凡某分科大学之毕业生欲入通儒院研究学术者，当具呈所欲考究之学艺，经该分科大学教员会议，呈由总监督（即今大学校长之职）核定。

第二节　非分科大学毕业生而欲入通儒院研究某科之学术者，当经该分科大学教员会议所选定，复由总监督考验，视其实能合格者，方准令升入通儒院。

第三节　凡通儒院学员，视其研究之学术系属某分科大学之某学科，即归某分科大学监督管理，并由某学科教员指导之。

所研究之学术，有与其他分科大学之某学科实有关系、必应兼修者，可由本分科大学监督申请大学总监督，命分科大学之某学科教员指导之。

① 康有为：《请开学校折》，转引自郑力民《康有为集》，广东人民出版社，2018，第335页。
② 郭秉文：《中国教育制度沿革史》，福建教育出版社，2007，第39页。
③ 《奏定大学堂章程》，转引自璩鑫圭、唐良炎《中国近代教育史资料汇编·学制演变》，上海教育出版社，2007，第348页。

第四节　通儒院学员之研究学期，以五年为限，能以发明新理、著有成书、能制造新器、足资利用为毕业。

第五节　通儒院学员无须请人保结，并不征收学费。

第六节　通儒院学员，有为研究学术必欲亲至某地方实地考察者，经大学会议所议准，可酌量支给旅费。

第七节　通儒院学员每一年终，当将其研究情形及成绩，具呈本分科大学监督，复由本科大学监督交教员会议所审察。

第八节　通儒院学员，如有研究成绩不能显著、或品行不端者，经各教员会议，可禀请总监督饬其退学。

第九节　通儒院学员在院研究二年后，如有欲兼理其他事务，或迁居学堂所在都会以外之地者，经本分科大学监督察其于研究学术无所妨碍，亦可准行。

第十节　通儒院学员至第五年之末，可呈出论著，由本分科大学监督交教员会议所审察；其审察合格者即作为毕业，报明总监督咨呈学务大臣会同奏明，将其论著之书籍图器进呈御览，请旨给以应得之奖励。[①]

该章程对研究生培养机构的性质、入学条件、修业年限、毕业条件、管理模式等做了具体规定，对研究生教育的发展首次做出较为详细的顶层设计。

接下来，我们再看看日本明治十九年（1886年）三月颁行的《帝国大学令》相关条文：

第一条　帝国大学以教授国家所需要之学术、技艺及考究其蕴奥为宗旨。

第二条　帝国大学以大学院及分科大学构成。大学院所以考究学术、技艺之蕴奥，分科大学所以教授学术、技艺之理论及应用。

第四条　分科大学之卒业生及有与之同等之学力者，入大学院考究学术、技艺之蕴奥，经定规之试验者，授予学位。[②]

---

① 《通儒院章第六》，转引自璩鑫圭、唐良炎《中国近代教育史资料汇编·学制演变》，上海教育出版社，2007，第394—395页。

② 《帝国大学令》，转引自璩鑫圭、唐良炎《中国近代教育史资料汇编·学制演变》，上海教育出版社，2007，第230页。

两者比较可知，《奏定大学堂章程·通儒院》明显仿自日本通行的学制，而这种看似容易的仿效工作，非熟悉日本教育制度的留日学生及曾赴日进行教育考察的官员所不能胜任。

教育家蒋维乔曾指出："当时学制起草者，皆日本留学生。"[①]而王国维则具体指出，新学制的起草者是陈毅。"今日之奏定学校章程，草创之者沔阳陈君毅，而南皮张尚书实成之。"[②]陈毅是张之洞（南皮张尚书）的重要幕僚，"学博思沉，志气高迈"，曾两次到日本游历学习，"于教育一门尽心讲求，细密详实，所有办理大中小学堂之法，心中皆有规则，不为空谈，一时才隽罕能几及"[③]。张之洞起用他来草拟学堂章程，自然是比较合适的人选。除陈毅外，在张之洞的幕僚或门生中还有一些人，如胡钧、陈问咸、田吴炤等，或曾奉张之命赴日游历学习，或曾留学于日本学校，对新式教育都很熟悉，他们也极有可能参与了新学制的草拟工作。

有的留日学生，虽然没有直接参与草拟工作，但对新学制的出台也做了大量工作。1902 年清政府派吴汝纶赴日本考察教育，为制定新学制做准备。吴汝纶到日本后，曾去文部省听讲教育行政、教育大意、学校管理法、教授法、学校设备等课程。因为不懂日文，他就聘请东京帝国大学留学生章宗祥、吴振麟和张奎口译。同时，吴汝纶还与日本文部大臣、大学总长、帝国教育会长、贵族院议员等政界和教育界知名人士，进行了多次谈话。这些访谈也多由章宗祥、吴振麟、张奎作翻译和记录。吴氏回国后，将在日本的听讲记录及与日本人的谈话记录等辑为《东游丛录》一书，呈送张百熙，以供采择。此书在当时影响很大，"成为新教育的指针"[④]，这些内容实际上已在某种程度上寓含了章宗祥等留学生对日本教育制度的理解与取舍。

由此可见，留日学生与新学制的出台有密切关系，"不论是归国留日学

---

① 蒋维乔：《清末民初教育史料（节录）》，转引自璩鑫圭、唐良炎《中国近代教育史资料汇编·学制演变》，上海教育出版社，2007，第 1092 页。

② 王国维：《奏定经学科大学文学科大学章程书后》，《教育世界》1906 年第 2 期，转引自潘懋元、刘海峰《中国近代教育史资料汇编·高等教育》，上海教育出版社，2007，第 7 页。

③ 《保荐经济特科人才折》，载苑书义、孙华峰、李秉新主编《张之洞全集》第 2 册（奏议），河北人民出版社，1998，第 1486 页。

④ ［日］实藤惠秀：《中国人留学日本史》，谭汝谦、林启彦译，生活·读书·新知三联书店，1983，第 54 页。

生，还是在读的留日学生，都对新学制的制定做出了贡献”[①]。自不待言，作为新学制的一部分，关于通儒院制度的制定也必然少不了留日学生的功劳。“壬寅·癸卯学制”的拟定与颁行，标志着中国研究生教育在制度设计上的开端，但是这种开端又仅仅局限于学制制定上，因为在中华民国成立之前，通儒院未曾开学，所以研究生教育也就自然未能付诸实践。

二、蔡元培与北京大学研究所

蔡元培是我国研究生教育的积极倡导者和先行者。在他的主持下，北京大学率先创办了研究所，开创国立大学设立研究所、培养研究生的先河。他不仅在学术研究和人才培养上做出了突出贡献，而且在如何基于本国实际，借鉴欧美先进教育经验上做了有益探索，对近代我国研究生教育的发展产生了积极影响。

1907 年 6 月，蔡元培赴德国留学，先在柏林学习德语，编译书籍，做入学前的准备。1908 年秋至 1911 年 10 月间，他进入莱比锡大学听课和研究，选修了心理学、哲学、文学、美学、人类学、文明史等课程，尤其关注心理学和教育学领域的前沿理论，并接触到了一批世界著名学者。他先后进入实验心理学创始人威廉·冯特创设的实验心理学研究所、兰普来西创设的文明史与世界史研究所学习研究，还参加了由该校东方学院院长孔好古教授主持的中国文史研究所练习班。在学习研修期间，他对这几个研究所的教学、研究情况做了详细记载，例如对由兰普来西教授创设的文明史与世界史研究所的记述如下：

> 兰氏所创设的文明史与世界史研究所，除兰氏外，尚有史学教授六七人，学生在三四年级被允许入所研究者，那时约四百人。我以外国学生，不拘年级，亦允入所并在兰氏所指导的一门中练习。他的练习法，是每一学期中，提出有系统的问题一组，每一问题，指定甲、乙二生为主任，每两星期集会一次，导师主席；甲为说明的，

① 尚小明：《留日学生与清末新政》，江西教育出版社，2003，第 50 页。

乙为反驳的或补充的，其他丙、丁等为乙以后的补充者。最后由导师作结论。进所诸生，除参加此类练习班外，或自由研究，或预备博士论文，都随便。[①]

在德留学期间，蔡元培了解到外国大学，“每一科学，必有一研究所；研究所里面，有实验的仪器、参考的图书、陈列的标本、指导的范围、练习的课程、发行的杂志”[②]。通过分析研究世界各国著名大学将教育和科研相结合而成为世界科技教育中心的事实，特别是德国柏林大学“教学与科研相统一”的原则，他认识到高等教育不但要通过教学达到传授知识的目的，还要使学生了解并积极开展科学研究，通过研究进行教育。他积极关注西方近代大学设置研究所之举，深刻地认识到研究机构对于学术发展的重要意义，并试图加以效法，主张把西方式的研究机构移植到中国的大学中去，为高校师生创建一个能专门研习学问的研究场所。

（一）大学内设大学院的设计

中华民国成立后，蔡元培出任教育总长，随即便开始了一系列的教育改革。在研究生教育方面，他主张“大学应设大学院（即今研究院），为教授、留校的毕业生与高级学生研究的机关”[③]。在相继颁行的《大学令》和《大学规程》中，就有涉及大学研究院所制度的设计。其中《大学令》关于大学研究院所的设计阐述（摘要）如下：

第六条　大学为研究学术之蕴奥，设大学院。

第七条　大学院生入院之资格，为各科毕业生，或经试验有同等学力者。

第十一条　大学院生在院研究，有新发明之学理，或重要之著述，经大学评议会及该生所属某科之教授会认为合格者，得遵照学位令授以学位。[④]

上述条文对大学院的性质、学生的入院资格、考核等做了原则性规定。

① 蔡元培：《蔡元培自述》，中国言实出版社，2015，第68—69页。
② 贺昌盛主编：《再造文明》，浙江教育出版社，2014，第150页。
③ 高平叔编：《蔡元培全集》第6卷，中华书局，1988，第349页。
④ 高平叔编：《蔡元培全集》第2卷，中华书局，1984，第284页。

而后颁行的《大学规程》对大学研究院做了进一步规范：

第二十一条　大学院为大学教授与学生极深研究之所。大学院之区分，为哲学院、史学院、植物学院等，各以其所研究之专门学名之。

第二十二条　大学院以本门主任教授为院长，由院长延其他教授或聘绩学之士为导师。

第二十三条　大学院不设讲座，由导师分任各类，于每学期之始提出条目，令学生分条研究，定期讲演讨论。

第二十四条　大学院之讲演讨论，应记录保存之。

第二十五条　大学院生经院长许可，得在大学内出席担任讲授或实验。

第二十六条　大学院生自认研究完毕、欲受学位者，得就其研究事项提出论文，请求院长及导师审定，由教授会议决，遵照学位令授以学位。

第二十七条　大学院生如有新发明之学理，或重要之著述，得由大学评议会议决，遵照学位令授予学位。[①]

由上可知，蔡元培设计的大学院，实际上就是提供给师生进行学术研究的场所——大学研究院，也就是大学本科学生继续深造的研究生院。然而由于蔡元培的离职，各大学研究院所并未建立起来。“民国元年，教育部所定的大学规程，本有研究所一项，而各大学没有举行的。”[②]“清季的学制，于大学上，有一通儒院，为大学毕业生研究之所。我于大学令中改名为大学院，即在大学中，分设各种研究所。并规定大学高级生必须入所研究，俟所研究的问题解决后，始能毕业（此仿德国大学制）。但是各大学未能实行。”[③]

（二）北京大学研究所的创设

1916 年，蔡元培出任北京大学校长。他身体力行，率先在北京大学创立了研究所，将学制系统中的条文付诸实践，成为国立大学设置研究所之滥觞。

---

① 《教育部公布大学规程》，转引自璩鑫圭、童富勇《中国近代教育史资料汇编·学制演变》，上海教育出版社，2007，第 722—723 页。

② 《十五年来我国大学教育之进步》，载高平叔编《蔡元培全集》第 5 卷，中华书局，1988，第 90 页。

③ 《我在教育界的经验》，载高平叔编《蔡元培全集》第 7 卷，中华书局，1989，第 198 页。

从大学是研究学理的机关的理念出发，蔡元培明确指出，大学不能只从事教学，还必须开展科学研究。“所谓大学者，非仅为多数学生按时授课，造成一毕业生之资格而已也，实以是为共同研究学术之机关。”[①] 大学教员不是灌输固定知识，而是对学问有浓厚的研究兴趣，并能引导学生研究兴趣之人；大学生也不是死记硬背教员的讲义，而是在教员指导下自动地研究学问之人。大学要能承担起教学、科研双重任务，教师与学生要开展科学研究，就需要各方面的条件和设施，而其中建立各种科学研究所，则是最为基本也是最重要的条件。因而，蔡元培大力倡导“凡大学必有各种科学的研究所”[②]。

1917 年年底，北京大学文、理、法三科各学门分别成立了研究所，初步奠定了该校研究生培养机构的组织格局。同时，校长还在各所教授中推举一人为研究所主任，每科研究所下设独立的学门。当时设立的研究所科别、学门及各学门主任教员名单如表 3.2.1。

表 3.2.1　北京大学文、理、法三科研究所主任一览表

科别	门类别	主任姓名	门类别	主任姓名	门类别	主任姓名
文科研究所	哲学门	胡适	国文门	沈尹默	英文门	黄振声
理科研究所	数学门	秦汾	物理门	张大椿	化学门	俞同奎
法科研究所	法律门	黄右昌	政治门	陈启修	经济门	马寅初

［资料来源］根据朱有瓛主编的《中国近代学制史料》第 3 辑（下册）（华东师范大学出版社，1992）第 72 页相关内容整理而成。

从上表可知，“三所九门”的主任皆由留学生担任：胡适、黄振声、秦汾、张大椿、马寅初等 5 位从美国留学归来；沈尹默、黄右昌、陈启修等 3 人曾留学日本；俞同奎先在英国利物浦大学攻读化学，毕业后又到德国、法国、意大利和瑞士深造。可见，留美学生、留日学生等都参与了北京大学研究所的创建，由此也拉开了我国留学生走上研究生教育岗位的序幕。

蔡元培在设立研究所时也明确指出：“研究所仿德、美两国大学之

① 《〈北京大学月刊〉发刊词》，载高平叔编《蔡元培教育论著选》，人民教育出版社，2011，第 176 页。

② 《何谓文化》，载高平叔编《蔡元培教育论著选》，人民教育出版社，2011，第 290 页。

Seminar 办法，为专攻一种专门知识之所。”[①] 此处所说的 Seminar，即研究所，是德国大学最基层的学术组织，被认为是德国大学重要的制度特点之一，而美国并无此建制。可见，蔡元培虽说仿德、美两国，但实际的蓝本仍是德国研究所制度。

为大力发展研究所，研习各门学术，北京大学随即发布了《北京大学研究所简章》，具体如下：

北京大学研究所简章

（1917 年）

第一条　各科之各专门学术，俱得设研究所。

第二条　研究所以各门各种之教员组织之。

第三条　各研究所教员中，由校长推一人为本所主任教员。

第四条　本校毕业生俱得以自由志愿入研究所。

第五条　本校高级学生，主任教员认为合格者，得入研究所。

第六条　本校毕业生以外，与本校毕业生有同等之程度，而志愿入研究所者，经校长之认可，亦得入研究所。

第七条　本国及外国学者，志愿共同研究而不能到所者，得为通信研究员。

第八条　研究所之条〔科〕目，每学期开始时，由各教员草定，付研究员分任之，以提出于每星期之各研究会，共同讨论。

第九条　每次研究会，由各教员于研究员中指定一人，任记录之事。

第十条　研究会记录，经各教员鉴定后，录一副本，于每学期末，送图书馆保存。

第十一条　教育部移交之名词稿，依学科性质，分送各研究所，为研究之一部。

第十二条　各研究所得广购可资参考之图书、杂志、仪器，其

① 《研究所简章》，载高平叔编《蔡元培全集》第 3 卷，中华书局，1984，第 439 页。

管理规则，别定之。[①]

此外，学校还制定了《北京大学研究所通信研究员规则》《研究所通则》和各科《研究所办事细则》《研究所办法草案》等规章，为研究所的发展提供了规范和指导。这些规章奠定了中国现代大学研究院所的雏形。

研究生培养机构的建立，在当时教育界和社会上都是一件新鲜事，自然引起媒体关注，有关消息频频见诸报端。1917 年 12 月 8 日，《申报》具体报道了北京大学文科研究所第一次开展活动的情况："北京大学设立各科研究所，顷已次第成立。文科研究所于昨日在校长室开第一次研究会。学生志愿研究者，约四五十人。蔡鹤卿校长，陈仲甫学长，章行严、胡适之、陶孟和、康心孚、陈伯涛诸教授均莅会。先由主任胡适之君述研究会之成立及报告研究者之科目，人数，并云今日为本研究会之第一次，特请蔡校长演说，其题目为《哲学与科学之关系》。"[②]

北京大学各科研究所创办之初还相当简陋，但发展很快。1918 年年初，各研究所共有研究人员 148 人，其中本校毕业生 80 人、高年级学生 68 人，另有通信研究员 32 人。研究人员中，文科最多，71 人；理科最少，仅 18 人。范文澜、冯友兰、俞平伯等，都是在这个时期进研究所从事学术研究的。1919 年 12 月，该校还决定增设地质学研究所，由何杰任主任。何杰于 1909 年留学美国，在科罗拉多矿业学院学习煤矿开采工程，获采矿工程师学位，继又获理海大学研究院理科硕士学位。1914 年回国，在北京大学任教授，后任北京大学地质系主任。

各科研究所成立后，蔡元培一方面积极参加有关活动，身体力行，支持和推动研究所的工作；另一方面重视研究所的制度化建设，促进和规范其发展。1918 年 5 月 27 日，蔡元培主持召开研究所主任会议，讨论理科学长夏元瑮提出的意见，议决下列办法：（1）研究科之范围当以"本科所无"或"本科所有而未能详尽"者为限。（2）研究人员以毕业生为主体。研究所教员与

① 《北京大学研究所简章》，载中国蔡元培研究会编《蔡元培全集》第 18 卷（续编），浙江教育出版社，1998，第 232—233 页。

② 《哲学与科学之关系》，《申报》1917 年 12 月 8 日，转引自金林祥《思想自由　兼容并包——北京大学校长蔡元培》，山东教育出版社，2004，第 164 页。

学生须经常讲演讨论。研究所教员除特请者外均尽义务。（3）法科研究所改定科目为：比较法律、刑法、国际法、银行货币、财政、经济学。（4）文科研究所改定科目为：①哲学门——中国古代哲学史料问题，逻辑学史，儿童心理学；②国文学门——清代考订学，文字孳乳之研究，文学史编纂法；③英文学门——诗，近代名剧。[①]

正是在蔡元培的积极倡导和支持下，北京大学研究所在创办的短短数年间取得了非常突出的成绩。在总结文科研究所国学门的办学成绩时，他说："三年以来，赖主任沈兼士先生的主持与国学门委员会诸先生的尽力，搜集、整理、发表，均有可观的成绩，我们虽然自己不满意的点，还是很多，然而这种研究，决不是徒劳的事。我们已经可以自信，若能广筹经费，多延同志，来此共同研究，将来学术上的贡献，一定可以增进。"[②]随后，蔡元培在《北京大学第二十三年开学日演说词》中，对北京大学各科研究所推动学术研究的作用再次给予赞扬："一年以来，觉得学生方面近来很有觉悟：把从前硬记讲义、骗文凭的陋见渐渐儿打破了，知道专研学术是学生的天职。"他肯定了学校针对推动学生钻研学术而制定的几种办法，认为"学生一年以来，不但有研究学术的兴趣，兼具有服务社会的热诚，这也是可喜的事"。[③]

（三）北京大学研究所的改革

北京大学研究所在经过三年的发展后，取得了一定成绩，然而存在的问题也日渐凸显。例如，研究所在学校组织机构中的建制问题，这是事关研究机构定位及研究生教育性质的重大问题。这些问题若得不到及时而妥善的解决，将影响北京大学研究生教育持久的发展。蔡元培也客观地指出："本校所办的研究所，本为已毕业与将毕业诸生专精研究起见；但各系分设，觉得散漫一点，所以有几系竟一点没有成绩。"[④]有鉴于此，蔡元培决议对研究所进行改组。1920年7月8日，评议会通过了北京大学《研究所简章》，其内容如下：

---

① 《研究所主任会议纪事》，《北京大学日刊》1918年5月29日，转引自金林祥《思想自由　兼容并包——北京大学校长蔡元培》，山东教育出版社，2004，第165页。

② 《北京大学国学研究所一览序》，载中国蔡元培研究会编《蔡元培全集》第5卷，浙江教育出版社，1997，第342页。

③ 《北京大学第二十三年开学日演说词》，载高平叔编《蔡元培教育论著选》，人民教育出版社，2011，第281—282页。

④ 同上书，第281页。

研究所简章

（一）研究所仿德、美两国大学之Seminar办法，为专攻一种专门知识之所。

（二）研究所暂分四门：

1. 国学研究所。（凡研究中国文学、历史、哲学之一种专门知识者属之。）

2. 外国文学研究所。（凡研究德、法、英、俄及其他外国文学之一种专门知识者属之。）

3. 社会科学研究所。（凡研究法律、政治、经济、外国历史、哲学之一种专门知识者属之。）

4. 自然科学研究所。（凡研究物理、化学、数学、地质学之一种专门知识者属之。）

（三）研究所不另设主任。其研究课程，均列入各系内。

（四）研究所之阅览室，并入图书部。

（五）各学系之学课有专门研究之必要者，由教员指导学生研究之，名曰某课研究，并规定单位数。例如：康德哲学研究、王守仁哲学研究、溶液电解状研究、胶体研究、接触剂研究。

（六）各种研究，在图书馆或试验室内举行之。

（七）指导员授课时间，与授他课同样计算。

（八）三年级以上学生及毕业生均得择习研究课。[①]

由北京大学《研究所简章》可知，蔡元培重新调整了北京大学研究所的学科布局，打破科系限制，将研究所分为国学、外国文学、社会科学和自然科学四大门类，并对事关研究所发展的具体事项做出详尽规范。北京大学《研究所简章》的颁行，开启了蔡元培改革北大研究所的序幕。

为寻求研究所改革经验，1920年11月下旬至次年9月，蔡元培远赴欧美专门考察大学教育及学术研究机构情况。他先后参观了法国斯特拉斯堡大学

① 《公布北大〈研究所简章〉布告》，载高平叔编《蔡元培全集》第3卷，中华书局，1984，第439—440页。

的动物研究所、物理研究所、地质研究所，法国南锡大学的化学、电机、数理各研究所，比利时布鲁塞尔自由大学的解剖学研究所、巴斯德研究所，比利时列日大学电学及机械学研究所，法国巴黎大学地理研究所、语言学研究所，德国法兰克福大学实验心理研究所，德国慕尼黑大学地质学研究所，美国哈佛大学心理学和物理学研究所等学术研究机构。他特别注意大学各研究所及学术研究机构的内部组织结构，力图加以效法。此次考察使蔡元培对研究机构有了更多的认识。如 1921 年 3 月 1 日，他在参观法兰西学院时了解到，该院专为研究高深学问而设，研究人员多为专职，兼大学教授者甚少。3 月 17 日，他又在德国向汉奈克 (Hanack) 询问有关威廉研究院的组织法，获知该院已设立 22 个研究所，其中从事纯科学研究的有物理、化学、生理等，从事应用科学研究的有微生物、血清、制钢、验煤、造革等，从事文化科学研究的有历史等。院长由委员会推出，每一研究所各有所长，亦由委员会选定，另设一干事。各所研究内容以及聘请研究员，均由所长主持，教育部与委员会不能干涉，但所长须由委员会选定。他总结道："德、法等国的大学，杂〔虽〕然于分班讲授的形式也颇注重，但每科学问，必有一种研究所。有许多教员，是终身在所研究的。"[①] 此次出国考察教育，进一步地坚定了蔡元培改革北京大学研究所的决心。

1921 年年底，根据考察欧美大学研究所的实际情况并结合本校研究所的进展情况，蔡元培向北京大学评议会提交新定的《国立北京大学研究所组织大纲》，经校评议会第三次会议讨论，决定取消各科研究所，设立北京大学研究所，下设自然科学、社会科学、国学和外国文学四门；研究所所长由校长担任，各门设主任一人，在本校教授中选任，任期两年。此外，设助教及书记若干人，由所长指任，受本门主任指挥，办理一切事务。《国立北京大学研究所组织大纲》的制定和颁布，更加完善了研究所的各项制度，推动了研究所的进一步发展。

但由于经费所限，1922 年 1 月，北京大学实际上只成立了国学门研究所

① 《湖南自修大学介绍与说明》，载高平叔编《蔡元培全集》第 4 卷，中华书局，1984，第 245—246 页。

（也称国学研究所）。1922 年 3 月，《国立北京大学研究所国学门研究规则》经北京大学评议会第七次会议讨论通过。该规则对国学门研究所若干重要事项做出明确规定：

（一）凡本校毕业生有专门研究之志愿及能力者，又未毕业生及校外学者，曾作特别研究已有成绩者，皆可随时到本学门登录室报名，填写研究项目，有著作者并呈送著作，一并由本学门委员会审查；其审查结果合格者，得领研究证，到所研究。

（二）凡本校毕业生及校外学者，不能到校而有研究之志愿者，得通讯研究，其报名及审查手续均照上条办理。

（三）研究生须将关于研究之经过及其成绩，随时报告，以便在本学门所办之杂志中发表，或刊入丛书。

（四）研究生遇必要时，可要求本学门主任，与有关系之各学系教授会，代请本校教员及国内外专门学者指导研究。

（五）本校教员可以自由入所研究。

（六）本校教员可以提出问题，招集研究生入所指导，或共同研究，惟须先期通知，经委员会通过。

（七）本学门随时聘请国内外学者为专门讲演，其公开与否，临时定之。[①]

北京大学国学门研究所正式成立后，其研究对象拓展到中国文学、史学、哲学、语言学、考古学等众多领域。为“规划国学门应进行之一切事宜，并审查研究生入所资格及其研究所得之论文”[②]，研究所国学门成立了研究所国学门委员会。蔡元培以校长身份兼任研究所所长，并任委员会的委员长；教务长顾孟余、图书馆主任李大钊也是委员会委员；其余委员全是文科教授，有沈兼士、马裕藻、胡适、朱希祖、钱玄同、周作人等人。值得注意的是，以上这些身兼国学门委员的文科教授，除胡适是留美学生外，其余全是留学

① 《国立北京大学研究所国学门研究规则》，载中国蔡元培研究会编《蔡元培全集》第 4 卷，浙江教育出版社，1997，第 574—575 页。

② 《研究所组织大纲》，《国学季刊》第 1 卷（1923 年）第 1 号，转引自陈以爱《中国现代学术研究机构的兴起——以北大研究所国学门为中心的探讨》，江西教育出版社，2002，第 80 页。

日本的章太炎门生。随着国学门学术工作的不断开展，其他北京大学教授也纷纷加入委员会的行列。至 1923 年年初，新加入的委员包括总务长蒋梦麟、图书部主任皮宗石、图书部中文图书主任单不庵、图书部古物美术品主任马衡，以及周树人、徐旭生、张凤举等人。其后又陆续增聘了刘复、陈垣、李宗侗、李四光、袁同礼、沈尹默等担任委员一职。从这些成员来看，留学生仍居主导地位。这再次证明留学生群体在北京大学研究生教育创建发展过程中所发挥的重要作用。

不仅如此，为了进一步网罗更多的国内外学者，国学门还设立了“导师”和“通信员”名目，给予居住在北京的外籍学者或不在北京大学任教而学有专长的中国学者以“导师”的名号；又给予住在北京之外或国外学者以“通信员”的名义。“导师”须负责指导研究生写作论文，而“通信员”则主要是对国学门的发展提出建议，担任类似顾问的角色。根据 1927 年印行的《国学门概略》，其内收录了一份《研究所国学门主要职员录》，举凡 1922 年至 1927 年间在国学门中担任过职务的学者，其姓名多列于其中。因前已罗列的国学门各位委员，其实也是国学门各个部门的专兼职人员，在此就不再列出。现只把“导师”和“通信员”名单分列于下：

导师：王国维、陈垣、钢和泰（俄国人）、伊凤阁（俄国人）、柯劭忞、夏曾佑、陈寅恪

通信员：罗振玉、伯希和（法国人）、今西龙（日本人）、泽村专太郎（日本人）、吴克德（丹麦人）、阿脑尔特（法国人）、卫礼贤（德国人）、田边尚雄（日本人）

从以上的委员、导师和通信员名单可以看出，国学门在开办后的短短五年间，不但已和法国、德国、俄国、日本学者建立了关系进行文化学术交流，而且也网罗了国内一批学有专长的学者。

值得一提的是，虽然国学门的创办主要是由留日的太炎门生响应胡适“整理国故”的号召而成立的，但是当它继续发展时，陆续有欧美留学生加入，他们共同为国学研究开创出新的局面。①

---

① 陈以爱：《中国现代学术研究机构的兴起——以北大研究所国学门为中心的探讨》，江西教育出版社，2002，第 82—84 页。

改组后的北京大学国学门研究所，比原来筹设的北京大学研究所更趋正规化，更符合现代研究生教育的意蕴。总体而言，它至少包括三个方面的功能：

一是为国学高级研究人才的培养提供条件，具有类似当前研究生院的功能。《国立北京大学研究所国学门研究规则》中规定："凡本校毕业生有专门研究之志愿及能力者，又未毕业生及校外学者，曾作特别研究已有成绩者，皆可随时到本学门登录室报名，填写研究项目，有著作者并呈送著作，一并由本学门委员会审查；其审查结果合格者，得领研究证，到所研究。""研究生遇必要时，可要求本学门主任，与有关系之各学系教授会，代请本校教员及国内外专门学者指导研究。"[①]该研究所改组成立后，便先后招收了郑天挺、容庚、冯淑兰、罗庸、商承祚、魏建功等一批研究生。据郑天挺晚年回忆："北大研究所国学门（后改文科研究所）成立，我和张煦、罗庸都入所作研究生。我的研究题目是《中国文字音义起源考》，由钱玄同先生指导。当时研究所很自由，不必常来，也可以在外工作，在校也只是看书而已。每隔一段时间，研究生和导师集会一次，大家见见面，谈谈。"[②]蔡尚思亦回忆道："假使不是蔡元培首先创办的研究所，尽量让研究生自由研究，就不可能有今天这样还不成才的一个我，我真要感谢蔡元培。……他创办的北大研究所对我治学起的作用，确实是很大的！"[③]

二是有专门研究机构的功能。事实上，申请入所的不仅有研究生，也有本校教师或校外学者，或者是教师与研究生共同组成的课题组，由国学门研究所提供一定的经费，研究人员的科研成果，则由编辑室负责编辑出版。

三是有组织学术社团开展日常活动的功能。如国学门中所设的各类研究会，既是研究室，又兼有社会学术团体常设机构的作用。其中歌谣研究会起初就是一个学术社团，其并入国学门后，会员曾遍布全国十多个省；风俗调查会和方言调查会也都向校内外公开征求会员，并允许作为"通讯会员"加入；考古学

---

① 中国蔡元培研究会编：《蔡元培全集》第4卷，浙江教育出版社，1997，第574页。

② 吴廷玺等编：《郑天挺纪念论文集》，转引自周洪宇《学位与研究教育史》，高等教育出版社，2004，第284页。

③ 蔡尚思：《我的两个最高学府》，转引自左玉河《中国近代学术体制之创建》，四川人民出版社，2008，第281页，

会的情况也与此相似，只是它的专业性更强，成员数量不及前两者而已。这种多功能研究机构的创设，为后来其他大学研究院所的设立提供了样本模型。

成功改组北京大学研究所后，蔡元培对建设研究所、发展学术研究有了进一步的认知。他关于设立大学研究院的设想，在 1927 年出任国民党浙江省临时政治会议代理主席时草拟的《新浙江之第一步》计划中再次得到体现。

> 故鄙意宜先设一研究院。为研究高深学术之所。一方面纯粹的研究学理，以贡献于世界，如本国特有之矿物、生物或古物，及病理或药剂等。一方面应用于实际，如地质学之于矿产，理化学、机械学之于制造，教育学之于师范，经济学之于经济状况，与其他社会科学之于改良社会等。其中人才，则招集高等学校之毕业生为研究员，延本省、外省及外国之积学者为导师。导师固优给薪俸，而研究员亦规定补助费，务使得专心研究，而不为生计所牵掣。[①]

此后，蔡元培于 1935 年初在《东方杂志》发表《论大学应设各科研究所之理由》，系统阐述了大学设立研究所的三点理由：

其一，“大学无研究院，则教员易陷于抄发讲义、不求进步之陋习”。在蔡元培看来，从事科学研究，需要搜集材料，购置参考图书和仪器设备，这都非私人之力所能胜任。若大学不设研究所，“则除一二杰出之教员外，其普通者，将专己守残，不复为进一步之探求，或在各校兼课，至每星期任三十余时之教课者亦有之，为学生模范之教员尚且如此，则学风可知矣”。

其二，设立研究所，为大学毕业生深造创造条件。蔡元培指出，大多数大学毕业生，往往因社会需要或个人经济关系而谋职以自赡，“然亦有少数对于学术有特殊兴趣、不以在大学所已受之教育自封者”，则通常选择出国留学。在他看来，此亦非全因崇洋心理，而是因为欧美各国除独立研究院外，各大学也都设立研究院。其导师之努力，确远胜于我国；其相关之设施，如院外独立的图书馆、史料馆、博物院、天文台、动植物园、工厂、医院等，也相当完备，“故留学自有优点”。然而，出国留学费用高昂，学成归国的

① 《新浙江之第一步》，载沈善洪主编《蔡元培选集》（下卷），浙江教育出版社，1993，第 1269—1270 页。

人不多，“故亦非尽善之策”。“苟吾国大学，自立研究院，则凡毕业生之有志深造者，或留母校，或转他校，均可为初步之专攻。俟成绩卓著，而偶有一种问题，非至某国之某某大学研究院参证者，为一度短期之留学；其成效易睹，经费较省，而且以四千年文化自命之古国，亦稍减倚赖之耻也。”

其三，使大学高年级学生得以在导师指导下，有从事科学研究的机会。蔡元培说，我国教育让人最难以理解的是，“吾国小学、中学，尚有设计教育与道尔顿制等为学生自动之试验；而大学中何以全为注入式之讲义，课程繁重，使学生无自修之余暇，又安有自动之机会？”大学设立研究所之后，“高年级生之富于学问兴趣、而并不以学位有无为意者，可采德制精神，由研究所导师以严格的试验，定允许其入所与否，此亦奖进学者之一法”。

他进一步指出，大学研究院与独立研究院在科目设置和功能方面存在着差异。大学研究院必须兼顾教员、大学毕业生和高年级学生三部分人，所设研究所之门类愈多愈好。大学各学院中主要科目，以能完全成立为最优。而独立研究院，以研究员为主体，其科目不求完备，应该视有特殊之研究员与社会有特别之需要而设之。总之，“前者稍偏于博大，而后者稍偏于精深，不必强求其一致也”。[①]

由上可知，无论是在先期大学院的设计，还是在北京大学研究所的初步探索，抑或是在倡行中国高校开展学术研究的言论中，蔡元培都可谓致力于创建和发展中国研究生教育的领路人。对于蔡元培创办北京大学研究所的尝试，金耀基曾不吝溢美之词：“蔡先生重视研究的功能，重视研究所、研究院的发展，都是因为他要纠正大学‘专己守残’的学风，要长远地为中国学术建立自主性、独立性。我以为蔡先生之改革北大较之艾略特、吉尔门之改革哈佛及约翰·霍普金斯大学的贡献是毫无逊色的，而他之创立中央研究院，与佛兰斯纳(Flexner)之创立普林斯顿高级研究所也是同样有远见与抱负的。”[②]

鉴于蔡元培在此领域的卓越贡献，金先生给予的评价在后人看来可谓不失公允。1925年清华学校创办国学研究院，其《研究院章程·缘起》中就明

① 《论大学应设各科研究所之理由》，载高平叔编《蔡元培全集》第6卷，中华书局，1988，第475—477页。

② 金耀基：《金耀基自选集》，上海教育出版社，2002，第293页。

确讲道："近岁北京大学亦设研究所。本校成立十有余年，今年即新设大学部，复以地处京师西郊，有交通之便，而无嚣尘之烦，故拟同时设立研究院。"[①]1925年底，厦门大学也开始筹建国学研究院，并于次年在原北京大学研究所国学门成员沈兼士、林语堂、周树人、顾颉刚等人的参与下，按照北京大学国学门的模式，制定了厦门大学国学院《研究院章程》和《办事细则》，设立了考古学会和风俗调查会等机构。而1928年1月正式成立的中山大学语言历史研究所，不仅其主事者中的顾颉刚、商承祚、容肇祖（容庚胞弟）等人是出自北京大学研究所国学门，而且在组织体制上，其所设的考古、语言、历史、民俗等四学会，也多是模仿北京大学国学门而来。1928年，燕京大学成立了国学研究所。1930年，金陵大学设立了中国文化研究所。可见，北京大学创设研究所为其他大学提供了一种新型研究机构的样板且指明了学术研究的努力方向，对中国的新学术体制的形成产生了影响。

这场国学研究运动的兴起和发展，固然与当时学界的研究兴趣有直接关系，但研究所这种新的研究机构作为一种体制性因素，自当功不可没。正如有关研究者所说："通过考察国学门的组织、学术活动与学术成就，又显示出现代学术研究所具有的趋向——组织化和制度化——最终将对中国学术发展带来巨大影响。"[②]可见，北京大学研究所的首创具有开启风气之功，并有影响深远之力。

蔡元培在《十五年来我国大学教育之进步》中，对民国以来筹设大学研究所的历程做了回顾，对当时设立的大学研究院所给予特别赞扬，以鼓励全国各大学普遍创设研究所。鉴于"现在大学渐共趋于设立研究所之一途"，他说："原大学的责任，本不但在养成一种人才，能以现在已有的学术，来处理现在已有的事业，而在乎时时有新的发见与发明，指导事业界，促其进步。所以大学不但是教育传授学术于学生的机关，而实在是教员与学生共同研究的机关。"进而指出："最近两年来，清华大学已设立研究院，而厦门大学

① 清华大学校史研究室编：《清华大学史料选编》第1卷，清华大学出版社，1991，第375页。
② 陈以爱：《中国现代学术研究机构的兴起——以北京大学研究所国学门为中心的探讨》，江西教育出版社，2002，第327页。

也有国学研究所的组织，这尤是大学教育进步的明证。”[①]

三、吴宓与清华国学研究院

20世纪20年代初，“国学”作为一种学术概念日益受到国人重视，随之而来的“整理国故”运动更是在全国范围内掀起一场学术层面的“国学热”。北京大学于1922年率先成立国学门研究所，继而东南大学也规划成立国学研究院。为提升教育程度，实现学术独立，研究高深学术，造就专门人才，时任清华学校校长曹云祥拟筹设研究院，招收大学本科毕业生，从事专门研究。曹云祥1900年毕业于圣约翰大学，后获清政府官费留美，先后求学于耶鲁大学、哈佛大学，于1914年获得哈佛大学商业管理硕士学位，是中国乃至世界最早的工商管理硕士学位获得者之一。1922年4月，他出任清华学校校长。丰富的教育经历与工作历练使曹云祥成为一位具有世界眼光的人物，他分析问题时总能将中国问题放在世界全局中来考察，通过对中西历史、国情的分析比较，找准中国问题的症结所在，从而寻求正确的解决之道。[②]曹云祥对国学研究院给予高度重视，将其视为巩固新设立大学部的重要举措。他虚心听取梁启超、胡适等人的意见，于1924年12月函聘王国维为清华国学研究院院长，然而遭到王国维的婉拒，后转请吴宓负责相关事宜。清华国学研究院形成独特的教育模式，取得举世瞩目的成就，为研究生教育的开展树立了典范，这其中吴宓功不可没。

吴宓于1916年从清华学校毕业后赴美留学，初进弗吉尼亚大学，后转入哈佛大学，攻研哲学，并获得硕士学位。与吴宓同在哈佛大学留学的还有陈寅恪和汤用彤。他们三人因学业成绩优异，被誉为“哈佛三杰”。吴宓于1921年回国，任教东南大学，兼任《学衡》杂志主编。1924年，吴宓北上至东北大学，致力于西方文学的教学与研究。吴宓学识渊博、汇通中西，成为筹设清华国学研究院最佳人选之一。1925年2月，吴宓应聘到清华任教，出任研究院筹备主任。

① 沈善洪主编：《蔡元培选集》（上卷），浙江教育出版社，1993，第624页。
② 金富军：《曹云祥在清华的教育思想与实践》，《清华大学教育研究》2013年第3期。

他向曹云祥提出两个条件："（一）名义为筹备主任。（二）须有全权办本部分之事，并负专责。否则，仍回奉。"[①] 随后，除兼任西洋文学系一门翻译课外，吴氏专心筹备研究院诸事，先后草拟研究院的"缘起""章程"及招生办法，明确了研究院的规章制度。

吴宓在筹设清华国学研究院过程中的劳累与艰辛，我们从其 1925 年的日记中即可窥见一斑（摘录）：

3 月 7 日　晨访王国维（催《缘起》），未遇。

3 月 12 日　午后，王国维来，观房舍。

3 月 21 日　晨入城，谒王国维（出题事）。

4 月 14 日　催办王国维住宅事，就绪。

4 月 21 日　上午，王静安来，陪导见各部要人。

4 月 25 日　上午，作研究院下年教职员及薪金一览表，上校长。

5 月 5 日　编《办事记录》（研究院筹备处）。又办审查考生事。

6 月 24 日　上午赵元任君来，补购书收条，所出《普遍语音学》考题，即由宓自行缮写油印。

7 月 7 日　未能入城监考，殊歉。但撰成致庶务处长函，详叙（附图）研究院房屋内容之布置，及应制作之木器件数、式样等（附说明）。即日送交。又另缮一份，呈校长，候批准。

7 月 8 日　宓及卫君监研究院考生（第六考场）……是日病尚未愈，以职务所在，勉往监考，步立终日，极为困惫也。

8 月 3 日　晨，草拟研究院学生《入学志愿书》及《保证书》，即由招考处交印。

上午，见李仲华（一）发赵元任致 C.F.Palmer 仪器改由法国船运来之电。（二）议定研究生需交衣袋费一元五角。（三）赵君研究室中用之工作器具，交其购办。

又访徐志诚，谈研究生管理事。又草拟研究生取录通告及缴费

① 吴宓著，吴学昭整理注释：《吴宓日记　第 3 册（1925—1927）》，生活·读书·新知三联书店，1998，第 4 页。

表（另详），即交招考处付印，并告会计处。

8月20日　宓前于七月初，力疾草定研究院室中设备装置。乃庶务处延宕久之。及今方始着手，致开学之日，未能齐备。哀哉！又庶务处遇事驳回，或延宕，殊感不便。

8月31日　晨，徐志诚来谈，草定《研究院学生管理规则》。

9月4日　晨作书，上校长。请购王国维先生所开研究甲骨文字及敦煌古物应用书目。均天津贻安堂发售，共价三百六十四元八角。宓面谒校长谈此事，允交图书馆购办。

9月8日　下午一时至五时，在宓室，开研究院第一次教务会议，议决各事，以第二、三号布告发表。

9月9日　八时至十时，赴主任室，督视卫君等布置一切。又办理杂事多件。十时，至大礼堂，行开学礼。宓以研究院主任资格演说。

9月14日　徐志诚来，为罗伦十二日不请假，强行出校事。宓下午招罗伦来谈，仍倔强。

9月15日　下午，与王、梁诸先生会谈。三时至五时，偕王、梁、赵三教授谒校长。提出研究院购书特别办法数条，得核准（该件于九月十八日正式批准）。

10月16日　开本院第二次教务会议。

11月12日　开研究院第三次教务会议。

11月13日　开研究院第四次教务会议。

11月17日　与王静安先生议明年招考选考科目。

11月19日　下午，学监徐志诚来。谈（一）罗伦又擅自出校。（二）研究生仍不服请假规则，欲纠众违抗事。即同往见校长，并与张仲述同集议。议决（一）由校长警戒罗伦，并行惩罚。（二）学校先事通融让步，改用门证，准学生（研究生）无课时自由出入。

11月23日　招罗伦来，告以记过一次，并晓谕百端。而罗态度倔强，无悔改意，且谓任凭学校开除。

12月5日　晨九时，偕王国维、赵万里乘人力车入城。至琉璃厂在文德堂、述古堂、文友堂，为校中检定书籍十余种（交图书馆购买）。

12 月 11 日　连日撰编（一）研究院明年发展计划。（二）招考办法。（三）预算。提交校务会议。

可见，国学研究院从无到有，从规章制度的制定到图书、仪器的购买，从招考试题的编制到违规学生的处理，从日常管理到经费的筹措等方方面面，都渗透着吴宓所付出的辛勤努力。在聘请导师、订立章程、招生考试这几项重要事宜之外，吴宓经常杂务缠身，有时在紧张忙碌中感到疲惫和孤独无助，特别是在生病时有诗云："登高未见众山应，螳臂当车只自矜。成事艰于蚁转石，向人终类炭投冰。时衰学敝真才少，国乱群癫戾气增。不宦已婚行独苦，相知惟有夜窗镫。"[①] 经过半年紧锣密鼓的筹备之后，清华国学研究院已经初具规模，这正是吴宓辛勤工作的成果。

1925 年 11 月 20 日，清华校务会议发布《研究院章程》，标志着清华国学研究院的正式运行。对于研究院的性质，《研究院章程・缘起》表述："学问者一无穷之事业也。其在人类，则与人类相终始；在国民，则与一国相终始；在个人，则与其一身相终始。今之施高等教育专门教育者，不过与以必要之预备，示以未来之途径，使之他日得以深造而已。故东西各国大学，于本科之上更设大学院，以为毕业生研究之地。"[②] 简而言之，清华国学研究院以"研究高深学术，造就专门人才"为宗旨，以培养"以著述为毕生事业者""各种学校之国学教师"为目的。随后，吴宓在《清华开办研究院之旨趣及经过》中，再次对创办研究院的目的做了进一步阐述："研究院所具之目的及效用，非可期之于寻常之普通专门教育者。"

此时，清华正处在由留美预备学校向大学改制的转轨中，要建立与大学本科相衔接的多科研究院，实属不易。限于经费及国内学术文化事业的现状，该校决定先设国学门一科："原拟规模甚大，兼办各科（如自然科学、社会科学等），嗣以经费所限，只能先办国学一科。"为什么在经费有限的情况下优先创办国学科研究院？对此，吴宓解释道："惟兹所谓国学者，乃指中

---

① 吴宓著，吴学昭整理注释：《吴宓日记　第 3 册（1925—1927）》，生活・读书・新知三联书店，1998，第 7—106 页。

② 清华大学校史研究室编：《清华大学史料选编》第 1 卷，清华大学出版社，1991，第 375 页。

国学术文化之全体而言，而研究之道，尤注重正确精密之方法(即时人所谓科学方法)，并取材于欧美学者研究东方语言及中国文化之成绩，此又本校研究院之异于国内之研究国学者也。”[①] 同时，早期清华是一所留美预备学校，以美国大学及专门学堂为标准，学生接受的是美国化的教育，对中国的国情知之甚少，这一情况受到当时社会各界的指责。有鉴于此，曹云祥提出了“中西并重”的方针和“保存国粹”“振兴国学”的口号。他特别坚持要“巩固新大学之根本”，认为“现在中国所谓新教育，大都抄袭欧美各国之教育，欲谋自动，必须本中国文化精神，悉心研究。所以本校同时组织研究院，研究中国高深之经史哲学”[②]。这就是清华国学研究院创办的指导思想。

而在曹云祥看来，设立研究院当分三个层次：“(一)值兹新旧递嬗之际，国人对于西方文化，宜有精深之研究，然后可以采择适当，融化无碍；(二)中国固有文化之各方面(如政治、经济、哲理学)，须有通彻之了解，然后于今日国计民生，种种重要问题，方可迎刃而解，措置成宜；(三)为达上言之二目的，必须有高深学术机关，为大学毕业及学问已有根柢者进修之地，且不必远赴欧美多耗资财，所学且与国情隔阂。此即本校设立研究所之初意。”[③] 基于这种认识，曹云祥曾邀请胡适帮助设计研究院的组织制度。“胡氏略仿昔日书院及英国大学制，为研究院绘一蓝图，其特点，如置导师数人(不称教授)，常川住院，主讲国学重要科目指导研究生专题研究，并共同治院；置特别讲师，讲授专门学科。后来研究院的规章，大致即本此蓝图。”[④] 清华国学研究院在教学研究体制方面，深受中国传统书院制度的影响。于此，梁启超也曾主张：“兼学堂、书院二者之长，兼学西文者为内课，用学堂之法教之；专学中学不学西文者为外课，用书院之法行之。”[⑤]

为落实这种中西结合的自由讲学制度，清华学校《研究院章程》中做了

① 吴宓：《清华开办研究院之旨趣及经过》，转引自贺昌盛《再造文明》，浙江教育出版社，2014，第135页。

② 《曹云祥的开学词》，转引自清华大学校史研究室《清华大学史料选编》第1卷，清华大学出版社，1991，第263页。

③ 吴宓：《清华开办研究院之旨趣及经过》，转引自贺昌盛《再造文明》，浙江教育出版社，2014，第135页。

④ 蓝文徽：《清华大学国学研究院始末》，《清华校友通讯》1970年第32期，转引自陈平原、王枫《追忆王国维》，中国广播电视出版社，1997，第259页。

⑤ 丁文江、赵丰田编：《梁启超年谱长编》，上海人民出版社，1983，第86页。

具体规定：本院开学之日，各教授应将其所担任指导之学科范围公布，各学员应与各教授自由谈话，就一己志向兴趣学力之所近，择定研究之题目，限于开学后两星期内，呈报讲师，由其核定备案，核定后，应即随时受教授指导，就此题切实研究；教授所担任指导之学科范围，由各教授自定，俾可出其平生治学之心得，就所最专精之科目，自由划分，不嫌重复，同一科目，尽可有教授数位并任指导，各为主张，学员须自由择定教授一位，专从请业，其因题目性质，须同时兼受数位教授指导者亦可为之，但即择定之后，不得更换，以免纷乱；教授于专从本人请业之学员，应订定时间，常与接谈，考询成绩，指示方法及应读书籍，其学员数人所研究之题目全部或一部相同者，教授可将该学员等同时接见，或在教室举行演讲，均由自定；所讲或为国学根柢之经史小学，或治学方法，或本人专门研究之心得；特别讲师，专就一定之学科范围演讲一次或多次，学员研究题目与此有关者，均须到场听受；学员研究成绩，经教授认为确有价值者，亦得由该教授介绍，向本组学员或公众为一次或数次之演讲；教授讲师之讲稿及著作，又学员研究之成绩，经教授认为确实有价值者，得由本院出版。[①]

吴宓坚持敦请国内硕学重望者充任研究院导师，规定须具三种资格："（一）通知中国学术文化之全体；（二）具正确精密之科学的治学方法；（三）稔悉欧美日本学者研究东方语言及中国文化之成绩，与学生以个人接触、亲近讲习之机会，期于短时间内获益至多。"[②]据此标准，清华国学研究院先后聘请了王国维、梁启超、陈寅恪、赵元任担任研究院教授，他们号称"四大导师"，另聘请李济为研究院讲师。研究院的学科范围包括中国历史、哲学、文学、语言、文字学等，以及所谓西文学者研究中国文化之成绩。其招生对象是大学毕业生和"经史小有根底"的学生，主要是采用导师制，强调学生自修，教师只负责指导。研究期限一般为一年，经指导教师批准可延长至二年或三年。清华国学研究院课程设定颇有特色："略仿昔日书院，及英国大学制，注重个人自修，教授专任指导。故课程方面，分为

① 吴宓：《清华开办研究院之旨趣及经过》，转引自贺昌盛《再造文明》，浙江教育出版社，2014，第138—139页。

② 同上书，第136页。

普通演讲，及专题研究二项。普通演讲，为本院学生之所必修，每人至少须选定四种，由教授择定题目，规定时间，每星期演讲一次，或二次，范围较广，注重于国学之基本知识。专题研究，则于各教授所指定之科学范围内就一己志向、兴趣，学力之所近，选定题目，以为本年内之专门研究。”[①] 现将清华国学研究院教职员表及各教授指导之学科范围列于表 3.2.2。

表 3.2.2　清华国学研究院教职员表及各教授指导之学科范围（1925 年秋）

姓名	号	职位	指导之科学范围
王国维	静安	教授	经学：（一）书；（二）诗；（三）礼 小学：（一）训诂；（二）古文字学；（三）古韵 上古史、中国文学
梁启超	任公	教授	诸子、中国佛学史、宋元明学术史、清代学术史、中国文学
赵元任	宣重	教授	现代方言学、中国音韵学、普通语言学
陈寅恪	寅恪	教授	年历学(古代闰朔日月食之类)、古代碑志与外族有关系者之研究(如研究唐蕃会盟碑之藏文、阙特勒碑之突厥文部分，与中文比较之类)、摩尼教经典回纥译文之研究、佛教经典各种文字译本之比较研究(梵文、巴利文、藏文、回纥文及中央亚西亚诸文字译本，与中文译本比较研究)、蒙古文满文书籍及碑志与历史有关系者之研究
李济	济之	讲师	中国人种考
陆维钊	维钊	助教	
梁廷灿		助教	
章明煌	芾亭	助教	
吴宓	雨僧	主任	
卫士生	澳青	事务员	
周光午	卯生	助理员	

[资料来源]根据清华大学校史研究室编的《清华大学史料选编》第 1 卷（清华大学出版社，1991）中的《1925 年秋研究院教职员表》（《清华周刊》第 350 期，1925 年 9 月 11 日）和《研究院各教授指导之学科范围》（《清华周刊》第 351 期，1925 年 9 月 18 日）整理而成。

由上可知，在吴宓、曹云祥、胡适等人的倡导和努力下，清华国学研究

① 《研究院纪事》，《国学论丛》第 1 卷第 1 号，转引自孙敦恒《王国维年谱新编》，中国文史出版社，1991，第 140 页。

院成为中国传统书院制度和英国大学制度有机结合的产物，是融合中西文化的教育机构，在培养研究生过程中，清华大学国学研究院注重一定课程的教学，即“讲课”与“专题研究”相统一，这既体现了吴宓等人的见解和主张，又是他们曾经留学美国、学习美国经验的结果。可见，清华大学研究生教育模式有别于北京大学的研究生教育模式，前者不仅重视科学研究在研究生培养过程中的重要作用，也强调相关学科的基本知识的教学；而后者仅重视学生自由独立的研究活动，不重视课程的教学。这也说明了中国研究生教育模式从其产生以来就受到国外大学模式的影响，是多元的而不是一元的。

第三节　留学生与研究院所的制度规划

尽管北京大学、清华大学先后建立了研究院，但从总体上看，其时全国设立研究院所的大学还很少，人们对现代大学设立研究院所的重要性尚未普遍认清。近代一些走出国门的中国学人，目睹了西方大学的变革及完善的大学制度后，接受了国外大学新理念，积极呼吁设立中国的现代大学以聚集人才、发展学术，并要求在大学中建立研究院所，以提高大学的科研水平。由是，在 20 世纪二三十年代，我国形成了一个介绍西方大学研究院所的热潮。此后，在归国留学生的呼吁及推动下，近代中国的大学研究院所制度相继建立，为我国研究生教育的开展提供了行事规范和制度保障。

一、对西方研究院所制度的介绍

新文化运动前后，中国大量留学生学成回国，在学术舞台上逐渐占据主动，拥有了话语权。他们通过著书立说和译介西书等途径，竭力倡导建立中国的现代学术制度体系。有鉴于中国大学在高层次人才培养方面的不足，归国留学生群体开始对西方的大学研究院所制度进行积极引介。

对近代科学教育发展起到积极推动作用的任鸿隽有着较为丰富的留学经

历。1908 年，任鸿隽东渡日本，考入东京高等工业学校应用化学科。1911 年武昌起义后归国，任孙中山临时总统府秘书。后因袁世凯称帝，他愤而弃官去美求学。1913 年，他考进了美国康奈尔大学文理学院，主修物理和化学；1916 年获得学士学位。随后他又考入哥伦比亚大学攻读化学工程专业，1918 年毕业，获硕士学位。1914 年夏，他与同学赵元任、胡明复、周仁等联合发起成立中国科学社，创办《科学》月刊。该社是中国最早的综合性科学团体，任鸿隽被推举为董事会董事长和社长。1918 年回国后，他先后任北京政府教育部教育司司长、北京大学教授、上海商务印书馆编辑、东南大学副校长。在五四运动之前，任鸿隽曾向国人介绍了世界科研机构的主要类型："外国学术研究之组织，概别之可分为四类，一曰学校之研究科，二曰政府建立之局所，三曰私家建设之研究所，四曰制造家之试验场。"[①] 在他看来，大学及专门的研究科，理应成为中国现代学术研究的中心："学校者，学术之府，而智识之源，研究之行于学校久矣。顾其成效之著否，亦视其组织之当否而异。"[②] 他强调大学的使命不仅在于教学，更重要的是研究，"单有教课而无研究的学校，不能称为大学"，"大学的职责，不专在于教授学科，而尤在于研究学术，把人类智识的最前线，再向前推进几步"[③]。从扩展大学学术研究职能的角度来创建研究院所，从而为研究生教育的开展提供组织基础。

同样，致力于近代中国科学事业发展的胡先骕也很推崇西方的大学研究院所制度。1913 年，他进入美国加利福尼亚州柏克莱大学农学院学习农业和植物学，1916 年学成回国。1923 年，他再次赴美深造，在哈佛大学攻读植物分类学，获农学博士学位。胡先骕一生致力于中国高等教育的进步，曾先后任南京高等师范学校、东南大学、北京大学、北京师范大学等校教授，中正大学校长。早在第二次留美归国后，他便积极引介西方的大学研究院所制度，希望通过仿效国外研究院所制度，促进我国研究生教育发展。在《留学问题与吾国高等教育之方针》一文中，他详细地介绍："法国设有通儒院以网罗贤俊。英国大学则有所谓'Fellow'者，膏火极厚，终身享之，但使从事学问，

① 任鸿隽：《发明与研究》，《科学》第 4 卷，1918 年第 1 期。
② 同上。
③ 任鸿隽：《科学救国之梦——任鸿隽文存》，上海科技教育出版社，2002，第 387 页。

并不须任教职。美国社会，不知奖勖学术，故无此制；然大学亦有专从事于研究之教授，各研究所亦有专事研究之学者，今年密歇根大学亦特设一丰腆学额以养诗人弗士脱（Forster）使不为衣食职守所累，得专于吟事。”他得出结论：“此种制度，实奖励学问之良法，吾国所宜仿效者也”，“吾国大学卒业生为数已渐多，不久各大学必设毕业院，虽不能骤给博士学位，然不难给硕士学位”。[①]

近代病理学先驱——洪式闾曾于1920—1922年赴德国柏林进修病理学，后赴汉堡热带病研究所攻读寄生虫病学。1924年回国后，任国立北京医科大学教授、校长。1925—1926年，他再次赴德国从事研究工作。1924年，《晨报五周年纪念增刊》上刊登了一篇洪式闾撰写的《东方学术之将来》，强烈呼吁知识界应以设立“专门学术机构”为当前急务。在洪氏看来，欧美学术的高度发展与专门研究机构的广设有着密切关系：“世之言学术之盛者，大抵首推欧美。予亦曾持此说，而未悉其所以致盛之故。迨予游欧洲，见其国各种专门学术机构，无不设备，于是深悟其学者之成就，盖非偶然。此等机构专为研究高深学术而设，大者可容数十人，少亦十数人不等……皆西方学者精神之结晶体，亦即专门学者之养成所也。”有鉴于此，洪氏认为，倘若中国学者有跻身世界学术之林的雄心，即应“从组织专门研究所入手”，使研究院所成为“造成专门人才之地”。至于研究院所的组织办法，则“欧洲各国之成制，可资参酌”。[②]

1926年，孙云铸赴德国留学，获哈勒大学理学博士学位。回国后，他即任北京大学地质系教授。通过留学教育，孙云铸认识到当今世界文明之加速进化，大半肇自科学发明，而科学发明又多源于全球大学各研究院所工作之结晶。因此，一个国家若能永久立于国际之间，就应该提高大学教育质量，积极充实各大学研究院所，务使能研究之人，始终侧身于大学之林。而各研究院所必须具有一切必需的研究设备，使有研究兴趣的人员能进行其研究工作。只有这样，各大学研究院所才能真正进行学术研究，各部门才会有新发

① 胡先骕：《留学问题与吾国高等教育之方针》，《东方杂志》第22卷（1925年）第9号。
② 洪式闾：《东方学术之将来》，《晨报五周年增刊》1923年第S期。

现或新发明。集各部之新发现或发明，直接可使一国之学术进步，间接则能促进与改良全国之工业与民生。可以说，他把一个国家的进步都归结到了大学研究院所的创办上。不仅如此，孙云铸还强调，大学研究所不但能使有志之士终日孜孜不倦地工作于研究室之中而使个人方面的新知新理与日俱进，而且以研究室为中心更能带来下述便利：

（1）同道者可藉之常相切磋，师生能赖之多所研讨。凡同道及师生之能保持常相接触，为学术与道义之勉励者亦实惟研究室是赖。所谓大学教育家庭化者其真谛约亦在此。

（2）为真理之探求，研究之人虽融融乾乾朝夕工作于研究室之中而不自知，但其好学之风，学生耳濡目染，久将与之俱化。所谓感化教育，所谓示教以范者其功效之大亦莫过于此。①

在孙氏看来，大学研究院所不仅给同道者提供了研究的场所，而且提供了潜移默化的教育环境。然而反观我国，大学之设已数十年，迄今成效尚未大显，其原因虽多，而各大学中始终无一充实研究院所亦实为一主因。由是他指出："盖无研究所大学教授不得继续研究其所学，研究之兴趣及能力由衰而灭，求知之欲望亦自微而绝。其极也不仅无学术之新得或其知识与时俱进，更因中国社会组织之腐败，终日荒嬉，驯至即已得之知识将不能保持。其结果视教育为职业，授课甫终，即相离校，同道失切磋之地，师生少接触之机。所谓提倡研究及导师制度等项者虽高呼入云，殆如缘木而求鱼，安望其能收功邪。"②在他看来，研究院所的独特作用就在于改变了教授们的工作方式，师生在研究院所里可以自由地交流心得体会，因此研究院所的功能不容忽视。

上述留学人物主要是从提高我国科学水平的角度来介绍西方大学研究院所制度，进而极力主张中国应建立此项制度。除此之外，还有不少专攻教育学专业的学者，从教育事业发展的角度，着力介绍了西方研究院所制度。

早在1912年，胡适在《非留学篇》中就对美国毕业院（即研究生院）的组织作了详细介绍。他说："毕业院为高等学问之中心，以四年毕业之大学生，

① 孙云铸：《北京大学理科研究所地质学部说明》，载北京大学、清华大学、南开大学、云南师范大学编《国立西南联合大学史料·教学、科研卷》第3卷，云南教育出版社，1998，第572页。

② 同上书，第573页。

尚未足以语高深之学问，各国于学问，其有所成就者，多由毕业院出者也。”他主张以大学各科正教授兼毕业院教授，并推一人主持其事：

> 院中学科以研究有心得为重；毕业院设有硕士、博士两种学位：硕士至少须一年始可得之；博士须三年始可得之；院中学生须择定一正科一副科（欲得博士者须二副科）；学生须于正科内择定足资研究之重要问题加以研究，有所心得后撰写成硕士论文或博士论文；如所作论文果有价值，则由大学刊行于世。
>
> 大学无毕业院，则不能造成高深之学者，然亦不必每校都有毕业院。鄙意国家大学必不可少此制，省立大学从缓可也。[①]

在胡适看来，成立研究院所既是建立完整高等教育体系的重要组成部分，也是凸显高校学术属性的必然要求。

傅斯年 1920 年考取庚子赔款的官费留学生，负笈欧洲，先入英国爱丁堡大学，后转入伦敦大学研究院，研究学习实验心理学、生理学、数学、物理以及爱因斯坦的相对论、勃朗克的量子论等。1923 年入柏林大学哲学院，学习比较语言学等。他曾在《独立评论》上发表《大学研究院设置之讨论》一文，以英国为重点，系统地介绍了欧洲研究院制度：以我所见所闻而论，大学要办研究院之前，有一先决条件，即大学本身先要充分地实行讲座制。所谓讲座制者，欧洲大陆国家之官设制度，与英国之私人捐助制度虽不同，私人捐助又每每各自不同，然有一个共同之点，即在此制度之下担任一科讲座的教授，应负对此一科之“教学相长”的责任：他不是单独的教书者，而应该也是求学者；他不是在那里做一个知识贩子，虽然贩卖知识是不可免的，而应该自己有贡献于他的科目。在这一种制度之下，一个讲座之担负者，便是一研究员，其对高级优越肯去专研的学生，便是一个研究导师，如能奋斗出一个小组织来，有助手，有设备，便是一个小研究所。欧洲大陆国家的大学和英国的大学对其研究院所有不同的称谓：在英国称之曰“后毕业级”(Postgraduate Course)，在欧洲大陆国家的大学称之曰某科之研究所 (Institute)。虽是一件不远的事，而这种讲座制度，广义地说，是与大学建置同起的；狭义地说，也是很早的。

---

① 胡适：《胡适全集》第 20 卷，安徽教育出版社，2003，第 27—28 页。

先有这个制度，故大学中建研究院一段，甚为自然：大学自身的组织先是这个样，故大学中设研究一级，正可谓大学自身之扩充，其间并无对立的情形，也不成断然不同的阶段。20世纪初年英国舆论界所讨论之“大学之近代化”者，正是学习欧洲，特别是德奥，在这一点上之先进主义，即扩充大学讲座之学术贡献能力，而更加大学中之学术的及其助成的组织。且向此方向之运动，在英国也并不始于20世纪开世之年，更早说来，有英后配王阿尔伯为此努力，有赫胥黎诸大师为此宣扬。欧洲大陆国家成此风气已早几十年，英国之为此奋斗也是经一个很长的时期然后达到的。回看中国要想一下子成就颇觉可疑，其故因为大学本身不曾完成大学之意义者多。其中有些先进的，经济来源较宽裕的，办事人得力的，自然可以作进一步的上级研究组织。然若有一个普遍的大学增设研究院所之运动，或一个大学中不分教授之个人能力而普遍地高升到研究院一阶级，如某大学普遍发信给各教员，问他要担任研究院之指导否，实不免出于我们在外国所见所闻的常情以外。所以我以为在大学建置其研究院之前，应该先使得大学成大学，即彻底地建设大学中之讲座制，而变更此日之高中教师服务状态，即所谓“排钟点”“拉钟点”“教钟点”“兼钟点”者。若大学本身的品质不具，而更设研究院，虽以至诚之志赴之，亦必为低能的大学本身所劣化无疑也。①

比较教育学者常导之曾于1925—1928年间先后留学于美国哥伦比亚大学师范学院、英国伦敦大学、德国柏林大学。回国后，他相继担任中央大学、北京师范大学、安徽大学、四川大学等校教育学教授、教务长、教育系主任等职。他在其专著《增订教育行政大纲》中专列“研究院”一章，视其“为大学构成之一部分，抑为大学以上之机关”，并对德国、英国和美国的研究院制度做了具体介绍：

> （德国）大学附设多数研究所（Institut），其中备有研究所需之图书、仪器等，为教授指导大学高级生研究讲习之所，并非立于大学本科以上。
>
> （英国）“大学增收所谓研究生（Research Student），授予‘哲

① 傅斯年：《大学研究院设置之讨论》，《独立评论》1934年第106号。

学博士’（Ph. D.）或硕士（Master），研究期约二年。其中前者系为外国学生设；得硕士学位者，可更进而取得文科或理科博士（Dr. of Litt. or Science）。此等研究生通常并无规定之课程，可不必听讲，而专在教授指导下，从事独立研究功夫。

（美国）“其制高等学院四年毕业以后，有所谓研究科或毕业院 (Graduate School)。研究科之课程内容，并不尽属高深研究性质；而成绩考核等，与普通大学并无重大差别。[①]

二、对建立研究院所制度的呼吁

随着留学生对西方大学研究院所制度的深入介绍，国人对建立本国的研究院所开展学术研究，有了心理上的认同和需求。为推进我国大学研究院所制度早日出台，留学生群体开始从单纯的引介转向疾声呼吁。

胡适从人才培养的角度出发，将“留学”定性为“吾国之大耻”。在他看来：“留学之目的，在于植才异国，输入文明，以为吾国造新文明之张本……以己所无有，故不得不求于人；吾今日之求于人，正所以为他日吾自有之预备也。”因此他认为，派遣学生出国留学之举只是“过渡之舟楫而非敲门之砖”，其事“废时伤财事倍而功半”，系“救急之计而非久远之图”。“留学者之目的在于使后来学子可不必留学，而可收留学之效。是故留学之政策，必以不留学为目的。此目的一日未达，则留学之政策，一日不得而收效也。”那么，不必留学而收人才培养之效的唯一良策，就是振兴我国自己的大学教育。在参考美国大学毕业院所中有硕士和博士两种学位做法的基础上，胡适建议，中国大学中“宜设毕业院”：“大学无毕业院，则不能造成高深之学者。”[②]为此他呼吁我国应仿效美国，在大学本科教育基础上，建立研究院所，以培养高层次人才。

任鸿隽对中国的大学号称大学而缺乏近代研究功能的状况进行了严厉批

① 常守之：《增订教育行政大纲　第6版》，中华书局，1935，第186—187页。
② 柳芳编：《胡适教育文选》，开明出版社，1992，第22页。

评。对比西方各国大学，他认为“在我们的大学里面，适得其反，差不多只有教课而没有研究”。[①] 为此他强调：

> 大学的职责，不专在于教授学科，而尤在于研究学术，把人类智识的最前线，再向前推进几步，这个话已经成了世界学者的公论。国内的大学，近来已如雨后春笋，遍地皆是。除了那些徒有其名的姑且不论外，其余比较的有历史有成绩的少数学校，也渐渐感受了世界的潮流，大家觉得研究工作的必要。因此虽在学校经费的极端困难中间，也未尝没有对于研究的豫备。[②]

在任鸿隽看来，这样的“预备”是远远不够的，只有创办大学研究院所，才能形成完整的现代大学制度，才是“造就人才的完全组织”，才能“使他成为一个独立的学者”。

> 就大学本身说，除非有毕业院的组织与高深研究的设备，不能算是名副其实。严格说来，凡没有设立毕业院或研究所的都不能称为大学。这个定义，可以说是竖的定义。它是以程度的高深来定大学的标准的。[③]

在《中国科学社之过去及将来》一文中，他还进一步强调：“科学之发展与继续，必以研究所为之枢纽，无研究所则科学之研究盖不可能。反之，欲图科学之发达者，当以设立研究所为第一义。”[④]“而研究之进行，则有待于共同组织。盖科学之为物……皆不能不恃团体以为扶植。”[⑤]

1922 年 3 月 30 日—31 日，上海《时事新报》上刊登了朱光潜撰写的《怎样改造学术界？》一文。朱光潜曾留学于英国爱丁堡大学、伦敦大学，法国巴黎大学、斯特拉斯堡大学，获文学硕士、博士学位。1933 年回国，先后在北京大学、四川大学、武汉大学、安徽大学任教。他在文中提出了若干改造学术环境、培养学术领军人才的建议，其中一条重要办法就是在大学中设立研究院所。他之所以提倡在大学设立研究院所，是因为自 19 世纪末以来，政

① 任鸿隽：《科学救国之梦——任鸿隽文存》，上海科技教育出版社，2002，第 387 页。
② 同上。
③ 任鸿隽：《任鸿隽谈教育》，辽宁人民出版社，2015，第 35 页。
④ 任鸿隽：《科学救国之梦——任鸿隽文存》，上海科技教育出版社，2002，第 271 页。
⑤ 同上书，第 281—282 页。

府长期鼓励的留学已经造成了下列两种情形："一是留学日本者多从速成学校毕业，彼等所学极为有限。"二是留学欧美者，以获得学位为要务，彼等取得学位后，归国数年即沦为"学术界之落伍者"，只贩卖过时的西洋知识。由是他认为，欲改革上述弊端，除了改进留学政策，一个更彻底的办法便是在中国大学里普遍设立研究所，以利学者在国内能得一研究之场所。"希望将来各大学都设有研究院，还希望个个学者都川流不息的做研究事业。"①

冯友兰获得哥伦比亚大学博士学位后，回国发表了《怎样办现在中国的大学》一文，既强调学术发展对于中国的重要意义，又强调要发展学术就必须办好大学。针对当时中国面临的情况，他指出，要办好大学，力求学术上的独立，就应该做到"以请中国人做教员为原则"，并且所请的教员"要有继续研究他所学之学问之兴趣与能力"，而且"大学要给他继续研究他所学之学问之机会"。反之，如果"请外国教员来教，与派留学生到外国去受教，事同一律，皆不能当作家常便饭吃"。因此他主张在大学中设研究部以实现学术独立之愿望。他还进一步强调说：

> 现在研究学问，已成一种极费钱的事业，其设备多非私人所能办。想研究学问之人，没有相当的工具，焉能有进步？此稍为有点规模的大学中之所以有研究部也。今假定此稍为有规模的大学之教员，皆能对于所学找问题而又能自己独立的去研究它。此大学又有研究部，则此大学教员可兼研究部研究生。他们可以授课不多（假定一星期至多不过六点），而一面作他们自己的研究。②

他认为，这样就使教员既教学又研究，设编辑部使教员既教学又编译西洋学术著作，如能本科、研究部、编辑部三位一体，则"再假以时日，中国亦可有像样的学者，而中国学术亦可独立矣"。

我国古代书院十分重视学术研究活动。书院不仅强调学生的独立思考、师生之间的切磋砥砺，还常常汇聚不同学派的硕学鸿儒研讨学问、交流争鸣。但到了清末，随着新式学堂的兴起，书院制度也同时废弃，各种书院或消亡，

---

① 朱光潜：《朱光潜全集》第8卷，安徽教育出版社，1993，第38页。

② 冯友兰：《怎样办现在中国的大学》，载付义朝、郑宁主编《中国梦·教育情——名师名家论教师教育》，华中师范大学出版社，2015，第147页。

或转变为近代新式学堂。虽然书院之形不在，但是学者们依然期望甚至相信书院之研究精神能与大学制度相结合，能在大学中得以传承。而在大学中设立研究院所则成了他们的首选目标。

1922年，蔡元培建议新设大学就应取法书院和西方大学研究所之所长，“合吾国书院与西洋研究所之长而活用”[①]。

1925年陈衡哲、任鸿隽夫妇联名发表《一个改良大学教育的提议》一文，也特别标举中国的书院精神，希望将其与欧美大学制度相结合来补救大学教育中存在的一些问题，希望取大学管理之组织与书院研究之精神，二者合二为一。

> 我们以为当参合中国书院的精神和西方导师的制度，成一种新的学校组织。中国书院的组织，是以人为中心的。往往一个大师以讲学行谊相号召，就有四方学者翕然从风，不但学问上有相当的研究，就是风气上也有无形的转移，如朱文公的白鹿洞，胡安定的湖州，都是一例。但是书院的组织太简单了，现在的时代，不但没有一个人可以博通众学，满足几百千人的希望，而现在求学的方法，也没有一人而贯注几百人的可能。要补救这个缺点，我们可兼采西方的导师制。就是一个书院以少数教者及少数学者为主体；这个书院的学生，都有旧时山长的资格，学问品行都为学生所敬服，而这些先生也对于学生的求学、品行两方面，直接负其指导陶熔的责任。[②]

我国现代大学之所以对研究院所制度不断探索与构建，其原因有二。一是为在移植西方现代大学制度过程中完成学制最高阶段起见。只有创办大学研究院所，才能形成完整的近代大学制度。陶孟和认为：“大学应该是一个研究的机关，应该有些人（科学家们与他们的高级的学生们）殚心于纯粹的学问，专从事研究的工作。实际上，只有研究机构的大学才可以配称为大学。”[③]事实上，该时期设计的大学研究院所制度中，均把大学毕业作为入院所研究的资格条件，实际上是更高层次的教育机构。二是缘于现代大学学术研究职

① 高平叔编：《蔡元培全集（1921—1924）》第4卷，中华书局，1984，第247页。
② 舒新城：《近代中国教育思想史》，安徽人民出版社，2019，第154页。
③ 陶孟和：《再论科学研究》，《现代评论》第5卷（1927年）第119期。

能的需要。胡适强调："大学无毕业院，则不能造成高深之学者"。蔡元培就任北京大学校长的演说中也明确指出："大学者，研究高深学问者也。"[①] 他分析说："并世各国之富强，正与科学之发达以骈进；而科学之发达，又与研究所之众寡相比映。"[②] 所以他提倡大学应设立各种研究院所，甚至"凡大学各院中主要科目，以能完全成立为最善，庶不至使一部分之教员与学生失望"。[③] 罗家伦接任清华大学校长后，亦将创办研究型大学定为学校的发展目标。他明确主张："研究是大学的灵魂，专教书而不研究，那所教的必定毫无进步。"他肯定了清华国学研究院所取得的成绩，但认为："单是国学还不够，应该把它扩大起来，先后成立各科研究院，让各系毕业生都有在国内深造的机会。尤其在科学研究方面，应当积极的提倡。"[④] 可以看出，他们均极力主张在大学设立研究院所，作为师生进行学术研究的机构，并以此来推进现代大学的学术研究事业。

上述留学生群体关于创办大学研究院所的呼吁，无疑有力地推动了政府规划创办大学研究院所制度，并着手付诸实施。

三、研究院所制度的制定和出台

除介绍西方研究院所制度，倡导在中国建立研究生培养机构外，留学生群体还身体力行积极参与到研究院所制度的制定和研究生培养机构的创建中来，以实际行动推动中国研究生教育发展。

自 1904 年《奏定学堂章程》对"通儒院"的设计起，以留学生为主体的近代中国有识之士，对大学研究院所制度的探索已历 30 年，然而由于当时政权更替频繁、社会动荡不安，使得国家政令缺乏稳定性和延续性，研究经费得不到保障，国家层面的研究院所制度因之迟迟不能出台。在专门制度尚未确立的背景下，诸多大学对本校研究院所的设置进行了自主探索与实践，自

---

① 高平叔编：《蔡元培全集（1917—1920）》第 3 卷，中华书局，1984，第 5 页。
② 高平叔编：《蔡元培论科学与技术》，河北科学技术出版社，1985，第 281 页。
③ 高平叔编：《蔡元培全集（1931—1935）》第 6 卷，中华书局，1988，第 477 页。
④ 杨安邦、徐国华主编：《大学语文》，北京理工大学出版社，2008，第 71 页。

定标准，自制章程，自行运作。

“壬戌学制”颁布后，全国范围内兴起了高师“改大运动”。东南大学就是在南京高等师范学校的基础上发展而来。在校长郭秉文的领导下，东南大学发展非常迅速。郭秉文于1908年赴美留学，六年后他以题为《中国教育制度沿革史》(*The Chinese System of Public Education*)的论文获得哲学博士学位，成为中国最早的教育学博士，也是在美国最早获得博士学位的中国学者之一。他坚持“寓师范于大学”的办学思想，使一所师范院校在短短几年中发展成为拥有文、理、工、商、农、教育等学科的国内学科最齐全的综合性大学。他实行训育、智育、体育三育并举的方针，注重通才与专才、人文与科学、师资与设备、国内与国外的平衡，提倡诚朴和“止于至善”的校风，坚持教育独立、学术自由、兼容并包，使“南高一东大”迅速崛起为蜚声中外的高等学府。

在北京大学、清华大学相继举办研究生教育后，东南大学也有此意向。1926年8月1日，东南大学颁布《国立东南大学组织大纲修正稿》，规定“本大学为研究高深学术起见，得增设研究院”。同年11月18日，通过孙洪棻、胡先骕等22名各学科知名教授联名提交的《创办大学研究院案》。该提案从大学目的、国外研究院所发展趋势、国内研究院所发展现状及本校实际状况出发，充分地论证了设置研究院所的必要性和可能性，并初步设计了研究院所组织体系和运行规则：

创办大学研究院案

大学教育之目的，不仅为注入式之输灌学术于学生，要在指导作育学生，使能独立研求宇宙间真理，以增进人类之知识，与求其实际上之应用。以今日学科门类之纷繁，大学课程又须使学生得广博之基本学问与人文学科，在匆匆四年之短期间，所能成就者亦以仅矣!故说者有谓大学教育不过为高等普通教育,欲求作育专门人才，则尚有待于研究院焉。

尝考欧美各国大学莫不设有研究院。英国大学毕业后称学士，赓续研究一年至三年则称硕士，牛津大学硕士之声价，乃与德、法诸邦之博士相等，近年以适应外国学生之要求，亦设有博士学位。

法国大学毕业称学士，入研究院研究，有心得作为论文，经博士试得隽，则为博士。在德国则无学士学位，仅有博士一阶级。美国大学毕业后，至少修业一年，研究有得则称硕士，更尽而有更重要之研究，经博士试及格，则称博士。凡著名公私大学，靡不设有研究院，稍次之大学亦必授硕士学位。惟小规模之大学但以授高等普通教育为目的者，则仅有大学四年之课程，而无研究院。此类大学毕业生，如欲研究高深学问，必须往其他著名大学入其他研究院。盖欧美各国学术进步，一日千里，不致故步自封者，其得力要在大学研究院也。

我国教部大学规程，本有大学得设研究院之条文。北京大学、北京师范大学、清华大学亦曾先后设立研究院。教会设立之大学，如燕京大学、东吴大学、金陵大学均已设立研究院有年。吾校学科大备，成绩素优，奈何于此独落人后乎！且吾校毕业生每有毕业后仍继续留校从事研究者，或在本校服务为助教，而以余力从事研究者，研究之结果，有问题甚大、费力甚多，在外国大学研究院可得博士学位者，而以本校无研究院不能授以较高之学位，以彰其功，虽在勋劳之士，未必便以学位之有无而吴其趋舍，然究非奖掖后进之道也。

或以为吾校经济素不充裕，图书仪器尚未大备，设有研究院恐力有未逮，实亦不然。盖可研究之问题至夥，以中国亟待研究之问题之多，尤易于成功。苟善于择题，固不必需特殊之设备，耗巨量之金钱，方能从事研究，巴斯德之往迹，即其例也。研究过巨之问题，吾校之设备与学生之学力，或有未逮。如研究硕士学位所须解决之问题，则殊非难，而同时并不须增加学校经费上之负担，且研究问题之多寡难易，以学系而异。各系于仪器、设备、师资、学力四者，能设立研究科者则设之，不必强同，宁缺无滥。亦不必以一时未能设立研究科，便引以为羞，而草草将事，则于各科系行政，自无问题发生，而有志向学之士，亦知所劝矣。关于组织方法及研究章程，粗议其端于左，尚祈公决是幸。

（甲）研究院组织

（一）文、理、教育、农、商五科合立一研究院。

（二）研究院设主任一人，由全体教授会公举。其职务为总持研究院一切事务，每年汇报各系研究生之应得硕士学位者于校长，以便授与学位。

（三）各系组织一研究生考试会，会员二人，主任为研究生主系主任，其他一人为研究生副系主任或教授。

（乙）研究院规则

（一）研究院研究生如欲硕士学位，必先在本校大学本科毕业，或在其他大学毕业而经本系教授会认可。

（二）研究生必须能作通顺流畅之英文，与阅读参考德文或法文专科书籍。

（三）研究生必须在研究院从事二学期以上之研究。

（四）研究生每学期除研究学科外，必须修习 9 学分本系或辅系课程。

（五）研究生对于所研究之题目，必须作一优良之论文，表明其有独立研究之能力，而于人类学术上有确实之贡献。

（六）研究生除所选 18 学分课程，与研究论文外，必须经一度考试，或口试，或笔试，由该系研究生考试规定之。

（七）研究生考试或论文不及格，得继续研究一年，再经考试，倘仍不及格，则须退学。

（八）研究院学费为大学本科之半数，实验费由各系规定之。

（九）研究院毕业得称文科、理科或农科硕士 (M.A.，M.S.，M.S.A.)。

提议人：孙洪芬　胡先骕　王季梁　秉志　张子高　陈桢
卢晋侯　陈焕镛　邹秉文　张景钺　查啸仙　陆志韦
谢家声　陈鹤琴　唐启宇　戴芳澜　孙思麐　邹树文
陈清华　王善佺　郝象吾　廖世承[①]

① 《南大百年实录》编辑组编：《南大百年实录·中央大学史料选》上卷，南京大学出版社，2002，第 208—210 页。

上述22位提议人中，除孙思麋信息暂无从考实外，其他21人均有留学经历，且多获硕士、博士学位，具体见表3.3.1。正是这批留学生的积极推动，东南大学才得以较早地将建立大学研究院所提上议事日程。此外，该提案还附有《大学研究院组织》《研究院简章》两份文件，在筹设研究院所的具体事项上给出详尽规范和指导。自此，东南大学正式拉开创办大学研究院所的序幕。

从东南大学研究院所的系列文件来看，其组织设置旨趣、架构、教学制度，特别是硕士学位的授予等，明显可见模仿美国研究院所制度的痕迹，既体现出与清末通儒院、民初大学院不同之特点，也区别于北大研究所和清华国学研究院。究其原因，这批文件的起草者基本上都是留美学生，自然美国研究生教育机构设置更受到他们的青睐。东南大学对研究院所制度的设计，不仅丰富了我国的研究生教育实践，也适应着我们研究生教育新转向的趋势。

表3.3.1　东南大学《创办大学研究院案》部分提议人基本信息

姓名	留学院校	所获学位	回国后任职单位
孙洪芬	芝加哥大学、宾夕法尼亚州大学	硕士	东南大学、国立中央大学、华中大学
胡先骕	加利福尼亚大学、哈佛大学	博士	东南大学、中正大学
王季梁	明尼苏达大学	硕士	东南大学、中央大学、四川大学、浙江大学
秉志	康奈尔大学	博士	东南大学、中央大学
张子高	麻省理工学院	硕士	东南大学、金陵大学、浙江大学
陈桢	康奈尔大学、哥伦比亚大学	硕士	东南大学、中央大学
陈焕镛	哈佛大学	硕士	东南大学、中山大学
邹秉文	康奈尔大学	荣誉博士	东南大学、金陵大学、中央大学
张景钺	芝加哥大学	博士	东南大学、中央大学、北京大学
陆志韦	芝加哥大学	博士	东南大学、燕京大学
谢家声	密歇根大学	硕士	金陵大学、东南大学
陈鹤琴	约翰·霍普金斯大学、哥伦比亚大学	硕士	东南大学、中华儿童教育社

续表

姓名	留学院校	所获学位	回国后任职单位
唐启宇	乔治亚大学、康奈尔大学	博士	东南大学、中山大学、中央大学、复旦大学
戴芳澜	威斯康星大学、康奈尔大学、哥伦比亚大学	硕士	东南大学、金陵大学、清华大学
邹树文	康奈尔大学、伊利诺伊大学	硕士	金陵大学、北京农业专门学校、东南大学
陈清华	伯克利大学	不详	武昌商科大学、东南大学、中央大学
王善佺	乔治亚大学	硕士	北京高等师范、东南大学
郝象吾	加利福尼亚大学	博士	东南大学、河南大学、复旦大学
廖世承	美国布朗大学	博士	南京高等师范学校、东南大学

[资料来源]根据周川主编的《中国近现代高等教育人物辞典》(福建教育出版社，2012)，周棉主编的《中国留学生大辞典》(南京大学出版社，1999)等资料整理而成。

北平师范大学在1932年也制定了《国立北平师范大学研究所章程》，开始创设研究生教育培养机构。该章程对本校研究所的任务进行规定："研究教育实际问题；培养教育学术专家；搜集整理并编纂各科教材"，"本校研究所委员会决定全所工作方针，其委员由校长于本校教授中聘任之"，"本所设所长一人，由校长兼任之"，"设主任导师若干人，分管教育研究及各科教材纂辑事宜；设导师及助教若干人，商承祚主任导师指导并训练研究生，从事教育研究、调查统计等工作"。另外对研究生入学资格、修业年限、考核方式、奖学金等事宜也进行规定："国立、省立或教育部立案之私立大学毕业生，经该所入学考试及格后为研究生"，"研究生研究期限为1—3年"；其"学程终了时提出毕业论文，经本所认可并考试合格者，给予本所毕业证书，并依教育部之规定给予学位"，"本所设奖学金给予研究生成绩最优异者，其金额及给予方法，由研究生细则规定之"。[①]

① 王学珍、张万仓编：《北京高等教育文献资料选编（1861~1948）》，首都师范大学出版社，2004，第666页。

可见，在教育部颁布组织规程之前，清华大学、北京大学、中山大学、北洋工学院、南开大学、辅仁大学、燕京大学等院校已开始建立相关机构，探索研究教育。虽然各高校的探索为政府制订相应政策提供了丰富的实践，但不可避免地产生各校各行其是，缺乏统一标准的弊端。因此，建立统一学术标准，设置研究生教育机构的呼声越来越高，这也是促进我国研究生教育发展的必然要求。

在留学生群体的集体呼吁下，国民政府教育部在高校实践摸索的基础上，于 1934 年 5 月出台了《大学研究院暂行组织规程》。其具体内容如下：

大学研究院暂行组织规程

（1934 年 5 月 19 日国民政府教育部公布）

第一条　大学为招收大学本科毕业生研究高深学术，并供给教员研究便利起见，得依大学组织法第八条之规定，设研究院。

第二条　研究院分文、理、法、教育、农、工、商、医各研究所，称文科研究所、理科研究所、法科研究所、教育研究所、农科研究所、工科研究所、商科研究所、医科研究所。凡具备三研究所以上者，始得称研究院，在未成立三研究所以前，各大学所设各科研究所，不冠用研究院名称。

第三条　各研究所依其本科所设各系分若干部，称某研究所某部（例如理科研究所物理部）。各研究所依各大学经费师资与设备情形得陆续设立各部，或仅设置一部或数部。

第四条　研究院研究所暨研究所所属各部之设置，须经教育部之核准。

第五条　设置研究院研究所之大学，须具备下列各条件：

（一）除大学本科经费外有确定充足之经费专供研究之用；

（二）图书仪器建筑等设备堪供研究工作之需；

（三）师资优越。

第六条　大学研究院设院长一人，得由校长兼任。各研究所及所属各部各设主任一人。

第七条　招收研究生时，以国立省立及立案之私立大学与独立学院毕业生经公开考试及格者为限，并不得限于本校毕业生。在外国大学本科毕业者亦得应前项考试。研究院各研究所或部于必要时停止招收研究生。各大学依本规程所招收之研究生，应录取于后一个月内连同资格证件报部审核备案。

第八条　在学位法未颁布以前，各研究生研究期限暂定为至少二年。期满考核成绩及格由大学发给研究期满考试及格之证书。前项考试机关应有经部核准之校外人员参加，其详细规则另定之。

第九条　研究生应习之课程及论文工作由各校详细拟订，呈经教育部核定。

第十条　研究生不得兼任校内职务。

第十一条　研究生成绩优异者得给予奖学金，其名额及金额由各校自定之。

第十二条　独立学院得准照本规程各条之规定设置研究所。

第十三条　各大学或独立学院，在本规程公布前，已设置研究所者，应依本规程第四条及第五条之规定，呈部审核，经审核认可者，方得继续设立。

第十四条　本规程自公布之日施行。[①]

《大学研究院暂行组织规程》（以下简称《研究院规程》）对大学研究院所的性质、组织机构、研究生资格及考试、肄业年限等作了统一规定，使得各高校设立研究院所有了统一的参照标准和制度上的保障。例如，《研究院规程》明确规定设立研究院需有三个以上研究所，而不是之前所规定的两个研究所，提高了研究院设置的标准。同时，研究所名称依学科而定，结束了此前以学院或学系名定名的混乱做法；研究期限为两年以上，代替了以前不定期限或三年以上的规定。可以说，《研究院规程》的颁行，标志着大学研究院所制度的规范化。根据《研究院规程》的要求，教育部对已设研究院所的高校进行核准，各高校也能积极地进行调整；而此前未设立研究院所的大学亦纷纷创设新研究院所。于是，在 20 世纪 30 年代中期，我国形成了创

① 宋恩荣、章咸编：《中华民国教育法规选编》，江苏教育出版社，2005，第 399—400 页。

设大学研究院所的高潮。

1935年，国民政府又颁布《学位授予法》规定：曾在公立或立案之私立大学或独立学院之研究院或研究所继续研究两年以上，经该院所考核成绩合格者，得由该院所提出为硕士学位候选人。[①]于是，与研究生教育相关的学位问题亦获得合法解决。从国家法制层面，将学位制度与研究生教育有机地结合起来，改变了各校各自为政的状况，对统一学科标准、严格学术要求起到了积极的作用，也更加符合世界高等教育发展趋势。

《研究院规程》颁布后，社会各界反响热烈。时任教育部部长的王世杰说：

> 在民国二十年约法公布以前，吾国大学尚无正式经政府承认的大学研究所，实际上各大学之已设研究所者亦极少。以是之故，教职员既鲜有研究之便利，大学本科毕业学生亦无深造之机会。且因大学研究所之不存在，各校均不能授予高级学位，一般学子继续深造之兴趣亦殊不易提高。基于这种原因，教育部乃于民国二十三年首先颁布《大学研究院暂行规程》，对于成绩优良之大学及独立学院，准各就其设备较为充实的科系，陆续设置研究院所，招收大学本科毕业生为研究院生。[②]

在王世杰看来，研究院所的设置一是给教职员提供研究便利，二是为提高学位教育的层次。另外，也有利于大学培养师资。同时，他针对中国高教事业的现状，还强调："现在多数的大学，均感优良师资的不足，而现时国内大学因研究所的缺乏，复尚难自植大学师资，故目前尚应一面继续留学政策，一面择适当之大学筹设研究所。"[③]

时为教育部高等教育司司长的黄建中也明确声称："年来大学毕业生日见增多，国内颇乏高深研究学术之所。教育部为养成高深学术人才及完成最后阶段之学制计，特制定大学研究院暂行组织规程，以为各大学设立研究所之准则。"[④]

---

① 宋恩荣、章咸编：《中华民国教育法规选编》，江苏教育出版社，2005，第402页。
② 黄季陆主编：《革命文献》第54辑，"中央"文物供应社，1971，第378页。
③ 黄季陆编：《革命文献》第55辑，"中央"文物供应社，1971，第69页。
④ 黄季陆编：《革命文献》第55辑，"中央"文物供应社，1971，第88页。

任鸿隽说："我们教育当局现在积极的提倡大学研究所的设立，不能不说是教育政策的一个转变与进步。因为我国办了几十年的大学，毕业的学生虽然一年比一年的多，但造就的人才却不能与大学的毕业生作正比例。"[①]由此，他认为人才缺乏是我国大学研究所数量欠足的主要原因。

蔡元培也指出了创设大学研究院所对于中华文化提升和高知人才培养的重要意义，认为设立研究所是为大学毕业生提供深造的机会："苟吾国大学，自立研究院，则凡毕业生之有志深造者，或留母校，或转他校，均可为初步之专攻。俟成绩卓著，而偶有一种问题，非至某国之某某大学研究院参证者，为一度短期之留学；其成效易睹，经费较省，而且以四千年文化自命之古国，亦稍减倚赖之耻也。"[②]

傅斯年也对规程颁布十分地肯定："在现在各大学每已设立了所谓研究院的时候，有这样一个规定，自然是一件很切要的事情。"但是，他还保持了一份学者应有的冷静。在对西方大学研究院所的创设背景及发展过程进行了一番梳理的基础上，他认为大学办研究院应与大学本身的各种条件相符，而且是一个渐进的过程。"回看中国要想一下子成就颇觉可疑，其故因为大学的本身不曾完成大学之意义者多。"因此，他建议："我以为在大学建置其研究院之前，应该先使得大学成大学，即彻底的建设大学中之讲座制……若大学本身的品质不具，而更设研究院，虽以至诚之志赴之，亦必为低能的大学本身所劣化无疑也。"[③]

① 任鸿隽：《任鸿隽谈教育》，辽宁人民出版社，2015，第36页。
② 高平叔编：《蔡元培教育论著选》，人民教育出版社，2011，第690页。
③ 傅斯年：《傅斯年谈教育》，辽宁人民出版社，2015，第24页。

第四节　留学生与研究院所的普遍设置

如前所述，20世纪30年代，特别是1934年《大学研究院暂行组织规程》颁行之后，高等教育界掀起一场在大学创办研究院所的高潮。此前已开研究院所的高校纷纷调整结构、扩充规模，未创设研究院所者则纷纷融资聘贤，迅速加入到研究生教育的行列。限于篇幅，现仅对部分大学研究院所的创办进行具体阐析。

一、国立大学研究院所枚举

最早实行研究生教育的北京大学，其国学研究院在发展了近十年后，也开始了新的全面改革。1929年12月，在蔡元培的推荐下，蒋梦麟出任北京大学校长。经过北洋军阀的摧残和南京政府成立之初的折腾，当时“北平高等教育已差不多到了山穷水尽的时候”[①]。北京大学更是如此。1927年7月，北京政府决定取消北京大学，将北京的9所高校合并改组为“京师大学校”，随即将北京大学研究所国学门分出，改设国学研究馆。国民政府成立后，蔡元培主张恢复北京大学，而李石曾则主张将京师大学校更名为“中华大学”。李氏的倡议遭到北京大学师生强烈反对。迫于形势亦顺应现实，国民政府遂于1928年8月设立北平大学区，改中华大学为北平大学。此次改革，依旧没有恢复北京大学的独立地位，所以仍然遭到北京大学师生的抵制。在这几次大变动中，北京大学身受重创，经费支绌，师资流失，人心浮动，学生罢课，教师罢教。在此期间，北京大学研究生教育几乎陷于停顿状态。1929年6月，国民政府决定废止大学区制。8月6日，又决定恢复北京大学。北京大学复校

① 马勇：《蒋梦麟教育思想研究》，辽宁教育出版社，1997，第180页。

后，于 1930 年 11 月恢复研究所国学门，研究生教育开始有所起色。

蒋梦麟上任伊始，便提出“教授治学、学生求学、职员治事、校长治校”的办学方针，重视发展研究生教育。1931 年 6 月，北京大学研究所国学门招收 21 名研究生，并确定了相关导师及研究课题。其具体情况可见表 3.4.1。

表 3.4.1　1931 年北京大学研究所国学门导师基本情况表

姓名	指导科目	留学经历	姓名	指导科目	留学经历
马裕藻	古声韵	早稻田大学、东京帝国大学	马衡	金石学	无
叶翰	雕刻瓷器研究	无	沈兼士	文字学	东京物理学校
刘复	语音学、方言研究	伦敦大学、巴黎大学	朱希祖	明清史	早稻田大学
陈垣	中国基督教史研究等	无	徐炳昶	中国古代哲学史	巴黎大学
钢和泰	宗教史等	无	黄节	魏汉六朝诗	无
周作人	中国歌谣	立教大学	钱玄同	音韵沿革研究等	早稻田大学
沈尹默	唐诗研究	京都帝国大学	许元衡	词典研究	无

[资料来源]萧超然编著：《北京大学校史（一八九八——一九四九）》（增订本），北京大学出版社，1988，第 304—306 页。

由上表可见，国学门研究方向更为集中，且大多数导师都有留学经历，以留学日本为主。这批留学生在北京大学早期的研究生教育中发挥着重要的作用。

1932 年 6 月，蒋梦麟亲自主持起草了《国立北京大学组织大纲》，明确规定北京大学研究生教育的职志在于“以研究高深学术，养成专门人才，陶融健全品格”①。在胡适、傅斯年等人的协助下，蒋梦麟对北京大学进行了全面改革，其中重要的一项举措是将北京大学研究所升格为北京大学研究院，并兼任研究院院长，除将国学门改为文史部外，另增设自然科学部和社会科学部。10 月，文史部录取新生 12 名，自然科学部录取 3 名，社会科学部录取 10 名。至此，北京大学学科门类更为齐全，初步奠定了北京大学研究生教育

① 杨小曼：《胡适全传》，华中科技大学出版社，2013，第 172 页。

的基本架构。

1935年6月，北京大学根据《研究院规程》要求，正式成立研究院，并修订公布《国立北京大学研究院暂行规程》，明确规定：北京大学研究院“为北京大学及国内外大学毕业生继续研究高深学术之所”。[①]研究院院长由本校校长兼任；原设三部更名为文科研究所、理科研究所、法科研究所，由文、理、法三院院长兼任各研究所主任；规定报考资格须具备大学本科毕业或具有同等学力；同等学力者须经过规定之入学考试；研究生修业年限为2—5年，前2年必须在院研究；导师由本科教授担任，每位导师同时指导的研究生人数不得超过5人；研究生最后成绩论文占70%，口试占30%。[②]在蒋梦麟的领导下，北京大学研究生教育逐步走上正轨，成为我国近代研究生教育发展的标杆院校。

与北京大学同处一地的清华大学也不甘落后，1928年罗家伦接任清华大学校长后，将创办研究型大学定为清华大学的发展目标。他在《学术独立与新清华》中明确主张：“研究是大学的灵魂。专教书而不研究，那所教的必定毫无进步。不但没进步，而且有退步。清华以前的国学研究院，经过几位大师的启迪，已经很有成绩。但是我以为单是国学还不够，应该把它扩大起来，先后成立各科研究院，让各系毕业生都有在国内深造的机会。尤其在科学研究方面，应当积极的提倡。这种研究院，是外国大学里毕业院的性质。”[③]

在上任之前，罗家伦调查了解到清华的一些实际情况，由此分别向大学院和外交部以及学校董事会呈递了一份方针文件。在这份方针文件中，促进清华学术发展、提升学校学术水平是其中的重要内容。他强调：“国立清华大学之宗旨——谋中华民族在学术上之独立发展，及完成建设新中国的使命。”为了实现这样的目标，必须要重视学术发展。罗家伦尖锐地指出清华缺乏浓厚的研究风气，“以往清华原来是个留美预备学校，对于学术的研究，可不必过于苛责。但是改办大学以来，校内的空气仍无大异于先前，教员学生大

---

① 王学珍、张万仓编：《北京高等教育文献资料选编（1861~1948）》，首都师范大学出版社，2004，第700页。

② 左玉河：《中国近代学术体制之创建》，四川人民出版社，2008，第293页。

③ 杨萌、胡蔚涛主编：《大学语文》（理工科版Ⅱ），北京理工大学出版社，2014，第137页。

都仍只重视课堂讲演和教科书的考试，缺少课外研究的风气”。他迫切希望“清华成为中国学术策源地”：“第一，集中本国学者，不当有丝毫派别观念。第二，聘请国外专家，使与本校教员学生共同研究。第三，提倡教员学生热心研究的风气。以上三点，当努力做去，五年以后，或可有相当的成效。”为了实现清华大学“真正的学术化”目标，罗家伦在多个场合都强调创设研究院：“清华大学的宗旨既在谋中国学术的独立，研究院之应当设置，自不成问题。明年本科即有毕业学生，为使他们继续作高深的研究计划，宜积极筹备。”[①]“拟依照德国研究院制，将清华的大学部与研究院打通，为毕业生提供高深学术研究之进行。”针对清华学科发展的实际，罗家伦认为各研究院的设置也应分轻重缓急，“不过各系研究院并不能同时成立。究竟何系应设，须视该系教授、学生，书籍、仪器等而决定；但总有几系可以成立。现在的国学研究院，即并入将来的研究院中。研究院地址分设图书馆、科学馆内。竭力奖励教员学生研究的兴趣，提倡研究的风气，使清华大学真正的学术化”。[②]

明确清华大学学术目标后，罗家伦随即着手延揽一批青年才俊来校执教。他有一个坚定的原则：“决不请有虚名而停止了上进的时下所称的名教授；我所着眼的，是比较年轻的一辈学者，在学术上打得有很好的基础，有真正从事学术的兴趣，而愿意继续做研究工作的人。”[③]罗家伦的理念是请这些人来清华，给他们一个安定的生活，提供良好的设备，让他们专心致志地去研究、去教育，所以这批年轻人早则三五年，迟则十来年多能脱颖而出。于是，当年特别是从英国、美国等一流大学游学归国者，均由罗家伦一一延聘到清华。其中在后来各有关学科颇有造诣者，如自然科学方面的萨本栋、萨本铁、周培源、李继侗等，社会科学方面的蒋廷黻、叶公超、浦薛凤、萧迈等，中国语言文学方面的杨树达、朱自清、俞平伯等。这批留学生成为清华大学研究生教育的重要师资力量。

这种聘请新人为学校教授担当研究生教育最为著名的一例，便是将南开

① 王学珍、张万仓编：《北京高等教育文献资料选编（1861~1948）》，首都师范大学出版社，2004，第597—598页。

② 同上书，第598页。

③ 罗久芳：《我的父亲罗家伦》，商务印书馆，2013，第173页。

的蒋廷黻强聘来清华担任历史系主任。罗家伦在选拔院系、所领导人时非常慎重，“尤其是院长和系主任的职位，决不能为私人的交情而稍误青年的学业”。当时清华历史系中，朱希祖的资格最老，若是请系里其他教授担任系主任，不但朱希祖感觉不安，其他教授亦然不服；若是请朱先生担任系主任，而朱先生只是中国史方面的专家，对于世界史学的潮流甚少接触，自然无法带领历史学系走上现代化的学术路子。考虑再三，罗家伦毅然决定：“纵然得罪了我的老师，但是我为了历史系的前途，也不能不为公义而牺牲私情了。”[①]所以他诚聘南开大学的蒋廷黻来校。蒋廷黻是一位学贯中西的留洋归国博士，早在1920年就与罗家伦在美国哥伦比亚大学相识，两人还就史学的发展多有交换心得。归国后，蒋廷黻受聘在南开大学任教。深知蒋的学识与学术领导才能，罗家伦亲自从北平前往天津，邀请蒋廷黻弃南开而就清华。蒋廷黻本无离开南开之心，但拗不过罗家伦赖着不走。这样熬了一夜后，蒋廷黻只好答应一年后南开聘期届满即来清华。一年后，蒋廷黻如约而赴，主持清华历史系和历史学部长达八年之久，对清华历史学科进行了系列改革，注重社会科学和世界历史研究潮流，将清华历史系办成20世纪30年代中国大学历史系最为成功的院系之一。当年的学生、著名历史学家何炳棣回忆称：

> 蒋先生认为治史必须兼通基本的社会科学，所以鼓励历史系的学生同时修读经济学概论、社会学原理、近代政治制度等课程。在历史的大领域内，他主张先读西洋史，采取西洋史学方法和观点的长处，然后再分析综合中国历史上的大课题。回想起来，在三十年代的中国，只有清华的历史系，才是历史与社会科学并重；历史之中西方史与中国史并重；中国史内考据与综合并重。[②]

令罗家伦遗憾的是，不久他因故离开了清华大学。继任校长梅贻琦仍然致力于研究院所的建设，并取得了重大成绩，开创了该校研究生教育的新篇章。

对于清华大学研究院的进展情况，梅贻琦在1936年的报告中称：1929年6月呈准政府设研究院，照本科各院系分别筹设研究所部，1930年夏开始招

---

① 罗久芳：《我的父亲罗家伦》，商务印书馆，2013，第174页。
② 王建军：《民国高校教师生活研究》，湖南教育出版社，2018，第278页。

生，现设文、理、法三科研究所，文科研究所设中国文学、外国语文、哲学、历史学及社会学 5 部；理科研究所设物理、化学、算学、地学、生物、心理 6 部(其中社会学、地学、心理学 3 部于 1934 年度暂停招生)。法律研究所设政治、经济 2 部。研究院院长及各所各部主任现均暂由本校校长、各学院院长、各系主任分别兼任。各部研究生人数，1931 年度为 41 人，1935 年则为 43 人。研究生之学程初定为 3 年，近遵部令改为 2 年，其毕业者计 1933 年为 6 人，1934 年为 4 人，1935 年为 7 人。梅贻琦对清华大学研究院之培育学术人才之功给予充分肯定："研究生毕业以后，多半出国留学，再图深造，或在国内大学担任教职，总之对于研究学问，均能努力从事，始终不懈，将来于学术上可有贡献于国家者，数年之后，可以见之矣。"[①] 可见，在全民族抗战开始前，清华大学研究生教育已初具规模，呈后来居上之势。

由于清华大学的前身是一所留美预备学校，所以该校的研究生教育同留美学生更是联系紧密，从研究院院长到各研究所所长，从各学部主任至各科研究生导师，绝大多数都有着留美经历。以 1935 年为例，各学部主任大都由归国留学生所担任，他们是清华大学研究生教育的中坚力量，具体情况见表 3.4.2。正因于此，清华大学的研究生教育呈现出不同于北京大学的特点，在培养模式上更侧重于借鉴和模仿美国，体现出专业式的培养，即课程学习和科学研究并重。

表 3.4.2　1935 年清华大学研究院中各所、学部及主任一览表

所别	学部	主任	留学经历
文科	中国文学	朱自清	英国
	哲学	冯友兰	哥伦比亚大学
	外国语文学	王文显	伦敦大学
	历史学	蒋廷黻	哥伦比亚大学
理科	算学	熊庆来	法国格洛诺布大学、巴黎大学、蒙柏里大学等
	物理学	叶企孙	芝加哥大学、哈佛大学
	化学	张子高	麻省理工学院
	生物学	陈桢	康奈尔大学、哥伦比亚大学

① 梅贻琦：《梅贻琦谈教育》，辽宁人民出版社，2015，第 39 页。

续表

所别	学部	主任	留学经历
法科	政治学	浦薛凤	哈佛大学、翰墨林大学
	经济学	陈岱孙	威斯康星州立大学、哈佛大学

[资料来源]方惠坚、张思敬主编:《清华大学志》(上),清华大学出版社,2001,第248页。

全民族抗战开始后，北京大学和清华大学随南开大学一道奉命南迁，并于西迁昆明后组建西南联合大学。迁昆之后的北京大学和清华大学旋即恢复研究院所的运行，并于艰苦卓绝的战时环境下有所发展。据统计，北京大学研究院从1936年的3个研究所5个学部发展为1947年的文、理、法三科15个研究所，清华大学则由1936年的文、理、法3个研究所10个学部发展为1947年的文、理、法、工、农5科23个研究所。

与北京大学、清华大学北部高校相较，地处华南的中山大学也是我国研究生教育重要的发祥地之一。早自1928年起始,该校就先后设立了文科研究所、教育研究所和农科研究所。1935年6月1日，国民政府教育部依据《大学研究院暂行组织规程》对各高校研究生教育机构进行核准时，中山大学同北京大学、清华大学被同时批准成立研究院，由此中山大学成为中国最早设立研究院的三所国立大学之一。

早在1928年1月，中山大学语言历史研究所就正式成立，以研究学术、发展文化为宗旨，分考古、语言、历史、民俗四学会。1931年1月改名为文史研究所，1932年夏开始招收研究生。成立研究院后，又改称为文科研究所，设中国语言文学部和历史学部，继续招收研究生，所主任为吴康；中国语言文学部主任为龙沐勋(其后由曾运乾接任)，历史学部主任为朱谦之。吴康曾于1925年赴法国巴黎大学留学，获得博士学位。朱谦之也于1929年获中央研究院资助赴日本进修两年，潜心于历史哲学的研究。历史学部的指导教授也大多是学成归国的留学生。他们指导的课程分别为：留学日本的朱谦之开设历史哲学专题、中国文化史专题、中国社会经济史专题；留学法国的杨成志开设人类学、考古学；同样留学日本的萧鸣籁开设中国史学史专题、两汉史、隋唐史；获得法国巴黎大学博士学位的黎东方开设殷周史。

文科研究所还采用聘请国内外著名学者来担任名誉导师的方法来促进研究工作的开展。中国语言文学部名誉导师有章太炎、叶恭绰、张孟劬、马叙伦、陈石遗、唐文治、赵元任、罗常培、高本汉、夏敬观、吴梅、易大厂、温丹铭、谢英伯。历史学部名誉导师有陈垣、陈受颐、温丹铭、谢英伯、朱易先、张星烺、张孟劬、邓之诚、顾颉刚、傅斯年、岑仲勉、陶希圣、刘节、马衡、黄文山等。这些兼职导师也有大部分曾留学海外。

中山大学还于1928年建立起近代中国第一个专门的教育科学研究机构，以培养高层次人才。鉴于当时国内教育社团难以承担起系统而深入的教育科学研究任务，“国内的教育太外国化而不合于国情”[①]，时在中山大学任教的留美哲学博士、著名教育家庄泽宣认为：“应当选一个全国适中的地方，设一个教育研究所专做这件事。”[②]这也是“谋求新教育中国化”的重要途径之一。正是基于这一想法，1927年他建议在中山大学首先创设一个专门的教育研究机构。他的提议获得了校方批准，经过一段时间的认真筹备，我国近代第一个专门的教育科学研究机构——中山大学教育学研究所于1928年正式宣告成立。“我国有此种教育专门研究机构，实以此为嚆矢。”[③]其时所主任由庄泽宣教授担任，后改由崔载阳教授担任。据1937年统计，先后在该所担任研究及指导工作的导师，除极少部分未曾留学外，大多数都有留学经历，且以美国为主，具体情况见表3.4.3。

表3.4.3 中山大学教育学研究所导师及研究人员名单（1928—1937年）

姓名	留学经历	最高学位
庄泽宣	美国哥伦比亚大学 俄亥俄州立大学	博士
崔载阳	法国里昂大学	博士
陈礼江	美国普尔度大学 芝加哥大学	硕士

① 何国华：《民国时期的教育》，广东人民出版社，1996，第261页。

② 庄泽宣：《如何使新教育中国化》，民智书局，1929，第36页。

③ 国立中山大学教育研究所编：《本所研究事业十年》，国立中山大学研究院教育研究所，1937，第1页。

续表

姓名	留学经历	最高学位
范锜	美国哥伦比亚大学	博士
黄敬思	美国斯坦福大学 哥伦比亚大学师范学院	博士
雷通群	美国斯坦福大学	硕士
林砺儒	日本东京高等师范学校	无
邰爽秋	芝加哥大学 美国哥伦比亚大学师范学院	博士
许逢熙	美国底特律大学	硕士
钟鲁斋	美国斯坦福大学	博士
周辛	英国爱丁堡大学	无
胡毅	威斯康星大学 芝加哥大学	博士
尚仲衣	皮波第师范学院 哥伦比亚大学	博士
邹谦	日本东京高等师范学校	无
高觉敷		学士
王越		
古楳		

［资料来源］根据中山大学教育研究所编《本所研究事业十年》（中山大学研究院教育研究所，1937）整理而成。

教育研究所成立后即着手招收研究生。起初是 6 名，1937 年增至 10 名。1939 年 9 月，研究生由原来教育学部、教育心理部各 2 人增加为各 7 人。由于受战争和经济等因素的影响，该所每年招研究生的情况不尽相同：有些年份由于学校迁徙等原因而停招、缺招。据现有资料可知，它先后共招收了 9 届研究生约 50 人。

中山大学于 1928 年秋设立植物研究室，聘陈焕镛教授兼主任。陈焕镛毕业于哈佛大学并获得硕士学位。该室最初拟对广东省植物进行全面研究，为改良和发展广东农林事业提供根据。1929 年该室被扩充为农林植物研究所，既对植物分布作科学调查，也对经济植物进行研究。该所下设研究员、标本室管理员、助理员、技助、技术员、采集员、技工等，分别担任研究室、实验室、标本室、事务室及采集队的工作。该所在标本采集方面做了大量的工作。以 1936 年为例，该所组织了贵州试探采集队、广东试探采集队、海南试探采集队和湖南试探采集队共 4 队人马，分赴各地进行采集。研究院成立后，农林植物研究所称为农科研究所，下设农林植物学部及土壤学部。所主任为黄枯桐，农林植物学部主任为陈焕镛，土壤学部主任由邓植仪兼任，指导教授有蒋英、彭家元、黄菩荃等。这些教师也都是留学归来的青年才俊。继北京大学、清华大学创设研究所之后，被美国著名教育家、世界教育会亚洲部主任孟禄博士称赞为“中国政府设立的第一所有希望的现代高等学府”[①]的东南大学，其研究院所也迅速发展起来。1927 年 5 月，国民政府接收东南大学，随即将其改组为第四中山大学，次年定名为国立中央大学。1932 年 9 月，罗家伦执掌中央大学。在他的带领下，中央大学积极推动教学、科研和学科发展，不遗余力地谋求与社会事业及学术机关的合作。1934 年 11 月，罗家伦根据教育部颁布的《大学研究院暂行组织规程》的规定，在中央大学积极筹设理科研究所算学部和农科研究所农艺部。1935 年 1 月设研究院筹备委员会，罗家伦、邹树文、艾伟等为筹备委员。8 月，理科研究所数学部率先招收 2 名研究生，标志着中央大学研究生教育正式开张。抗日战争期间，由于中央大学在战前举校西迁，保存了开展学术研究所需的图书、仪器设备等，加上地处陪都重庆，以及国民政府对该校政策及经费倾斜，中央大学在研究院所的创建上发展迅速。考虑到自身条件具备，学校及时地向教育部提出设立研究院的请求：

> 窃以本校近数年突飞进步一日千里，每岁学成毕业者三四百人，济济人才尽力效忠党国，莘莘学子竟成社会中坚，漪数盛哉徒以怀才不遇投闲置散昔者屡屡皆是。且因中国学术落后，卒业同学欲继续研究高深学术者无从问津，抚髀生叹将何以慰之饥识荒智将，何以充之生等身受其痛目击其艰。为本校前途计，为中国学术计者，不能已于言者而恳请钧座尽力从速兴办者三事。[②]

因为“没有研究工作的大学，在教学上不但不能进步，而且一定会退步”。[③]

---

① 周洪宇主编：《郭秉文画传》，山东教育出版社，2018，第 89 页。

② 《南大百年实录》编辑组编：《南大百年实录》上卷，南京大学出版社，2002，第 395 页。

③ 罗久芳：《我的父亲罗家伦》，商务印书馆，2013，第 200 页。

尽管战时物力、人力、财力困难，中央大学坚持迎难而上，于 1938 年正式成立研究院，1939 年 9 月正式招生。至 1941 年 7 月首届研究生毕业 7 人，均获硕士学位。随后，政治经济部 (1939 年成立)、物理学部 (1939 年成立)、化学部 (1940 年成立)、土木工程部 (1939 年成立)、电机工程部 (1941 年成立)、机械工程部 (1940 年成立)、教育心理部 (1941 年成立) 等 20 多个学部，都是该校西迁重庆后，在战火纷飞、轰炸频繁、物质生活十分匮乏的条件下先后设立的。这一方面体现了罗家伦暨广大师生对中央大学的极力维持和惨淡经营，另一方面也体现了罗家伦“战时教育，只须把平时教育加紧，更须加重军事体育的训练，加强国家民族的意识，就可以了”的办学思想。当然，此举也是罗家伦一直所主张的“学问是严谨的，是有步骤的”治学理念的延续。当时的中央大学拥有一支学识渊博、学有专长的教师队伍，他们是科研的生力军，其中不少人是国内第一流学者。至抗战结束，该校办学规模可谓首屈一指，已建立起包括文、理、法、工、农、医和师范在内的七大学科 26 个研究所。现将其时中央大学研究院所主任基本情况列表示下（见表 3.4.4）。

表 3.4.4　1942 年中央大学研究院各研究所主任基本情况表

所名	所主任	留学经历	所名	所主任	留学经历
中文	胡光炜	不详	外文	范存忠	伊利诺伊大学、哈佛大学
历史	贺昌群	不详	哲学	刘国钧	威斯康星大学
物理	赵忠尧	加州理工学院	数学	唐培经	伦敦大学
	施士元	巴黎大学			
化学	李景晟	芝加哥大学、伊利诺伊大学	生物	欧阳翥	巴黎大学、柏林大学
心理	萧孝嵘	哥伦比亚大学、柏林大学	地理	李旭旦	剑桥大学
政治	黄正铭	伦敦大学政治经济学院	经济	程绍德	巴黎大学
法律	何义均	留美	教育	徐养秋	伊利诺伊大学、芝加哥大学、哥伦比亚大学
社会	孙本文	伊利诺伊大学、哥伦比亚大学、纽约大学	森林	马大浦	明尼苏达大学农学院
农艺	金善宝	康奈尔大学	畜牧兽医	罗清生	堪萨斯州立大学

续表

所名	所主任	留学经历	所名	所主任	留学经历
农业经济	刘世超	牛津大学农学研究院	电机	陈章	普渡大学
土木	沙玉清	德国汉诺威工科大学	生物化学	郑集	俄亥俄州立大学、耶鲁大学、印第安纳大学
机械	胡乾善	伦敦大学	公共卫生	俞焕文	约翰·霍普金斯大学
生理	蔡翘	加利福尼亚大学、印第安那大学、哥伦比亚大学、芝加哥大学			

除上述高校建有研究所部外，其他如武汉大学、浙江大学、四川大学、东北大学、湖南大学等国立大学，在各高校留学生教师群体的共同努力下，也都先后成立了各科研究所乃至建成了研究院。

二、私立大学研究院所概览

民国后期的私立大学，分为国人自立的和教会大学两大部分。国人自立的大学以南开大学最为典型。南开大学研究所的创设始于 1931 年正式成立的经济研究所。随之该校于 1932 年又成立了化学研究所。提及南开大学经济研究所，必先谈及何廉。何廉 1919 年赴美国留学，先后在加州波姆那学院和耶鲁大学研究生院学习，1926 年取得经济学博士学位。在美留学期间，曾为著名经济学教授埃文·费暄（Irving Fisher）所设指数研究所的得力研究人员。1926 年秋，何廉学成归国，应天津南开大学校长张伯苓之聘，到校任经济学教授。在张氏的大力支持下，何廉创设了南开大学社会经济研究委员会，在此基础上逐步扩展为南开大学经济学院，并于 1931 年创办南开大学经济研究所。

在 1927—1928 学年，社会经济研究委员会开办时仅有 1 名主任和 2 名研究助手[①]，后来职员也仅 7 人。何廉一面担任着繁重的教课任务，一面进行科研和调查工作。到 1930 年，职员达到 21 人，其中研究主任 2 人，由何廉和

① 何廉：《何廉回忆录》，朱佑慈、杨大宁、胡隆昶、王文钧等译，中国文史出版社，1988，第 47 页。

方显廷先生兼任；研究员 5 人，调查员 10 人。[①] 到 1937 年，研究所教职员扩大到 56 人，其中教员和研究员为 30 人，具体见表 3.4.5。

表 3.4.5　1937 年南开经济研究所教员及研究员简况表

姓名	留学简历	职务	研究或教授范围
丁佶	哈佛大学硕士	商学院教授兼本所研究导师	会计及工业经济
丁洪范	菲律宾大学学士	商学院讲师兼本所研究员	会计
方显廷	耶鲁大学博士	经济史教授兼研究主任	经济史及农业经济
王文均	无	商学院教员兼本所研究员	会计及财政
王海波	加利福尼亚大学硕士	商学院教授兼本所研究导师	财政
王药雨	无	研究员	农业经济
王维显	无	研究员	地方行政
何廉	耶鲁大学博士	经济学教授兼院长	财政
谷源田	无	商学院教员兼本所研究员	工业经济
谷霁光	无	商学院讲师兼本所副研究导师	经济史
李卓敏	加利福尼亚大学博士	财政学研究导师	国际贸易
吴大业	哈佛大学	研究员	经济统计
吴华实	康奈尔大学硕士	研究员	农业经济
李锐	伦敦政治经济学院	研究员	财政
李贤堃	无	研究员	农业经济
林同济	加利福尼亚大学博士	文学院经济史教授兼本所研究导师	边疆经济史
陈序经	伊利诺伊大学博士	商学院社会学教授兼本所研究导师	社会学
符致逵	华盛顿大学硕士	研究导师	农业经济
袁贤能	纽约大学博士	研究导师	经济理论
梁锡辉	无	研究员	社会组织
张金鉴	斯坦福大学硕士	商学院行政学教授兼本所研究导师	行政学
张孟令	哈佛大学博士	研究员	货币银行

① 王文俊、梁吉生、杨珣、张书俭等编：《南开大学校史资料选（1919—1949）》，南开大学出版社，1989，第 350 页。

续表

姓名	留学简历	职务	研究或教授范围
张伟弢	哈佛大学硕士	研究员	会计
张纯明	耶鲁大学博士	文学院政治学教授兼本院地方政府研究主任	地方行政
冯华德	无	助理研究员	财政
杨学通	无	研究员	货币银行
葛磊士	无	编译员	经济
刘朗泉	无	研究员	商事法
乐永庆	无	研究员	地方行政
鲍觉民	伦敦大学博士	商学院讲师兼本所研究员	经济地理

[资料来源]南开大学经济研究所编：《十年来之南开大学经济研究所》，南开大学经济研究所，1937，第57—60页。注：1937年经济研究所的教职员一览表中，还有所内各部门行政人员7名，其中有3名重复列在教员名单中；另有事务员22人，在此不一一列出。

1937年是南开经济研究所最辉煌的时期，这个时期师资和经费充足，一大批留学生充实到研究所里，为事业的发展注入了新的活力。30名教员和研究员当中，有留学经历者17名，约占57%，而其中留美学者15人，正好是研究所教员的一半，并且都是博士或硕士等高学历人员及教授级职称人员。同时，明确承担经济研究所导师职责的有14人，且除谷霁光一人外，其余皆是留学生。再看教员的职位分布，30名教员中，只有4名专职研究员和1名专职编译员，其余25名都是兼职人员，约占84%。其中兼职教员中，除林同济和张纯明2人来自本校文学院外，其余23名兼职教员均来自本校的商学院。由此人员构成可以看出：一是研究所的兼职人员占有重大比例，二是研究所与商学院师资之间的密切联系和关系。据经济研究所首届研究生杨敬年回忆，当时经济研究所的老师不但包括经济系的全体老师（教学与科研统一），而且也包括政治系的一些老师，如张纯明、林同济等，此外还有社会学家陈序经、法律学家刘朗泉等，这种兼容并包的人员配置，颇与伦敦政治经济学院相似。①

① 杨敬年：《期颐述怀》，南开大学出版社，2007，第250—251页。

经济研究所的发展壮大，同何廉的同学挚友方显廷也密不可分。方显廷于 1921 年获得资助赴美国威斯康星大学留学，主要修读经济学课程，后转至纽约大学深造，获经济学学士学位。随之他在克服许多困难后转往耶鲁大学攻读经济学博士，1928 年学成回国后，应何廉之邀开始了南开大学的执教生涯。自 1929 到 1937 年的 8 年时间里，方显廷把对天津工业的调查、研究又推广到河北、山东的乡村工业、农村经济等领域；进而又扩大到对地方行政、地方政权、社会组织及文化等问题的考察，足迹遍及天津、河北、山东等地区，考察对象涉及地毯业、棉纺织业、棉花运销业、制鞋业、粮食及磨坊业等众多行业。根据自己亲身实地考察所得的大量资料和已有的文献资料，方显廷对照英国 19 世纪经济的发展状况，对中国近代经济问题进行了深入认真的分析、研究，先后完成了众多有影响力的论文、专著，如 1929 年的《天津地毯工业》、1931 年的《天津针织工业》、1933 年的《中国之乡村工业》、1934 年的《中国之粮食业磨坊业》等。所有这些著述，不仅为经济学界研究中国经济发展史、思想史留下珍贵文献资料，而且也引起了国际经济学界的极大兴趣。许多国际闻名的图书馆都注意收藏方显廷的研究著作和论文，以供各国学者研究参考。

除个人所作的学术研究成果外，方显廷还主持编辑经济研究所出版的各种中英文期刊，如《南开统计刊》《南开社会经济季刊》《政治经济学报》等。1933 年，《大公报》开辟《经济》周刊专栏，方显廷将在南开大学所做的题为《中国合作运动之鸟瞰》的演讲稿，发表在《经济》周刊上。1936 年，他在《大公报》以及《星期论文》专栏上先后发表了《华北经济之重要及其前途》《政治统一与工业化》《十年来之中国建设》《人口过剩与工业化》《中日“提携”之途径》等文章。他还参加了《大公报》举办的经济社评委员会。

全民族抗战开始后，经济研究所的工作大受影响，教员及研究员的数量也大大减少。至 1941 年，教员及研究员只有 17 人，约为战前的一半，具体名单见表 3.4.6。

表 3.4.6　1941 年经济研究所教员及研究员一览

姓名	履历	职务
方显廷	耶鲁大学博士	经济史教授兼研究员
陈序经	伊利诺伊大学博士	社会学教授兼研究员
张纯明	耶鲁大学博士	政治学兼任教授
李卓敏	加利福尼亚大学博士	国际经济教授兼研究员
朱炳南	伊利诺伊大学博士	财政学兼任教授
段茂澜	哥伦比亚大学博士	外国语兼任教授
鲍觉民	伦敦大学博士	经济地理教授
韩鸿丰	汉堡大学博士	经济学兼任教授
吴大业	哈佛大学研究	统计教授兼研究员
邓傅诗	维也纳大学博士	经济学副教授兼研究员
陈国平	耶鲁大学博士	国际经济讲师兼研究员
陈振汉	哈佛大学博士	经济史讲师兼研究员
滕茂桐	伦敦大学政治经济学院	经济学讲师
黄肇兴	南开大学硕士	农业经济讲师兼研究员
崔书香	威斯康辛大学硕士 瑞德克烈夫大学硕士	货币银行学兼任讲师
刘君煌	南开大学硕士	农业经济讲师兼研究员
陈能兰	中央大学学士	助理员

[资料来源]南开大学经济研究所编：《南开大学经济研究所一览》，南开大学经济研究所，1941，第 12—13 页。

从上表可见，留美高学历学者仍然是教员及研究员中的主体。事实上，这个现象一直延续。早在 1933 年经济研究所隶属于经济学院期间，就出现了第一个小高潮时期。在当时 17 名教员当中，留美学生有 10 名，约占 58.8%。到 1945 年全民族抗战胜利前夕，所里共有成员 10 名，其中留美生 8

名，其余2名为留英学生。全民族抗战胜利后，南开大学复校后改为国立大学，在研究所内的9名教授当中，留美生5名。[①]可见，经济研究所自何廉创办以来，所延聘的教授一直以留美学者为支柱，并且占据了大部分的高层教授职位。

研究所之所以如此青睐留美学人，首先自然与创始人何廉自身的留美经历有关，如在创办初期就通过个人关系首先网罗了方显廷，后来吴大业、李卓敏、林同济和丁佶也相继加入；其次是研究所能够提供一定的待遇和平台来吸引留学生，正如何廉所说的那样："在1930—1931学年中，南开经济学院正式开始工作，由于是一种一半教学、一半研究的体制，员工薪金也有某种程度的提高，在新的教学人员的招聘上我们很少遇到困难。"[②]再则是留美学生以其素质高、所受教育严格和完整、留学国度知识先进等因素而在回国后备受国人推崇。这虽然蕴含着国人盲目性的一面，但大部分归国留美学生的确能够肩挑大梁，胜任本职工作，这从经济研究所取得的斐然成绩可见一斑。由是，那些留美学者的学术理念、研究方法等对研究所的发展方向有着重要的影响，也对研究所的发展起着至关重要的积极作用。此外，还有一个现象是，一直以来，经济研究所的教员及研究员大多是校内的兼职人员，而且研究所也不断培养研究生出国学习来充实自己的研究队伍，此举可从何廉自己的回忆录中得到证实：

> 后来研究所的毕业生也扩充了教学与研究两部分人员，这些人中特别包括那些出国研究生：有上哈佛大学的吴大业、陈振汉、吴保安和胡光泰；上康奈尔大学的叶谦吉；上威斯康星大学的杨叔进；上剑桥大学的宋侠，以及上伦敦大学的李锐、冯华德和杨敬年等。[③]

南开大学化学研究所乃在张克忠主持下建立。张克忠（1903—1954），字子丹。1923年考取中华教育文化基金会的助学金赴美留学，入麻省理工学院攻读化学，1928年获博士学位，其研究课题为化工中精馏过程机理。在此课题的研究过程中，他将其导师路易斯 (W.K.Lewis) 所建立的、针对化工过程的基本扩散公式用于探讨影响塔板效率的各种因素，并进行了定量的分析和

---

① 李翠莲：《留美生与中国经济学》，南开大学出版社，2009，第183—184页。
② 何廉：《何廉回忆录》，朱佑慈、杨大宁、胡隆昶、王文钧等译，中国文史出版社，1988，第47页。
③ 同上。

讨论。1928 年，张克忠回国受聘到南开大学教学。他当时是全校最年轻的教授，在化工系工作两年后，他因陋就简地创建应用化学研究所而任该所所长。该研究所初创之时，只有教授 1 人及研究助理 1 人。到 1934 年，教授增至 2 人，专任研究助理 3 人，学生助理 2 人。应用化学研究所人员一直非常精简，全所人员最多时不过 15 人，其中包括化学系留学回国的邱宗岳、杨石先等教授加盟的兼职研究人员。张克忠当时最得力的助手，是他在麻省理工学院时的学弟——张洪沅。张洪沅 1932 年被聘为南开大学教授，任应用化学研究所副所长。据后来曾任天津市半导体研究所所长的伉铁儁回忆：

> 1932 年应用化学研究所初办时期，由于人力少，子丹教授就从化学系学生当中，选择了几个人，参加研究所的工作，我就是其中之一。研究所的科研工作人员的队伍，一直保持着短小精悍的特色。全所人员最多的时候，包括所长在内不过 15 人。而著名的化学家、理学院院长邱宗岳教授和著名的化学家杨石先教授也在 15 人之中，他们的工作重点是指导科研，所以全所实际工作人员只有 13 人。留美的著名化工学家张洪沅教授担任副所长兼研究部主任，高长庚教授为导师，研究员、助理研究员 6 人，练习生 3 人，还有助理员 1 人，主要担负后勤管理工作。人员不多，而严格要求择优使用，避免滥竽充数。研究员、助理研究员均为国内大学高材毕业生，练习生也要求高中毕业的文化水平。大学毕业生入所为助理研究员，工作三年而有成绩者，晋升为研究员。研究所上自所长，下至研究员、助理研究员，都肩负教学与科研任务，这是大学所设研究机构与独立的科研单位的不同之点。①

从伉铁儁的叙述可知，化学研究所的人员选用一直保持精干的原则。研究所的一般工作还由化学系几名学生兼任，如在应用化学研究所成立时尚在大学二年级的伉铁儁，也参加了所里的分析研究工作。研究所人员的职务与学历挂钩，并形成了明确而规范的晋升制度。该所具体的人员情况见表 3.4.7。

① 王文俊、梁吉生、杨珣、张书俭等编：《南开大学校史资料选（1919—1949）》，南开大学出版社，1989，第 407—408 页。

表 3.4.7 南开大学应用化学研究所 1928—1952 年研究人员情况表

姓名	职务	留学情况	备注
张克忠	教授	美国麻省理工学院博士	所长兼工学院院长
邱宗岳	兼职教授	美国克拉克大学博士	化学系主任、理学院院长
杨石先	兼职教授	美国耶鲁大学博士	理学院院长
高少白	教授	美国麻省理工学院博士	化工系教授
蒋子瞻	研究员	无	兼化工系教授、利中硫酸厂总技师
张洪沅	教授	美国麻省理工学院博士	副所长兼研究部主任
苏元复	助理研究员	英国曼彻斯特大学硕士	无
卢焕章	助理研究员 副研究员	英国伦敦大学帝国学院博士	无
伉铁儁	助理研究员、讲师、副教授、教授	美国西格兰工业酒精厂、派勃斯物发酵厂工程师	副所长
谢明山	教授	英国伦敦皇家理工学院博士	化工系教授
姚玉林	兼职教授	美国密歇根大学博士	化工系教授
潘正涛	教授	法国巴黎大学应用化学博士	化工系教授
赵希文	教授	无	化工系教授
汪德熙	教授	美国麻省理工学院博士	化工系教授
汪家鼎	教授	美国麻省理工学院硕士	化工系教授
丁绪淮	教授	美国密歇根大学博士	化工系教授
张建侯	教授	美国麻省理工学院博士	化工系教授

［资料来源］张培富：《海归学子演绎化学之路：中国近代化学体制化史考》，科学出版社，2009，第 175 页。

一直以来，南开大学应用化学研究所的研究人员大多兼任化工系教师，同时兼顾科研和教学双重职责。应用化学研究所与化工系相得益彰，化工系学生在这里找到了实践场所，而一些优秀的学生也成为这里的技术力量。17 位研究人员中，除 3 位研究人员留学情况不明外，其他 14 位人员都有出国经历（其中 10 名留学美国、3 名留学英国、1 名留学法国），留美人员中又以麻省理工学院的博士居多。这些留学生在研究所里充分发挥他们的聪明才智，工厂所用各种设备基本上是留学生们自行设计和加工制造的。

教会大学与国人自办的私立大学相并肩，它是中国近代高等教育的特殊组成部分。教会大学带有文化殖民和为列强政治、经济侵略服务的一面，但其带来的先进教育理念和教育管理方法，对中国教育近代化的发展有一定的推进作用，为近代中国学位制度与研究生教育的建立起到了一定的示范和促进作用。

在研究生教育方面，先以辅仁大学为分析对象。辅仁大学从1927年获北洋政府教育部批准试办本科教育起，至1933年已有六年光景。“为予毕业学生有志深造者做各种高深学术之研究起见”，该校校董会于1933年决定提升学校办学层次，“设立研究院”，开展研究生教育。随后，校务会议通过《北平辅仁大学研究院入学简章》，拟设立5个研究所，即中国语言文学研究所、史学研究所、哲学研究所、社会学及人种（类）学研究所、教育学研究所。随着国民政府加强对研究生教育的宏观管理，该校获取培养研究生资格的过程并非一帆风顺。由于师资、设备、办学经费等尚不具备设立研究院的充分条件，学校的数次申请均未通过国民政府教育部的审核。遵国民政府教育部“俟经费充裕后，再行呈报核办”的指令，学校研究生教育的步伐一度放缓。然而，校长陈垣等人并未因此而放弃开展研究生教育的努力。学校经过3年左右的发展，师资队伍进一步壮大，特别是校长和各学院院长、各系主任通过多种途径延聘教师，网罗一大批文理各科名师，图书资料、理科实验室、校舍建设有了明显发展，办学经费有了较大幅度增加，已经基本具备设立研究所进行研究生培养的条件。加之，学校培养的本科毕业生中，不少人有进一步深造的强烈愿望。“惟本校研究工作，迄未停止，数年逐渐发展，有历届部派视察员所告可据，就现有之设备及师资，成立研究所，似尚与大学研究院暂行组织规程相合。加以本校毕业生，迭次呈请入所研究，以资深造，未便令其失望。”根据本校现有师资和设备情况，学校教务会议于1937年5月决定先成立文理两科研究所，并拟具《文理两科研究所组织规程》和担任研究科目的教授名单，呈报国民政府教育部核准。6月，国民政府教育部正式批准辅仁大学设立文理科研究所，惟指令将文科研究所语言历史部改为史学部。

学校当即成立文科研究所史学部、理科研究所物理学部，并于 1938 年秋季开始正式招收研究生。[①]

1937 年，本是高校林立、教授云集的北平，因国立高校的内迁而陷入沉寂。1941 年燕京大学关闭后，辅仁大学成为屹立于沦陷区的最后文化堡垒。鉴于国民政府给予辅仁的双重地位，平津地区没来得及转移而又不肯屈服于日伪的知名教授纷纷转入该校任教，大批有志于深造的青年涌入学校学习。据有关学生回忆："40 年代之初，辅仁大学在沦陷的北平城里，是一所令人羡慕的学府。"[②]

根据《私立北平辅仁大学文理科研究所暂行规程》，文科研究所主任由文学院院长兼任，部主任由院长或系主任兼任。文科研究所史学部主任由陈垣校长兼任。人类学部主任由社会学系主任雷冕兼任。"研究生工作之指导与管理，由本校专任教授担任之，必要时得加聘导师"，"研究科目及担任指导之教授名单由所主任和部主任于每年暑假前商定公布，研究生所选习之科目，其范围以此为限"。实际上，文科研究所指导教授基本上都是本校专任教授及少量副教授兼任。

在研究生指导教师的遴选上，辅仁大学做了自主性变通。文科研究所史学部，除史学方面导师外，既有语言文字学、文学、目录学导师，更有教育学、人类学、哲学（宗教史）等方面导师；基本上囊括该校文史领域专任教授中的名师，特别是沈兼士、余嘉锡等著名学者被遴选为史学部导师，为国文系优秀毕业生进一步深造提供了难得的机会。从国别上看，形成了一支以本国教师为主、外籍教师为辅的文科导师团队。其中，文科研究所史学部（1937 年 6 月）主任为陈垣（校长兼任），人类学部（1944 年增设）主任为雷冕（社会学系主任兼任），经济学部（1945 年 6 月）主任为赵锡禹（经济学系主任兼任），理科研究所物理学部（1937 年 6 月）主任为欧思德（物理学系主任兼任），化学部（1941 年秋增设）主任为卜乐天（化学系主任兼任），生物学部（1941 年秋增设）主任为张汉民（生物学系主任兼任）。

① 孙邦华：《身等国宝　志存辅仁——辅仁大学校长陈垣》，山东教育出版社，2003，第 195—196 页。

② 北京辅仁大学校友会编：《北京辅仁大学校史》，中国社会出版社，2005，第 399 页。

地处北京的另外一所教会大学——燕京大学，创立的研究所也走在当时国内高校的前列。燕大的研究院历史较久，大学初创时即已设立，至1925年，已招收15名研究生。而且研究院在师资上是与大学本科重叠的，研究院的导师，必须在大学本科承担一定的课程。研究生的研究项目，很多又是导师们正在探索的问题。因此，一些研究生的毕业论文和研究成果，同自己导师的研究工作进展情况相一致，反映出相当高的水平和实用性。1926年，该校能够培养研究生的学系增至8个，有研究生24人。1931年，燕京大学扩展为文、理、法三个研究所，在国文、历史、哲学、心理、教育、新闻、物理、化学、生物、政治、经济、社会12个学系开设有研究生课程。1934年，燕京大学遵照国民政府教育部颁布的《大学研究院暂行组织规程》，开始筹设研究院。1936年，又出台了《燕京大学研究院规程》（办学宗旨、组织结构、入学资格、培养模式、学位授予等）和《燕京大学研究院学则》（修业年限、课程学习、考核方式、退学休学、学位考试、论文撰写、学位授予等）。研究院以招收大学本科毕业生，研究高深学术，并供给教员研究便利为宗旨；研究院分文、理、法三个研究所，文科研究所设历史学部，理科研究所设化学部、生物学部，法科研究所设政治学部；研究院院长由本大学校长兼任，各研究所及所属各部主任分别由院长、系主任兼任。

1937年，燕京大学仍在北平办学。尽管时局艰难，但该校仍然坚持研究生的培养工作。从1940年9月，该校共录取了25名新生入学，这既是该校开展研究生教育招收人数最多的一次，也是在内迁到四川前招收研究生规模最大的一次，在某种程度上也证明该校学科发展的整体实力。在沦陷区能如此规模地发展研究生教育实属不易。因1941年太平洋战争爆发，燕京大学西迁，研究所深受影响。

在当时国内的另一所教会大学——金陵大学，自其被要求收归国人自办成为特殊的私立大学后，除注重发展本科教育外，还积极探索更高层次的人才培养。1926年秋，金陵大学即开设化学研究科，但1927年春即因故停办。理学院成立后，因化学系设备较完善，师资充裕，故首先恢复设立化学研究科，并于1932年秋设立理学院化学研究所。1935年按照国民政府教育部要求将其改设为理科研究所化学部，这是金陵大学最早招收研究生的机构。理学院原拟继续设立其他各学科部门，例如物理、天算、生物等，因受多种因素影响而未能如愿。1935 年，文学院在国学研究班的基础上，筹备成立文科研究所史学部及中国文学部。文学院为此专门成立委员会，由文学院院长刘国钧、中国文化研究所主任徐养秋、史学系主任贝德士三人组成。委员会遂拟定规章、设定课程及招生简章等，送国民政府教育部审核。1936 年，国民政府教育部核准成立文科研究所史学部。同时，金陵大学还成立农科研究所农业经济学部，由孙文郁任主任。全民族抗战期间，金陵大学西迁至成都，尽管物资匮乏，生活困苦，但师生员工上下一心，艰苦奋斗，各项工作得以尽快恢复，逐步进入正轨。随后，各研究所、学部针对自己的学科特点、发展现状，相继颁布《金陵大学文科研究所史学部暂行简章》《金陵大学文科研究所社会福利行政学部暂行简章》《金陵大学理科研究所化学部暂行简章》《金陵大学农科研究所农业经济学部暂行简章》等。这些规章制度成为指导全民族抗战时期金陵大学研究生教育发展的重要纲领性文件。1940 年，农科研究所增设农艺学部，该学部分作物改良组、植物病理组和经济昆虫组三组。同年，文学院创立社会福利行政特别研究部。1941 年，农科研究所增设园艺学部，章文才任部主任。至 1945 年，金陵大学在研究生教育上形成了“三所六部”的格局（见表 3.4.8），其中农科研究所的学部数量为 3 个，占学部总数的 50%。从研究所学科设置来看，发展农科是该校研究生教育的一大重点，这也和金陵大学在近代中国农业发展的重要地位相一致。随着金陵大学研究所规模的扩大，招收人数逐年增加。从 1938 年到 1946 年，该校仍有 89 名毕业研究生，其中授予硕士学位者共 52 人，其整体规模位居教会大学首位。从学部主任至导师都由留学生担任，且留美学生占其主体。

表 3.4.8　1945 年第二学期金陵大学研究所概况报告简表

所名	部名	学部主任	留学经历	教员数				
				共计	专任		兼任	女性
					一	二		
文科	史学部	李小缘	美国纽约州立图书馆学校和哥伦比亚大学师范学院	4	1	1	2	
	社会学部	周信铭（代）	美国俄亥俄州立大学	11		8	3	5

续表

所名	部名	学部主任	留学经历	教员数				
				共计	专任		兼任	女性
					一	二		
理科	化学部	戴安邦	美国哥伦比亚大学	9		6	3	1
农科	农业经济	孙文郁	美国斯坦福大学	9	1	4	4	
	园艺学部	程世抚	美国康奈尔大学	7	1	1	5	
	农艺学部	吴绍骙	美国明尼苏达大学	9	1	4	4	

[资料来源]《南大百年实录》编辑组编:《南大百年实录》(中卷),南京大学出版社,2002,第290页。注:“专任一”是指专任研究所部教授,“专任二”是指由大学部教授兼任。

培养机构的建立是开展研究生教育的重要条件之一。留学生群体既利用各种媒介宣传介绍西方研究院所制度,又利用各种平台呼吁推行研究院所制度,最终在学制顶层设计中确立了研究院所制度的地位。更重要的是,在近代中国高校研究生教育的具体实践工作中,各有关高校的研究生培养,从研究院院长到研究所所长,从各学部主任到学科导师,基本上都由留学生担任。可见,留学生不仅在理论宣传和研究院所制度拟订层面上发挥着重大作用,而且在教育实践层面上不断积累经验,推动研究院所制度的发展和研究生培养的实行,为构建适合中国国情的研究生培养机构不遗余力。

第四章

留学生与研究生导师队伍的组成

随着留学生先后学成归国，一支规模较为壮观的新型知识分子队伍开始逐渐形成，并在社会各领域都发挥出了积极的作用。受多种因素影响，教育领域成为留学生最主要的行业选择，而高校则是他们最理想的安身立命之所，于是他们纷纷投身到高等教育中来。这些留学生在大学中钻研高深学问、培养高层次人才、开拓学科建设、推动学术交流，成为研究生教育最主要的推动力，构成了研究生导师群体的主体。他们有着丰富的学习经历，大多数人在国外获得了研究生学位，学术造诣深厚，是各学科的学术带头人。他们将自己的发展和国家命运、民族兴衰紧密地结合起来，满怀“教育救国”情怀，在引进学位制度、创建研究院所的同时，积极开展研究生的培养工作。

第一节　有留学经历的研究生导师的基本情况

梅贻琦曾说："所谓大学者，非谓有大楼之谓也，有大师之谓也。"同时，他也强调："师资为大学第一要素，吾人知之甚切，故图之也至极。"[①]在当时，各高校负责人都非常重视师资队伍建设，"学兼中西"的归国留学生成为他们的首选，于是，归国留学生大多能成为研究生导师并成为这支队伍的核心。这些研究生导师在学科选择、专业分布、留学经历、工作情况等方面体现出不同的特点。

一、学科分布

为便于了解有留学经历的研究生导师群体的基本情况，现以周川主编的《中国近现代高等教育人物辞典》（福建教育出版社 2012 年版）及中华民国教育部编的《专科以上学校教员名册》（1942 年铅印）中收录的教授名单为基础，参照相关学校的校史资料、人物年谱、回忆录及传记等史料，编制出《近代大学有留学经历的研究生导师基本情况简表》。这份简表虽不能"概括周全"，但基本上能包括近代中国有留学经历的研究生导师的核心人员，具有较好的代表性。按照学科将研究生导师分类整理，并依循其籍贯、留学前就读学校、留学简历、所学专业、所获学位、留学时间和指导研究生单位等进行分析，有利于全面地展现留学生与研究生导师群体之间的关系。

（一）文科

文科，全名为人文社会科学，是以人类社会独有的政治、经济、文化等为研究对象的学科。文科分为人文科学与社会科学。本章节所讲文科特指人

① 梅贻琦：《大学一解》，转引自赖学勤《思国者》，知识产权出版社，2016，第 187 页。

文科学，即研究人类文化遗产的学科，包括文学、历史学、哲学等。

现代意义上的文科与我国古代传统的“经、史、子、集”学科有着天然的联系，更因为我国传统的人文学科有着较强的学术传统，所以我国的研究生教育可以说是从文科开始起步的。从北京大学研究所国学门到清华国学研究院，再到一些高校文科研究所的建立，文科研究生教育一直保持着较为明显的学科优势，所涉及的学科包括文学、语言、历史、哲学、民族学、图书馆学等。正因为文科所涉及的学科种类较多，所以文科研究生的教育培养规模较大，文科研究生导师的数量也较多。从整体而言，文科研究生导师主要由两部分人士组成：一部分是传统的文人，他们有着深厚的国学基础，从事文科研究生教育可谓驾轻就熟。如清华国学研究院的王国维、中央大学的柳诒徵、辅仁大学的陈垣等人，他们在我国研究生教育发展的早期发挥了主导作用。另一部分就是由归国留学生组成的新生力量，如表 4.1.1 所示。他们注重用现代的科学方法去研究中国传统的学术文化，以此促进中国的传统学术向现代转型。在我国研究生教育发展的中后期，有留学经历的研究生导师的数量越来越多，并逐步占据了主导地位。

表 4.1.1　有留学经历的文科研究生导师基本情况一览表

姓名	留学前就读院校	籍贯	所获学位	留学院校	所学专业	留学时间	指导研究生单位
胡适	中国公学	安徽绩溪	博士	康奈尔大学、哥伦比亚大学	文学	1910—1917	北京大学
汤用彤	清华学校	湖北黄梅	硕士	哈姆林大学、哈佛大学	哲学	1918—1922	北京大学
傅斯年	北京大学	山东聊城		爱丁堡大学、伦敦大学、柏林大学	历史学	1919—1926	北京大学
姚从吾	北京大学	河南襄城		柏林大学	历史学	1922—1934	北京大学
毛子水	北京大学	浙江江山		柏林大学	历史学	1923—1930	北京大学
贺麟	清华学校	四川金堂	硕士	奥柏林学院、芝加哥大学、哈佛大学、柏林大学	哲学	1926—1931	北京大学
杨振声	北京大学	山东蓬莱	博士	哥伦比亚大学、哈佛大学	语言学	1919—1924	北京大学

续表

姓名	留学前就读院校	籍贯	所获学位	留学院校	所学专业	留学时间	指导研究生单位
李济	清华学校	湖北钟祥	博士	克拉克大学、哈佛大学	人类学	1918—1922	清华大学
赵元任	江南高等学堂	江苏武进（今常州武进区）	博士	康奈尔大学、哈佛大学	语言学	1910—1920	清华大学
刘崇鋐	清华学校	福建福州	硕士	威斯康星大学、哈佛大学、哥伦比亚大学	历史学	1918—1923	清华大学
吴宓	清华学校	陕西泾阳	硕士	弗吉尼亚大学、哈佛大学、牛津大学、巴黎大学	外国文学	1917—1921	清华大学
叶公超	南开中学	广东番禺	硕士	麻省赫斯特大学、剑桥大学、巴黎大学	外国文学	1920—1926	清华大学
陈铨	清华学校	四川富顺	博士	阿伯林大学、基尔大学	外国文学	1928—1934	清华大学
杨业治	清华大学	江苏南汇	硕士	哈佛大学、海德堡大学	外国文学	1929—1935	清华大学
吴达元	清华大学	广东香山（今中山）	硕士	第戎大学、巴黎大学、里昂大学	外国文学	1930—1934	清华大学
王力	清华国学研究院	广西博白	博士	巴黎大学	语言学	1927—1932	清华大学
陈寅恪	复旦公学	江西修水		柏林大学、苏黎世大学、巴黎大学、哈佛大学	历史学	1910—1914；1918—1925	清华大学
闻一多	清华学校	湖北浠水		芝加哥美术学院、科罗拉多大学、纽约艺术学院	文学	1922—1925	清华大学
刘文典	安徽公学	安徽怀宁		日本	历史学	1909—1912	清华大学
冯友兰	北京大学	河南唐河	博士	哥伦比亚大学	哲学	1919—1923	清华大学
金岳霖	清华学校	浙江诸暨	博士	宾夕法尼亚大学、哥伦比亚大学、伦敦大学	哲学	1914—1925	清华大学
邓以蛰	安徽公学	安徽怀宁	博士	早稻田大学、哥伦比亚大学	美学	1907—1911；1917—1923	清华大学

续表

姓名	留学前就读院校	籍贯	所获学位	留学院校	所学专业	留学时间	指导研究生单位
沈有鼎	清华大学	江苏吴县（今属苏州）	硕士	哈佛大学、海德堡大学	哲学	1929—1934	清华大学
雷海宗	清华学校	河北永清	博士	芝加哥大学	历史学	1922—1927	清华大学
蒋廷黻	湘潭益智中学	湖南宝庆（今属邵阳）	博士	美国派克学院、奥柏林学院、哥伦比亚大学	历史学	1911—1923	清华大学
李方桂	清华学校	山西昔阳	博士	密歇根大学、芝加哥大学	语言	1924—1929	清华大学
杨成志	岭南大学	广东海丰	博士	巴黎大学	民族学	1928—1935	中山大学
岑麒祥	中山大学	河南南阳	硕士	里昂大学、巴黎大学	语言学	1928—1933	中山大学
吴康	北京大学	广东平远	博士	巴黎大学	文学	1925—1931	中山大学
方孝岳	圣约翰大学	安徽桐城		日本东京大学	文学	1922—1924	中山大学
黎东方	清华大学	河南正阳	博士	巴黎大学	历史学	1926—1931	中山大学
姚宝猷	广东高等师范学校	广东平远		东京明治大学	历史学	1929—1933	中山大学
叶良辅	农商部地质调查所	浙江杭州	硕士	哥伦比亚大学	地质	1920—1922	浙江大学
任美锷	中央大学	浙江宁波	博士	英国格拉斯哥大学	地貌学	1936—1939	浙江大学
涂长望	沪江大学	湖北武汉	博士	伦敦大学、利物浦大学	地理	1930—1934	浙江大学
张荫麟	清华大学	广东东莞	博士	斯坦福大学	历史学	1929—1933	浙江大学
楼光来	清华学校	浙江嵊县（今嵊州）	硕士	哈佛大学	文学	1918—1922	中央大学
范存忠	东南大学	江苏崇明（今上海崇明区）	博士	伊利诺伊大学、芝加哥大学、哈佛大学	外国文学	1927—1931	中央大学

续表

姓名	留学前就读院校	籍贯	所获学位	留学院校	所学专业	留学时间	指导研究生单位
方壮猷	清华大学	湖南湘潭		东京大学、巴黎大学	历史学	1929—1930；1934—1936	武汉大学
殷梦伦	中央大学	四川郫县		东京帝国大学	中文	1935—?	四川大学
洪业	英华书院	福建侯官（今闽侯）	硕士	俄亥俄卫斯理大学、哥伦比亚大学	历史学	1915—1923	燕京大学
齐思和	燕京大学	山东宁津	博士	哈佛大学	历史学	1931—1935	燕京大学
翁独健	燕京大学	福建福清	博士	哈佛大学、巴黎大学	历史学	1935—1939	燕京大学
徐养秋	金陵大学	江苏金坛	硕士	伊利诺伊大学、芝加哥大学、哥伦比亚大学	教育学、历史学	1917—1920	金陵大学
李小缘	金陵大学	江苏南京	硕士	哥伦比亚大学	图书馆	1921—1925	金陵大学
刘国钧	金陵大学	江苏南京	博士	威斯康星大学	图书馆	1922—1925	金陵大学
徐益棠	东南大学	浙江崇德	博士	巴黎大学	民族学	1928—1933	金陵大学
刘铭恕	中国大学	河南淮滨		早稻田大学	历史学	1934—1936	金陵大学
吕叔湘	东南大学	江苏丹阳		牛津大学、伦敦大学	语言学	1936—1938	金陵大学
张星烺	北洋大学	江苏泗阳	硕士	哈佛大学、柏林大学	历史学	1906—1912	辅仁大学

［资料来源］根据周川主编的《中国近现代高等教育人物辞典》（福建教育出版社，2012）和周棉主编的《中国留学生大辞典》（南京大学出版社，1999）等资料整理而成。

这批有着留学经历的文科研究生导师，大多数出生于19世纪末至20世纪初，当时中国正处在西学东渐，由传统学术向近代转型之际。从这批归国留学生所处的指导研究生单位来看，选择国立大学中清华大学和教会大学中金陵大学的留学生最多，这种情状与当时这两所大学的文科整体实力相符合。特别是清华大学文科研究生导师基本上都是有留学经历的，这也与该校早期身为留美预备学校的性质有关。此外，在有留学经历的文科研究生导师群体中，也有着较为明显的师承关系，这一点在清华大学中体现得尤其突出。

清华文科研究生导师肇始于国学研究院的建立，其第一代掌门人为王国维、梁启超、赵元任、陈寅恪，即著名的清华“四大导师”。他们均出生在1870—1890年前后，这段时间也正是他们学术思想的启蒙期。他们在西学东渐的语境中，完成了各自的国学“童子功”训练。在这样一个成长背景中，他们能够较好地接受系统的国学训练，从而具备了良好的传统文化根底。此外，他们均有游学经历，赵元任和陈寅恪更是在海外留学多年，博览群书，识见甚广，奠定了他们的西学造诣。新文化运动后，在学贯古今、才兼中西的文化格局中，他们开启了一套全新的治学路向，从而基本奠定了清华文科的文化格局。

如果说清华文科研究生导师第一代成员寥寥无几，那么紧随其后的第二代成员则声势颇壮。此时，吴宓、李济等人已从国外留学归来，在学术界逐渐崭露头角。1930年前后，接受过系统学术训练的留学生们将职业的起点聚焦在清华，且他们大多在学术上有所成就。诸如语言文学方面的杨树达、朱自清、闻一多、刘文典等，历史学方面的蒋廷黻、刘崇鋐、雷海宗等，哲学方面的金岳霖、冯友兰、邓以蛰等。这些人均出生在1890—1900年前后，儿童时期就在家接受了传统教育。进入学龄期后，随着清末新式教育改革及新式教育机构的建立，他们开始逐渐接受现代科学知识。五四运动前后，他们在国内的新式大学完成了大学学业，其学术思想也在这一阶段初具雏形。他们所处的时代是一个极为特殊的转型时期，武昌首义，清朝崩溃，民国建立，社会文化正处于激进化的转型当中。在此背景下，他们接受了国内的学术训练，获得初步启蒙后，负笈海外（多为欧美等国家）接受系统训练。因此，他们大都具有相当的专业素养，并且专心治学，成为我国学术研究承前启后的关键一代。

此后的第三代成员则是在1935年前后开始崭露头角的，他们大都生于1900—1910年（集中于1905年前后），在19世纪20年代就读于清华大学，为清华留洋归国生。他们与前两代有留学经历的研究生导师有师承关系，在学术研究上很好地继承了前人的成果，并将其发扬光大。例如，身为陈寅恪门生的浦江清、吴其昌等人，受教于赵元任的王力和吴宓门下的贺麟、陈铨等人。这批学者此后成了研究生教育发展的生力军。

（二）法科

法科包括政治学、经济学、法学及社会学等几大学科。甲午战争战败后，近代中国先进的知识分子率先开始呼吁开展法律教育，培养社会急需人才。在清末前往日本的留学生大潮中，有相当一部分学生选择了法科。“1908 年仅从日本法政大学法政速成科毕业的中国留学生就达 1070 人”①。中华民国建立后，当时社会处于转型期，而建立资产阶级共和国急需一大批政治、经济、法律人才。因此，这些新兴学科颇受社会青睐，广大留学生在赴海外留学时，也纷纷选择了这些学科。同时，随着前往欧美等国家留学人数的增多，选择法科专业的留学生队伍也在逐渐扩大。例如，1914—1915 年间，赴美国的法科留学生有 88 人，赴欧洲各国的也有 40 人。直到 20 世纪二三十年代，在赴海外学习的留学生中，法科留学生仍然占有相当大的比重。1937 年，出国研习法律的留学生多达 61 人，仅次于学习工程的 107 人，位居第二位。应社会需求，除北京大学、北洋大学、清华大学等公立大学，一大批设有法科专业的私立大学也相继建立起来。如震旦大学（1903 年）、沪江大学（1906 年）、北京法政大学（1923 年）、武昌中华大学（1912 年）、燕京大学（1919 年）等综合大学中的法学院以及浙江私立法政专门学校等 40 余所专科法政大学。经过一段时间的发展，这些高校开始提升办学层次，着力培养高层次的研究型法科人才，而具有法科专业背景的归国留学生则成为高校中相关学科研究生导师的主体，具体情形如表 4.1.2 所示。

表 4.1.2　有留学经历的法科研究生导师基本情况一览表

姓名	留学前就读院校	籍贯	所获学位	留学院校	所学专业	留学时间	指导研究生单位
周炳琳	北京大学	浙江黄岩	硕士	哥伦比亚大学、伦敦大学、巴黎大学	法学	1920—1925	北京大学

① ［日］实藤惠秀：《中国人留学日本史》，谭汝谦、林启彦译，生活·读书·新知三联书店，1983，第 39 页。

续表

姓名	留学前就读院校	籍贯	所获学位	留学院校	所学专业	留学时间	指导研究生单位
王化成	清华学校	江苏镇江	博士	明尼苏达大学、芝加哥大学、哈佛大学	法学	1923—1928	北京大学
燕树棠	北洋大学	河北定县	博士	哥伦比亚大学、哈佛大学、耶鲁大学	法学	1915—1921	北京大学
浦薛凤	清华学校	江苏常熟	硕士	哈姆林大学、哈佛大学、柏林大学	政治学	1921—1926；1933—1934	北京大学
马寅初	北洋大学	浙江嵊县（今嵊州）	博士	耶鲁大学、哥伦比亚大学	经济学	1906—1915	北京大学
黄右昌	湖南时务学堂	湖南临澧		早稻田大学	法学	1904—1908	北京大学
陈启修	广州丕崇书院	四川中江		东京帝国大学	经济学	1905—1917	北京大学
周家彦	四川中西学堂	广西桂林		东京帝国大学	法学	1901—1911	北京大学
胡钧	两湖书院	湖北沔阳（今仙桃）		柏林大学	法学	1904—1907	北京大学
陶孟和	南开学校	浙江绍兴	博士	东京高等师范学校、伦敦大学	经济学	1906—1913	北京大学
康宝忠		陕西城固		东京经纬学校、早稻田大学	社会学	1904—1909	北京大学
张忠绂	清华学校	湖北武昌	博士	密苏里州立大学、密歇根大学、哈佛大学、约翰·霍普金斯大学	政治学	1923—1929	北京大学
李祖荫	朝阳大学	湖南祁阳		明治大学	法学	1927—1930	北京大学
张佛泉	燕京大学	河北宝坻	硕士	约翰·霍普金斯大学	法学	1930—1934	北京大学
戴修瓒	南京高等师范学校	湖南常德		日本中央大学	法学	1905—1913	北京大学
钱端升	清华学校	上海	博士	北达科他州立大学、哈佛大学	政治学	1919—1924	北京大学
赵乃抟	北京大学	浙江杭州	博士	哥伦比亚大学	经济学	1923—1930	北京大学
张志让	复旦公学	江苏武进（今常州武进区）	硕士	加利福尼亚大学、哥伦比亚大学、柏林大学	法学	1915—1921	北京大学

续表

姓名	留学前就读院校	籍贯	所获学位	留学院校	所学专业	留学时间	指导研究生单位
赵凤喈	北京大学	安徽和县	硕士	巴黎大学	法学	1928—1930	清华大学
张奚若	中国公学	陕西大荔	硕士	哥伦比亚大学	政治学	1913—1925	清华大学
陈岱孙	清华学校	福建闽侯	博士	威斯康星大学、哈佛大学	经济学	1920—1927	清华大学
沈乃正	清华学校	浙江嘉兴	博士	印第安纳大学、哈佛大学	政治学	1921—1927	清华大学
萧公权	清华学校	江西泰和	博士	密苏里大学、康奈尔大学	政治学	1920—1926	清华大学
陈之迈	清华大学	广东番禺（今广州番禺区）	博士	俄亥俄州立大学、哥伦比亚大学	政治学	1928—1934	清华大学
吴之椿	武昌文华大学	湖北江陵	硕士	哈佛大学	政治学	1912—1920	清华大学
吴景超	清华学校	安徽歙县	博士	明尼苏达大学、芝加哥大学	社会学	1923—1928	清华大学
潘光旦	清华学校	江苏宝山（今上海宝山区）	硕士	达特茅斯学院、哥伦比亚大学	社会学	1922—1926	清华大学
陈达	清华学校	浙江余杭（今杭州余杭区）	博士	哥伦比亚大学	社会学	1916—1923	清华大学
陈序经	复旦公学	广东文昌	博士	伊利诺伊大学	社会学	1925—1928	南开大学
丁佶	清华学校	福建闽侯	硕士	哈佛大学	经济学	1927—1933	南开大学
方显廷	南洋模范中学	浙江宁波	博士	威斯康星大学、纽约大学、耶鲁大学	经济学	1921—1929	南开大学
林同济	清华学校	福建福州	博士	密歇根大学、加利福尼亚大学伯克利分校	经济学	1926—1934	南开大学
符致逵	朝阳大学	海南文昌	硕士	华盛顿大学	经济学	1926—1931	南开大学
袁贤能	燕京大学经济研究所	浙江天台	博士	纽约大学	经济学	1922—1929	南开大学
张汇文	清华学校	山东临朐	博士	斯坦福大学、伦敦大学	政治学	1928—1937	中央大学

续表

姓名	留学前就读院校	籍贯	所获学位	留学院校	所学专业	留学时间	指导研究生单位
孙本文	北京大学	江苏吴江（今苏州吴江区）	博士	伊利诺伊大学、哥伦比亚大学、纽约大学、芝加哥大学	社会学	1921—1926	中央大学
楼邦彦	清华大学	浙江鄞县（今宁波鄞州区）	博士	伦敦政经学院	政治学	1936—1939	中央大学、北京大学、武汉大学
刘秉麟	北京大学	湖南长沙		伦敦大学、柏林大学	经济学	1920—1925	武汉大学
杨端六	湖南省师范学堂	江苏苏州		日本宏文学院、东京正则英语学校、东京第一高等学校、冈山第六高等学校、伦敦大学	经济学	1906—1920	武汉大学
陶因		安徽舒城	博士	东京帝国大学、法兰克福大学	经济学	1911—1924	武汉大学
戴铭巽	东南大学	江苏镇江	学士	伦敦大学、爱丁堡大学	经济学	1929—1931	武汉大学
吴其玉	燕京大学	福建闽清	博士	普林斯顿大学	政治学	1930—1933	金陵大学
吴文藻	清华学校	江苏江阴	博士	达特茅斯学院、哥伦比亚大学	社会学	1923—1929	燕京大学
赵承信	燕京大学	广东新会	博士	芝加哥大学、密歇根大学	社会学	1930—1933	燕京大学
杨堃	直隶农专	河北大名	博士	里昂大学	社会学	1921—1930	燕京大学
吴经熊	东吴大学	浙江宁波	博士	密歇根大学	法学	1920—1924	东吴大学
杨兆龙	东吴大学	江苏金坛	博士	哈佛大学	法学	1928—1936	东吴大学
梁仁杰	北京译学馆	江西临川（今抚州临川区）	博士	巴黎大学	法学	1912—1920	东吴大学

［资料来源］根据周川主编的《中国近现代高等教育人物辞典》（福建教育出版社，2012）和周棉主编的《中国留学生大辞典》（南京大学出版社，1999）等资料整理而成。

（三）理工科

在高校中，相比其他学科，理工科导师中有留学经历的所占比重最高，这与当时近代自然学科在中国的建立有关。发轫于清末的留学教育从一开始就侧重于学习西方的自然科学知识，故而在中华民国建立后，随着近代自然学科在中国的相继建立，留学生们在选择专业时多侧重于社会急需的理工科。

从近代留学生选择留学国家的状况来看，有留学经历的研究生理科导师体现出一些特点：一是留学日本的学生群体中，学习理科的人数较少，但还是培养了一批自然科学研究型人才，其中冯祖荀、苏步青、陈建功等都是中国近代数学发展的重要奠基人，罗宗洛则成为中国近代植物生理学奠基人之一。二是赴法国留学的学生群体取得的一个突出成就，就是涌现出了一批对中国近现代科学发展做出重要贡献的著名科学家，如郑毓秀、严济慈、翁文灏、钱三强、熊庆来、欧阳翥等。三是英国退还的庚子赔款成为近代中国理工科留学教育的重要资金来源，庚款留英的学生在选择专业方面以理工科为主，但留英人数总体上远低于留法人数。留英的学生如胡乾善、江仁寿、梁百先、马仕俊、张文裕、王竹溪、霍秉权、许宝騄、唐培经、李旭旦、沈嘉瑞等，他们学习的科目主要是物理、化学和生物等，回国后他们大多成为自己学术领域的领军人物。四是20世纪30年代，南京国民政府开始大力倡导工科教育，并且为了培养军事人才开始向德国派遣官费留学生。至1937年，中国赴德留学生已达700人，其中50%的人学化学、电机和机械，40%的人学陆军和医学，10%的人学文科。德国先进的科技和严谨的学风为中国培养了一批科技精英，包括赵九章、张大煜、张青莲、贝时璋、孙云铸、王烈、陈省身、郑华炽等。五是我国近代留学人数最多，且对我国影响最大的西方国家当数美国。中国曾派遣三批庚款留美学生，中国近代许多理科研究生导师就出自这批留美学生群体。随后，留美学生中一直保持选择理、工、农、医类专业居多的传统，成为中国近现代科学技术发展的重要学术队伍，如吴有训、吴大猷、叶企孙、周培源、曾昭抡、赵忠尧、汤佩松、杨石先、殷宏章、张钟俊、马大猷、谈家桢等著名科学家。

其实，理科研究生导师间也存在师承关系，这样才使得我国的科学研究能薪火相传、日益发达。在物理学界，饶毓泰、吴有训、周培源、叶企孙等物理学家培养了吴大猷、马仕俊、马大猷、赵忠尧、王竹溪等新一代物理学家。熊庆来等人从海外学成归国后，也加入到了留美研究生导师的队伍中来，并且共同培养了杨振宁、钱伟长、黄昆等物理学家。在数学界，冯祖荀、郑之藩、姜立夫等元老级人物开创了我国的近代数学教育，培养了熊庆来、杨武之、孙光远等数学家。而熊庆来等人从海外归国后，又培养了陈省身、华罗庚、许宝騄等新生力量。这几代数学家共同支撑了我国近代数学研究生教育。化学界也是如此，高崇熙培养了张大煜、张青莲等新一代化学硕士导师。在生物学界中，李继侗是殷宏章的老师，李汝祺是谈家桢的导师。现将近代中国有留学经历的理工科研究生导师列表，如表 4.1.3 所示。

表 4.1.3　有留学经历的理工科研究生导师基本情况一览表

姓名	留学前就读院校	籍贯	所获学位	留学院校	所学专业	留学时间	指导研究生单位
饶毓泰	南洋公学	江西临川（今抚州临川区）	博士	芝加哥大学、普林斯顿大学	物理	1913—1922	北京大学
吴大猷	南开大学	广东番禺（今广州番禺区）	博士	密歇根大学	理论物理	1931—1934	北京大学
许浈阳	岭南大学	广东翁源	博士	芝加哥大学、康奈尔大学	普通物理	1912—1918；1929—?	北京大学
朱物华	交通大学	浙江绍兴	博士	麻省理工学院、哈佛大学	电学	1923—1927	北京大学
张文裕	燕京大学	福建惠安	博士	剑桥大学	原子物理	1935—1938	北京大学
马仕俊	北京大学	四川会理	博士	剑桥大学	量子力学	1937—1941	西南联合大学
郑华炽	南开大学	广东香山（今中山）	博士	柏林大学、哥廷根大学、巴黎大学、格拉茨工业大学	光谱学	1928—1935	北京大学
江泽涵	南开大学	安徽旌德	博士	哈佛大学、普林斯顿大学	数学	1927—1931	北京大学
秦汾	北洋大学堂	江苏嘉定（今上海嘉定区）	硕士	哈佛大学	数学	1906—1910	北京大学
孙云铸	北京大学	江苏高邮	博士	哈勒大学	地质	1926—1927	北京大学
王恒升	北京大学	河北定县	博士	苏黎世大学	地质	1933—1937	西南联合大学

续表

姓名	留学前就读院校	籍贯	所获学位	留学院校	所学专业	留学时间	指导研究生单位
王烈	京师大学堂	浙江萧山（今杭州萧山区）		弗莱堡大学	地质	1911—1913	北京大学
张景钺	清华学校	江苏武进（今常州武进区）	博士	芝加哥大学	生物	1920—1925	北京大学
申又枨	南开大学	山西高平	博士	哈佛大学	数学	1931—1934	北京大学
程毓淮		安徽歙县	博士	哥廷根大学	数学	1928—1936	北京大学
冯祖荀	京师大学堂	浙江杭州		京都帝国大学	数学	1904—1911	北京大学
沈嘉瑞	东南大学	浙江嘉兴	博士	伦敦大学	生物	1932—1935	北京大学
殷宏章	南开大学	贵州贵阳	博士	加州理工学院	生物	1935—1938	西南联合大学
曾昭抡	清华学校	湖南湘乡	博士	麻省理工学院	化学	1920—1926	北京大学
孙承谔	清华学校	山东济南	博士	威斯康星大学、普林斯顿大学	化学	1929—1935	北京大学
朱汝华	中央大学	江苏太仓	博士	密歇根大学	化学	1930—1936	北京大学
夏元瑮	南洋公学	浙江杭州		加利福尼亚大学伯克利分校、耶鲁大学、柏林大学	理论物理	1905—1912	北京大学
刘树杞		湖北蒲圻	博士	伊利诺伊大学、密歇根大学、哥伦比亚大学	化学	1913—1921	北京大学
吴有训	南京高等师范学校	江西高安	博士	芝加哥大学	X 射线	1921—1926	清华大学
周培源	清华学校	江苏宜兴	博士	芝加哥大学、加州理工学院、莱比锡大学、苏黎世高等工业学校	理论物理	1924—1929	清华大学
叶企孙	清华学校	上海	博士	芝加哥大学、哈佛大学	物质磁性、光学	1918—1924	清华大学
赵忠尧	东南大学	浙江诸暨	博士	加州理工学院	粒子物理	1927—1932	清华大学

续表

姓名	留学前就读院校	籍贯	所获学位	留学院校	所学专业	留学时间	指导研究生单位
王竹溪	清华大学	湖北公安	博士	剑桥大学	统计物理	1935—1938	西南联合大学
霍秉权	中央大学	湖北黄冈	博士	伦敦大学、剑桥大学	原子物理	1931—1934	清华大学
陈桢	金陵大学	江苏邗江（今扬州邗江区）	硕士	康奈尔大学、哥伦比亚大学	生物	1919—1922	清华大学
李继侗	金陵大学	江苏兴化	博士	耶鲁大学	林学	1921—1925	清华大学
吴韫珍	金陵大学	江苏青浦（今上海青浦区）	博士	康奈尔大学	植物	1923—1927	清华大学
彭光钦	清华学校	四川长寿（今重庆长寿区）	博士	斯坦福大学、约翰·霍普金斯大学	生物	1929—1934	清华大学
赵以炳	清华大学	江西南昌	博士	芝加哥大学	细胞生理	1929—1935	清华大学
高崇熙	清华学校	山东济南	博士	威斯康星大学	化学	1922—1926	清华大学
萨本铁	清华学校	福建闽侯	博士	伍斯特理工学院、威斯康星大学	化学	1920—1928	清华大学
黄子卿	清华学校	广东梅县（今梅州梅县区）	博士	威斯康星大学、康奈尔大学、麻省理工学院	化学	1922—1927；1934—1935	清华大学
张大煜	清华大学	江苏江阴	博士	德累斯顿工业大学	化学	1929—1933	清华大学
姜立夫	清华学校	浙江平阳	博士	加利福尼亚大学伯克利分校、哈佛大学	数学	1911—1919	清华大学
杨武之	北京高等师范学校	安徽凤阳	博士	芝加哥大学	数学	1923—1928	清华大学
陈省身	南开大学	浙江嘉兴	博士	汉堡大学	数学	1934—1937	清华大学
许宝騄	清华大学	浙江杭州	博士	伦敦大学、剑桥大学	数学	1936—1940	西南联合大学

续表

姓名	留学前就读院校	籍贯	所获学位	留学院校	所学专业	留学时间	指导研究生单位
熊庆来	云南省高等学堂	云南弥勒	博士	格勒诺布尔大学、巴黎大学、马赛大学、蒙彼利埃大学	数学	1913—1920	清华大学
郑之蕃	复旦公学	江苏吴江（今苏州吴江区）	学士	康奈尔大学、哈佛大学	数学	1908—1911	清华大学
赵访熊	清华学校	江苏武进（今常州武进区）	硕士	麻省理工学院、哈佛大学	数学	1928—1933	清华大学
孙光远	南京高等师范学校	浙江余杭（今杭州余杭区）	博士	芝加哥大学	几何	1925—1928	清华大学、中央大学
曾远荣	清华学校	四川南溪	博士	芝加哥大学、普林斯顿大学、耶鲁大学	数学	1927—1933	中央大学、清华大学、燕京大学
冯景兰	北京大学	河南唐河	硕士	科罗拉多矿业学院、哥伦比亚大学	地质	1918—1923	北洋大学、清华大学
谢明山	中央大学	浙江鄞县（今宁波鄞州区）	博士	伦敦皇家学院	化学	1936—1939	西南联合大学
苏步青	浙江省六十中	浙江平阳	博士	东北帝国大学	数学	1919—1931	浙江大学
陈建功	杭州两级师范学堂	浙江绍兴	博士	东京高等工业学校、东北帝国大学	数学	1914—1918；1920—1923	浙江大学
贝时璋	上海同济医工专门学校	浙江宁波	博士	费莱堡大学、慕尼黑大学、图宾根大学	生物	1921—1929	浙江大学
罗宗洛	南洋中学	浙江黄岩	博士	北海道帝国大学	生物	1918—1930	浙江大学
张肇骞	东南大学	浙江永嘉		英国皇家植物园邱园、爱丁堡植物园	植物	1933—1935	浙江大学
谈家桢	燕京大学	浙江宁波	博士	加州理工学院	生物遗传	1934—1937	浙江大学

续表

姓名	留学前就读院校	籍贯	所获学位	留学院校	所学专业	留学时间	指导研究生单位
杨石先	清华学校	安徽怀宁	硕士	康奈尔大学、耶鲁大学	化学	1918—1923；1929—1931	南开大学
张克忠	南开大学	河北静海（今天津静海区）	博士	麻省理工学院	化学	1923—1928	南开大学
邱宗岳	清华学校	浙江诸暨	博士	加利福尼亚大学、芝加哥大学、麻省理工学院、哥伦比亚大学、克拉克大学	化学	1911—1920	南开大学、西南联合大学
张洪沅	清华学校	四川华阳（今属成都）	博士	加州理工学院、麻省理工学院	化学	1924—1931	南开大学、重庆大学、四川大学
李景晟	中央大学	安徽舒城	博士	芝加哥大学、伊利诺伊大学	化学	1928—1936	中央大学
欧阳翥	东南大学	湖南望城（今长沙望城区）	博士	巴黎大学、柏林大学	生物	1929—1934	中央大学
李旭旦	中央大学	江苏江阴	硕士	剑桥大学	地理	1936—1939	中央大学
唐培经	东南大学	江苏金坛	博士	伦敦大学	数学	1934—1937	中央大学
周同庆	清华大学	江苏昆山（今上海昆山区）	博士	普林斯顿大学	光谱学	1929—1933	中央大学
胡乾善	清华大学	河南通许	博士	伦敦大学	粒子物理	1934—1937	武汉大学
江仁寿	大同大学	安徽歙县	博士	伦敦大学	物理	1932—1936	武汉大学
梁百先	华中大学	山西灵石	博士	伦敦大学、帝国理工学院	空间物理	1936—1939	武汉大学
邬保良	圣心学校	广东龙川	博士	列度大学、华盛顿加多里大学	化学	1922—1928	武汉大学
高尚荫	东吴大学	浙江嘉善	博士	耶鲁大学	化学	1930—1935	武汉大学

续表

姓名	留学前就读院校	籍贯	所获学位	留学院校	所学专业	留学时间	指导研究生单位
桂质廷	清华学校	湖北江夏（今武汉青山区）	博士	耶鲁大学、芝加哥大学、康奈尔大学、普林斯顿大学	光谱学	1914—1920；1923—1925	武汉大学
李汝祺	清华学校	天津	博士	普渡大学、哥伦比亚大学	生物	1918—1926	燕京大学
胡经甫	东吴大学	广东三水	博士	康奈尔大学	生物	1920—1922	燕京大学
戴安邦	金陵大学	江苏丹徒	博士	哥伦比亚大学	化学	1928—1931	金陵大学
容启东	清华大学	广东香山（今属珠海）	博士	芝加哥大学	植物	1935—1937	岭南大学
李寿恒	金陵大学	江苏宜兴	博士	密歇根大学、伊利诺伊大学	化学工程	1920—1925	浙江大学
苏元复	浙江大学	浙江海宁	硕士	曼彻斯特大学	化学工程	1935—1938	浙江大学
吴征凯	金陵大学	江苏扬州	硕士	剑桥大学	化学工程	1936—1939	浙江大学
刘馥英	浙江大学	浙江奉化（今宁波奉化区）	博士	敏斯脱大学	化学工程	1937—1939	浙江大学
侯毓汾	金陵大学	江苏无锡	硕士	密歇根大学	化学工程	1937—1940	浙江大学
张钟俊	交通大学	浙江嘉善	博士	麻省理工学院	电信工程	1934—1938	交通大学
徐璋本	交通大学	湖南长沙	博士	加州理工学院	核物理	1935—1941	交通大学
蔡金涛	交通大学	江苏南通	硕士	哈佛大学	无线电	1933—1937	交通大学
任朗	交通大学	山东蓬莱	硕士	哈佛大学	电磁	1944—1946	交通大学
黄席椿	清华大学	江西九江		柏林工业大学、德累斯顿大学	无线电	1938—1941	交通大学
陈大燮	南洋公学	浙江海盐	硕士	普渡大学	机械工程	1925—1928	交通大学
邵逸周	安徽高等学堂	安徽休宁		伦敦帝国科学工程学院皇家矿务学校	矿业冶金	1909—1914	武汉大学
俞忽	苏州拓殖学堂	江西婺源	学士	英国格拉斯哥大学	土木工程	1913—1919	武汉大学

续表

姓名	留学前就读院校	籍贯	所获学位	留学院校	所学专业	留学时间	指导研究生单位
谭声乙	河北工学院	安徽合肥		英国格拉斯哥大学	高压电	1922—1933	武汉大学
涂允成	唐山交通大学	湖北黄陂（今武汉黄陂区）	博士	康奈尔大学、爱荷华州立大学	水利	1931—1935	武汉大学
陈季丹	交通大学	安徽肥东	硕士	曼彻斯特大学	电气绝缘	1931—1934	武汉大学
朱木美	北平师范大学	山西山阴		柏林大学	电气工程	1934—1939	武汉大学
石声汉	武昌高等师范学校	湖南湘潭	博士	伦敦大学	植物生理	1933—1936	西北农学院
赵师梅	武昌县华林中等工业学堂	湖北巴东	硕士	费城理海大学	电机工程	1913—1922	武汉大学
施嘉炀	清华学校	福建福州	硕士	麻省理工学院、康奈尔大学	土木工程	1923—1928	清华大学
章名涛	圣约翰中学	浙江鄞县（今宁波鄞州区）	硕士	纽卡斯尔大学、曼彻斯特大学	电机制造	1924—1929	清华大学
蔡方荫	清华学校	江西南昌	硕士	麻省理工学院	土木工程	1925—1930	清华大学
李书田	北洋大学	河北昌黎	博士	康奈尔大学	土木工程	1923—1927	北洋工学院
魏寿昆	北洋大学	天津	博士	德累斯顿工业大学	冶金	1931—1936	北洋工学院
高步昆	唐山交通大学	辽宁开原	博士	康奈尔大学	土木工程	1927—1931	北洋工学院
谭锡畴	保定中学	河北吴桥	硕士	威斯康星大学、约翰·霍普金斯大学	地质	1924—1928	清华大学
邓曰谟	北洋大学	广东香山（今中山）	硕士	芝加哥大学	电机工程	1920—1922	北洋工学院
王子祐	北洋大学	湖南麻阳	硕士	科罗拉多矿业学院、密歇根大学	冶金工程	1936—1938	西北工学院
陈章	上海交通大学	江苏吴县（今属苏州）	硕士	普渡大学	电机	1924—1926	中央大学
沙玉清	中央大学	江苏江阴		汉诺威工科大学	农田水利	1935—1937	西北农学院

［资料来源］根据周川主编的《中国近现代高等教育人物辞典》（福建教育出版社，2012）和周棉主编的《中国留学生大辞典》（南京大学出版社，1999）等资料整理而成。

（四）教育学科

1920 年年初，北京高等师范学校创设教育研究科，从此开启了近代中国教育学科培养高层次研究型人才的大门。应国家社会需求，立志于“教育救国”的留学生归国后积极投身于祖国的教育事业中，其中李建勋、陈鹤琴、陶行知、廖世承等人均赴北京高等师范学校和南京高等师范学校等学校担任教职。这些留学归来的学者不仅充实了教育学科领域的师资力量，而且还成为第一批教育学科的研究生导师。1928 年，中山大学创建了近代中国第一个教育学研究所，由此正式拉开了我国培养教育学科研究生人才的序幕。此后数年间，北平师范大学、西北师范学院、中央大学等高校教师相继加入到培养教育学科研究生的队伍中来，其中具有留学背景的研究生导师占据了绝对的主导地位，如表 4.1.4 所示。例如 1931—1939 年间，在北平师范大学教育研究机构任职的李蒸、李建勋、邱椿、陈雪屏等人都有留美经历；1934—1949 年间，在中央大学教育学研究机构任职的许恪士、艾伟、徐养秋、罗廷光、萧孝嵘、邰爽秋等教授也都有海外留学经历，除许恪士留学德国外，其他人均为留美归来者。中国教育早期现代化进程中汇聚起来的这些人才资源，为我国教育学科研究生教育的发展提供了强有力的支撑。

表 4.1.4　有留学经历的教育学科研究生导师基本情况一览表

姓名	留学前就读院校	籍贯	所获学位	留学院校	所学专业	留学时间	指导研究生单位
庄泽宣	清华学校	浙江嘉兴	博士	哥伦比亚大学、普林斯顿大学	教育学	1917—1922	中山大学
崔载阳	广东高等师范学校	广东增城（今广州增城区）	博士	里昂大学	教育学	1921—1927	中山大学
陈礼江	江西省立第六师范学校	江西九江	硕士	普渡大学、芝加哥大学	教育学	1922—1925	中山大学
许逢熙	北京大学	河南鲁山	硕士	底特律大学	教育心理	1922—1928	中山大学

续表

姓名	留学前就读院校	籍贯	所获学位	留学院校	所学专业	留学时间	指导研究生单位
钟鲁斋	沪江大学	广东梅县（今梅州梅县区）	博士	斯坦福大学	比较教育	1928—1931	中山大学
胡毅	清华学校	湖南长沙	博士	威斯康星大学、芝加哥大学	教育心理	1924—1929	中山大学
尚仲衣	清华学校	河南罗山	博士	哥伦比亚大学	教育学	1924—1929	中山大学
郭一岑	北京汇文大学	江西万载	博士	柏林大学、图宾根大学	心理学	1922—1928	中山大学
毛礼锐	东南大学	江西吉安	硕士	伦敦皇家学院、密歇根大学	教育学	1935—1937	中央大学
邰爽秋	南京高等师范学校	江苏东台	博士	芝加哥大学、哥伦比亚大学	教育管理	1923—1927	中央大学
艾伟	圣约翰大学	湖北江陵	博士	哥伦比亚大学、华盛顿大学	教育心理	1921—1925	中央大学
萧孝嵘	圣约翰大学	湖南衡阳	博士	哥伦比亚大学、柏林大学、加利福尼亚大学伯克利分校	心理学	1926—1931	中央大学
潘菽	北京大学	江苏宜兴	博士	加利福尼亚大学、印第安纳大学、芝加哥大学	心理学	1921—1927	中央大学
汪敬熙	北京大学	山东济南	博士	约翰·霍普金斯大学	心理学	1920—1924	中央大学
常道直	北京高等师范学校	江苏江宁（今南京江宁区）	博士	哥伦比亚大学、伦敦大学、柏林大学	教育学	1925—1928	北平师范大学、中央大学
黄敬思	北京高等师范学校	安徽芜湖	博士	斯坦福大学、哥伦比亚大学	乡村教育	1924—1927	西北师范学院
鲁世英	北京高等师范学校	河南清丰	硕士	芝加哥大学、哥伦比亚大学	乡村教育	1931—1934	西北师范学院
郝耀东	北洋大学	陕西长安（今西安长安区）	硕士	加利福尼亚大学、斯坦福大学、哥伦比亚大学	教育学	1920—1925	西北师范学院
李建勋	北洋大学	河南清丰	博士	广岛高等师范学校、哥伦比亚大学	教育行政	1908—1911；1917—1920；1923—1925	北平师范大学、西北师范学院

续表

姓名	留学前就读院校	籍贯	所获学位	留学院校	所学专业	留学时间	指导研究生单位
李蒸	北京高等师范学校	河北唐山	博士	哥伦比亚大学	乡村教育	1923—1927	北平师范大学、西北师范学院
林砺儒	广东高州高郡中学堂	广东信宜		东京高等师范学校	教育学	1911—1918	北平师范大学
高文源	清华大学	四川成都	硕士	密歇根大学	教育心理	1933—1935	北平师范大学
王凤岗	河南留学欧美预备学校	河南西平	博士	斯坦福大学	教育学	1921—1931	西北师范学院
刘亦珩	唐山交通大学	河北安新		广岛高等师范学校、广岛文理科大学	教学论	1925—1931	北平师范大学
齐国梁	北洋大学堂	山东宁津	硕士	广岛高等师范学校、斯坦福大学、哥伦比亚大学	师范教育	1909—1916；1921—1926	北平师范大学
陈雪屏	北京大学	江苏宜兴	硕士	哥伦比亚大学	教育心理	1926—1930	北平师范大学
郑晓沧	清华学校	浙江海宁	硕士	威斯康星大学、哥伦比亚大学	教育学	1914—1918	浙江大学
陆志韦	东吴大学	浙江吴兴（今湖州吴兴区）	博士	芝加哥大学	心理学	1915—1920	金陵大学

［资料来源］根据周川主编的《中国近现代高等教育人物辞典》（福建教育出版社，2012）和周棉主编的《中国留学生大辞典》（南京大学出版社，1999）等资料整理而成。

（五）农科

中国以农立国，农业的兴衰直接影响到国计民生。在我国社会变革的大动荡年代，广大农民深受封建统治阶级和帝国主义的双重压迫，自耕不能自食，自织不能自衣，生活苦不堪言。面对农业经济濒临崩溃的状况，许多有志青年远赴海外选择研习跟农业相关的学科，以期学成归国后能为振兴中国的农业经济贡献力量。1935 年，中山大学农科研究所开始招收农学研究生，这标志着我国的农科研究生教育从此登上了历史舞台。从 1936—1946 年间，中央大学、金陵大学、西北农学院、浙江大学等院校的农科研究所相继开展了农科研究生教育。至 1949 年 9 月前，中国培养农科研究生的教育机构共计 6 个研究所、12 个学部，归国留学生构成了民国时期农科研究生教师队伍的骨干，如表 4.1.5 所示。他们将从国外学到的现代农业科技知识和科学管理方法应用到国内的研究生教育中，培养了一大批高层次的研究型农学人才。同时，他们结合国情，开展农业实践，积极推动了我国农业科技的发展。

表 4.1.5　有留学经历的农科研究生导师情况一览表

姓名	留学前就读院校	籍贯	所获学位	留学院校	所学专业	留学时间	指导研究生单位
罗清生	清华学校	广东南海（今佛山南海区）	博士	堪萨斯州立大学	畜牧兽医	1919—1923	中央大学
金善宝	东南大学	浙江诸暨		康奈尔大学、明尼苏达大学	遗传育种	1930—1932	中央大学
周承钥	清华学校	江苏宜兴	博士	康奈尔大学	农艺	1926—1932	中央大学
胡先骕	京师大学堂	江西南昌	博士	加利福尼亚大学、哈佛大学	植物学	1912—1917；1923—1925	中央大学
吴文晖	中央大学	广东梅县（今梅州梅县区）	博士	伦敦大学	农业经济	1936—1938	中央大学、浙江大学
郑万钧	江苏省第一农业学校	江苏徐州	博士	法国图卢兹大学	森林	1939	中央大学
马大浦	中央大学	安徽太湖	硕士	明尼苏达大学	森林	1936—1937	中央大学
邹钟琳	南京高等师范学校	江苏无锡	硕士	明尼苏达大学、康奈尔大学	昆虫	1929—1932	中央大学
陈焕镛	广肇中学	广东新会（今江门新会区）	硕士	哈佛大学	植物	1909—1919	中山大学
丁颖	广东高等师范学校	广东高州	学士	东京帝国大学	农业	1912—1924	中山大学
邓植仪		广东东莞	硕士	加利福尼亚大学、威斯康星大学	土壤	1909—1914	中山大学
彭家元	北京农业专门学校	四川金堂	硕士	威斯康星大学、伊利诺伊大学、爱荷华州立大学	土壤肥料	1920—1924	中山大学

续表

姓名	留学前就读院校	籍贯	所获学位	留学院校	所学专业	留学时间	指导研究生单位
谢申	中山大学	广东电白	硕士	威斯康星大学	土壤	1935—1937	中山大学
卢守耕	北京农业专门学校	浙江慈溪	博士	康奈尔大学	植物育种	1930—1933	浙江大学
陈鸿逵	金陵大学	广东新会	博士	美国爱荷华农工学院	植物病虫害	1931—1935	浙江大学
萧辅	金陵大学	浙江象山	硕士	明尼苏达大学	植物育种	1933—1934	浙江大学
罗登义	北平师范大学	贵州贵阳	硕士	明尼苏达大学	农业生物	1935—1937	浙江大学
梁庆椿	东南大学	广东香山（今中山）	博士	哈佛大学	农业经济	1929—1934	浙江大学
沈文辅	中央大学	浙江余杭（今杭州余杭区）	硕士	加利福尼亚大学	农业经济	1934—1936	浙江大学
张人价	中央大学	湖南湘乡	硕士	伊利诺伊大学	农业经济	1937—1939	浙江大学
吴耕民	北京农业专门学校	浙江余姚		日本兴津园艺试验场	园艺	1917—1920	浙江大学
程世抚	金陵大学	四川云阳（今重庆云阳）	硕士	康奈尔大学	园艺	1929—1932	浙江大学
王绶	金陵大学	山西沁县	硕士	康奈尔大学	农艺	1932—1933	金陵大学
郝钦铭	金陵大学	山西武乡	硕士	康奈尔大学	植物育种	1933—1937	金陵大学
吴绍骙	金陵大学	安徽嘉山	博士	明尼苏达大学	植物育种	1934—1938	金陵大学
沈隽	金陵大学	江苏吴江（今苏州吴江区）	博士	康奈尔大学	园艺	1937—1941	金陵大学
胡昌炽	江苏省立第二农业学校	江苏苏州		东京大学	园艺	1916—1920；1924—1928	金陵大学
章文才	金陵大学	浙江杭州	博士	伦敦大学	园艺	1935—1938	金陵大学

续表

姓名	留学前就读院校	籍贯	所获学位	留学院校	所学专业	留学时间	指导研究生单位
靳自重	金陵大学	山东恩县（今武城）	硕士	巴黎大学、剑桥大学	细胞遗传	1936—1939	金陵大学
魏景超	金陵大学	浙江杭州	博士	威斯康星大学	植物病理	1934—1937	金陵大学
夏振铎	浙江省立第二中学	浙江桐乡	硕士	九州帝国大学	农业经济	1924—1928	中央大学、浙江大学
章守玉	江苏省立第二农业学校	江苏吴县（今属苏州）		日本千叶高等园艺学校	园艺	1918—1922	西北农学院、中央大学
张德粹	东南大学	湖南攸县	硕士	丹麦皇家农学院、曼彻斯特大学、威尔斯大学	农业经济	1935—1938	西北农学院、浙江大学
梁希	浙江武备学堂	浙江吴兴（今湖州）		东京帝国大学、德累斯顿大学	森林	1913—1916；1923—1927	浙江大学、中央大学
戴芳澜	清华学校	湖北江陵	硕士	威斯康星大学、康奈尔大学、哥伦比亚大学	遗传	1914—1920	清华大学
刘崇乐	清华学校	福建闽侯	博士	康奈尔大学	昆虫	1920—1926	清华大学
汤佩松	清华学校	湖北浠水	博士	明尼苏达大学、约翰·霍普金斯大学、哈佛大学	植物	1925—1933	清华大学

[资料来源]根据周川主编的《中国近现代高等教育人物辞典》（福建教育出版社，2012）和周棉主编的《中国留学生大辞典》（南京大学出版社，1999）等资料整理而成。

二、群体概貌

同近代中国研究生教育的发展历程相一致，研究生导师群体的形成也经历了一个比较漫长的过程，时间跨度大，空间分布广，受时代与政策的制约而呈现出不同的阶段性特点。留学生群体作为近代研究生导师的一个重要组成部分，其籍贯、出生年月、留学时间及归国时间、留学前后的学术背景及归国后的任教单位等，对中国研究生教育的发展都产生了不可忽视的影响。

因此，只有系统地分析这些关键性指标，才能准确把握留学生群体的特征，并更好地把握近代中国研究生教育产生、发展、嬗变的历程及特点。

（一）籍贯

近代以来，我国东南沿海一带是最早出现西风东渐的地区，而内地相对保守，人们视出洋留学为畏途，因此，甲午战争以前，出国留学生主要来自粤、闽等沿海一带。甲午战争以后，出国留学生逐渐增多，省籍分布也出现了一些新的变化，江浙两省异军突起，两湖地区也有起色。将上文列表中有留学经历的各科研究生导师的籍贯进行统计分析，如表 4.1.6 所示，有助于我们更好地看清近代中国留学生教育与研究生教育之间互联互动的发展轨迹和变迁态势。

表 4.1.6　有留学经历的各科研究生导师籍贯统计表

文科		法科		理工科		教育科		农科	
籍贯	人数	籍贯	人数	籍贯	人数	籍贯	人数	籍贯	人数
江苏	8	浙江	10	浙江	24	广东	6	浙江	9
广东	6	江苏	11	江苏	21	河南	6	广东	8
浙江	6	湖南	8	安徽	9	浙江	4	江苏	6
湖南	5	广东	5	湖北	7	江苏	4		
湖北	4	福建	5	江西	6	湖南	3		
河南	4	安徽	3	广东	6				
福建	4								
安徽	4								

［资料来源］根据周川主编的《中国近现代高等教育人物辞典》（福建教育出版社，2012）和周棉主编的《中国留学生大辞典》（南京大学出版社，1999）等资料整理而成。

人才、学风与地理环境也有着密切的关系。留学生是最早走向世界，站在中西文化教育交流前沿的先进知识分子群体。他们学贯中西、兼容古今，是当时中国最具进步思想的群体，是中国近代的文化精英，他们所处的地理分布具有鲜明的特点。宏观而言，东南沿海地区（苏、浙、粤、闽）归国留学生群体中担任研究生导师者较多，长江中下游地区（湘、鄂、赣）次之，东北、西南等地区最少。这些地理分布特点明显呈现出沿海地区、沿江地区、内陆地区和边远地区等几个不同的人文地理层次，其格局与清末以来西学东渐的区域进程相吻合，也与中国早期现代化进程的区域相一致。具体说来，这些研究生导师籍贯隶属浙江、江苏、广东的人最多，这与近代留学生的整体地域分布相一致。从整体上看，自甲午战争以后，直至20世纪40年代，苏、浙、粤地区的出国留学人数始终位居全国前列。1936年，全国学术工作咨询处对清末以来的回国留学生进行调查，在4933名被调查的回国留学生中，东南沿海地区，苏、浙、粤三省留学生人数共2071人，占总人数的41.9%。[①]此三省学子之所以在留学人数上所占比例高，其原因如下：一是地缘优势，三省地处沿海，最先受到西方文化的影响。二是政治优势，中华民国成立后，定都南京，江浙地区一跃成为全国的政治中心，两省学子在出国留学方面占得先机。三是经济优势，江浙地区自明清以来就是全国的经济中心，良好的经济基础为两省学子出国留学提供了坚实后盾。四是教育优势，江浙地区在历史上人文荟萃，教育发达，在全国性的公费留学考试中，江浙两省的学生总是高居榜首。五是华侨带动，广东素有“侨乡”之称，众多的华侨为其子弟出国留学提供了便利。正是由于上述优势的存在，才使得苏、浙、粤的留学生人数始终位于全国前列。除去这优势明显的三省外，湖北、湖南等地素来人才辈出，具有强烈的社会参与意识，因而出国留学人员也不在少数。

（二）留学时间及归国时间

我国具有留学经历的研究生导师的出国留学高峰期集中在20世纪20年代中后期至卢构桥事变之前，20世纪初的前后10年与20世纪30年代中后期的留学者人数较少，这种情形与近代留学队伍整体发展的趋势相一致，详细数据如表4.1.7表示。具体而言，在19世纪末期，赴日留学已悄然兴起，留学所选专业主要集中在文、法学科。由于缺乏统一的考核评定，出国留学者良莠不齐。在近代具有留学经历的研究生导师群体中，仅在文科中有两名导师是在1900年前出国的，而实际上他们在出国前就已经有了较为扎实的传统

① 王奇生：《中国留学生的历史轨迹（1872—1949）》，湖北教育出版社，1992，第164—165页。

学术根底。清末“新政”时期，教育改革成为焦点，留学教育开始受到政府的高度重视，继留日大潮之后，庚款留美开始兴起。十年间，出国留学的人数逐年增加，在留学生选择的专业方面，法科所选人数明显增加，这也契合了当时清政府政治改革的现实需要。中华民国建立后，实业发展引起了社会的高度重视，留学教育呈现出多元化的发展趋势，留学规模持续扩张，选择文科和理工科的留学生人数均超越法科。20世纪20年代后至卢构桥事变之前，我国的留学教育达到高潮，研究生导师中的大多数人是在这个时间段出国留学的，尤其是选择理工科的出国留学生人数远远超过了其他学科，显然这与当时政府推行“重实轻文”的高等教育发展政策息息相关。

表 4.1.7　有留学经历的各科研究生导师留学出国时间统计表

	文科人数	法科人数	理工科人数	农科人数	教育科人数	合计人数
1900 年以前	2	0	0	0	0	2
1901—1910	3	13	4	2	1	23
1911—1920	17	12	18	8	6	61
1921—1930	27	28	48	12	16	131
1931—1940	7	8	37	18	2	72
1941—			1			1

注：若有多次留学经历，以第一次为准。

[资料来源]根据周川主编的《中国近现代高等教育人物辞典》（福建教育出版社，2012）和周棉主编的《中国留学生大辞典》（南京大学出版社，1999）等资料整理而成。

这些有留学经历的研究生导师群体，他们归国的时间集中在20世纪二三十年代，尤其以30年代至卢沟桥事变之前为顶点，而20世纪最初十余年间学成归国的人员寥寥无几，20世纪40年代的归国人员也屈指可数，如表4.1.8所示。

表 4.1.8 有留学经历的各科研究生导师留学回国时间统计表

	文科人数	法科人数	理工科人数	农科人数	教育科人数	合计人数
1901—1910	0	4	0	0	0	4
1911—1920	10	14	8	7	5	44
1921—1930	24	26	40	10	15	115
1931—1940	22	17	56	23	5	123
1941—1950	0		4	0	0	4

注：若有多次留学经历，以第一次为准。

［资料来源］根据周川主编的《中国近现代高等教育人物辞典》（福建教育出版社，2012）和周棉主编的《中国留学生大辞典》（南京大学出版社，1999）等资料整理而成。

这些有留学经历的研究生导师的归国时间与中国近代研究生教育发展的趋势也较为吻合。他们的出国留学时间短则三五年，长则七八年，有的甚至十余年，出国留学的高峰期集中在 20 世纪 20 年代前后，那么他们的回国时间自然也就集中在了 20 世纪 30 年代。他们学成归国的年龄，大多在 20 至 30 岁之间，或者稍微年长，但一般不会超过 35 岁。这样的年龄正是精力充沛、思想活跃、思维成熟且能全身心投入工作之时。他们回国后一般都会受到社会的青睐，被委以重任，因此大大推动了近代研究生教育的发展。如留美较早的马寅初博士，33 岁回国后曾任北京大学经济系主任、教务长；1927 年，留美博士陈岱孙以 27 岁之龄受聘为清华大学经济系教授，1928 年即被委以经济系主任的重任，次年又兼任法学院院长，直到其调离清华大学；经济学博士何廉回国时正值而立之年，回国后即被聘为南开大学教授，还创办了南开大学经济研究所，并任研究所所长，他将多种计划付诸实施，在当时国内罕有超过者。

（三）留学前后的教育经历

研究生导师的教育背景，决定了他们的学术素养和学术倾向，也直接影响到他们的学术研究及对高层次人才的培养，因此他们留学前后的教育经历是人们需要关注的重要内容。

首先，考察近代研究生导师出国前就读的学校。这些留学生在童蒙时代处于新旧教育体制急剧变换之际，大多接受过严格的传统文化教育，还有不少是刚走出私塾之门便登上了出洋之舟。总体上他们在出国前大多接受了系统完整的教育，特别是20世纪二三十年代走出国门的留学生，大多毕业于国内重点大学，如表4.1.9所示。具体而言，清华大学及其前身清华学校由于其特殊的学校性质，成为选派留学生最多的高校，整体优势明显。除农科外，在其他几大学科中，留学前毕业于该校的学生均占居首位，特别是理工科留学生，在该校毕业生中所占的比例高达60%，在某种程度上再次证明其“留美预备学校”的性质。“自一九一一年清华学堂开办，到一九二九年留美预备部结束，共计派送留美生一千二百七十九人。”[①]而作为第一所国立大学的北京大学，其整体实力也一直保持着优势，派出的留学生也不少。中央大学及其前身东南大学、南京高等师范学校的实力同样不可小觑，也成为派出留学生的主要教育园地之一。曾就读于南开大学、北洋大学、燕京大学、金陵大学、圣约翰大学等高校的留学生，回国后也有部分人从事研究生教育工作。这些高校有的是国立大学，有的是私立大学，还有几所是教会大学，但皆为当时国内学术水准较高的名校。国内的高水准教育为留学生在国外接受进一步的专业训练奠定了良好的基础。这些留学生学成归国后，积极承担起开展学术研究、培养高层次人才的重任，而外籍教师的影响则逐渐减弱。

表4.1.9 有留学经历的研究生导师留学前就读院校统计表

文科		法科		理工科		教育科		农科	
学校	人数	学校	人数	学校	人数	学校	人数	学校	人数
清华大学（清华学校）	17	清华大学（清华学校）	17	清华大学（清华学校）	29	清华大学（清华学校）	6	金陵大学	9
北京大学	7	北京大学	5	交通大学（南洋公学）	11	北京高等师范学校	4	清华大学(清华学校）	6
中央大学（东南大学）	4	东吴大学	4	中央大学（东南大学）	10	北京大学	3	中央大学（东南大学）	6

① 清华大学校史编写组编著：《清华大学校史稿》，中华书局，1981，第68页。

续表

文科		法科		理工科		教育科		农科	
金陵大学	3	燕京大学	4	北京大学	7	圣约翰大学	2	北京农业专门学校	3
燕京大学	2	北洋大学	3	南开大学	7	北洋大学	3		
				北洋大学（北洋工学院）	5				

［资料来源］根据周川主编的《中国近现代高等教育人物辞典》（福建教育出版社，2012）和周棉主编的《中国留学生大辞典》（南京大学出版社，1999）等资料整理而成。

如果依学科而论，中国的高等学府也呈现出学科差异性。例如，在法科研究生导师中，就读于东吴大学的占有相当大的比例；在农科中，金陵大学则优势明显；在理工科中，交通大学和北洋大学则异军突起；在教育科中，北京高等师范学校地位突出。这几所大学虽然整体实力不及清华大学、中央大学和北京大学，但是它们在某些学科的发展上则出类拔萃，因此自然也就成为派出这些学科留学生的“大户”。有留学经历的研究生导师群体在出国前所受教育的学校呈现出综合实力强大、学科优势突出的特点，这也是近代我国大学教育办学的特色之一。

其次，考察近代研究生导师之前留学的国家。通过研究可以发现，1910年以前，留日者居多；至20世纪二三十年代，欧美留学生后来居上，尤其是留美生占据了绝对优势，如表4.1.10所示。

表4.1.10　有留学经历的各科研究生导师留学期间就读院校统计表

文科		法科		理工科		教育科		农科	
学校	人数	学校	人数	学校	人数	学校	人数	学校	人数
哈佛大学	13	哥伦比亚大学	11	芝加哥大学	15	哥伦比亚大学	16	康奈尔大学	10
哥伦比亚大学	10	哈佛大学	10	康奈尔大学	13	芝加哥大学	8	明尼苏达大学	8
巴黎大学	10	伦敦大学	7	麻省理工学院	10	斯坦福大学	6	威斯康星大学	5
柏林大学	5	巴黎大学	6	伦敦大学	10	柏林大学	4	哈佛大学	4

续表

文科		法科		理工科		教育科	农科
伦敦大学	5	日本帝国大学	5	普林斯顿大学、加州理工学院	8		
芝加哥大学	5	柏林大学	5	剑桥大学、密歇根大学、耶鲁大学、威斯康星大学	7		

[资料来源]根据周川主编的《中国近现代高等教育人物辞典》（福建教育出版社，2012）和周棉主编的《中国留学生大辞典》（南京大学出版社，1999）等资料整理而成。

留学生在国内多为名校出身，赴海外留学时自然也会选择名校就读。近代留学生赴海外就读的学校比较广泛，这些学校都是世界著名高校，学术影响力大。其中，在美国比较集中的院校有哈佛大学、哥伦比亚大学、康奈尔大学、明尼苏达大学、伊利诺伊大学、威斯康星大学等，在英国比较集中的是伦敦大学、剑桥大学及牛津大学等，在德国比较集中的是柏林大学，在法国比较集中的是巴黎大学和里昂大学，在日本比较集中的则是帝国大学和早稻田大学。

以留学生在美就读的学校为例，当时美国大约有50所高校接收中国留学生，"然中国学生皆习惯入其最著名之数校，尤以芝加哥、依理诺、康奈尔、哥伦比亚、加利福尼亚、哈佛等学校为多"[①]。而哥伦比亚大学、哈佛大学、威斯康星大学、伊利诺伊大学等高校的研究院在美国都是排名靠前的单位，在"1935年以最合格的学系标准来考评，美国各校研究院的排名依次为哈佛与加利福尼亚（并列第一）、哥伦比亚大学、威斯康辛大学、芝加哥大学等"[②]。中国在美就读留学生中，哥伦比亚大学、芝加哥大学和哈佛大学的就读人数位列前三，其中又以在哥伦比亚大学研习教育学科的留学生人数最多，这也是由美国教育学在国际上的影响力所决定的。杜威于1904年在哥伦比亚大学任教，与同为教育学家的孟禄、康德尔、桑戴克等人创造了哥伦比亚大学师范学院的黄金期，对美国的教育发展影响极为深远。哥伦比亚大学也因此成

① 《留美中国学生之调查》，《教育杂志》第17卷（1925年）第3期。
② 黄觉民：《美国各大学研究院的地位》，《教育杂志》第25卷（1935年）第1号。

为20世纪教育科学的先驱，当时中国有志于研究教育的留学生必将该校作为理想场所，并在归国后影响和引导了中国近现代教育的发展。著名的英国历史学家费正清就认为："中国的进步教育者主要是在哥伦比亚大学及其教育研究生院，即教师学院获得他们的灵感的。"① 中国的留美学生陈鹤琴亦有此说："哥伦比亚大学师范学院是世界上研究教育最著名的地方。教授学问之渊博，教育学科之丰富，学生人数之众多，世界上任何大学都找不出来的。"② 庄泽宣也说："哥伦比亚大学，现在要算世界上最大的学校了。……这哥伦比亚大学里的师范院，又是全世界研究教育的最大的一个机关。……该院的教职员，很多在全世界上或在全美国里有名的。譬如院长罗素先生，教育部部长孟禄先生，心理学教授桑戴克先生，教育哲学教授杜威先生，职业教育兼教育社会学教授斯乃遜先生，是世界著名的。实用艺术部部长别格陆先生，小学教育教授马克墨类先生，中学教育教授白列克斯先生，师范教授白格雷先生，体育教授胡特先生，美术教育教授陶先生，教育行政教授斯崔也先生，职业教育教授丁先生，教育哲学教授克伯屈先生，心理学教授卢格先生等，是全国知名的。"③

注重名校更注重名系的留学教育选择，使中国留美的学生接受到较好的教育学术训练，整体优异的学术素质为他们日后在中国传播西方教育学定下了较高的基调。

最后，考察有留学经历的近代研究生导师留学所获得的学位。留学美国、欧洲等地高等院校的留学生以博士、硕士学位获得者居多，学历层次普遍高于赴日的留学生。而赴美留学生又是其中所占比例最大的。各学科间也体现出一定的差异性，如表4.1.11所示。在各科研究生导师中，以理工科研究生导师获得博士学位的比例最高，达到了76%；第二是法科，获得博士学位的人数达到了70%；第三是教育学科，获得博士学位的人数达到了68%。可见，当时的留学生在出国后绝大部分都进入了著名的高等院校研修，并以优异的成绩获得了老师和学校的认可，最终通过了论文答辩且顺利获得学位。

---

① 费正清：《伟大的中国革命》，刘尊棋译，国际文化出版公司，1989，第183页。
② 陈鹤琴：《我的半生》，山边社，1990，第103页。
③ 庄泽宣：《哥伦比亚大学师范院及中国教育研究会》，《新教育》第3卷（1920年）第4期。

表 4.1.11　各科研究生导师获学位比例统计表

	文科		法科		理工科		农科		教育科	
	人数	比例	人数	比例	人数	比例	人数	比例	人数	比例
博士	24	59%	35	70%	78	76%	15	44%	19	68%
硕士	16	39%	14	28%	22	22%	18	53%	9	32%
学士	1	2%	1	2%	2	2%	1	3%	0	0

[资料来源]根据周川主编的《中国近现代高等教育人物辞典》（福建教育出版社，2012）和周棉主编的《中国留学生大辞典》（南京大学出版社，1999）等资料整理而成。

（四）指导研究生单位

表 4.1.12　指导研究生单位统计表（前五位）

文科		法科		理工科		农科		教育科	
学校	人数	学校	人数	学校	人数	学校	人数	学校	人数
清华大学	21	北京大学	25	清华大学	32	浙江大学	10	中山大学	11
北京大学	9	清华大学	10	北京大学	22	中山大学	8	北平师范大学	8
中山大学	7	南开大学	10	武汉大学	14	中央大学	7	西北师范学院	7
金陵大学	6	武汉大学	9	浙江大学	11	金陵大学	7	中央大学	6
浙江大学	5	中央大学	7	交通大学	8	清华大学	3	浙江大学	3

[资料来源]根据周川主编的《中国近现代高等教育人物辞典》（福建教育出版社，2012）和周棉主编的《中国留学生大辞典》（南京大学出版社，1999）等资料整理而成。

至 1947 年，我国已有 33 所高校从事研究生教育，共设置了 156 个研究所。其中清华大学、北京大学、中山大学、浙江大学、武汉大学、金陵大学及燕京大学等高校，处于我国研究生教育的前列，整体实力较强、规模较大，因此，在这些学校任教的导师也较多。虽然我国研究生教育整体呈上升趋势，但各个学科间还是存有差异，这种差异如表 4.1.12 所示。其中清华大学、北京大学和中山大学是最早设立文科研究所的高校，其整体优势一直得以保持。

教会大学中的金陵大学，其文科研究生教育也开展得较早，优势明显。浙江大学则因为文科研究所史地学部的设置，而使其在文科研究生教育方面特色鲜明。法科中，南开大学较早设置了经济研究所，所以该校经济学科的导师数量较多。理工科中，清华大学因理工科整体实力强大，故而理工类导师数量最多，优势明显。而交通大学则因工科研究所的创设，导师数量也跻身前几位。农科中，农科研究生教育主要集中在金陵大学、中央大学、中山大学和浙江大学等高校，所以这几所高校导师数量平分秋色，且相互间的流动性较强。教育学科中，中山大学因最早从事教育学研究生培养，所以导师数量集中；而北平师范大学及西北师范学院因学科具有特色，其导师数量也占有一定的比例。

第二节　有留学经历的研究生导师的群体特点

20世纪上半叶，社会风云变幻，有留学经历的研究生导师大都是忧国忧民的爱国者，他们在留学时努力学习西方的科学知识，密切关注国内与国际的政治形势，积极思考中国的前途与命运；归国后则满怀“教育救国”“科学救国”的激情，开展各项教育创造和革新运动，推进中国教育现代化发展。这些贯通古今、学兼中西，且蜚声中外的研究生导师呈现出了鲜明的群体特征。

一、丰富的求学经历

如前所述，这些留学生中的大多数出生于19世纪末20世纪初，沉重的民族危机坚定了他们要革新中国社会的决心。他们经历了清朝末年的朝代更迭、民国前期的政局动乱，以及十四年抗日的战火历练，而这既是中国灾难深重的时代，同时又是中华民族觉醒、奋起直追的时代。面对社会的变迁，他们常怀忧国忧民之心，痛恨腐败的政局，不满动荡的社会。他们与下层民众有较多的接触，了解他们生活的艰辛。面对历史的剧烈变革，“教育救国”

理念成为激励他们不断求学的持久动力。

这些留学生幼年时敏而好学，在传统的私塾和家庭教育中接受了系统的中国传统文化教育并深受其影响。他们崇尚“博学之，审问之，慎思之，明辨之，笃行之”的求学向善的思想，继承了“先天下之忧而忧”的爱国情怀，秉持着“修身、齐家、治国、平天下”的人生理想，践行着“为万世开太平”的精神追求，中国传统文化基因已深深地融入他们的血脉中，影响着他们的价值取向和人生追求。可以说，他们的一言一行都是中华优秀传统文化的集中体现。

傅斯年 11 岁时就熟读古典经籍，初步奠定了国学基础，这为他往后从事文史教学与研究提供了丰富的养料，对他学习与研究的取向产生了决定性的影响。冯友兰 6 岁入家塾发蒙，先读《诗经》，次读《论语》《孟子》，后读《大学》《中庸》，1910 年入唐河县立高等小学预科。陈寅恪儿时启蒙于家塾，学习“四书五经”、算学、地理等，先后延聘的教师有国学大师王伯沆、柳翼谋、周大烈，自小便打下了深厚的国学底子。

理科研究生导师在启蒙教育阶段，也对传统文化产生了深厚的学习兴趣，并由此打下了扎实的文史功底。冯祖荀出身书香世家，自幼在家族的私塾中完成了他的启蒙教育，受到严格的传统文化训练，养成了他儒雅的精神气质。许宝騄出身名门世家，从小就受中国传统教育的影响，父亲聘请教师为他讲授“四书五经”、古典文学以及中外历史。10 岁起，他开始习作文言文，由此奠定了坚实的语言功底。饶毓泰幼年时便随叔父和舅父学习“四书五经”，天资聪颖，远近闻名。江泽涵出生于偏僻山村的平民家庭，相继在私塾和乡村小学度过了童年生活，他勤奋好学，学业成绩相当优异。熊庆来 7 岁那年进入私塾，开始接受启蒙教育。“六七年的‘子曰诗云’，练就了熊庆来的古体诗功底，同时也为他建构了做人的基本间架”[①]。其父熊国栋还特意请了两位先生，除了教读传统典籍，还教授数学和自然科学的基础知识。叶企孙在父亲的指导下，童年期间就阅读了《左传》《礼记》《诗经》《荀子》《国语》《史记》《通鉴纪事本末》《文献通考》等大量中国古代名著，打下了扎实的国学根底，童年时期的国学熏陶，使他不知不觉地对中国古代科学史产生了偏爱。

① 熊庆来百年诞辰纪念筹备委员会编：《熊庆来纪念集》，云南教育出版社，1992，第 165 页。

1915—1916年间，他比较系统地研读了中国古代算学名著，如《九章算术》《孙子算经》《海岛算经》《夏侯阳算经》《算法统宗》《梦溪笔谈》《畴人传》《益古演段》等，还涉猎不少西方科学史著作，这为他晚年从事自然科学史的研究和指导奠定了良好的基础。他在1917年发表的《中国算学史略》是我国第一篇用现代方法系统研究我国数学史的通史性文献。

1901年，清廷下诏改科举、设学堂，实行新式教育。以上这些理科研究生导师青少年时正逢中国新式教育革新之际，在完成启蒙教育之后，他们进入新式学校，开始接受新式中等教育，了解现代科学知识。那时，他们的求知欲正处在高涨期，新式科学文化知识让他们眼界大开，如饥似渴地学习、孜孜不倦地研究成了他们生活的主题，由此打下了牢固的学科基础。随后，他们通过层层选拔、严格考试，进入国内重点大学，开始接受高等教育，进一步完善知识结构体系。

马寅初17岁时从绍兴县学堂毕业，而后到上海的教会学校中西书院学习。1904年毕业后，他又到天津北洋大学堂学习冶金学。傅斯年于1909年考入天津府官立中学堂，在四年半的求学时间里，他系统地接受了近代新式中等教育，对数学、物理、化学、生物等自然科学有了一定的了解，拓宽了知识视野，为后来进一步深造和研究打下了良好的基础。1913年夏天，傅斯年从天津府官立中学堂毕业，以优异的成绩考入北京大学预科，三年后他又升入北京大学文科国文门，直到1919年毕业，傅斯年在北京大学这个全国最高学府整整学习了六年。冯友兰1911年考入开封中州公学中学班，1912年转入武昌中华学校，同年冬考入上海中国公学大学预科，1915年考入北京大学法科，入校后即改入文科中国哲学门。饶毓泰1903年进入抚州中学堂学习，1905年他只身去上海，就读于中国公学，后来转入中国新公学。1911年他又以优异成绩毕业于上海南洋公学。许宝騄1925年在北京汇文中学从高一念起，1928年他从汇文中学毕业后考入燕京大学理学院。在得知清华大学数学系最好后，他在1929年又转入清华大学数学系，从一年级读起。江泽涵1919年年初跟随胡适到北方求学，于当年夏天考入天津南开中学二年级，并且只用了三年时间修完中学的全部课程。1922年他升入南开大学数学系，开始了漫长的数学生涯。在南开大学，他幸遇我国近代数学先驱、著名数学家和教育家姜立夫教授，并从此师从姜立夫先生。周同庆在清华大学物理系学习的四年中，得到了叶企孙、吴有训等良师的精心指导，他刻苦学习，连寒暑假都不曾回家省亲，埋头在图书馆和实验室里认真钻研学问。周同庆特别注重物理学的基本思想和研究方法，这为他后来的深入研究奠定了坚实的基础。1929年夏，周同庆以第一名的成绩从清华大学毕业，成为千名毕业生中的佼佼者。贝时璋是从汉口德华学校学习有关理科方面的启蒙知识的，该校备有许多理科书本，包括天文、物理、化学、矿物、植物、动物乃至人体科学等各个方面。后来他考入上海同济医工专门学校。

近代高等教育整体实力提升，北京大学、清华大学、东南大学、燕京大学、金陵大学等学校管理比较严格，教学水平较高，学生赴海外留学无须预备即可直接进入大学或研究院。例如，有学者对1854—1953年间中国留美学生在国内的最终学历做过统计，结果显示：清华大学1119人，圣约翰大学790人，中央大学744人，交通大学571人，燕京大学522人，岭南大学472人，北京大学431人，金陵大学416人，复旦大学265人，西南联合大学228人，东吴大学220人，中山大学219人，金陵女子大学196人，浙江大学178人，其他不详者14535人，合计20906人。[①] 如果说，这些学生在家乡私塾和新式中等学堂里的学习为他们学习国学与新学奠定了基础，那么，在大学的学习则使他们的知识结构更加完善，且国学、新学在他们身上发生的激烈碰撞，使他们成为新文化的开拓者。他们对国家发展、民族进步、社会改革都有着深刻的认识，也初步树立了为科学、教育而献身的理想。他们的基础知识扎实，在出国前所接受的教育相对而言较为完整、正规，受教育程度比较高，这为他们将来负笈海外求学、攀登学科高峰奠定了坚实的基础。

冯祖荀于1904年赴日本学习，先入京都第一高等学校进行语言和基础课方面的补习，一年后转入日本著名的京都帝国大学，在理学部攻读现代数学的各门基础学科，而后又专修“微分方程”理论。冯先生是迄今所知我国最早的一位数学专业的留学生。

① 刘真主编，王焕琛编著：《留学教育：中国留学教育史料》第5册，“国立”编译馆，1980，第2614—2619页。

马寅初于1907年受天津北洋大学堂委派赴美国留学，在耶鲁大学专攻经济学。经过刻苦努力学习，他于1910年获得硕士学位。随后，他又转入哥伦比亚大学学习，继续攻读经济学，并于1914年获得经济学和哲学双博士学位。

傅斯年于1919年夏在北京大学毕业后考取了庚子赔款的官费留学生，开启了长达七年的留学生涯。他先入英国爱丁堡大学进行学习，后转入伦敦大学研究院。他兴趣多样、涉猎广泛，曾对实验心理学、生理学、数学、物理以及爱因斯坦的相对论、普朗克的量子论等，都进行了不同程度的学习研究。1923年，傅斯年又入德国柏林大学哲学院学习比较语言学等。在留学期间，他广泛涉猎文化典籍，接触社会现实，调研教育发展，对西方社会与文化有了更深刻的理解和认识。

汤用彤于1918年作为庚款留美的一员进入美国明尼苏达州哈姆林大学哲学系求学。他主要选修哲学，辅修心理学。1919年他考入哈佛大学研究院，跟随美国当时著名的新人文主义者白璧德（Babbit）教授学习，重点研究西方哲学。白氏中西融通的哲学观对汤用彤的文化观和治学态度产生了深远的影响。在哈佛大学期间，汤用彤与吴宓、陈寅恪建立了深厚的感情，为他们的学术交往奠定了基础。

赵元任于1910年7月考取了第二批庚款留美官费生的资格，进入美国康奈尔大学学习。他主修数学专业，选修物理和音乐，表现出强烈的求知欲。本科毕业后，他不仅参与创办“中国科学社”，而且还考入哈佛大学，攻读哲学和科学史。在此期间，赵元任对语言学产生了浓厚兴趣，展现出非凡的学习能力，由此奠定了他作为现代语言学大师的基础。1918年，他获得哲学博士学位后，又获得美国哈佛大学谢尔登超博士研究奖学金（Post-doctorate Sheldon Fellowship）的资助，赴美国芝加哥大学、加州大学伯克利分校游学，并以“科学的哲学”为题进行博士后研究。1919年，他受聘康奈尔大学担任物理系讲师。1920年8月，他从美国返回中国并在清华学校任教，开启了清华国学研究院“四大导师”的黄金时代。

饶毓泰于1913年考取江西省官费留学生名额，赴美国芝加哥大学攻读物理学，1917年毕业，获学士学位。随后，他又考入普林斯顿大学，师从物理学家康普顿（A. H. Compton）教授，1922年获得普林斯顿大学哲学博士学位。

1929年夏，他获得中华教育文化基金董事会奖金资助，先后在德国莱比锡大学及波茨坦天文物理实验室从事原子光谱学方面的科学研究工作。

苏步青从1919年起就在日本开始了长达十二年之久的留学生活。刚到日本时，他报考东京高等工业学校，打算学习电机工程。在入学考试那天，苏步青仅用一小时就迅速准确地做完了规定要三个小时做完的试题，这让日本监考人员惊愕不已。五年后，他从该校毕业，又战胜了众多的竞争者，考入了日本东北帝国大学数学系，他的微积分和解析几何都在考试中取得了满分。

张景钺于1920年以优异的成绩毕业于清华学校，并考取了官派赴美留学的资格。他先入德克萨斯州农工学院求学，两年后转入芝加哥大学，师从著名植物学家张伯伦(C. J. Chamberlain)攻读研究生课程。1925年获该校哲学博士学位。1930—1932年，张景钺获中国教育及文化促进基金会的资助赴欧洲考察研究。他先赴英国利兹（Leeds）大学深造，在著名的植物解剖学家普利斯特利（J. H. Priestley）指导下从事植物解剖学研究工作。随后，他又赴瑞士巴塞尔大学学习，在植物学教授薛卜（Otto Schoepp）指导下进行研究。

陈寅恪于1910年先后在德国柏林洪堡大学、瑞士苏黎世大学、法国巴黎政治学院学习。1914年，陈寅恪因第一次世界大战爆发回到中国，“1918年冬获得江西官费资助，再度出国深造，先在美国哈佛大学随篮曼教授学梵文和巴利文，后在1921年转往德国柏林大学，随路德施教授攻读东方古文字学，同时向缪勤学习中亚古文字，向黑尼士学习蒙古语。通过留学期间的学习，具备了阅读蒙、藏、满、日、梵、英、法、德和巴利、波斯、突厥、西夏、拉丁、希腊等十余种语文的能力，尤精梵文和巴利文”[①]。陈寅恪提出“救国经世，尤必以精神之学问（谓形而上学）为根基”，但是当时社会普遍认为“过重虚理”，所以皆学工程、实业，并且没有认真领会西方科学的精神，不知“实业以科学为根本”，结果是“不揣其本，而治其末，充其极只成下等之工匠”，最终导致“专谋功利机械之事输入，而不图精神之救药，势必至人欲横流，道义沦丧。即求其输诚爱国，且不能得”[②]。

① 张意忠编著：《民国记忆：教授在当年》，北京航空航天大学出版社，2011，第72—74页。

② 吴宓著，吴学昭整理注释：《吴宓日记　第2册（1917—1924）》，生活·读书·新知三联书店，1998，第101—102页。

周培源于1924年秋赴美国芝加哥大学深造，至1928年春，他仅用三年半的时间就在美国先后取得学士、硕士和博士三个学位，这是一般学生需要六年时间才能完成的学习任务。随后，他还到美国东部参观访问了哈佛大学、普林斯顿大学和康奈尔大学等几所老牌大学。1928年10月，周培源到欧洲莱比锡大学学习，随海森堡（Heisenberg）教授（1932年诺贝尔物理学奖获得者、量子力学创始人）做了一个学期的量子力学研究工作。1929年上半年他来到瑞士，在苏黎世高等工业学校继续从事量子力学的研究。

江泽涵于1927年夏天参加了清华学校留美专科生的考试，并考取了那年唯一的数学名额，赴哈佛大学数学系攻读博士学位。1928年，他赢得了哈佛研究院数学系“约翰·哈佛学侣”的荣誉称号。1930年，获得哈佛大学博士学位的江泽涵来到普林斯顿大学数学系，担任莱夫谢茨（Lefschetz）的研究助教，跟随这位著名拓扑学大师研究起不动点理论。

汤佩松于1925年结束了在清华学校长达八年的学习，赴美国明尼苏达大学农学院学习。他主修植物学，辅修化学和物理学。1927年年底，他以全校第一名的优异成绩毕业。1928年夏，汤佩松进入美国约翰·霍普金斯大学攻读博士学位。1930年夏，他转入哈佛大学担任生理教研室研究员，并两次到位于马萨诸塞州海滨小镇林穴的海洋生物学研究所作短期访问。这两次短期访问使汤佩松结识了许多生物学界的大师，如遗传学家摩尔根（T. H. Morgan）、细胞生理学家瓦布尔格（O. Warburg）、生物化学家米歇利斯（L. Michaelis）及有名的李利兄弟（Frank and Ralph Lillie）等。从此，他决心终身从事细胞呼吸、植物呼吸和光合作用以及生物力能学的研究。

彭光钦于1922年进入清华学校留美预备部学习。1929年，他以庚款官费留美，先后就读于斯坦福大学和约翰·霍普金斯大学，专攻生物科学。1933年，他获得约翰·霍普金斯大学哲学博士学位。之后，他又获得赴欧洲学习考察的机会，曾在德国威廉皇家生物学研究院、意大利那波里海产研究所任研究员。留学欧美期间，他先后发表了许多出色的科学论文，博得国际生物学界的赞扬。

杨武之于1923年顺利通过安徽省公费留学考试，启程前往美国学习。他先入斯坦福大学攻读数学专业，获学士学位。1924年秋，他转入芝加哥大学继续攻读。杨武之师从数学名家迪克森（L. E. Dickson），研修代数和数论，

1926年以《双线性型的不变量》一文而获得硕士学位。1928年，杨武之以论文《华林问题的各种推广》获得博士学位，成为近代中国因数论研究而获得博士学位的第一人。

李寿恒于1920年8月赴美国留学。他先入密歇根大学学习，后转至伊利诺伊大学化学系化工专业学习。1923年，他获得硕士学位和研究助理的职位，跟随世界能源专家和创造发明家帕尔（S. W. Parr）教授攻读博士学位。1925年5月，李寿恒顺利通过答辩并获得博士学位。

朱物华于1923年赴美留学，他在进入麻省理工学院电机系后，选择“水银整流器的电耗计算”作为攻读硕士学位的课题。1924年，他顺利完成研究，获得硕士学位。同年，他考入哈佛大学，继续从事物理学研究。1926年6月，朱物华获得哈佛大学博士学位。在回国之前，他进行了一年的考察访问，先后到英国、比利时、法国、瑞士、意大利、奥地利、德国、匈牙利、捷克斯洛伐克等9个国家参观先进的实验室和工厂，大大开阔了眼界。

涂长望于1925年考入华中大学。1926年，因政局动荡，他转入上海沪江大学科学系。1930年，他考取湖北省官费赴英留学资格，进入伦敦大学政治经济学院攻读经济地理学。次年，他转入伦敦大学帝国理工学院攻读气象学。1932年涂长望获得硕士学位，并被推选为英国皇家气象学会会员，成为该学会第一个中国籍会员。1933年，他进英国利物浦大学地理学院，继续攻读地理学博士学位。

钟鲁斋于1926年入上海沪江大学研究院学习，专攻教育学。1928年，他以参加“万国主日学校大会”中国代表的资格赴美国留学，在进入丹佛大学后继续攻读教育学。1930年，他获得教育学博士学位，而后他又到英国、法国、瑞士、意大利等国游历，再由地中海、红海、印度洋经印度、新加坡、中国香港回到上海，沿途考察了许多国家和地区的教育情况。

胡毅于1924年从清华学校毕业后赴美国威斯康星大学学习英美文学、哲学，获得学士学位，并以优异成绩被选入美国全国大学生荣誉学会。1926年，他转入芝加哥大学研究院学习，获硕士、博士学位。在谈到国外留学收获时，他直言：“在专业知识和实验技能方面的收获虽不小，但远不及在为学的方法和态度方面的感受之深。”[①]

雷海宗到美国后将学习作为头等要事。其校友黄钰生回忆道：“雷海宗专心读书，毫不旁骛，并规劝其他留学生当抓住难得的机会，利用大好的条件，努力学习，不要受外界的干扰。”[②]另据同校学生撰文记述，雷海宗因为对学业太过专注，被同学们送上了“今之古人”的称号。在美国芝加哥大学读书的第一年，雷海宗就写了一篇文章，大受该校教师称赞。芝加哥大学对学生要求较高，无论是在班级的学习安排还是课程分数的评定上，都从严控制。清华大学的学生进入芝加哥大学要按照清华大学取得成绩的绩点定高下，九十绩点以上的可以进入大三，一般绩点的进入大二。尽管要求很高，但雷海宗在读期间，还是凭借自己的天赋与勤奋，多次获得奖学金及相关荣誉。在芝加哥大学读书的这五年影响了雷海宗一生，但不管外部环境如何变化，在心底里，他从未忘本。1962 年，他在给何炳棣的信中写道：“我知道你将要担任芝加哥大学历史系的中国史教授，非常欣慰，你今后必能更顺利地从事教学工作和学术研究工作。芝加哥市内似乎有一个专门收藏中国图书资料的图书馆，对你从事经常性的研究，可能有帮助……”[③]

蒋廷黻于 1914—1918 年间在美国俄亥俄州的欧伯林学院度过了他的大学时代。他兴趣广泛，主修历史学，同时也选修了多门自然科学课程。大学毕业后，他曾应基督教青年会的邀请，到法国去为征募的大批华工服务。1919 年，蒋廷黻重到美国，进入哥伦比亚大学研究院专攻历史。哥伦比亚大学历史系那时人才鼎盛，教授们都是第一流学者，蒋廷黻师从政治社会史教授卡尔顿·海斯（Carlton J. H. Hayes）。在跟随海斯教授搞研究四年后获得了哲学博士学位。

在这批留学出身的研究生导师中，还有几位是先在国内读完研究生，后到海外攻读博士学位的，例如姚从吾、马仕俊、陈省身、谈家桢、张青莲等人，这也在一定程度上说明了我国研究生教育质量的提升。

姚从吾于 1917 年考入北京大学史学门，1920 年本科毕业的他获得文学学

---

① 胡毅：《我的学术生活概况》，载北京图书馆《文献》丛刊编辑部、吉林省图书馆学会会刊编辑部编《中国当代社会科学家》第 4 辑，书目文献出版社，1983，第 190 页。

② 王敦书：《贻书堂史集》，中华书局，2003，第 641 页。

③ 何炳棣：《读史阅世六十年》，中华书局，2012，第 116 页。

士学位后复入北京大学研究所国学门深造。1923 年，北京大学选送他到德国柏林大学进修，从此他开始了长达十余年的留学生涯。姚从吾先跟从傅朗克、海尼士专治蒙古史，后于 1929 年应德国波恩大学聘请，任汉文讲师，1931 年，他又任柏林大学汉文研究所讲师。

陈省身于 1926 年进入南开大学数学系学习。1931 年，陈省身考入清华大学研究院，成为国内最早的数学研究生之一。1932 年，在孙光远博士指导下，陈省身在《清华大学理科报告》上发表了第一篇数学论文——关于射影微分几何的《具有一一对应的平面曲线对》。1934 年夏，他从清华大学研究院毕业，并获得硕士学位，成为中国自己培养的第一名数学研究生。同年，在获得中华文化教育基金会奖学金后，陈省身赴德国汉堡大学数学系留学，并于 1936 年 2 月获得博士学位。毕业后，他转往法国巴黎跟从嘉当（E. Cartan）研究微分几何。嘉当每两个星期约陈省身去他家里谈一次，每次一小时。面对面的指导，使陈省身学到了老师的数学语言及思维方式，终身受益。1943 年，应美国数学家奥斯瓦尔德·维布伦（O. Veblen）之邀，陈省身到普林斯顿高等研究院工作。

谈家桢勤奋好学、努力上进，他思想敏锐、开朗豁达，这些给东吴大学生物系主任胡经甫教授留下了深刻的印象。1930 年秋，经胡经甫推荐，谈家桢成了燕京大学里唯一从事遗传学教学和研究的李汝祺教授的研究生。谈家桢的研究课题是由胡经甫提出的以亚洲瓢虫为实验材料，进行色斑遗传规律的研究。在以后的一年半时间里，谈家桢天天与这些小昆虫打交道，经常一天工作十五六个小时，最终他完成了一篇具有相当学术水准的硕士论文——《异色瓢虫鞘翅色斑的变异和遗传》，并获得了硕士学位。按照李汝祺的意见，谈家桢把硕士论文拆分成各自独立成篇的 3 篇。其中《异色瓢虫鞘翅色斑的变异》和《异色瓢虫的生物学记录》与李汝祺联名发表在《北平自然历史公报》上。另一篇题为《异色瓢虫鞘翅色斑的遗传》是整篇硕士论文的核心部分，经李汝祺教授的推荐，直接寄往闻名遐迩的摩尔根实验室。摩尔根审阅后，甚为欣赏这位中国青年研究者的才华，接纳谈家桢到自己的实验室来攻读博士学位。

王竹溪于 1933 年进入清华大学研究院，跟随周培源研究湍流理论。1934 年，他发表第一篇学术论文——《旋转体后之湍流尾流》。导师周培源对他的评语是："对物理概念理解深入，并具有数学计算的特殊才能。"[①] 随后，王竹溪考取了庚款留美的资格，准备在研究生毕业后赴美国留学。此时，剑桥大学的物理学家狄拉克（P. A. M. Dirac）来中国访问，对王竹溪发表的那篇学术论文给予很高的评价。于是，他把王竹溪推荐给剑桥大学物理学家福勒（R. H. Fowler）。就这样，王竹溪选择进入剑桥大学，开始了统计物理学的学习和研究。

马仕俊于 1935 年以优秀的成绩毕业于国立北京大学物理系，后被北京大学理科研究所物理学部录取为研究生。在吴大猷教授的指导下，他很快就发表了自己的学术研究成果，其研究内容分别为关于氦原子双激发态变分波函数的计算和关于氦原子双激发态谱线观测。研究生在读期间，由于成绩优秀，马仕俊获得最高额度每学年 500 元的研究生助学金。随后，他以优异的成绩考取了公费留学英国的资格，进入剑桥大学学习，成为著名理论物理学家海特勒（W. Heitler）的学生，研究介子理论，1941 年获得博士学位。第二次世界大战结束后，马仕俊先后在美国普林斯顿高等研究院和爱尔兰都柏林高等研究院从事研究工作。他为我国物理学界培养了许多杰出的学者，杨振宁和李政道都是他的学生。杨振宁和李政道在《悼念马仕俊博士》一文中说："他是一位极其认真的老师，讲稿准备得非常整齐。我们两人曾在不同时期（1941—1943 年和 1945 年）听过他的课。"[②] 杨振宁清楚地记得自己于 1943 年春曾从马先生开设的课程中学习过场论。

张青莲于 1931 年考入清华大学读研究生。面对中国缺少无机化学人才的现状，他选择了无机化学专业。在高崇熙教授的指导下，他从无机合成、分析鉴定和物化测量三个方面，完成了有关稀有元素的研究。1934 年秋，他以优异成绩获得公费出国留学资格，进入德国柏林大学物理化学系学习，从事重水领域的相关研究，在短期内完成了重水临界温度的测定，这项成果发表在了德国的《物理化学学报》上。1936 年 6 月，张青莲获得博士学位后追随导师到瑞典皇家科学院物理化学研究所做访问学者，师生共事一年。

---

① 李姝林、李怀忠主编：《百年清华》，安徽科学技术出版社，2011，第 48 页。
② 中国科学技术协会编：《中国科学技术专家传略·理学篇·物理学》，中国科学技术出版社，2001，第 100 页。

这批留学生从启蒙教育到小学，从中学到大学，再到海外留学的求学过程中，完成了由中国传统教育与近现代西方教育思想的融合。在幼年时期，他们接受的是中国传统教育；在中学及大学学习期间，他们兼受中西教育思想影响；在留学期间，他们全面接受西方教育。这种受教经历，既使他们对中国传统及中国现实教育有较全面的认识，也使得他们的知识结构与传统知识分子相比发生了变化，具有了中西文化融合的知识背景。他们既受中国传统文化的熏染，又从西方文化中获取营养，往往是传统中不乏现代，现代中又注入了传统。正如西南联合大学研究生何兆武曾提及："吴宓先生教授西洋文字，陈岱孙先生教授西方经济学，金岳霖先生、贺麟先生教授西方哲学，但他们的中学素养都是极为深厚的。朱自清先生、闻一多先生教授中国文学，但都深入研究过西方文学。"[①] 他们受到的教育使他们新旧学问兼备、中西文化影响集于一身，因此他们在教学和科学研究活动中必然也体现出中西贯通的特征。

二、优异的学习成绩

1903 年梁启超到美国游历观光时，在实地考察了留美学生的学习情况后，对其优良学风赞不绝口："美洲游学界，大率刻苦沉实，孜孜务学，无虚嚣气，而爱国大义，日相切磋，良学风也。"[②] 吴宓也在日记中说道，当美国学生度假寻游之时，"吾国学生，则仍辛苦读书不休，十余年如一日，无或更变"[③]。这种踏实勤奋、刻苦努力的学风，使得留美学生普遍成绩骄人。根据袁同礼编《中国留美同学博士论文目录》统计，授予博士学位最多的前 10 所美国大学依次是伊利诺伊大学、哥伦比亚大学、哈佛大学、密歇根大学、康奈尔大学、芝加哥大学、威斯康星大学、麻省理工学院、明尼苏达大学、加州大学。这些知名高校具备雄厚的师资，实验设备、图书资料等相当齐全。留学生处在

---

① 何兆武：《何兆武学术文化随笔》，中国青年出版社，1998，第 331 页。
② 梁启超：《新大陆游记》，吉林出版集团有限公司，2012，第 205 页。
③ 吴宓著，吴学昭整理注释：《吴宓日记　第 2 册（1917—1924）》，生活·读书·新知三联书店，1998，第 153 页。

这样的环境中，不但涉猎的知识领域广，而且注重在广博厚实的基础上求精、求专，发挥自己的所长，所以一般都会学有所成。

博士研究生毕业论文（以下简称“博士论文”）作为学校教育最高阶段的书面结果，最能体现学生科研水平的高下，其代表了研究生教育的最高水平，重要性自然不言而喻。现将部分研究生导师在留学期间所作的博士论文列表，如表 4.2.1 所示。

表 4.2.1　近代部分有留学经历的研究生导师留学期间所作的博士论文一览表

学科	姓名	博士论文	所在院校	写作时间
文科	赵元任	《连续性：方法论的研究》	哈佛大学	1918
	金岳霖	《T. H. 格林的政治学说》	哥伦比亚大学	1920
	李济	《中国民族的形成》	哈佛大学	1922
	冯友兰	《人生理想之比较研究》	哥伦比亚大学	1923
	蒋廷黻	《劳工与帝国：关于英国工党特别是工党国会议员对于 1880 年以后英国帝国主义的反应的研究》	哥伦比亚大学	1923
	雷海宗	《杜尔阁的政治思想》	芝加哥大学	1927
	李方桂	《马朵尔——一种阿塔巴斯堪语》	芝加哥大学	1928
	黎东方	《比列志士记》	巴黎大学	1931
	范存忠	《中国文化在启蒙时期的英国》	哈佛大学	1931
	王力	《博白方音实验录》	巴黎大学	1931
	张荫麟	《莫尔和杜威的哲学思想比较》	斯坦福大学	1933
	陈铨	《中德文学研究》	基尔大学	1934
	杨成志	《罗罗文字与经典》	巴黎大学	1934
	齐思和	《春秋时期中国的封建制度》	哈佛大学	1935
	任美锷	《英国苏格兰河流的地貌学研究》	格拉斯哥大学	1939
	翁独健	《爱薛传研究》	哈佛大学	1939

续表

学科	姓名	博士论文	所在院校	写作时间
法科	马寅初	《纽约市的财政》	哥伦比亚大学	1914
	梁仁杰	《中国的行政管辖权》	巴黎大学	1920
	周鲠生	《英国、法国、美国对于外国政治的议会控制》	巴黎大学	1920
	陈达	《华侨——关于劳动条件的专门考察》	哥伦比亚大学	1923
	钱端升	《议会委员会制：一项比较政府的研究》	哈佛大学	1924
	孙本文	《美国对华舆论之分析》	芝加哥大学	1925
	陈岱孙	《马萨诸塞州地方政府开支和人口密度的关系》	哈佛大学	1926
	萧公权	《政治多元论》	康奈尔大学	1926
	陈序经	《现代主权论》	伊利诺伊大学	1928
	何廉	《所得税管理的方法和过程：英美比较研究》	耶鲁大学	1926
	吴文藻	《见于英国舆论与行动中的中国鸦片问题》	哥伦比亚大学	1928
	吴景超	《唐人街：共生与同化》	芝加哥大学	1928
	王化成	《国际不法行为的补偿措施》	哈佛大学	1928
	张忠绂	《英日同盟》	约翰·霍普金斯大学	1929
	方显廷	《英格兰工厂制度之胜利》	耶鲁大学	1928
	赵乃抟	《理查德·琼斯：一位早期的英国制度经济学家》	哥伦比亚大学	1929
	姚启胤	《国家在与非本国的私人订立合同中的国际责任》	密歇根大学	1930
	张汇文	《中国自 1911 年起的文官考试制度的发展》	斯坦福大学	1932
	赵承信	《从分与合的观点对中国的一个区位学研究》	密歇根大学	1933
	林同济	《日本在东北的扩张》	加利福尼亚大学伯克利分校	1934
	杨兆龙	《中国司法制度之现状及问题研究：参考外国主要国家之制度》	哈佛大学	1935

续表

学科	姓名	博士论文	所在院校	写作时间
法科	黄正铭	《海外华人的法律地位》	伦敦大学	1936
	陈芳芝	《与中国有关的若干国际法问题》	拜扬尔学院	1939
理工科	程毓淮	《常微分方程的小参数奇摄动问题》	哥廷根大学	1934
	竺可桢	《远东台风的新分类》	哈佛大学	1918
	姜立夫	《非欧几里得空间直线球面变换法》	哈佛大学	1919
	刘树杞	《从铬酸盐废液中电解再生铬酸的连续方法》	哥伦比亚大学	1919
	胡经甫	《襀翅目形态解剖及生活史研究》	康奈尔大学	1922
	饶毓泰	《关于水银蒸气的低压弧光和它对荧光的影响》	普林斯顿大学	1922
	叶企孙	《流体静压对铁、钴、镍磁导率的影响》	哈佛大学	1923
	李寿恒	《硫铁矿的氧化对煤自燃的影响》	伊利诺伊大学	1925
	吴有训	《康普顿效应》	芝加哥大学	1925
	张景钺	《蕨根茎组织的起源和生长发育》	芝加哥大学	1925
	李继侗	《森林覆盖对土壤温度的影响》	耶鲁大学	1925
	朱物华	《广义网络瞬态及在电滤波器中的应用》	哈佛大学	1926
	曾昭抡	《有选择性的衍生物在醇类、酚类、胺类及硫醇鉴定中的应用》	麻省理工学院	1926
	李汝祺	《关于黑腹果蝇发生遗传学的研究》	哥伦比亚大学	1926
	孙云铸	《壳灰统上部锯菊石类的口缘和住室》	哈勒大学	1927
	李书田	《铁道管理工程经济》	康奈尔大学	1927
	罗为垣	《锡铅分解》	哥伦比亚大学	1925
	张克忠	《精馏过程机理》	麻省理工学院	1928

续表

学科	姓名	博士论文	所在院校	写作时间
理工科	周培源	《在爱因斯坦引力论中具有旋转对称性物体的引力场》	加州理工学院	1928
	杨武之	《华林问题的各种推广》	芝加哥大学	1928
	孙光远	《曲面对的射影微分几何学》	芝加哥大学	1928
	贝时璋	《醋虫生活周期各阶段及其受实验形态的影响》	图宾根大学	1928
	罗宗洛	《氢离子浓度对植物吸收铵和硝酸盐的影响》	北海道帝国大学	1930
	赵忠尧	《硬伽马射线通过物质时的吸收系数》	加州理工学院	1930
	张洪沅	《接触法硫酸反应速度的研究》	麻省理工学院	1931
	戴安邦	《氧化铝水溶胶的研究》	哥伦比亚大学	1931
	周同庆	《二氧化硫气体光谱》	普林斯顿大学	1933
	熊庆来	《关于无穷级整函数与亚纯函数》	蒙彼利埃大学	1934
	郑华炽	《乙酰及乙腈的混合物的喇曼光谱》	格拉茨工业大学	1934
	高尚荫	《草履虫伸缩泡的生理研究》	耶鲁大学	1935
	陈省身	《嘉当方法在微分几何中的应用》	汉堡大学	1936
	王恒升	《阿尔卑斯山太辛耨区角闪岩岩石化学的研究》	苏黎世大学	1937
	谈家桢	《果蝇常染色体的遗传图》	加州理工学院	1936
	张钟俊	《单相凸极电机短路分析》	麻省理工学院	1937
	王竹溪	《吸附理论及超晶格理论的一个推广》	剑桥大学	1938
教育科	陆志韦	《遗忘的条件》	芝加哥大学	1920
	庄泽宣	《中国教育民治的趋势》	哥伦比亚大学	1922
	崔载阳	《关于法美两个著名学者教育哲学的比较》	里昂大学	1924
	邱椿	《实用主义的教育理论》	哥伦比亚大学	1924
	黄敬思	《以县为基础的督导：专业化教学督导及其在中国的应用》	哥伦比亚大学	1925

续表

学科	姓名	博士论文	所在院校	写作时间
教育科	潘菽	《背景对学习和回忆的影响》	芝加哥大学	1926
	邰爽秋	《客观性测量在决定学校管理效率中的应用》	哥伦比亚大学	1927
	李建勋	《美国教育公共控制的诸多因素研究》	哥伦比亚大学	1928
	胡毅	《中国成人阅读习惯的实验研究》	芝加哥大学	1928
	李蒸	《美国单师制学校组织的研究》	哥伦比亚大学	1929
	钟鲁斋	《中国现代教育发展的民主趋势》	斯坦福大学	1930
农科	胡先骕	《中国有花植物属志》	哈佛大学	1925
	梁庆椿	《中国人口和食物供给关系》	哈佛大学	1934
	魏景超	《菜豆锈病抗病性的变化》	威斯康星大学	1937
	章文才	《果树嫁接砧穗亲和性的研究》	明尼苏达大学	1937
	吴绍骙	《玉米自交系血缘与其杂交组合之间的关系》	伦敦大学	1938

[资料来源]根据周川主编的《中国近现代高等教育人物辞典》（福建教育出版社，2012）和周棉主编的《中国留学生大辞典》（南京大学出版社，1999）等资料整理而成。

综观这些留学生在海外所著的博士论文，我们可以将其大体归为两类：一类是运用最新的学术理论、方法探讨新的学术问题，力争学术创新；另一类是着眼于研究中国的实际问题。现对部分留学生博士论文进行分析。

黎东方是被誉为“中国之汤因比”的历史学教授。他在巴黎大学专修法国大革命史，师从法国史学大师马第埃教授。“1931 年 6 月 4 日，他以所著《比列志士记》通过答辩获颁巴黎大学文科博士学位，并附以‘最荣誉记名’。此项‘记名’，在 19 世纪仅泰纳与古朗希二人获得，至 20 世纪，他为荣获此项‘记名’之第一人”[①]。他之所以选此论题，主要是为研究撰述中国革命史做准备，努力以新的视角来研究中国革命。

萧公权于 1927 年撰成的博士论文《政治多元论》，由伦敦著名出版社出

① 张琪：《现代讲史第一人——黎东方》，《传记文学》2010 年第 12 期。

版，并列为“国际心理学哲学及科学方法丛书”之一，牛津大学将该书列为近代名著必读书目。《政治多元论》一经问世便成为当时学术界的关注焦点。《伦敦时报》《新共和》《中国社会及政治学报》《哲学学报》《国民》《美国政治学评论》等一些当时颇有影响力的报纸及学术杂志纷纷刊载书评，给予此书很高的评价。就连书中的主要批评对象之一，即当时颇具名望的政治思想大家拉斯基（H. J. Laski）也在《新共和》上发表评论，深深敬佩“此书才力与魅力均巨”。“此书出版之时，公权先生尚未逾而立之年，而其学已卓然自立，跻身世界著述之林，扬名国际，无疑是侪辈的翘楚。”①

吴文藻于 1923 至 1929 年相继在美国达特茅斯学院、哥伦比亚大学主攻社会学。在吴文藻看来，西方社会的富强与科技进步，正是在于其掌握了这些先进的科学文化知识，中国要想强大起来，就必须要有一大批掌握西方先进技术与科学文化的人才。他决心选择社会学和民族学为终身专业，想通过对中国这两方面的研究，提出改变中国落后状态的合适方案。他怀着“以学术研究为祖国服务”的理念，如饥似渴地学习现代的社会科学和自然科学知识，全身心地投入到学习和研究之中。他的博士论文《见于英国舆论与行动中的中国鸦片问题》使其荣获了哥伦比亚大学颁发的“最近十年内最优秀的外国留学生”奖状。

姜立夫的博士毕业论文《非欧几里得空间直线球面变换法》成为中国第一篇现代几何论文。

陈铨于 1933 年以《中德文学研究》这篇论文获得德国克尔大学的博士学位。该研究首次探讨了中国文学对德国文学影响的历史，分析了世界不同民族、国别的文化文学交流影响的规律，评析了德国人译介研究中国文学、借鉴创作文学作品的得失，阐发了中国传统文化的精粹，是中国文学研究中较早出现的重要的比较文学论文。更为重要的是，该研究体现了陈铨强烈的民族意识觉醒和民族文化自信的理念。

赵乃抟撰写的博士论文《理查德·琼斯：一位早期的英国制度经济学家》，对琼斯经济思想的渊源和体系做了深入的探讨和阐述，是琼斯经济思想研究

① 萧公权：《宪政与民主》，清华大学出版社，2006，第 197 页。

的集大成之作，在塞利格曼主编的国际著名的《社会科学大百科全书》（15卷本）中，该书被列为研究琼斯的第一部参考书，在纽约正式出版后，存放于美国的各大图书馆。

李汝祺的博士论文《关于黑腹果蝇发生遗传学的研究》是最早的发生遗传学的研究成果，于1927年在美国《遗传学报》创刊号刊载，至今被国际遗传学界公认为是发生遗传学的开拓性经典著作。在李汝祺发表论文八年后，美国学者才开始进行对黑腹果蝇发育致死胚胎学的研究。1955年，瑞士胚胎学家哈同（E. Hadorn）的德文版《发生遗传学与致死因子》一书才出现。1961年，马克特（C. L. Markert）和厄普鲁（W. Ursprun）将散见于各方面的材料汇总整理后，合写了《发生遗传学》，创立了这门学科的体系。由此可见，李汝祺无疑是发生遗传学的开拓者之一。

吴景超于1928年写的博士论文《唐人街：共生与同化》是我国学者第一篇深入研究海外华侨的学术论文，其最大特点是从世界移民史的角度考察了美国华人的移民问题。论文以华人"发现"美洲开始，论述了华人在美国的生存环境、华人的移民方式、唐人街的社会组织及华人的家族与家庭生活、帮会等各种与唐人街有关的社会现象，例如，异族通婚、文化冲突和华人同化等。

李寿恒的博士论文《硫铁矿的氧化对煤自燃的影响》，以翔实可靠的实验数据和独到的见解引起国际学术界的广泛关注，美国刊物《工业与工程化学》和英国杂志《燃料》皆对其进行全文刊载。

张景钺的博士论文《蕨根茎组织的起源和生长发育》1927年在美国《植物学杂志》发表。他在论文中证明蕨根茎的中柱类型属于"多环中柱"，结构比较特殊，其研究成果获得学界承认和重视。

贝时璋1923年秋从德国慕尼黑大学转到图宾根大学。1924年年初，动物系的导师哈姆斯（J. W. Harms）教授提出了让贝时璋以"两种寄生线虫的细胞常数"为题目写博士论文。经过深入思考，贝时璋提出寄生的线虫不适合做实验，提出用醋虫做实验材料。导师同意了他的意见。在哈姆斯教授指导下，贝时璋对醋虫的生活周期、各个发育阶段的变化、细胞常数、再生情况等进行了实验研究，最终完成博士论文——《醋虫生活周期各阶段及其受实验形态的影响》。该博士论文刊有80张图，全都是他自己亲手所画，每张图都非常逼真，看后令人赞叹。

周同庆的博士论文《二氧化硫气体光谱》于1933年登载在美国的《物理杂志》上，至今仍保留在普林斯顿大学图书馆中。由于周同庆在美国学习期间学业优秀，才能出众，因而在获得了博士学位的同时，还得到普林斯顿大学校长亲自授予的“金钥匙奖”。

李书田在留学界是出了名的勤奋好学之人。在美国时，他埋头苦学，整日泡在教室、图书馆和实验室里，他的平均成绩高达99.5分。1927年，他以一部60万字的《铁道管理工程经济》获得康奈尔大学哲学博士学位。

章文才的导师赫顿（Ronald Hatton）是英国果树学界权威，在其指导下，章文才在英国东茂林果树试验站进行了“果树嫁接砧穗亲和性的研究”，并以此为题撰写了博士论文，提出了果树砧木亲和性的一些有关生理生化指标，提高了果树嫁接成活率。他的博士论文在英国《果树学杂志》上发表后，美国康奈尔大学果树系和加州大学柑橘系分别邀请他去担任副研究员。1937年到美国后，他与施温格（Swingle）和福劳斯特（Frost）教授一同进行柑橘选种研究。

李继侗于1921年考入美国耶鲁大学林学研究院，受业于美国知名的造林学教授陶满（J. W. Toumey）。在陶满教授的影响下，他完成了题为《森林覆盖对土壤温度的影响》的博士论文，并发表在耶鲁大学林学研究院专刊。无论从学术和技术方面，该论文都达到当时的最高水平。李继侗在这项研究中改进了前人的观察方法，观测细致，数据丰富而全面，使人们对森林覆盖如何影响从表面到不同深度土壤温度变化的规律有了更加可信的认识，这是当时森林地学方面的一项突出成就。

张洪沅1930年在麻省理工学院完成博士论文《接触法硫酸反应速度的研究》。他在前人工作的基础上，导出了一个更加具有工业实用价值的硫酸反应动力学方程式，为接触法制硫酸的工业化和设备设计合理化奠定了理论基础，从而促进了接触法生产硫酸的快速发展。这一理论直到今天仍是制酸界的经典，极大地促进了硫酸生产工业的发展。这项研究成果受到全世界学者的高度重视，罗吉尔（Rogers）在他所著《工业化学手册》（*Manual of*

Industry Chemistry）一书中对张洪沅的研究成果做了转载，并将其中所得的公式称为“张氏公式”。

陈岱孙 1920 年从清华学校毕业后赴美国留学，1922 年取得威斯康星大学学士学位，1924 年取得哈佛大学文学硕士学位。他攻读的是经济学、哲学，专业方向是财政金融，但其涉猎广泛，除了浏览和自己专业有关的书籍，还兼及其他有关社会科学、哲学、历史等学科的名著。1926 年 3 月，他通过了《马萨诸塞州地方政府开支和人口密度的关系》的论文答辩，取得哈佛大学哲学博士学位。他曾回忆，当时经济系研究生班有一个自修室，自修室旁边有个能容纳三十来人的西敏纳尔室。他们这批第一年研究生，在上课之余几乎每天都去自修室读书。读书之余，常相互问难。当论点的分歧激化时，为了避免干扰别人，意见不统一的人就退入西敏纳尔室，关上门，然后再大声争辩。这种场合他也有时参加，但不久就有点内怯，感到自己的学识大不如人。他发现，在争辩时，许多人提出的意见、论点都不只限于课堂所涉及或指定参考书的范围，而经常有更详尽、精辟的意见。他经常感到自己的眼光太窄、见识浅薄，认为这种落后的情形必须改变。在西敏纳尔室里想了一阵子，陈岱孙才明白读书是怎样一回事。“这四年是我平生一次最长期的密集的读书时间，也是我的专业知识最迅速长进的时间，更是我感到读书最有兴趣的时间。我离开哈佛大学，别的没多留恋，就是为这个密集读书生活的结束，有点惘然”①。

杨兆龙 1935 年 5 月以题为《中国司法制度之现状及问题研究：参考外国主要国家之制度》的论文获得博士学位。答辩会由哈佛大学法学院院长庞德主持，历时四个小时，杨兆龙的论文被评为优秀。庞德最后对杨兆龙说：“你是接受我考试的第一个中国人。东方人的思维方法引起我很大的兴趣。”后来，在庞德的建议下，杨兆龙到德国柏林大学法学院从事博士后研究，作为研究员随库洛什教授研究大陆法。经过多年学习，杨兆龙掌握了八门外语，曾率代表团到英国、美国、法国、德国、意大利、比利时、瑞士等国考察法律制度及司法，成为同时精通英美法系与大陆法系的法学家。

---

① 刘昀：《孤帆远影：陈岱孙的 1900—1952》，清华大学出版社，2011，第 64—66 页。

周培源1928年顺利地完成了题为《在爱因斯坦引力论中具有旋转对称性物体的引力场》这篇博士论文。论文中引入了一个物理条件，从而解开了轴对称静态引力场的一些答案，受到了导师贝尔教授和前导师贝德曼教授的高度赞扬。贝德曼教授不但不计较周培源改投他人门下，反而高度赞扬周培源的论文，率先提出应该授予他最佳论文奖。于是周培源获得了最佳论文奖，这是当时博士学位的最高荣誉。

张钟俊1934年9月获得中美文化教育基金会奖学金，到麻省理工学院电工系攻读研究生课程。他如饥似渴地学习，废寝忘食地钻研，仅用两个学期便通过了硕士学位论文答辩。为了攀登科学顶峰，张钟俊又继续了博士研究生课程的学习。麻省理工学院对于攻读科学博士学位研究生的要求相当严格，除了学习本专业的课程，还必须选择一门理学院的专业作为副科，副科要求掌握该专业大学本科的核心课程知识，还要选学该专业两门研究生课程。电工是张钟俊的主科，他选择数学为副科。他的博士论文是《单相凸极电机短路分析》，在答辩会上，“与会者对文章给予极高的评价，认为其中提出的方法不仅对电机学，而且对数学研究也是个创新”[①]。

竺可桢于1910年秋赴美留学，同钱崇澍、辛树帜等人一起进入位于美国伊利诺伊州的伊利诺伊大学农学院。1913年夏天，竺可桢在伊利诺伊大学学满三年，顺利获得农学院学士学位。作为一名庚款留学生，他享受官费的期限是五年，因此无须申请奖学金，可以继续留在美国求学，于是选择什么学科作为攻读方向成为竺可桢的首要问题。此时，该校教授给了竺可桢一个很好的建议，建议他去学和农业有密切关系的气象专业，推荐他报考哈佛大学研究院地学系。竺可桢欣然接受该教授的提议，并凭借实力考上了哈佛大学，1913年秋季报到入学。来到哈佛研究院，竺可桢以极大的热情投入学习。他在沃德（Robert D. Ward）教授和麦坎迪（Alexander Macandie）教授的指导下，除了攻读气象、地质、地理等十多门课程，还选修自然科学史。哈佛研究院的课程教学，导师讲授得很少，以讨论课为多，这使竺可桢的自学能力和研

① 《科学家传记大辞典》编辑组编：《中国现代科学家传记》第5集，科学出版社，1994，第836—837页。

究能力得到很大提高。1915 年，竺可桢获得硕士学位。他的一项关于中国雨量的研究成果于 1916 年在美国《每月天气评论》发表，引起美国气象界和地学界注意。随后，竺可桢申请攻读博士学位，转向远东台风研究。这一时期，他非常关注祖国的气象动态和灾情报告。“他的博士论文的题目是‘远东台风的新分类’，论文依据台风的强度和所经途径进行分类研究，具有重要的理论价值和实践指导意义。1918 年夏，竺可桢顺利通过博士论文答辩，被哈佛大学授予博士学位”[①]。

戴安邦师从胶体化学家托马斯（A. W. Thomas）教授，用配位化学观点进行“氧化铝水溶胶的研究”。戴安邦利用自己扎实的化学功底和高超的实验技术，使论文工作很快有了创造性的结果。导师称这是他遇到过的最好的博士生。戴安邦的博士论文《氧化铝水溶胶的研究》在《美国化学会志》发表后，就受到学术界的瞩目。在 1934 年出版的由托马斯著《胶体化学》和 1956 年出版的由拜勒（J. C. Bailer）主编的《配位化合物化学》中均直接引用了这篇博士论文的研究结果。

张克忠 1928 年获得麻省理工学院科学博士学位，成为在该院获得化学工程科学博士的第一个中国人。当时，他年仅 24 岁，用五年的时间学完了一般人需八九年才能完成的从大学本科到博士生的全部课程和实验，并写出了高水平的博士论文。他在论文中提出的扩散原理，被美国科学界认为是科学上的重大创见，并将此扩散原理定名为“张氏扩散原理”。随后，该校还出版了他的博士学位论文《精馏过程机理》，此书一经出版当即轰动了美国科学界，令美国科学界大长见识。

除了获得博士学位的留学生，还有一大批留学生不以获得高级学位为最终目的。他们在国外求学期间，充分利用有利的条件刻苦学习，努力掌握科学的研究方法及最新的学术动态，为回国后从事研究生教育及科学研究奠定了坚实的基础。

胡适进入康奈尔大学文学院后，主修哲学，辅修政治、经济、文学，他刻苦钻研人文学科的各门学问——他心目中所谓“医国术”的能力与本领。

---

① 张彬：《倡言求是　培育英才——浙江大学校长竺可桢》，山东教育出版社，2004，第 9—12 页。

为使自己掌握扎实而实用的知识，他不肯虚浮在学问的表面扬扬自得，而力图深入挖掘研究，以求真知灼见，实现自己淑世医国之大任。他在一则日记中称："盖吾辈去国万里，所志不在温饱，而在淑世。淑世之学，不厌深也。"①他以"宜多求高等学问"自励，读书兴趣广博。

陈寅恪和傅斯年用全部精力读书，心无旁骛，以至于有人把他俩比作"宁国府大门口的一对石狮子"。虽然傅斯年在留学期间连个硕士学位也没拿到，但是，没有人不佩服他渊博的学问。同样没有取得学位的陈寅恪后来成为清华国学研究院的四大导师之一。四大导师第一位是开创用甲骨文研究殷商史的王国维，第二位是戊戌变法的核心人物、著述等身的梁启超，第三位是从哈佛大学回国的著名语言学家赵元任。这三位导师都是大名鼎鼎。而与之相比，最晚到校的陈寅恪在当时并不出名，既没有显赫的声望，又没有镇服人心的学位，一度被当时的清华学校校长曹云祥所拒绝。1925 年，年仅 36 岁的陈寅恪的身影出现在清华园里，令师生们惊叹的是他的博学。陈寅恪在课堂上讲授的学问贯通中西，连清华学校的教授们也常来听。有人称他为"活字典"，也有人称他是"教授的教授"。

姚从吾跟傅斯年一样，对学历并不热心，而十分注重扩大知识领域。1963 年时，他在给学生萧启庆的信中有过这样的回忆："我在北大读书时，颇得名师指教……所谓乾嘉朴学，是朝夕挂在嘴上的。到德国后，情形大变了……他们有系统的、切实的、客观的治学方法，他们有意想不到的设备，意想不到的环境，合理的人生观，与合理的社会生活。"②《姚从吾先生年谱》记载："先生留德数年，惟汲汲于新知识领域的开拓，不屑于学位的弋获，故先生能鸿博淹贯，绝非斤斤于学位者可望其项背。"1929 年，35 岁的姚从吾受到莱茵河畔的波恩大学的聘请，成为该大学东方研究所汉文讲师。在德国留学期间，姚从吾先后发表《蒙古史发凡》《欧洲学者对于匈奴的研究》等重要著作。

这批留学生之所以能取得较优异的成绩，除自身努力、勤奋学习外，还

① 胡适：《胡适留学日记》，岳麓书社，2000，第 139 页。
② 李长林：《辛勤耕耘在史学教学与研究园地的姚从吾先生》，《中国史研究动态》1999 年第 6 期。

与他们所受名师指导有关。这批名师都是当时欧美各国各学科的权威，学术功底深厚。以物理学科为例，现将部分物理学专业研究生导师留学期间研究领域及指导老师情况列表，如表 4.2.2 所示。

表 4.2.2　部分有留学经历的物理学专业研究生导师留学期间指导老师及研究领域情况表

姓名	年限	留学国家	指导者	研究领域
夏元瑮	1909—1911	德国	普朗克（M. K. E. L. Planck）	不详
	1919		爱因斯坦 (A. Einstein)	相对论
胡刚复	1914—1918	美国	杜安（W. Duane）	原子分子物理学
饶毓泰	1919—1922	美国	康普顿（K. T. Compton）	光谱学
李书华	1920	法国	吉拉尔德（P. Girard）	生物物理学
叶企孙	1921	美国	杜安（W. Duane）	原子分子物理学
	1923		布里奇曼（P. W. Bridgman）	磁学
吴有训	1924—1926	美国	康普顿（A. H. Compton）	原子分子物理学
赵忠尧	1927—1930	美国	密立根（R. A. Millikan）	粒子物理学
周培源	1927—1928	美国	贝尔（E. T. Bell）	相对论
	1928	德国	海森伯（W. K. Heisenberg）	量子力学
	1929	瑞士	泡利 (W. E. Pauli)	量子力学
	1936—1937	美国	爱因斯坦 (A. Einstein)	相对论
王淦昌	1930—1933	德国	迈特纳（L. Meitner）	粒子物理学
吴大猷	1931—1933	美国	高斯密特 (S. A. Goudsmit)	光谱学
霍秉权	1931—1934	英国	威尔逊 (C. T. R. Wilson)	原子核物理学
张文裕	1934—1937	英国	卢瑟福 (E. Rutherford)	粒子物理学
			埃里斯 (C. D. Ellis)	
王竹溪	1925—1938	英国	福勒 (R. H. Fowler)	统计物理学
赵九章	1935—1938	德国	冯・菲克尔 (H. Von Ficker)	气象学

［资料来源］根据周川主编的《中国近现代高等教育人物辞典》（福建教育出版社，2012）和周棉主编的《中国留学生大辞典》（南京大学出版社，1999）等资料整理而成。

三、深厚的学术造诣

有留学经历的研究生导师大多以研究为“第一责任”。丰富的学习经历以及在求学期间刻苦的学习精神，奠定了他们从事学术研究的坚实基础。他们回国后，将国外所学的知识和方法运用到学术研究中，取得了丰硕的学术成就，成为近代最新学术研究中最为重要的一支力量。

（一）勇于开拓学研领域

有近代留学经历的导师们，在学术研究上纷纷站在学科前沿，他们在留学期间就崭露头角，显示出较强的学术研究能力。其中不少研究成果已经达到国际先进水平，或者为后来在各方面所取得的重大成就打下了坚实基础。限于篇幅，现仅择数例展示如下：

李方桂在美国芝加哥大学读研时，师从萨丕尔（Edward Sapir），攻读语言学。1927 年，萨丕尔在 *The University of Chicago Magazine* 第二十期上发表一篇文章，其中登载了李方桂的照片，并加以说明：“一个中国学生在他第一次田野调查中，发现了一个大家以为已经灭绝了的重要的印第安语。”这个语言就是“Mattole”，李方桂的博士论文就是以这种稀有语言为研究对象的。对该篇博士毕业论文，萨丕尔作出这样的评价：“这就是说，李先生为科学研究及时调查了一个语言，而这个语言对于拟测整个 Athabaskan 语的原始特征可能具有特殊的重要性，第一次田野调查就有此成果是难得的。”[①] 由此可见，李方桂在踏进语言学界之时，就在印第安语言研究方面有了突破性的贡献。

吴宓留学回国后，把比较文学引入中国学术领域，在中国开创了世界文学和比较文学的研究，为比较文学学科的建立打下了牢固的基础。吴宓留学期间所选定的导师白璧德教授精通梵文，对印度哲学和宗教也有深入的研究。他鼓励并指导吴宓对世界上几大文化传统进行比较研究：西方源于古代希腊罗马的古典文化传统；希伯来基督教文化传统；印度哲学与佛学传统；中国孔子哲学与儒家传统。吴宓接受了白璧德教授的教导，对哲学、历史、文学

① 北京大学汉语语言学研究中心《语言学论丛》编委会编：《语言学论丛》第 32 辑，商务印书馆，2006，第 359—360 页。

等方面的研究都从比较这四大文化传统的角度来进行，因此，吴宓在文学研究方面特别重视文学的伦理作用，研究文学如何指导人生，文学如何影响人的世界观和人的言行。他研究《红楼梦》也是从比较四大文化传统的角度去进行的；讲授“中西诗之比较”和“文学与人生”课程也都是从比较文化的角度出发，落实到文学如何指导人生的目标上来的。早在1920年，吴宓还在哈佛大学比较文学系当研究生时，就在《留美学生季报》上发表了《记新文化运动》和《中国新旧说》两篇文章，首次向国内知识界介绍了比较文学这个概念。随后，他又发表了关于《红楼梦》与西方文学比较研究的论文，受到导师白璧德教授的称赞。1921年回国后，吴宓在清华学校开设了“中西诗之比较研究”，向学生讲授西欧文学，使比较文学开始进入中国高等学府的课堂。他不仅是我国第一个系统学习比较文学的学者，而且还是在高校开设比较文学课程和运用其理论与方法研究中国文学的第一人。他指导的研究生李赋宁曾这样评价：“在吴宓先生的研究和教学活动中，既强调思想，又重视事实。在这方面，先生也为后继的人树立了良好的榜样和严格的标准。在外国文学研究中，先生同时重视文艺理论和文学史的研究，反对仅凭个人印象和爱好去分析文学作品。”[①]

涂长望是一位知识渊博、视野开阔、具有创新精神的科学家，在国际气象学界享有盛誉。当时我国气象观测按英、美、法、日等国规范进行，从而造成各时期、各地区的气象预报及记录缺乏统一的科学标准。涂长望以求实精神潜心研究气象科学，以英国、挪威和美国气象学派的理论为基础，开创了中国长期天气预报的研究，经多次实验研究，编写了适合我国国情的《地面气象观测规范》，以统一全国的观测技术和制度。“此外，涂长望对农业气候、霜冻预测、长江水文预测、气候与人的健康、中国气候与各河川水文、土壤形成与植被分布的关系、中国人口与社会等也作过研究”[②]。他在气候方面研究的最大特点是密切结合天气学，使气候学更具活力，对研究我国季风与旱涝具有重要的意义。同时，这些研究还密切联系国民经济和人民生活中的重大气象问题，

① 黄世坦：《回忆吴宓先生》，陕西人民出版社，1990，第12页。
② 《科学家传记大辞典》编辑组编：《中国现代科学家传记》第6集，科学出版社，1994，第34—35页。

开辟了我国三维空间气象学研究的途径，为中国气象学科的发展做出了卓越的贡献。

蒋廷黻在美国留学时受过严格系统的史学方法训练，所以他极为重视史料的整理与鉴别，并把它看成研究历史学关键的第一步。在清华大学任历史学部主任时，蒋廷黻以《筹办夷务始末》为基础进行外交资料的搜集整理，并主持编辑了道光、咸丰、同治三朝的《筹办夷务始末补遗》[同治五年(1866)以后未编成]。随后，他又编纂《近代中国外交史资料辑要》上、中两卷，按照他自己制定的“择其信、择其要、择其新”三项标准，一共收录了从道光二年（1822）至光绪二十一年（1895）之间，长达70余年的有关中外交涉的重要文献799种，是一部典型的外交史专题资料集，甚至可以说是一部史料汇编式的专题学术著作。蒋廷黻也凭此充分表现出其深厚的历史学功力。

赵元任在游历欧洲之后于1925年回国，担任清华国学研究院的导师，讲授“方言学”“普通语言学”“音韵学”等课程，指导学生进行包括“中国音韵学”“中国乐谱乐调”“中国现代方言”等专题研究。自此他正式以中国语言学和方言学研究为自己在学术上的主攻方向。[①]两年后，他开始系统地进行汉语方言调查研究，以高深的广博学识，卓越的学术思想，缜密的研究方法，开创了中国五四运动以来的现代汉语方言学研究领域的全新局面，堪称现代汉语的奠基者。

汤用彤在哲学领域最具代表性的著作就是《汉魏两晋南北朝佛教史》一书。他在书中简略提到其创作经过：“十余年来，教学南北，常以中国佛教史授学者，讲义积年，汇成卷帙。”但他每次讲课都要对原来的讲义作出修改。从20世纪20年代初就开始撰写，20年代末完成初稿，30年代又全部修改和补充一次，再花费近四年的时间才完成定稿。这部著作开辟了中国佛教史研究的新纪元，受到学术界的广泛赞评。胡适在校阅该书稿本第一册时，称赞此书：“锡予（汤用彤字锡予，作者注）训练极精，工具也好，方法又细密，故此书为最有权威之作。”贺麟评论现代中国哲学亦言：“汤用彤得到了西洋人治哲学史的方法，再参以乾嘉诸老的考证方法。所以他采取蔡勒尔（Zeller）治希腊哲学

① 冯爱珍：《方言大师赵元任》，《中华读书报》2001年8月15日。

史一书的方法。所著《汉魏两晋南北朝佛教史》一书，材料丰富、方法严谨，考证方面的新发现，义理方面的新解释，均胜过别人。”1943 年，该书获得国民政府教育部学术研究奖励哲学类一等奖。

张星烺在任教编史期间一直不断地搜集中外关系史方面的有关史料，先后翻译了两种版本的《马可·波罗游记》。历经长期钻研，他从中国正史、野史、游记、文集、笔记等 274 种书籍和英、德、法、日文等 42 种书籍中摘录有关天文地理，以及民族、文化、科技、历史、政治、经济、生物和重要历史人物进行阐述，并作考证，终于在他 38 岁时完成了《中西交通史料汇编》的初稿。1930 年，该书正式出版，全书共分六大册，3000 多页，100 余万字。

雷海宗在海外学成归国后，决定借鉴西方的史学理论与方法来研究中国的历史，从而改造中国传统的治史方法与思路，创新中国的新史学。首先，他翻译了意大利著名哲学家克罗奇的名著《历史学的理论和实际》，向中国学术界介绍了他的史学理论。雷海宗指出，“颇足以调剂我们中国传统史学偏于‘记事’的弊病”。其后，他撰写《殷周年代考》，根据居住在温带地区人类的生理、平均寿命来推断殷周的年代。这种将其他学科的研究成果应用于史学领域的方法，不仅十分新颖，而且比较符合科学实际。

楼光来博古通今，被誉为东方莎士比亚研究权威和亚洲七大莎士比亚专家之一，受到学界的普遍尊敬。钱锺书先生在国立清华大学外文系讲课时就曾说过：“楼光来先生的人品和学问使我衷心钦佩。”

陈建功曾用日文写成一本专著《三角级数论》，并在日本出版。在该书中，他首创了不少新译术语，至今仍被沿用。苏步青对陈建功有过这样的评价：“中华民族，竟然出了陈建功这样一个数学家，无怪乎当时举世赞叹与惊奇。陈先生为祖国争了光，为中国人民争了气，他是中国人民的骄傲。”[①]

李寿恒瞄准世界化工高等教育的先进水平，拟定了我国化工教育发展的远大目标。1927 年，浙江大学成立了我国第一个化学工程系，标志着我国化学高等教育的起步，此时距 1888 年美国麻省理工学院开设化工课程已经 39 年了。20 世纪二三十年代，美国化学工业以及石油工业蓬勃发展，推动了化

① 王增藩：《苏步青》，贵州人民出版社，2004，第 36 页。

工教育的兴起。在1922—1937年的15年间，美国化学工程师学会曾对有化学工程教育的院校进行了严格的评审，其中被评为合格的高校有28所，且都是美国知名高校。而此时的中国化学工业基础非常薄弱，化工教育仍未起步。面对这种状况，李寿恒提出："以绳美国化工教育之标准，不无如临深渊，如履薄冰之感。"在浙江大学化学工程系创建伊始，他就提出了高标准、严要求、高起点的要求，希望在世界化工教育格局中，确立中国化工教育的地位，办出中国化工教育的特色。

何廉留美归国后受聘于南开大学，担任商科财政系和统计学教授。他怀揣"研究社会经济以促进本国学术的进步"的理想，在南开大学成立社会经济研究委员会（后改名为"经济研究所"）。他主张"以中国历史、中国社会为学术背景，以解决中国问题为教育目标"，积极推进经济学教学的"中国化"。他带领研究团队率先开展中国社会经济的实际问题研究，例如统计中国物价，编制生活指数，调查农业经济，等等。他的研究成果受到国内外经济学界的高度关注，被誉为"在国内最早引入市场指数之调查者"和"我国最早重视农业的经济学家"。

吴有训于1930年10月在英国的《自然》杂志上发表了他回国后的第一项研究成果《论单原子气体全散射X射线的强度》，这是中国物理学家最早在国际权威科学刊物上发表的论文之一。此后，吴有训对X射线经单原子气体、双原子气体和晶体散射的强度，温度对散射的影响和散射系数等问题进行了一系列探索，并最终取得了重要的研究成果。吴有训的这一系列研究工作，引起了国际物理学界对这位年轻的中国物理学家的瞩目。鉴于他在这些工作中的杰出贡献，德国哈莱（Halle）自然科学研究院推举他为院士。

（二）积极开展学术交流

在留学期间，这批学人已和世界学术界建立了良好的学术关系和联系。回国任教后，他们通过出席国际会议、应邀讲学、教育考察、访学进修以及联手科学研究等多种形式，依然保持着同国际学术界的紧密交往。这种频繁的国际学术交流，使得我国近代的学术研究能紧跟世界潮流。他们不仅继续深化已有的研究，而且及时地向学界及研究生介绍国际学术发展的最新进展和动态，有助于各大学科的科学研究不断地推陈出新。

饶毓泰于1929年获中华教育文化基金董事会奖助金，赴德国莱比锡大学波茨坦天文物理实验室进修，从事原子光谱线的斯塔克效应的研究，经过不懈努力，最终完成了《论铷和铯的基本线系的二次斯塔克效应》论文，极大丰富了新兴量子力学成果。1944年，饶毓泰再次自费赴美，与美国学者合作进行分子光谱的研究，测定了光谱的退偏速度，获得了含同位素气体分子的转动光谱和分子内部运动的重要信息。

杨石先于1929年赴美国，在耶鲁大学研究院当研究员，从事杂环化合物的合成研究工作，并被推选为美国科学研究工作者荣誉学会会员。

李汝祺于1935—1936年在美国加州理工学院进修，从事细胞遗传学研究，他回国后把果蝇唾腺染色体技术介绍给了他在国内的学生。

周培源于1936—1937年前往美国普林斯顿高等研究院，从事理论物理的研究。在此期间，他参加了爱因斯坦的广义相对论讨论班，并从事相对论引力论和宇宙论的研究。1943年，周培源再次赴美国加利福尼亚理工学院从事湍流理论研究，随后参加美国国防委员会战时科学研究与发展局海军军工试验站鱼雷空投入水的战事科学研究。1946年7月，他赴欧洲参加牛顿诞生300周年纪念会和国际科学联合会理事会。他还参加了在法国召开的第6届国际应用力学大会，并被这次大会以及会后新成立的国际理论与应用力学联合会选为理事。

张文裕于1943年应美国普林斯顿大学的邀请，赴美国从事核物理研究和教学。他在普林斯顿大学帕尔麦实验室（后改名为亨利实验室，这是美国历史悠久的实验室之一，许多美国老一辈著名物理学家曾在这个实验室工作过）工作了7年，其间他做了两方面研究工作：一是与罗森布鲁姆（S. Rosenblum）合作建造了一台 α 粒子能谱仪，并利用这套仪器测量了几种放射性元素的 α 粒子能谱；二是进行 μ 子与核子相互作用的研究，在研究过程中发现了 μ 介原子，从而开创了关于奇异原子领域的深入研究。

谈家桢于1945—1946年应哥伦比亚大学的邀请，赴美任客座教授。他对嵌镶显性现象的规律做了进一步的研究，并在1946年发表了题为《异色瓢虫色斑遗传中的嵌镶显性》的论文。这些成果引起了国际遗传学界的巨大反响，认为其丰富和发展了摩尔根遗传学说。

除了赴海外访学进修，这些留学出身的学人还积极参加国际学术会议，在国际学术舞台上，发出中国声音，留下中国人的身影。

1926年6月，吴有训参加了美国物理学会召开的第140届会议。此次国际会议，吴有训所宣读的个人三篇科研论文，引起美国物理学界的关注和重视。同年，孙云铸作为中国代表出席了在西班牙马德里召开的第14届国际地质大会。汪敬熙分别应邀参加了于1929年8月17—24日及9月1—7日在美国召开的国际生理学会和国际心理学会大会。

1930年，陈焕镛应邀参加在印尼雅加达召开的第4届太平洋科学会议。随后，他又作为团长出席在英国剑桥大学召开的第5届国际植物学大会，并代表中国植物学家向大会致贺词。他发表的专题报告为《中国近十年来植物学科学发展概况》，内容述及我国植物学的发展以及从事教学与科研的中国学者的奋斗开拓精神，博得与会者莫大的兴趣与重视，因而大会将中国植物研究列为重要议题之一。他和胡先骕首次被选为该委员会的代表，为我国加入国际植物学会及成为命名法规委员会成员国开启了先路。五年后，陈焕镛又应邀出席在荷兰召开的第6届国际植物大会，被选为该会分类学组执行委员和植物命名法规小组副主席。1932年，熊庆来代表中国出席在瑞士苏黎世召开的国际数学家大会，会后到巴黎庞加列研究所研究函数论。1935年，邓植仪赴英出席第三次国际土壤学大会和世界教育大会。在国际土壤学大会上，邓植仪与亚洲代表一起商议了有关准备绘制亚洲土壤草图等问题。在世界教育大会上，他代表中山大学提交了《中山大学近年来之发展》一文，交流了办学经验。

抗日战争胜利后，学术界迎来了国际交流的高峰期。1946年，涂长望代表中国科学工作者协会出席在伦敦召开的科学与人类福利世界大会，并在会上作了《科学改善人类福利之先决条件与实施方案》的讲演。1948年，谈家桢代表中国遗传学界出席在瑞典斯德哥尔摩召开的第8届国际遗传学会议。在该次大会上，他被选为常务理事。随后，他又受到联合国教科文组织的资助，赴意大利、法国、荷兰和美国进行讲学和考察。同年，孙云铸代表中国古生物学会出席第18届国际地质大会和国际古生物协会会议，他在会上作了学术报告，并被选为国际古生物协会的副主席。

随着中国学术实力的提升，国外许多著名大学还诚邀我国学者赴海外讲学。留学出身的研究生导师借此走出国门，以扩大中国学术的影响力。1929年，吴经熊受邀前往美国哈佛大学和西北大学开展为期一年的讲学活动。1935年，吴康被巴黎大学聘为该校中国学院文学讲座；又应国际大学协会之聘，赴比利时首都演讲《中国大学教育》；随后又受邀到捷克斯洛伐克演讲《中国文化及其近千年建设进步概况》。在欧洲一年多，吴康考察各国教育，与各学术机关协商合作交流学术事宜，如巴黎大学研究院乐于与中山大学文科研究所交换刊物及著作等。陈焕镛不但是我国植物分类学的先驱和权威，在国际学术界也享有很高的声望。1936年，英国爱丁堡植物园苏格兰植物学会特聘他和胡先骕为该会名誉会员。1937年3月29日—4月3日，杨成志应邀出席日本民族学会、东京人类学会联合举行的第二届年会，并受到特别约请在会上作我国“西南民族”的专题讲演。半年后，他又被国际人类学与史前考古学大会邀请为中国唯一的代表会员，参加在罗马尼亚首都布加勒斯特举行的第17届会议。由于旅途太远，杨成志未能出席会议，仅将自己的论文寄给大会，请主办方代为宣读或刊印。抗日战争胜利后，杨成志又应美国人类学学会和国际人类学民族科学大会第3届大会的邀请，分别赴芝加哥和比利时首都布鲁塞尔，参加人类学国际会议。1939年春，英国牛津大学聘请陈寅恪为汉学教授，并授予其英国皇家学会研究员职称。他是该校第一位受聘的中国语汉学教授。1937—1949年，钱端升四次应邀赴美国参加学术会议和讲学。其中在他任哈佛大学客座教授期间，讲授了中国政府与政治。1941年秋，方显廷得到洛克菲勒基金会的资助，赴美研究工业化学及投资等问题，并且在美先后发表了关于中国经济建设的论文多篇，引起了美国学界的关注。抗日战争胜利后，杨石先第三次赴美国，在印第安纳州立大学任访问教授兼研究员。1945年秋，许宝騄应邀去美国加州大学伯克利分校和哥伦比亚大学任访问教授，在两校各讲授一学期。1946年他又到北卡罗来纳大学任教。1948年，魏景超应英中文化协会的邀请，到剑桥大学担任客座研究员，进行植物病毒的接种、纯化与症状分析，后来又到洛桑试验站、真菌研究所和美国威斯康星大学植病系等处开展研究。1949年秋，他又前往美国威斯康星大学，从事植物病毒和植物营养与病害发展关系的研究。

留学研究生导师利用出席国际学术会议或访学访问的机会，还开展了一系列教育考察，从而更全面地了解国外学术教育发展的最新动态。

1929年2月，庄泽宣、崔载阳等4人赴菲律宾进行了为期3周的教育考察。1932年夏，庄泽宣利用赴欧洲出席世界教育年会和国际心理学会大会的机会，顺便考察了意大利、捷克斯洛伐克、瑞士、丹麦、德国、法国6国的教育。1935年，邓植仪赴英国出席国际土壤学大会的同时，带着多年对农业和农业教育产生的问题，考察了英国、比利时、荷兰、德国、丹麦、瑞士、意大利、法国、美国等国和南洋各地的农业教育与农业概况，行程5万公里，历时165天，对各国的农业设施、政策、科学试验、经营管理、农产品贸易、土壤、肥料等进行了认真的调查研究，以寻求解决我国农业发展问题的良方。这次考察给邓植仪留下最深刻的印象是："农业之在欧美，无论其为农业国抑系工业国，均重视之，而尽量谋其发展。"他在进行农业教育考察时，不仅访问了剑桥大学农学院、威斯康星大学农学院等著名的学研机构，还对一些农业专门学校、中等农校、乡村农校和专为冬季农闲时培训农民及其子弟的冬闲学校进行了考察。他对各国农业教育的特点，边考察边比较。对英国农业部与教育部能共同制订整体的农业教育计划，注意与地方教育当局及各大学通力合作等方面非常赞赏。他对各国重视义务教育情况、义务教育与发展农业教育的关系进行了深入的了解和探索。回国后，他发表了《出席第三次国际土壤学大会暨沿途考察农业与农业教育概况报告书》，详尽地记述了考察情况及对改进我国农业和农业教育的意见，提出要重视发展农业生产和农业教育，以发展科学农业、复兴农村经济。在1937年7月23—31日，崔载阳出席了法国巴黎的国际初等教育及民众教育会议，在此次会议上，崔载阳提交了其民族中心教育的论文，得到了各国代表的赞许。频繁的国内外学术交流活动，既扩大了近代中国的学术影响和知名度，又使师生获得了丰富的研究资料和讯息，能够更好地了解国内外教育全貌及其最前沿的动态，从而在借鉴他国有益经验的基础上，不断拓展自己的科研领域，提高自己的科研水平。

总体而言，留学出身的研究生导师群体开拓的学术领域呈现如下特点：一是不搞闭门造车，时刻关注世界科技发展前沿；二是带有强烈的东西文化交融性质，教师们出国前受到的是中国传统文化教育，在国外受到的是西方文化影响，但他们将中西文化交融为一体，能做到“以人为本”；三是极力争取学术独立，即在广泛汲取世界各国教育文化养分的基础上，极力创造出具有自身特点的学科体系和研究成果。他们清醒地认识到，学术在本质上是独立的，“每一门学术都有它的负荷者或代表人物，这一些人，一个个都抱着‘鞠躬尽瘁，死而后已’的态度，忠于其职，贡献其心血，以保持学术的独立自由和尊严。在必要时，牺牲生命，亦所不惜”[①]。正是这群有着深厚学术造诣的研究生导师的不懈努力，才有近代中国研究生教育弦歌不辍、学术成果层出不穷局面的出现。

四、坚定的爱国信念

近代中国饱受外敌侵犯和内战混乱之困，拯救民族危亡始终是其时代主题。动荡时局磨砺着赤子之心，值此内忧外患局势危急之际，留学生普遍具有强烈的爱国情怀和忧患意识。他们有感于救亡图存的重任，一方面积极汲取西方先进的科学文化知识，另一方面心念归国以解救中国于水深火热之中。虽身处国外，但他们不约而同地把自己的专业学习、科学研究与救国、强国、爱国等主题联系起来，寄希望通过求学获知来解决中国的问题。他们时刻关注着祖国的安危，将自己的命运与祖国的发展紧密地联系在一起。他们勤奋努力、潜心学研，以期早日回国，为国效力。

周鲠生在法国留学时，正值第一次世界大战结束，各战胜国在巴黎举行“和会”。帝国主义列强强迫中国接受将战前德国侵占的山东胶州湾的领土，以及那里的铁路、矿产、海底电缆等统统归日本所有的条约。这个条约严重地损害了中国的利益，激起了中国留学生的强烈愤慨。周鲠生和全体中国留学生一道，包围了出席巴黎和会的中国代表，抗议他们在和约上签字。其时，国内正爆发轰轰烈烈的五四运动。海内外学生遥相呼应，掀开了中国革命的新篇章。

叶企孙在日记中这样写道：“要想洗刷民族的耻辱，要祖国强盛，必须

① 贺麟：《文化与人生》，商务印书馆，2005，第 247 页。

加强自身的学识和修养，努力学习科学知识。”从那时起，爱国和科学救国成了伴随他一生的理想和信念。同样，爱国、救国是傅斯年一生思想的主流，无论是从事学术研究，从事教育，还是从事社会政治活动，基本都是为实现其救国、强国的志愿。正如其侄傅乐成所言：“孟真先生具有强烈的民族意识和国家观念，报纸上曾说他是狂热的爱国者，他的这种狂热，随时见之于言论行动。在他所遗留的作品与函件中，这类资料可以说俯拾皆是。”[①]生活在动荡、混乱的社会中，始终以民族和国家的根本利益为基础，对社会现象、人物、事件进行判断，这既是傅斯年的价值标准，也是他从事教育事业的坐标体系。民族危亡之际，傅斯年走出书斋，投身社会，为抗日救国从事舆论呼吁以及进行思想文化的阐释和宣传，为维护民族和国家的最高利益而积极努力。

吴文藻回忆青年时代的专业选择时说：“所有这些‘五四’以后的思潮，如爱国、反帝、民主、科学的思想都使我对社会政治思想及其理论发生了很大兴趣，也为后来选择学习和研究社会学和民族学理论奠定了重要的基础。”[②]孙本文则说得更加明白透彻，“盖正当民族生存危疑震撼之秋……如何满足人民之需求，解除环境之侵迫，以谋妥善之调适……此则社会学者与有责焉者矣”[③]。在给学生的信中，孙本文指出：“研究社会科学之目的，在谋社会生活之改善，以期增进人类幸福……人类社会是在不断演进中。研究并了解社会生活与社会演进的原理与原则，根据这种原理原则，研究如何矫正社会的缺点，加紧社会的进步，这是科学的责任。”[④]

雷海宗在留学期间，除致力于专业领域研究外，还始终保持着对现实问题的关注。他撰写了不少政论性文章，论说与“历史、时势、人心”相关的问题。1925年，雷海宗写出了《“五卅”的功臣》，次年又刊出《强权即公理说》，这两篇文章都是针对现实有感而发。前一篇文章，是他在“五卅惨案”发生

① 聊城师范学院历史系、聊城地区政协工委、山东省政协文史委编：《傅斯年》，山东人民出版社，1991，第324页。
② 吴文藻：《我的自传》，载吴文藻、冰心《有了爱就有了一切》，江苏文艺出版社，1998，第4页。
③ 孙本文：《社会学原理》，商务印书馆，1938，第2页。
④ 明强：《孙本文先生评传》，载孙世光编《开拓与集成——社会学家孙本文》，南京大学出版社，2001，第12页。

后创作的，文中由“五卅”的问题联想到历史上的纪念日，认为《南京条约》签订日比 10 月 10 日更值得纪念，可见他对当时中国的政治现实极不满意。后一篇文章中，雷海宗举出各种例子包括美国 1925 年刚发生的“猴子案”等来论证“强权即公理”的说法，最终的结论是强有力的人，特别是强有力的国家，处处亨通，随心所欲。有力去保护他的公理的人才配谈公理。有力保护其疆土的国家才配承受那土地。无力的人与无力的国家就无公理可言。面对中国积贫积弱的状况，雷海宗大声疾呼，希望能有强有力的国家、强有力的政府来保护自己的人民与土地，同时在世界上赢得“公理”。贯穿雷海宗一生的“拳拳爱国忧世之心”，早在此时就已充分展现出来。抗日战争后期，美国有关方面曾邀请雷海宗等一批知名教授赴美讲学，但雷先生婉言谢绝，决心坚守西南联合大学的教学岗位，与全国人民一起奋斗，为赢得抗日战争的伟大胜利贡献自己的力量。

雷海宗于 1937 年随清华大学文学院师生经长沙、衡山、蒙自，一路颠簸流离最后抵达昆明。看到全国军民英勇抗战、浴血杀敌的情景，雷海宗精神振奋，一扫原来对中国的士兵所持之悲观看法，在《此次抗战在历史上的地位》一文中开篇即宣布：“此次抗战不只在中国历史上是空前的大事，甚至在整个人类历史上也是绝无仅有的奇迹。”他热情歌颂，“我们此次抗战的英勇，是友邦军事观察家所同声赞许的”，“我们最好的军队可与古今任何正在盛期的民族军队相比”，“我们只有募兵，而其效能已几乎与征兵相等，这又是人类历史上稀有的奇事”。他还列表指出历史上其他民族的文化发展只经过由分裂到统一而后再分裂衰亡的一周过程，而中华民族的文化却经历了二周，其原因在于两千年来中国南方地区的大开发，保持并增强了中华民族的元气。也正因此，今日才能如此英勇抗战。“二千年来养成的元气，今日全部拿出，作为民族文化保卫战的力量。此次抗战的英勇，大半在此”[①]。最后，雷海宗期望，通过抗日战争的胜利，中国文化将结束第二周，揭开第三周的帷幕。在民族文化感召下，他决心坚守岗位，与全国军民一同奋斗，为赢得抗日战争的胜利而贡献全部力量。

① 雷海宗：《此次抗战在历史上的地位》，《扫荡报》1938 年 2 月 13 日。

张洪沅于1924年8月从清华学校毕业后赴美留学，进入加州理工学院化工系三年级学习。留美期间，有一件事深深刺痛了他的心：在他们参加冬令会时，有一位同学去理发，但理发店不给理，说他是有色人种。张洪沅与同学们对此非常气愤，一起提出抗议。他感到国家落后，受人歧视，民族没有地位，人民抬不起头，这是莫大的耻辱。他立下誓言："刻苦学习，振兴中华乃我辈己任。"[①] 从此，他更加勤奋学习，还利用暑假去加州大学选读"企业管理"等三门课程。毕业后，他又选择去麻省理工学院深造，为了抓紧时间学习，他在去麻省理工学院前的暑假期间，还进入到威斯康星大学暑期学校，选学了"微分方程"和"有机制备"两门课程。1928年1月，他在麻省理工学院获硕士学位后，就去了俄亥俄纸厂任化学工程师，后来返回麻省理工学院任应用化学研究室助理研究员。1930年，他在麻省理工学院获博士学位，升为副研究员后继续在那里做研究工作。当时美国中部一州立大学拟聘他任助理教授，但他毅然拒绝，因为这所大学要求他必须加入美国籍才能聘请他，当时他只有一个心愿："我是中国人，学成后为祖国的富强效力。"

1931年，江泽涵应北京大学理学院新任院长刘树杞先生的邀请到北京大学数学系任教，他把这看作实现自己抱负的机会。当时，他的导师莱夫谢茨也曾劝他留下来继续做研究助教，但他决定学习姜立夫先生要学成回国，遂婉言谢绝了莱夫谢茨的挽留。他说："现在国内需要我回去教学，我不能再留下了。"

1935年，黄子卿在获得博士学位后毅然决定回国，麻省理工学院化学系主任及芝加哥大学原子能研究所负责人都想留下这位年轻有为的才子。然而，怀着拳拳报国之心的黄子卿义无反顾地回到了祖国。

1937年12月，张钟俊作为麻省理工学院第一个博士后副研究员留校工作。但当看到日寇的肆意猖狂，看到同胞背井离乡后的悲惨，张钟俊毅然决然地承担起作为一个中国人所负有的不容推辞的民族责任。他放弃了回美国继续做博士后的机会，回绝了美商要求他在上海电力公司任职的聘请，于1938年11月进川，担任其时已迁至乐山的武汉大学电机系教授。因日寇侵袭，旋赴

① 孙文治主编：《东南大学校友业绩》第1卷，东南大学出版社，2002，第378页。

重庆，任中央大学电机系教授。1943年电信研究所成立，张钟俊任主任，研究所参照美国麻省理工学院和哈佛大学的教学模式和内容设置课程，并正式招收研究生，开始了电信专业研究生人才的培养。

面对日本侵略者在华北日益猖獗的形势，报国心切的姚从吾在1934年收拾行装回到了祖国。当时的权威报刊副刊曾写道："像从吾这样的学历是少之又少的……当年欧洲留学生往往看不起美国留学生，总认为美国的学问清浅，不如欧洲那样高深。从吾留学德国，专做一门学问，在一般留学生之中，更是少有。所以适之先生一番介绍词引起大会全体重视。"[①] 当时日本军阀推行所谓的"以华制华"政策，积极策动"华北自治"的阴谋。同年10月25日，姚从吾与北京各大学教授孟森、顾颉刚、钱玄同、钱穆等103人联名陈情国民党中央政府，呼吁捍卫国家主权。

> 去秋以来，情势更急，冀东叛变，津门倡乱，察北失陷，绥东告急，丰台撤兵，祸患连骈而至，未闻我政府抗议一辞，增援一卒，大惧全国领土，无在不可断送于日人一声威吓之中。近来对日进行交涉，我政府所受之威胁虽尚未宣布，然据外电本诸东报所传，谓日本对中国有以下诸条款之提出……正在此时，深不愿我政府轻弃其对国民"最后关头"之诺言，而自失其存在之领导地位。故为民族解放前途计，我政府固有根本拒绝此诸条款之责任；而为国家政权安定计，我政府亦当下根本拒绝此诸条款之决心。在昔绍兴之世，宋虽不竞，犹有顺昌之攖；端平之世，宋更陵夷，复有淮西之拒。我中华民族，数千年来，虽时或沦于不才不肖，从未有尽举祖国所贻，国命所系，广土众民，甘作敝屣之弃者。此有史以来前所未闻之奇耻大辱……[②]

抗日战争期间，姚从吾在搜集、整理抗日战争史料时，制订出了极其详尽的计划。该计划除了搜集抗日战争期间每天发生的有关中日战争的电文、电讯、公告、报纸、笔记、杂志，为了避免出现史料偏差，还搜集了当时英、德、

① 萧继宗主编：《革命人物志》第14集，"中央"文物供应社，1975，第220页。
② 《教授界对时局意见书》，《学生与国家》第1卷（1936年）第2期。

法、苏、日、意等国关于中日战争的史料。王德毅说：“先生所拟定的中日战事史料搜集计划书，详尽程度令人惊异、赞佩、向往，欣然读之不忍释卷，足见先生运思细密、设计周详，非受过专门史学训练、兼通古今中外史学的专家所不能道。”1939 年 1 月 1 日，中日战事史料征辑会成立，姚从吾任总编纂。其间，他千方百计地搜集史料，凭借着敏锐的学术洞察力和顽强的毅力，搜集整理抗日战争时期的史料 200 余箱。这批宝贵的史料现存于国家图书馆，为后世学人研究抗日战争历史留下宝贵的原始资料。

卢沟桥事变之后，沈兼士在辅仁大学执教，与同事英千里、张怀等秘密组织“炎社”（后又改为“华北文教协会”）进行抗日斗争。在被敌人发现并被列入黑名单中进行追捕后，沈兼士于 1942 年 12 月 16 日潜出北平，辗转到了重庆，于中央大学师范学院任名誉教授，直到抗战胜利。而早在 1922 年，沈兼士主持北京大学研究所国学门时，就带领学生及同人将年久杂乱的故宫清代档案整理就绪，受到蔡元培先生的高度称赞：“有功史学，夫岂浅鲜。”也就是在这一时期，他成功地阻止了文溯阁《四库全书》的外流。国宝免遭劫难，沈兼士立下大功。

太平洋战争爆发前，燕京大学仍坚持在北平办学，包括洪业在内的很多爱国教师一边坚持教学科研工作，一边积极从事抗日活动。1941 年冬，燕京大学被日军封闭，洪业和邓之诚等教师一起被捕入狱。日方多次威逼利诱，洪业均拒绝与日伪合作，至抗战胜利后燕京大学复校才重新回校工作。

战时随校南迁的冯友兰同样坚信：有着五千年文明之深厚基础的中华民族绝不会灭亡，困厄只是暂时的，很快就会过去，抗日战争胜利之日，就是中华民族及其文化复兴之时！正是凭此坚定信念，冯氏更加勤奋地钻研学问，埋首著述，潜心整理中国传统文化。1939—1946 年，“贞元六书”的出版构成了一个完整的“新理学”哲学思想体系。关于冯友兰著此六书的深意，他在《新原人》自序中曾有明确的表述：“‘为天地立心，为生民立命，为往圣继绝学，为万世开太平。’此哲学家所应自期许者也。况我国家民族值贞元之会，当绝续之交，通天人之际、达古今之变、明内圣外王之道者，岂可不尽所欲言，以为我国家致太平，我亿兆安身立命之用乎？虽不能至，心向往之。非曰能之，愿学焉。此《新理学》《新事论》《新世训》及此书所由作也。"[①]这充分展现了冯氏的宏大抱负和深切愿望。

太平洋战争爆发后，陈焕镛积累20余年得之不易的标本、图书面临被日寇掠夺的厄运，他心急如焚。"在陈焕镛一筹莫展的困境中，适逢广东教育厅厅长林汝珩于1942年3月到香港，他提出将农林植物研究所迁回广州，愿协助运返标本、图书，并将之前留存广州的研究所公物一并交还。这时陈焕镛与全所职员共商后认为：'与其慕清高之行为而资敌以珍藏，曷若利用权宜之措施以保存其实物，名城弃守，光复可期；文物云亡，难谋归赵，为山九仞，岂亏一篑之功；来日大难，当抱与物共存亡之念，赴汤蹈火，生死不辞，毁誉功罪，非所敢顾。'经反复考虑，陈焕镛终于同意林汝珩的计划，但声明研究所乃纯粹科学机构，拒绝涉及政坛"[②]。几经波折后，陈焕镛于1942年4月底总算将存在香港的珍贵标本运回广州，农林植物研究所易名为广东植物研究所，他仍任所长。为保护这批珍贵的标本、图书，他不顾个人安危，多次奔波于穗港之间，才使这批标本、图书得以完好保存至今。抗战胜利后，陈焕镛与员工清点公物并报请中山大学派人接收。对于此举，中山大学农学院院长邓植仪于1945年12月31日呈校长王星拱的报告中予以十分的肯定："查所称各节与及经过之记载，确属实情。该员忍辱负重，历尽艰危，完成本校原许之特殊任务，保存该所全部文物。"[③]

战争的状况还牵动着其时仍在海外的留学生的心。日本侵略军大肆屠杀，无恶不作，这些消息在英国报纸上均有详细报道。当时在剑桥的几个中国学子义愤填膺，迫切要求回国参加抗战。张文裕写信给"英庚款"董事会，申请提前回国加入抗战队列。董事长朱家骅回信说，必须完成学业，取得博士学位后才能回国。于是他又向剑桥大学研究生院提出提前考试的要求，卢瑟福对他的要求很不以为然，但张文裕仍然坚持，校方终于同意了他的请求。1938年春天，张文裕通过了考试，但颁发博士证书的典礼要等到夏天才能进行。

---

① 冯友兰：《三松堂全集》第4卷，河南人民出版社，2000，第1页。

② 冯双全编著：《中山大学生命科学学院（生物学系）编年史（1924—2007）》，中山大学出版社，2007，第93页。

③ 胡宗刚：《华南植物研究所早期史》，上海交通大学出版社，2013，第140页。

为了回国后能尽快参加抗战工作，张文裕在等待的同时经国内防空学校教务长介绍，到柏林 AEG 工厂自费学习探照灯技术。1938 年 10 月，张文裕结束学习回到剑桥大学，随即立刻动身，准备回国贡献自己的力量。

彭光钦在美国学有所成，在生物化学界备受瞩目，回国后，原来就读的美国母校聘请他回校任教。他在赴美途经香港时适逢珍珠港事件爆发，这件事使彭光钦感到国家兴亡，匹夫有责，于是他毅然返回国内，继续从事科研教学工作，立志以科研成果报效祖国。抗日战争胜利后，美国有几所大学曾多次邀请他赴美任教，其中有一所大学甚至在暑假时汇来巨款，请他务必前往。当时彭光钦一家8口人挤在重庆研究所一幢旧民房的顶楼，生活条件非常艰苦，然而即使这样，彭光钦仍一次又一次地谢绝了国外的邀请，坚持选择与祖国同呼吸共命运。

1940 年，马大猷获得了哈佛大学博士学位，成为该校历史上第一个用两年时间就获得博士学位的人。许多人都以为马大猷已经在美国声学界崭露锋芒，站稳了脚跟的他一定会留下来大展宏图。然而马大猷却选择了归国效力这条路。半个多世纪之后，年届八旬的马大猷回忆起当年的选择，深情无悔地说："发展中国的声学事业，是我的恩师为我指出的专业方向，也是我愿意毕生为之奋斗的目标。当时获得博士学位后马上要回国，内心是感到国家和民族正遭受灾难，需要我马上回去尽一份力量。"[①] 马大猷回国后，先是在西南联合大学工学院电机系任副教授，时年 25 岁，两年后升教授，是该校最年轻的两名教授之一。几年后，北京大学筹备创办工学院，31 岁的马大猷被聘为筹备主任，后来又成为北京大学工学院的首任院长。在当时全国著名的工学院中，他是最年轻的一位院长。

留学生学成之后，放弃了国外的优厚待遇，排除种种困难，毅然选择回到祖国，投身国家的社会建设之中的例子，在当时可谓数不胜数。梁实秋在《忆新月》中这样写道："一批批的留学生自海外归来。那时候留学生在海外受几年洋罪之后很少有不回来的，很少人在国外长久居留作学术研究，也很少

① 桂长林编著：《中国科技成就概览》，合肥工业大学出版社，2011，第 161 页。

人耽于物质享受而流连忘返。”[①]“1937年《清华同学录》，共载有1152人，其中学成归国者有1131人，回国率在98%以上”[②]。即使在抗日战争最艰难岁月中，他们仍坚持学术抗战的理念，毅然辗转回国赴难，用实际行动积极支持抗战事业。民族危亡感的强烈震荡，使得近代中国留学生有着强烈的民族意识。作为“未来中国的领导人物和救星”，这些肩负国家前途和命运的留学生，在民族危亡之际选择回到贫穷落后的祖国，是其强烈民族责任感和历史使命感的切实体现，更为新时期的中国青年留下了值得崇敬和学习的精神财富。

① 梁实秋：《秋室杂忆》，传记文学出版社，1985，第66—67页。
② 汪一驹：《中国知识份子与西方》，梅寅生译，枫城出版社，1978，第170页。

第五章

留学生与我国研究生人才的培养

留学生群体在留学的过程中，熟悉了国际高级知识人才培养模式，了解了攻读学位应具备的知识储备及程序要求，这为回国后进行高层次人才培养奠定了坚实的基础。实施研究生培养的主要环节包括制定培养目标、确定培养方式以及设置课程内容等。留学生群体对研究生培养的实施影响深远。

第一节　留学生与我国研究生人才培养模式

研究生人才培养模式指的是培养研究生的方式方法。世界各国的研究生人才培养模式主要有两种形式：一种是入学后在导师的指导下自学和进行研究工作，这种模式被称为“学徒式”；另一种则是开设研究生课程，通过课程学习和科学研究，实现培养目标，这种模式被称为“专业式”。中国研究生教育是在模仿和借鉴外国研究生培养方式的基础上形成的，清末民初主要仿照日本和德国，采取“学徒式”的培养模式，随后，又开始学习美国和英国，采用“专业式”的培养模式，最终形成了以美英“专业式”培养为主导的研究生培养模式。北京大学与清华大学研究生早期的培养分别模仿了这两种模式，即德国以科学研究为主要培养方式的“学徒式”模式及美国以教学和科研并重为主要培养方式的“专业式”模式。在模仿借鉴过程中，留学生起了重要的借鉴与推动作用，对研究生培养方式的转变产生重大影响。

一、培养模式的初创

19 世纪 70 年代始，中国先后派遣多批学生出国游学。甲午中日战争后，抱着救亡图存的信念，一些仁人志士到日本探寻富国强兵之路，加之当时清政府鼓励赴日留学，使留日风潮盛行一时。留学生在日本对其新式教育有了直观感受，并力图变革中国传统教育，清末教育改革就是在借鉴和模仿日本学校制度的基础上形成的。在清末颁行的学制中，就有对研究生培养模式的规定：“通儒院生不上堂，不计时刻”，“但在斋舍研究，随时请业请益，无讲堂功课”。[1]从中可见，彼时要求研究生以自行研究为主，不进行课堂讲授，

① 璩鑫圭、唐良炎编：《中国近代教育史资料汇编·学制演变》，上海教育出版社，1991，第 339 页。

研究生的培养主要是在独立的科学研究中进行。这种纯研究型培养模式是以日本、德国的模式为样本的。日本的研究生教育始于1868年的明治维新，在培养方式上一直模仿并沿袭德国的培养方式。这种方式继承了欧洲中世纪工场、作坊和技艺场中培养手艺人的做法，实行个别教学。研究生没有课程要求，仅仅是在导师的指导下从事科学研究，具有典型的“师傅带徒弟”的特征。

留日生归国后，纷纷成为各个行业的带头人，在国内政治、经济、文化和社会生活的方方面面均产生较大影响。据统计，南京临时政府首届内阁成员总共9部18名总长、次长，有留学经历者达15名，其中有9名是留日生，占有留学经历人员总数的60%。[①]首任实业总长张謇则全面而系统地考察过日本的学校教育。主持民国初年教育改革的最高教育行政机构的历任教育总长、次长中，有一半是赴日留学者。因此，民国建立后的第一部学制体系——“壬子·癸丑学制”，与清末出台的学制一样，基本上仍是以日本学制为蓝本，研究生培养方式仍深受日本影响。1913年，北洋政府教育部颁布的《大学规程》明确强调：大学院“由院长延其他教授或聘绩学之士为导师”“不设讲座，由导师分任各类，于每学期之始提出条目，令学生分条研究，定期讲演讨论”[②]。可见，从制度层面上看，研究生培养方式基本上还是以学生独立、自由的研究为主，以讲演、讨论为辅。北京大学研究所的成立，标志着中国研究生教育正式付诸实践。时任校长的蔡元培是留德归来的学者，德国研究生教育方式必然会影响着他。从该校颁布的《研究所简章》中可见，在蔡元培秉持的“大学研究高深学问”思想指导下，北京大学的研究生教育，在价值取向上着重强调研究性；在培养目标上，以培养纯理论研究者为己任；在培养方式上，研究题目、研究方向和范围完全由教授和学生自由选定，导师在指导上无严格的责任制，研究生培养以学生自由、独立的研究为主；在组织管理上，

---

① 南京临时政府首届内阁18名成员留学情况：黄兴（陆军总长）、蒋作宾（陆军次长）、吕志伊（司法次长）、王鸿猷（财政次长）、王宠惠（外交总长）、居正（内务次长）、景耀月（教育次长）、马君武（实业次长）、于右任（交通次长）等9人留日，黄钟英（海军总长）、汤芗铭（海军次长）、伍廷芳（司法总长）等3人留英，陈锦涛（财政总长）留美，魏宸组（外交次长）留法，蔡元培（教育总长）留德，程德全（内务总长）、张謇（实业总长）、汤寿潜（交通总长）等3人无留学背景，但张謇有系统考察日本学校教育的经历，并撰有《东游日记》，且在其开办的各级各类学校中，多聘请日本教习。

② 舒新城编：《中国近代教育史资料》（中册），人民教育出版社，1985，第658—659页。

研究所负责研究生入学和毕业等行政事务，研究生培养由导师负责管理。

> 研究员得自择特别研究之论题请教员审定，或由各教员拟定若干题听研究员选择之。择题既定，由各员自行研究，随时得请本所各教员指示参考书及商榷研究之法，即以所得结果，以一年之内作为论文，文成后由本门研究所各教员共同阅看，其收授与否由各教员开会定之。论文收授后，由本校发给研究所成绩证书，并将所收授之论文交付大学图书馆保存，或节要采登月刊。其未经收授者，由各教员指出应修改之处，付著作者自修正之。①

从上述规定来看，北京大学的研究生教育是学习和借鉴德国研究生培养模式的结果，明显带有学徒式培养方式的特点。

德国大学在 19 世纪中期成为世界学界取经的圣地，其“研究讨论课”更是世界学界师法的对象。以史学研究为例，“研究讨论课”的目的就是在教授指导之下，让学生独立地从专题研究中琢磨领悟出如何用正确的史学方法来从事研究。每个学生必须在“研究讨论课”上提出报告，接受老师和其他同学严格的批评与考验。虽然“北大直到 1920 年才正式在《研究所简章》上使用 seminar（研究讨论课）这个名词，然而，毫无疑问，1917 年成立的研究所已经受到德国研究方法训练理念的影响”②。

北京大学研究所在运作初期，没有授予学位的规定，也没有严格的入学资格或筛选程序的规定，其研究生的培养以学生读书、自学、独立自由地开展研究为主。诚如郑天挺所言：“当时研究很自由，不必常来，也可以在外工作，在校也只是看书而已。每隔一段时间，研究生和导师集会一次，大家见见面，谈谈。”③从这种自由、散漫的培养方式，可以断定此时研究生培养模式尚处在探索中，这种局面直到 20 世纪 20 年代中后期大批欧美留学生归国走上高校讲坛后，随着一系列研究院所条例的修订才有所改变。

---

① 李盛兵：《研究生教育模式嬗变》，教育科学出版社，1997，第 143—145 页。

② 江勇振：《舍我其谁：胡适　第二部　日正当中（1917—1927）》，浙江人民出版社，2013，第 42 页。

③ 吴廷玺等编：《郑天挺纪念文集》，中华书局，1990，第 687 页。

二、培养模式的定型

新文化运动前后，随着留美人数的增多，美国教育在中国的影响日益突出。20世纪的美国在科技上取得了显著成就，取代了德国在世界科学技术史上的领先地位。美国教育模式也成为其他国家竞相模仿的对象。留美学生归国后大多进入高等院校从事教学活动或者担任教育行政工作，非常自然地将美国教育方式带入了实际的教学和管理中。例如，东南大学校长郭秉文就是按美国的方式来推进教育改革的。随着留学风潮的转向，留美教育逐步占据主导，留美学生学成归国，杜威、孟禄等美国知名教授先后来华讲学，以及当时教育刊物刊载大量介绍美国教育的文字，使得我国高等教育转而借鉴美国，研究生培养也开始向美国“教学科研型”培养模式转轨。

以借鉴和仿效美国建立起来的清华国学研究院（当时亦称清华研究院国学门）的研究生教育体制，成为与北京大学相区别的另一种具有代表性意义的主要模式。由于当时清华学校校长曹云祥是留美归来者，欲依照美国大学研究院的办法创办国学研究院的意图非常明显。他还与胡适商讨如何建立研究院制度。胡适认为美国研究院制度不尽适用于中国，中国古代的书院却有值得借鉴的地方，因此建议在略仿昔日书院及英国大学制的基础上，拟定研究院规程。随后，清华国学研究院确立了全新的人才培养模式：

> 研究院国学门的课程分“讲课”和“专题研究”两类，此外还有“临时演讲”。讲课内容多半是国学基础知识、治学方法或教师个人的治学心得，每星期讲一次至二次，学生必须全体听讲。“专题研究”则由学生在教师所担任的指导学科范围内，选定题目，作为一学年的专题研究。[①]

不难看出，清华大学对研究生的培养有别于纯研究型模式，课程教学出现在培养过程中，“讲课”与“专题研究”相统一。“讲授学程之目的，在使研究生有充分之学术之基础，俾能正确应用，以解决实际电工问题”[②]。课

① 清华大学校史编写组编著：《清华大学校史稿》，中华书局，1981，第51页。
② 《交通大学校史》编写组：《交通大学校史（1896—1949年）》，上海教育出版社，1986，第406页。

程教学还加强了教师与学生的联系，有益于学生广泛吸取各个教师的长处，拓宽视野和思路，使得“科研方法增多了，范围扩大了，深度加深了”，为科研积累了坚实的知识基础。清华国学研究院的学生曾这样评价课程教学：“他们不仅给学生以广博的知识、高深的学问，而且教会学生做学问的方法，根据不同学生特点指明研究的方向，最后让你自己独立研究。”[①]

1934 年，国民政府教育部颁发《大学研究院暂行组织规程》，规定“研究生应习之课程及论文工作由各校详细拟订，呈经教育部核定”[②]。研究生应修习课程，首次出现在政府法规中，这也标志着“教学科研型”的培养模式正式确立。1935 年，国民政府教育部又颁布了《学位分级细则》《硕士学位考试细则》等一系列法令，对学位课程考试、学位论文审查、学位授予等进行了详细规定，系统的学位制度基本形成。硕士学位候选人必须“修毕规定课程，完成研究论文，经所属院所以平时考试稽核方式，证明成绩合格者”[③]。可见，研究生的培养已经包括了学位课程修习，表现为教学与科研的统一，是一种典型的专业培养方式。这种方式明显有别于纯研究型培养方式。在纯研究型培养方式中，学生以自行研究为主，通过科研活动来提升研究能力，无修习必修课程及学分要求；而课程型的研究生培养方式则是通过集体教育来培养研究生，开设多种研究生课程，必须要修习够规定的学分，而纯粹的研究活动只是整个教育体系和培养过程中的一个组成部分。

（一）招生考试

历经十余年的探索和发展，我国研究生的培养及相关制度章程的制定日趋完善成熟，招生考试也渐趋明确、规范。例如，北京大学出台的《国立北京大学研究院规程》规定：“凡北大毕业生、国立各大学毕业生及国内外经研究院承认之各大学毕业生，皆可来院应试。校外毕业生报名时，须缴大学毕业文凭等。本校毕业生在校各学年成绩平均在 80 分以上，外国语成绩平均亦在 80 分以上者，可免试入学；本校各系助教，愿同时作研究生者，由各系

① 陈平原、王枫编：《追忆王国维》，生活·读书·新知三联书店，2009，第 279 页。

② 教育部编：《教育法令汇编》第 1 辑，商务印书馆，1936，第 128 页。

③ 《硕士学位考试细则》，转引自王学珍、张万仓《北京高等教育文献资料选编（1861~1948）》，首都师范大学出版社，2004，第 699 页。

主任推荐，经院务会议审查通过后，可免试入学。入院考试内容分作两项：（1）所专习学科之基本知识：以至少能了解所治学科的基本知识，及其沿革与历史为及格。（2）外国语：以至少能用一种外国语读书与对译为及格。”[①]由此可见，国立北京大学已改变早期研究生入学无考试的做法，对研究生入学资格及考试科目都做出明确规定，这种培养更具有专业型培养模式的特征。以1931年为例，该校各科所考科目具体如表5.1.1所示。

表5.1.1 1931年北京大学研究院各科研究所考试科目表

学部	学科	考试科目
自然科学	数学	高等解析、近世代数、近世几何
	物理学	力学、电磁学、光学
	化学	定性分析、高等无机、高等有机
	生物学	生理学、动物学、植物学
	地质学	地质学及地史学、古生物学及层序学、矿物学及岩石学
	心理学	心理学、生理学、普通物理
文史	中国语言文学	中国文学史、文字学、校勘学及目录学或文学概论
	历史学	中国史、世界史、中国学术思想史
社会科学	法律学	私法、诉讼法、公法
	政治学	政治制度、政治思想史、国际公法
	经济学	经济理论、经济史、实际问题
		统计学、货币及银行、财政学

[资料来源]根据萧超然编著的《北京大学校史（一八九八—一九四九）》（增订本）（北京大学出版社，1988）一书中相关内容整理而成。

1931年，清华大学也颁布了研究院章程，对研究生入学也做出更为明确的规定：“研究院学生资格以国立省立或经教育部立案之私立大学毕业生为限；研究院学生入学必须经过本大学规定之入学试验至本大学毕业生其成绩

① 《国立北京大学研究院规程》，《北京大学日刊》1932年7月16日。

优异者（按本大学成绩计算法在校成绩总平均在 1.05 以上者）得免入学试验；研究院学生入学试验为国文外国文及各学系所规定之专门学科；研究院学生投考报名时须呈缴文凭及其在原校所习科目及学分成绩之证明书。”①

从北京大学、清华大学两校的研究生招生来看，考试已是一种基本途径和举措，其对招收对象的学历要求和考试科目等也都做出了明确规定，这是与早期研究生招生的最大区别之一。在这两所高校的示范和影响下，其他高校在招收研究生时也都做出了明确要求。

中山大学规定：国立、省立、私立等大学，独立学院以及国外大学相当学系的毕业生均可报考。报考需要提供证明文件（在原校所习全部功课的成绩或曾经做研究工作的证明书）、研究计划（包含欲研究的主要问题的重要性与材料及步骤）等。考试科目由普通科目和专门科目组成。前者包括国文、外国文（英、法、德任选一种）、党义；后者则根据不同专业而定，中国语言文学部分为“语言组”和“文学组”，其中“语言组”考国学概要、语言学、文字学和声韵学史，“文学组”考国学概要、诗歌学、词曲学、文学史。历史学部考中国通史、西洋通史（该两项都包括文化史）、史学史与本国发展变革概况地理（选考一种）、史学方法。教育学部考教育学、社会学、教育心理学、教育研究法、口试。土壤学部考理论化学、生物化学、土壤学、肥料学和口试。②

中央大学研究院规定：“凡报考研究生者，必须取得公立或私立立案大学、独立学院毕业文凭或外国大学本科毕业文凭，经各研究所考试合格，方可录取。”③普通科目包括党义、国文、英文和第二外国文（德文、法文任选一种）；在专门科目上，算学部有高等微积分、高等解析几何、近世代数、力学；农学部有作物学、经济昆虫学、遗传学、作物育种学、植物生理学。

武汉大学规定：“凡本校相关专业的大学毕业生以及国立、省立和经过立案的私立大学的独立学院的毕业生，均可报考相关研究所的研究生；研究生入学考试分笔试和口试两种。笔试科目有：与研究的专业有关的基本知识、

① 《国立清华大学研究院章程》，《清华周刊》第 35 卷（1931 年）第 11、12 期。
② 吴定宇主编：《中山大学校史（1924—2004）》，中山大学出版社，2006，第 119 页。
③ 王德滋主编：《南京大学百年史》，南京大学出版社，2002，第 209 页。

国文、外国语（法科所第一外语为英语，第二外语为德、法、日语；工科所只考英文）。”[①] 例如，土木工程学部普通科目有国文、英文、材料力学、高等数学、结构学。水利工程门还需要加试水利工程和水力学；结构工程门还有结构设计和钢骨混凝土。

金陵大学规定：研究生入学考试者必须是国立、省立大学，经教育部备案的私立大学以及独立学院的毕业生，且其毕业成绩在中等以上。此外，各研究所对报考者的专业背景有着明确的要求，文科研究所史学部要求报考者的学业基础“以史学与中国文学为主辅系者或其他各系毕业生，愿意研究史学”。入学考试科目有：国文、中国史（通史及断代史）、西洋史、第一外国语（限用英文）。[②] 理科研究所化学部要求报考者是大学理科毕业生，其毕业成绩在中等以上者。入学考试科目有国文、英文、无机化学、分析化学、有机化学和物理化学。[③] 对于农科研究所各学部来说，农业经济学部要求报考者为农科或者经济学系、社会学系毕业生。入学考试科目为国文、英文、经济学、社会学、农业经济学、农村社会和农村问题。[④] 农艺学部要求报考者为农学或生物学系毕业生。园艺学部要求报考者为农学毕业生。此外，报考农科研究所各学部的考生必须具有一年以上的工作经验，文科研究所社会福利行政学部也要求报考者必须具有两年以上社会工作经验。可见，金陵大学对研究生的报考条件有着明确而细致的规定，对规范研究生的招生工作起到了良好的作用。

招生考试是研究生培养的最初阶段，把好入口关，才能为提升研究生培养质量提供基本保障，因此各高校在研究生的招考工作上都给予了高度重视。除上述提及的几所高校外，其他如浙江大学、燕京大学、南开大学等高校在发展研究生教育过程中，也都在研究生的招考上制定了相应规章，此处不一一赘述。

---

① 涂上飙主编：《乐山时期的武汉大学（1938—1946）》，长江文艺出版社，2009，第 229 页。
② 南京大学高教研究所校史编写组编：《金陵大学史料集》，南京大学出版社，1989，第 174 页。
③ 同上书，第 183 页。
④ 同上书，第 203 页。

（二）课程教学

课程学习是研究生培养的基本环节。这是与早期研究生培养模式最大的区别。留学生们在国外接受了系统的课程学习，从而打下了本领域系统的学科知识基础，为他们开展科学研究奠定了坚实的理论基石。回国后，他们主张通过系统的课程教学，以奠定学生的学科知识基础，从而为科学研究提供持久动力。有留学经历的研究生导师们根据自己的研究专长，开设一定数量的必修课和选修课，供研究生修习。各培养单位大多实行学分制，研究生围绕必修课、选修课和基础实习课进行学习，以获得相应的学分；课程学习与学分积累结合起来，不同的研究所（学部）课程和学分安排各不相同；不同的课程规定不同的学分数，只有取得一定数量的研究生课程学分，才能进入毕业环节。除修习必修课外，还得根据自己原有的知识储备，经导师同意选修一些相关课程。下面将按照部分大学研究所的课程设置情况进行具体论述。

1930 年，北平师范大学成立了研究所，李建勋任主任导师。1933 年 9 月 28 日，在研究所开学典礼上，李建勋强调，研究所是为训练教育之专门人才及研究教育问题而开设的。他指出："以前本所章程规定的研究生必修 16~18 学分，当时所设课程较少，经一年之试办，感觉课程有增加之必要，于是必修之学分亦随之增至 30 个。""至于课程之本身，除一、二科目，乃多偏重研究的方法。其所以然者，乃在培养学生研究之能力也。本年所设之课程共有 8 种，即教育行政研究法、学务调查、教育测验法、教育实验法、高等教育心理、高等教育统计、农村教育及其研究法、教育哲学及其研究法是也。""以上各种课程之学分，都是一样计算，凡每周授课二小时，半年给 3 学分。关于卒业的条件，本所亦有规定，除必修 30 学分外，尚须交论文一篇。待毕业后授予何种学位，因教育部之学位法尚未公布，所以现在不能决定，将来或追给硕士学位。但在学位法未颁布前，本所只能发给毕业证而已。"[①]

浙江大学研究生修业期间均实行学分制，《国立浙江大学研究院一览》规定："（1）各研究部研究生除完成论文外，至少应修完研究生课程 24 学分。各学部在必要时可按实际情形，酌情增减。（2）研究生必须通晓外国语

① 李建勋：《在北平师范大学研究所开学典礼上的讲话》，《师大月刊》1933 年第 8 期。

至少一种。入学时由所隶属之研究部会同外国语言文学系考试。如不及格，应予一年内补习之。（3）凡补习性质之学程，包括第二外国语在内，概不给学分。（4）凡非特为研究生所开之学程，而亦为研究生可以修习取得学分者，以先经注明者为限。（5）研究生修习课程，其成绩满七十分者，给予学分。（6）各学部研究生应于第二学年始业时申请为硕士学位候选人并于第二学年第一学期结束前通过硕士考试之预试。”[①] 基于上述规定，各研究生培养单位均开设了系列课程，以期通过课程学习，使研究生能掌握本学科的基本理论，为学位论文及科学研究奠定坚实的知识基础。以浙江大学数学研究生培养为例，其开设的课程如表 5.1.2 所示。

表 5.1.2　浙江大学数学研究所课程一览表

课程名称	每学年学分	学习年限	指导教师
三角级数论	4	二年	苏步青
高等微分几何学	4	二年	苏步青
数学研究（甲）	4	二年	苏步青
数学研究（乙）	4	二年	陈建功
解析数论	4	二年	王福春
射影微分几何学	4	二年	苏步青
微分议程式论	6	一年	蒋硕良

［资料来源］浙江省研究生教育学会编：《浙江研究生教育》，杭州大学出版社，1992，第 89 页。

中山大学采用的是年级学分混合制，学分的计算是科目修习“以每周上课 1 小时或从事学术工作若干小时满 1 学期者为 1 学分。研究生修业至少 2 年，需修 27~36 学分并缴论文 1 篇”[②]。“岑麒祥开设语言学实习……朱谦之开设历史哲学专题、中国文化史专题、中国社会经济史专题，杨成志开设人类学、考古学，萧鸣籁开设中国史学史专题、两汉史、隋唐史，黎东方开设殷周史，

① 浙江省研究生教育学会编：《浙江研究生教育》，杭州大学出版社，1992，第 88—89 页。
② 吴定宇主编：《中山大学校史（1924—2004）》，中山大学出版社，2006，第 117 页。

吴宗慈开设清史，姚宝猷开设中国基督教史、鸦片战争前外交史等”[①]。农林植物学部陈焕镛开设植物形态学、高等植物分类学、植物分类学法则，土壤学部黄菩荃开设土壤化学、植物营养，邓植仪开设土壤分类，彭家元开设土壤管理。可见，此时研究生课程设置已经十分规范，课程的讲授内容及学习要求也都非常明确，课程讲解已设定固定教师。

清华国学研究院成立于1925年，学院依据各导师的学术专长，开设了一系列课程。王国维担任教学的课程有古史新证、说文练习，指导研究生的研究范围是经学、小学、上古史、中国文学等。梁启超开设的课程有中国文化史、儒家哲学、历史研究法等。陈寅恪担任教学的课程是西人之东方学之目录学、梵文文法等，指导学生研究范围是古代碑志与外族有关系者之比较研究、摩尼教经典与回纥文译本之比较研究、蒙古满洲之书籍及碑志与历史有关系者之研究等。[②]赵元任讲授方音学、普通语言学、音韵练习，指导研究范围包括中国音韵学、中国乐谱乐调、中国现代方言等。李济讲授人类学、普通人类学等课程。1929年，清华大学成立研究院后，扩大了研究生教育规模，课程设置进一步规范，明确课程教学对研究生培养的重要作用。同时，为了方便研究生选习课程，该校还制定了非常详细的课程说明，确定授课教师、学时学分、内容大纲、学习要求及教科书、参考书等内容（具体内容如表5.1.3所示）。清华大学制定的一系列研究生课程学习文件，成为近代我国研究生教育培养在课程设计和讲授方面的典范，标志着我国研究生教育培养模式的正式确定。

表5.1.3　1936—1937年清华大学研究院学程一览表

研究所、学部	课程	教师	课程说明	备注
文科研究所中国文学部	说文研究	杨树达	许氏《说文》为中国最完备最精实之字书。读此则字之所以受形受音受义之理，皆可洞见。而古籍用字之假借讹误，亦不难据以立辨	全学年四学分
	古音研究		本学程对于古音之韵组分部，作详细之研究。参考清儒之古音学说，加以整理、批评	上学期，三学分；须预修中国音韵学概要

① 吴定宇主编：《中山大学校史（1924—2004）》，中山大学出版社，2006，第122页。
② 方惠坚、张思敬主编：《清华大学志》，清华大学出版社，2001，第268页。

续表

研究所、学部	课程	教师	课程说明	备注
文科研究所中国文学部	方音研究	王力	研究现代方音，偏重中国。除于近人所已研究之方音略为举例之外，注重诸生各就其方音实习	下学期，三学分；须预修语音学
	韵书研究	王力	本学程对于清儒古韵学书及唐宋元明清韵书作个别研究	上学期，三学分；须预修中国音韵学概要
	等韵研究		音韵之道有三：曰古韵，曰今韵，曰等韵。本学程对于中国原有之等韵学加以叙述与说明，尤注重名词之诠释	下学期，三学分；须预修中国音韵学概要或语音学
	中国语音史研究		本学程目的在乎考求历代的语音系统，并对其音值作近理的假定	全学年，四学分；须预修中国音韵学概要
	西人中国音韵学		本学程目的在介绍西人对于中国音韵学之研究。西人研究中国语音，最详而又最多者，首推瑞典之中国音韵学家高本汉（Bernhard Karlgren），故拟暂时专介绍高氏之学	全学年，四学分；须预修中国音韵学概要或语音学
	词汇研究	王力	本学程有二目的：（一）研究词义之来源及其变迁之历史，着重在每一含义之产生时期。（二）研究各地词汇之异同，与每词含义之广狭	全学年，四学分
	国文法研究		文法研究，今尚在极初步时期，极详密之剖析，自当待吾辈之努力。此学程之设，其鹄的端在于此	全学年，四学分
	诗律		诗律有二义：一法律，二音律。法律即文法。诗之文法，与文不同，谓诗不可以文法分析者，实似是而非之论。音律则如近体之正格偏格等。本学程即从此二方面研究	全学年，四学分
	乐府研究	闻一多	汉魏乐府，晋时犹被之管弦，与六朝后以五言诗为乐府者不同。顾汉魏乐府有本事、有声音，晋宋时合乐，往往改易字句以就管弦，故本事有因而失解，声音有因而舛乱者。本学程重在钩求史事，证据古音，以资研究	上学期，三学分
	中国古代神话研究	闻一多	本学程目的在研究我国古代神话之起源及其演变	全学年，四学分

续表

研究所、学部	课程	教师	课程说明	备注
文科研究所中国文学部	《世说新语》及魏晋哲理文学	陈寅恪	本课程主旨在解释清谈之涵义，及研究其与魏晋时代政治社会之关系。《世说新语》之外，凡同时诗文之具有玄哲旨趣者，亦讨论及之，以资参证	全学年，四学分
	佛教翻译文学、佛教翻译文学之研究		取佛教文学名著如《大庄严经论》《涕利伽陀》《佛所行赞》等译本，依据原文及印度人注疏解释，并讨论其在中国文学上之影响及关于佛教翻译史诸问题	须预修佛教翻译文学；均全学年，四学分
	中国文学中佛教故事之研究		本学程专就佛教故事在印度及中国文学上之演变，加以比较研究	须预修佛教翻译文学；全学年，四学分
	禅宗文学		本学程讨论禅宗故事之演变，语录之词句，及其他关于中国文学之问题	全学年，四学分
	西人汉学论文选读	浦江清	本学程为讨论及研究功课。选读欧美关于中国学术之论著，随时讨论，并作翻译工作	全学年，四学分
	日人汉学论文选读		本学程性质同前一学程。略述日本汉学发展之情形，选读其研究著作，随时讨论，并指导翻译工作	全学年，四学分
文科研究所外国语文学部	高等文字学	毕莲	作文字学上更进一步之研究，注重安格鲁撒克逊之文法与习读，尤重该项文字与其他 Indo-European 文字之关系	两学年；外籍教师
	比较文学专题研究	翟孟生	此课内容极广，实为作西洋文学高深研究者必须经过之学程。盖所授均为作论文及研究之种种方法及必要也	外籍教师
	莎士比亚研读	王文显	本课采取莎士比亚戏剧难易各一，使学生轮流试讲，教师再加以改正及补充。盖使学生熟悉何谓精细研读，并使学生将来亦能教授莎士比亚也	
	法国文学专题（一）	温德	第一学期先涉 Malherbe 与 Boileau 之批评主张，后读 Racine 以为引入法国古典文学之阶。第二学期先读 Beaudelaire 之散文，继以诗人之大著《恶之花》以示法国诗技术之变动	外籍教师
	法国文学专题（二）	温德	第一学期读 Stendhal，先阐明 Beylism 之意义，继以“Chartreuse de Parme”之研究，第二学期研究 Andre Gide，细读“Symphonie Pastorale”“Faux-Monnayeurs”及“Oedipe”	外籍教师
	但丁	吴可读	主要读物为但丁之《神曲》，一年内读完 *Inferno*、*Purgatorio* 及 *Paradiso* 三部，教师逐字逐节读过并加注释批评，学生每人每周与教授单独讨论一次	外籍教师

续表

研究所、学部	课程	教师	课程说明	备注
文科研究所外国语文学部	《源氏物语》	钱稻孙	藉《源氏物语》之研读使学生接近日本中世纪之小说作品	凡选修本学程之学生，皆应参加课堂中之争论。而须先读教授指定之中西文学名著若干篇，以为讨论之根据。其中有文有诗，或为哲理及文艺批评，要之，每篇皆须精细研读。此外，凡拟就本学程撰作研究论文之学生，每人皆应读教授为该生特开之书籍，俾汇积个人文学研究及生活经验之所得，而于一年中，撰成论文一篇
	翻译术	吴宓	本学程特为各级中英文兼优之学生而设，目的在视翻译为一种文学上之艺术，由练习而得方法；专取英文之诗文名篇杰作以及报章公文等译为中文，而合于信达雅之标准。先讲授翻译之原理，略述前人之学说，继以练习。注重下列三事，为翻译所必经之步骤：（一）完全了解原文；（二）以译文表达之，而不失原意；（三）润色译文，使成为精美流畅之文字。练习分短篇长篇二种。短篇一学期中多次，题目由教师发给，专取各种困难繁复之句法，译卷由教师批改；长篇一学期一次，学生各择专书翻译，而由教师随时指导之	
	近代文学专题研究	叶崇智	此课为阐明现代文学数大问题而设。讲求：文学中之浪漫心理，现代文艺心理之起源，现代批评中之价值问题与传达问题，由美学与字义学(Semosiology)出发之评论，文学之社会性，渥兹华斯以来之诗的理论，等等	
	近代中国文学之西洋背景	叶崇智	讲求民十七改革运动以来，中国语文所受之西洋影响。注重借字、西洋主意与中国旧有者之冲突与符合问题，及白话诗之所以为文化之脱节(cultural dislocation)等问题。阅读中西并重	
	乔叟(Chaucer)	陈福田	为有志专门研究乔叟者而设。由教师指导学生自己研读	
	海贝尔	陈铨	专门研究德国大戏剧家Fredrick Hebbel之戏剧及戏剧理论以及其影响。教师指导学生研读，为专修德文者而设	
	吴而夫与乔埃斯	吴可读	专门研究近代大小说家Virginia Woolf与James Joyce。教师指导学生研读	
	密尔顿	陈福田	专门研究英国大诗人Milton之作品。教师指导学生自己研读。	
	歌德	杨业治	为有志专门研究哥德者而设。由教师指导学生自己研读	

续表

研究所、学部	课程	教师	课程说明	备注
文科研究所外国语文学部	近代德国戏剧	华兰德	专门研究德国十九世纪末年及二十世纪以来之新戏剧，为专修德文者而设	凡选修本学程之学生，皆应参加课堂中之争论。而须先读教授指定之中西文学名著若干篇，以为讨论之根据。其中有文有诗，或为哲理及文艺批评，要之，每篇皆须精细研读。此外，凡拟就本学程撰作研究论文之学生，每人皆应读教授为该生特开之书籍，俾汇积个人文学研究及生活经验之所得，而于一年中，撰成论文一篇
	拉丁作家研究	吴达元	专门研究拉丁作家之作品，教师指导学生研读，为专修拉丁文者而设	
	英语教授法	翟孟生	本学程专讲授英语教学方法	
	文学与人生	吴宓	本学程研究人生与文学之精义，及二者间之关系。以诗与哲理二方面为主，然亦讨论政治、道德、艺术、宗教中之重要问题	
文科研究所哲学部	中国哲学史研究	冯友兰	本学程由选习学生各提出其兴趣所近之有关于中国哲学史之问题，分别研究。于每次上课时，将其研究所得，或与研究时所发现之困难，报告讨论。每学期作书面报告一次	每周二小时，全学年四学分
	《周易》研究	沈有鼎	儒家之基本思想，实散见于《论语》《孟子》《礼记》诸篇，而以《周易》一书为其总汇。其书包含整个的宇宙论及人生哲学：虽内容驳杂，演绎之条理不明显，要为我国古代哲学之一大系统，亦为后世宋明理学之总源泉。本课程之工作，即取原书分析而整理之	每周二小时，全学年四学分
	老庄	冯友兰	本课程取老子、庄子之书，加以精读，并阐明其中义理	每周二小时，上学期二学分
	朱子	冯友兰	本课程取朱子之主要著作，加以精读，并阐明其中义理	每周二小时，下学期二学分
	哲学问题	金岳霖	本课程之目的，在提出种种哲学问题，从各方面详加讨论。以认识论与批评哲学为主，偏重实在主义。第两学生，开班一次	每周二小时，全学年四学分

续表

研究所、学部	课程	教师	课程说明	备注
文科研究所哲学部	数理逻辑	沈有鼎	本学程对数理逻辑 (Mathematical Logic 或 Logistic) 作总括研究，以使学者能循读 Principia Mathematica，进而解决其未解决之问题，并应用本学以求一般哲学的问题的解决为归。主要节目：史的发展，命题算法，命题函数，摹状—不全记号—逻辑构作，类，关系，系统，次序，结构，推断与含蕴，逻辑诡论与类型论，数学之逻辑化，公理法，数理逻辑对于哲学及科学之应用。选习本课者，必须学过普通逻辑，但数学程度可无须乎极高	每周二小时，全学年四学分
	逻辑研究	沈有鼎	本学程用意，在开发自动之逻辑研究，以最近数理逻辑为出发点，其目的尤在返本探源，纠正数理逻辑诸家之失，以期建立真科学	每周二小时，全学年四学分
	逻辑体系	沈有鼎	逻辑者，思辨之律型；言思辨则体系尚焉。本学程融贯古今逻辑学说，成一家言，故以体系目之	每周二小时，全学年四学分
	洛克 (Locke)	金岳霖	讲授洛克哲学	每周二小时，全学年四学分
	休谟 (Hume)	金岳霖	讲授休谟哲学	每周二小时，全学年四学分
	康德 (Kant)	沈有鼎	泰西近世哲学，其壁垒森严，成一家言，历数百年而不失其中心位置者，唯康德氏之评准三论。凡从事于哲学者，有研攻康德之训练，则其思想邃密，内省功深。是以本学程之目的，在专读康德之重要原著，通其文义，识其旨趣，撷其精华，以备为开发吾民族新哲学新生命之资助	每周二小时，全学年四学分
	布来得雷 (Bradley)	金岳霖	讲授布来得雷哲学	每周二小时，全学年四学分
	胡塞 (Husserl) 论著选读	沈有鼎	选读胡塞重要著作	每周三小时，上学期三学分
	怀惕海德 (Whitehead)	沈有鼎	讲授怀惕海德哲学	每周三小时，下学期三学分
	中国美术史	邓以蛰	本学程讲授：（1）三代：金(钟鼎彝器)；（2）秦汉：石(刻石、碑、雕刻)，绘画(附漆绘)；（3）魏晋；（4）南北朝，隋唐：墓道雕刻，云冈、龙门佛像雕刻；（5）唐、宋、元、明、清：书、画	每周三小时，全学年六学分

续表

研究所、学部	课程	教师	课程说明	备注
文科研究所哲学部	中国美学史	邓以蛰	关于中国文学、艺术之理论；作一历史的系统的研究	每周四小时，下学期四学分
	西洋美术史	邓以蛰	本学程讲授：（1）原始艺术；（2）埃及艺术；（3）希腊艺术：史前时代，建筑与雕刻；（4）罗马艺术；（5）中世纪艺术；（6）文艺复兴时代；（7）近代艺术	每周三小时，全学年六学分
	西洋美学史	邓以蛰	讲授内容：（1）希腊时代关于美之理论：柏拉图，亚里斯多德：新柏拉图派—柏洛提拉斯；（2）中世纪对于美之观念；（3）近代美学：康德以前之美学，德国艺术批评，德国美学，最近美学之倾向	每周四小时，上学期四学分
理科研究所物理学部	统计的力学	叶企孙	本学程讨论统计的力学之原理及其在理论物理及理论化学上之应用	每周讲演讨论三小时，半学年三学分
	光谱及原子构造	叶企孙	本学程在依据最近量子理论以解释线谱及带谱之结构，并详细讨论其与原子分子构造之关系	每周讲演三小时，两学年六学分
	流体力学	周培源		每周讲演三小时，半学年三学分
	向量与电路论	萨本栋	本学程先讨论向量及张量，次及电路，然后再引用张量分析。探讨多相电路及电网络	每周讲演三小时，半学年三学分
	电力学	周培源	本学程内容为向量分析、静电学、程磁学、位论、Maxwell及Lorentz电磁论、电子力学、动体光学、电之传导论、磁论及狭义相对论	每周讲演三小时，全学年六学分
	相对论	周培源	本学程内容包括张量分析，Riemann几何，普通相对论，Einstein引力论，宇宙论及引力场与电磁场之一贯学说	每周讲演三小时，半学年三学分
	实验物理专题研究	本系各教授		学分数临时酌定
	电子论	叶企孙	本学程目的，在用电子之性质及其运动，说明物体之各种性质。特别注重于光学现象、金属论、隔电体论、磁性论及结晶论	每周讲演三小时，全学年六学分
	辐射及量子论	周培源	本学程为量子学引论，内容包括热力平衡时之辐射定律，Planck量子论，物质比热论，Bose-Einstein统计学，Fermi-Dirac统计学及其应用	每周讲演三小时，半学年三学分

续表

研究所、学部	课程	教师	课程说明	备注
理科研究所物理学部	量子力学（一）	周培源	本学程在讨论量子力学之演进，及最近 De Brogle，Schroedinger，Heisenberg 与 Dirac 之理论	每周讲演三小时，全学年六学分
	量子力学（二）	任之恭	本学程专为已学物 365—366 者而设，本学程主要目的在讨论现代量子力学中几种重要问题，但材料选择可依学者之兴趣及程度而定	每周讲演三小时，半学年三学分
	X 射线	吴有训	本学程在讨论 X 射线之散射、反射、屈射、吸收诸现象及其与物质构造之关系。对于 X 射线之发生、应用及线谱亦作详尽之推究	每周讲演三小时，全学年六学分
	原子核物理学	赵忠尧	本学程讨论镭放射线之重要性质，及其对于原子核内核外各部之影响，以推测物质之构造	每周讲演三小时，半学年三学分
理科研究所化学部	高等无机化学	高崇熙	本学程按照周期表之次第，将各类原质及其复杂化合物，作较深之研究。对于稀有原质及其化合物之变化及高等分析，以及近世化学进步之概况等，尤为注意。使学者得有充足的化学基础。 教科书：Caven & Lander：*Systematic Inorganic Chemsitry*	每周讲演讨论二小时，实验一次或二次，每次四小时，二学期共六学分或八学分。
	有机反应及实验	高崇熙	本学程专讲有机化合物对于氧化作用、还原作用、氯族化作用、硝基化作用、硫酸化作用及凝缩作用（环状物及杂环物）等之法则	每周讲演二小时，实验三次，每次四小时，上学期五学分
	高等有机化学（一）	萨本铁	关于生物之重要有机化合物（Organic Compounds of Biological Importance） 本学程专讨论关于蛋白质、脂肪、碳水化合物、维他命、内分泌等化学，并及其他有机化合物之有关于生物及生理者	每周讲演二小时，上学期二学分
	高等有机化学（二）	萨本铁	有机氮化合物（Organic Compounds of Nitrogen），本学程专论含氮之有机化合物，作有系统的探讨，注重于化合物之存在、综合法、构造式，及关于物理上化学上及生物上一切反应等，而亚尔加洛特属之化合物为本科重要部分之一，故亦列入教材节目之中	每周讲演二小时，上学期二学分
	高等有机化学（三）	萨本铁	松烯类（Terpenes），本学程系讲授芳香油类及有关于该类之各种化合物	每周讲演二小时，下学期二学分

续表

研究所、学部	课程	教师	课程说明	备注
理科研究所化学部	高等有机化学（四）	萨本铁	煤膏燃料 (Coal-Tar-Dyes)，本学程内容系讲授由煤膏分溜产物所成各类燃料之化学并述及制取各类染物之中间物	每周讲演二小时，下学期二学分
	统计力学	黄子卿	本学程讨论统计力学之原理，及其在化学与物理学上之应用	每周讲演二小时，一学年四学分
	热力学	黄子卿	本学程研究热力学之原理，及其在化学与物理学上之应用	每周讲演二小时，一学年四学分
	溶液论	黄子卿	本学程研究关于溶液之理论，其内容包括 Lewis 之“活动”学说及 Debye Hiickel 之强性电离质的理论。教材之选择，年有变更，以达到关于最近发展之了解为目的	每周讲演二小时，一学年四学分
	胶质化学	张大煜	本学程讨论胶质物体之物理及化学性质，如制备胶质液之凝缩法及播散法，胶质混悬之光电性质，表面凝合表面排列理论，漂浮洗矿法，胶质点化学成分之测定，快慢沉淀及安稳化等现象，乳洽胶质及胶滞之各种性质，及特种胶质之讨论，如颜料、肥皂、淀粉、蛋白质，等等。 参考书：R. Z. Sigmondy: *Kolloid Chemic* Kruyt: *Colloids*. Hedges: *Colloids* Holmes: *Laboratory Manual of Colloid Chemistry*	每周讲演二小时，试验一次四小时，一学期共三学分
	电化学	张大煜	本学程亦可称为水溶液之电化学。讨论电池之理论及制造，电解电镀之理论，金属盐液及钠钾盐液之电解，电极上之化学变化，氧化之还原之应用，及数种化学品之电解制备法等。 教科书：Allmand and Ellingham:*Applied Electrochemistry* Crube: *Gruudzuge der Elektrochemic* Muller: *Laboratory Manual of Electrochemistry*	每周演讲二小时，试验一次四小时，一学期共三学分
理科研究所算学部	近世代数		数阵，偶线性方式，线性方程组，二次方式，海尔米方式，对称偶线性方式，海尔米偶线性方式，线性变换论，不变因子，基本除式，方式对，不变式	

续表

研究所、学部	课程	教师	课程说明	备注
理科研究所算学部	分析函数		本学程专论复元函数，采歌西氏学说，黎曼氏理亦附及之。内容略如次：复元函数通义，分析函数与调和函数之定义及其基本公式；各初等超然函数之讨论；同形表示；虚限积分，外士特氏及达尔补氏公式，歌氏基本定理，歌氏积分，泰勒氏级数，柳微氏定理，洛昂氏级数，异点，残量，各定理之致用；整函数，双周期函数及椭圆函数述要；分析函数之拓展，代数函数及黎曼氏面，多元分析函数大意	
	微分几何		本学程以应用分析原理，作几何学之研究为原则，内容略如下：空间曲线，曲率与转率，伏寨二氏公式及动棱，曲线一点附近之讨论，曲面，曲面族及包面，曲面之方程式及曲经纬，曲面之基本式，正曲率，经曲率，均曲率与总曲率，曲面上之曲线—几近线，曲率线，零线，经线，曲面上一点附近之讨论，克氏符号，曲面之基本方程式，高氏方程式，果氏方程式，曲面上之曲线系，相互曲线系，各种特别曲面，三正交曲面系，线几何学，线林，曲面之正线林，线丛，多元微分几何大意	
	椭圆函数		本学程论述椭圆函数之基本学理并其在几何、力学、热学上之重要应用。维氏 Weierstrass 及札氏 Jacobi 之学理均分别述及，俾学者于二氏之符号均有认识，而于阅览专著及杂志不致过感困难，最后并述模函数大要	
	微分方程式论		本学程总述微分方程式之基本理论，以补“微分方程式”学程之不足，而作进习“微分方程式专论”之预备。内容略为：存在定理，长函数法，递近法，歌西氏及李卜喜慈氏法，一元连续群大意及其于微分方程式之致用，线性方程式，周环系数方程式及果式方程式，毕卡尔氏方程式；线性方程组，非线性方程式，积分曲线之异点，由微分方程式确定之函数，异解；偏微分方程式，二级偏微分方程式之歌西氏问题，二级线性方程式之分类，特殊方程式之讨论，偏微分方程式，全微分方程式，偏微分方程组	

续表

研究所、学部	课程	教师	课程说明	备注
理科研究所算学部	群论		替换群，代数方程论，有法多面体之群及五次方程式，抽象群。大体材料悉遵以下两书： Dickson: *Modern Algebraic Theories*. Burnside: *The Theory of Finite Groups*	
	有法函数族论		论述蒙特尔氏 Montel 学理并致用于惹利雅氏 Julia 向线，共形表示及有理分数之传袭等问题	
	整函数论		以普荫加烈、哈达马、波霭尔诸氏之学理为基础而渐及于近三十年之新结果，如朔特基、朗道、维曼、瓦利隆、惹利雅、奈望丽纳、米约诸氏之贡献均当论及，而尤注意于量的讨论	
	函数论		本学程目的在讲述近代分析上由集论产生之重要学理，于勒氏积分尤详加讨论，教材以 Townsend：*Functions of Real Variables* 为基本，而参以他书。内容大致如下：集论，函数连续性与间断性之讨论；贝尔氏之分类，纪数之各特性，黎曼氏积分，勒贝克氏积分及其他积分之定义；级数之新理论。参考书：Titchmarsh：*Theory of Functions*	
	形势几何学		本学程乃研究形势变换 (topological transformation) 群的几何学。初研究二元形势几何学，偏重几何的方法；次研究多元形势几何学，偏重组合的方法。其内容略如下：二元形势几何学；有穷丛与簇，簇上之线，簇之尤拉数，可定向簇与不可定向簇之标准式，簇之连通数分类，基本定义，簇上之基本线组，垒簇，无穷簇与其标准势，无穷垒簇，普荫加烈群。多元形势几何学：丛与环道。丛之 Betti 数与挠数，Betti 数与挠数之形势不变性，普荫加烈赉群，簇之形势不变性	
	近代微分几何		本学程专述近三十年来微分几何学之新发展。内容包括威而旬斯克与福比尼 (Wilczynski and Fubini) 二氏之射影微分几何，列曼与非列曼几何等	
	非欧几何		本学程略述非欧几何之历史，讨论其基础、重要定理。并比较非欧与欧氏几何之异同点	

续表

研究所、学部	课程	教师	课程说明	备注
理科研究所生物学部	高级植物分类学	吴韫珍	本学程以检阅推讨北方重要诸属之文献及标本，注重独立研究之基本训练	每周讨论一小时，实验二次，全学年六学分
	高级植物生理学	李继侗	本学程选择植物生理上之重要问题，加以缜密深入之讨论	每周讨论一小时，实验二次，全学年六学分
	试验原生动物学	彭光钦	本学程内容包括原生动物之结构、生活史、变异、遗传、生理与行为	每周讨论一小时，实验二次，全学年六学分。预修学程：无脊椎动物学、普通化学
	原生质生理学	赵以炳	用物理化学之原理及方法研究原生质之基本机能，例如渗透之平衡、电解物之平衡，等等。选习此学程者，须预先商得教师之允许	每周讨论一小时，实验二次，全学年六学分。预修学程：普通生物学、普通物理学、普通化学
	普通动物社会学	陈桢	本学程讨论动物界之社会现象，并选择若干专题作精深之研究	每周讨论一小时，实验二次，全学年六学分
	昆虫学	刘崇乐	本学程除使学生得到昆虫学上之基本训练以外，并选择昆虫学上之实际问题，加以深切而有系统之研究	每周讨论一小时，实验二次，全学年六学分
	细胞学	陈桢	本学程论及细胞之结构，原生质，细胞之分裂，生殖细胞及其形成，细胞与遗传，细胞与发生 教科书：Doncaster：*Introduction，to Cytology.* Wilion：*Cell in Relation to Development and Heredity*	每周讨论一小时，实验二次，全学年六学分。预修学程：体素学、胚胎学及遗传学
	植物生态学	李继侗	本学程讨论植物重要组织，对于环境之影响及植物群落之成因及性质，并包含植物地理分布	每周讨论二小时，实验一次，全学年六学分。预修学程：植物生理学、植物分类学
法科研究所经济学部	经济理论		本学程之目的，在使学生于价值及分配理论现已达到之地位，及各学派立场与意见之异同，得透彻之了解。始自穆勒，迄最近领袖学者，举凡重要经济理论作品，择要选读而讨论之。不注重各学派历史之演化，而注重各学派对同一理论上之争执及结论之异同。于最近各学派之学说，尤特注意。本学程用讨论法教授	学年学程：每周连堂讨论二小时，六学分。选修学程：经济学概论及其他由教员指定之学程

续表

研究所、学部	课程	教师	课程说明	备注
法科研究所经济学部	会计学研究		本学程为研究生对于会计问题更求深造而设。以研究会计之特殊问题，讨论心得意见为目的。至上课之形式，以个别指导为原则。工作之分配、报告及报告考试如何举行，概由主任教师决定	学年学程：六学分。先修学程：由主任教师指定之
	经济统计		此学程专为有志于引用统计方法，研究经济问题者而设。分人口、物价、劳工、金融及商业等各种特殊统计问题及方法，每年讲授一两种，务以精切为目的。选此课者，应于指定某种统计中，各认一问题，自行搜集相当材料，着手分析，并随时在讲堂报告，共同讨论	学年学程：每周三小时，六学分。先修学程：初级统计学及其他由教师指定之学程
	货币银行问题研究		本学程为研究生对于货币银行问题更求深造而设，特注意于：（1）理论之探讨；（2）近代货币银行制度之演化。上课之形式，工作之分配，报告及考试之如何举行，概由主任教师决定	学年学程：六学分。先修学程：由主任教师指定
	国际贸易理论		比较成本国际贸易理论之基础，内容、演化及批评与其他国际贸易理论派之创见，皆详论之。本学程偏重理论，非于理论有特殊志趣，或拟研究国际贸易者，不必选读	学期学程：每周三小时，三学分。先修学程：经济学概论、货币银行学、国际贸易与汇兑
	国际经济政策专题研究		本学程注重于近代国际贸易之发展，与国际经济政策之冲突等问题之研究。无演讲，重讨论	学期学程：三学分。先修学程：国际贸易与汇兑
	财政问题研究		本学程为研究生于财政问题更求深造而设，特别注意：（1）赋税理论之探讨；（2）现代中国财政各种问题之讨论。上课之形式，以个别指导为原则。工作之分配及其他进行方法，由主任教师决定	学年学程：六学分。先修学程：由主任教师指定之
	论文		本学程无学分。时间长短不定。凡撰作论文之研究生，皆得于选课单上注选之，以表示其正在从事论文工作。关于论文之其他规定，参阅“经济研究所学程”总则	

续表

研究所、学部	课程	教师	课程说明	备注
法科研究所政治学部	议会制度	陈之迈	本学程以国家的职权、现代立法的范围为背景，详细讨论各国议会目前的困难，及其救济的方法。选此学程者，须阅读大量的参考书籍，并按期交读书札记	每周二小时，上学期二学分，选修
	独裁政治	陈之迈	本学程详细讨论世界各国所行的独裁制度，希望从历史及事实的研究里，寻求出所谓“独裁政治”的概念来。选此学程者，须阅读大量参考书籍，并按期交读书札记	每周二小时，上学期二学分，选修
	中国政府	陈之迈	本课目根据法规、公报及学术论著，叙述民国十七年后，中央政府的演变，以见五权制度实际运用的情况。选修者以先习近代政治制度一课目为宜	每周二小时，下学期二学分，选修
	中国历代政制专题研究	浦薛凤	选习者得于教师所拟若干题目中，择一研究。论文须于下学期五月中旬完成。本科四年级生及研究生得选习此学程	每周二小时，全学年四学分，选修
	地方政府	沈乃正	本学程研究欧美各国各级地方政府之制度与行政，而尤集中注意于英法两国之地方政府。本国之省县市政府，亦于第二学期中详论之	每周二小时，全学年四学分，选修
	中国法制史	程树德	法制二字，广义言之，所有一切典章制度均包括在内，断非短时间所能卒业。兹依狭义解释，分为三篇：首总论，次历代律令，次历代刑制。世界三大法系：英美长于公法，大陆长于私法，我国则长于刑法。中国之有汉律，犹西律之有罗马法也。故于汉律言之特详，余述其概略而已。所采用古籍，约百余种，均注明出处，俾读者易于检查，故似简而实详（重要参考为程树德著《九朝律考》）	

续表

研究所、学部	课程	教师	课程说明	备注
法科研究所政治学部	国际公法判例	王化成	本学程研究国际公法种种原则在实际上之应用。就世界法庭、海牙国际仲裁法庭，以及欧美各国国家法庭之判例及意见书中，择其重要而与国际法有关系者七八十件，详细研究。观察国际法庭与国内法庭对于国际法应用不同之处，法庭判决与仲裁结果根本区别所在，等等。本学程重在各生自修与课堂讨论	每周一小时，全学年四学分，选修(以曾修习国际公法者为限)
	国际私法	燕树棠	本学程讲述国际私法之一般原则，现行之法律适用条例，国籍法、中外国籍法之冲突，中外条约关于国际私法之特别订定，以及其他涉外法规。欧陆英美所采主义之异同，普通学理与实际情形是否相应，均讨论及之	每周二小时，全学年四学分，选修
	国际组织	王化成	本学程首述国际组织之意义与需要，次述国际间立法行政司法各种组织之由来与工作，对于国际联盟世界法庭等机关，更作详细之研究	每周二小时，全学年四学分，选修
	近代政治思潮	浦薛凤	本学程所研究之范围，约自卢梭以迄穆勒。对于各家各派思想之背景与演化，及政治观念与政治事实相互之关系尤特注重	每周三小时，上学期三学分，选修
	当代西洋政治思想	萧公权	讲述当代西洋较重要之各派政治思想，如法理学派、唯心论派、多元论派，等等	每周三小时，上学期三学分，选修
	西洋政治思想名著选读	张奚若	已曾读过西洋政治思想史者方能选读此项学程。选修时须注明全学年或一学期(上下学期均可)，不得更改	每周三小时，全学年或一学期，六学分或三学分
	中国政治思想	萧公权	讲述中国往昔之政论，尤注重先秦诸子及两汉各家之学说	每周三小时，全学年六学分，选修

续表

研究所、学部	课程	教师	课程说明	备注
法科研究所政治学部	专门选读与研究	王化成、陈之迈、沈乃正、浦薛凤、张奚若、萧公权	本学程之目的，在使研究所一年级生各择专门学科一项，在导师指助之下，作初步的切实工作，俾能进而作专题研究。本课目之范围，由各导师分别决定，但均以选读原本书籍，定期作札记（评论或报告），及随时应口试为准。本学程共分下列三项： 甲、公法（宪法或国际公法）专门选读与研究 乙、政治制度专门选读与研究 丙、政治思想专门选读与研究	每项全学年六学分，指导时间由指导师分别订定之。本系研究所一年级必修
	政党论	浦薛凤	本学程侧重历史、分析、比较、综合的方法，研究民治国家中政党之所以由起，政党政治之各种基本势力，政党之重要功用与其可能的与实际的流弊，及最近一党专政之理论与事实。本学程重视札记与课堂讨论	每周二小时，下学期二学分，选修
	不列颠帝国		本学程叙述不列颠帝国演进之经过、制度之发展，及其对内对外之重要问题	每周二小时，下学期二学分，选修
	近代政治制度专题研究	陈之迈	本学程在择定题目为有系统之研究。于学年之始，由学生与导师商定题目，并于指定时期报告讨论工作之进行，学期终了时，将研究所得，作成论文，交导师批阅	每周二小时，全学年四学分，选修
	中国地方政府研究	沈乃正	本学程为训练学生研究中国地方政府而设。除由教员就本国之省县市政府，讲述其沿革、组织、职权、行政外，再由学生认定研究专题，作成论文。本学程尤鼓励学生之实地调查工作，并随时约请校外人士之服官久长、行政经验宏富者，向学生作经验谈话，俾切实用	每周二小时，全学年四学分，选修
	英国宪法史		本学程虽以英国的宪法史为范围，但联合王国其他部分的及不列颠帝国的宪法史之足以使英国宪法发生重大影响者，亦将为本课目所顾及。除了课本之外，选习者须阅读多量专题的及分期的宪法史	每周二小时，上学期三学分，选修

续表

研究所、学部	课程	教师	课程说明	备注
法科研究所政治学部	条约论	王化成	本学程首述条约之性质与种类，次述条约之如何缔结、如何执行、如何解释以及如何告终，最后讨论中国近年来修约问题(须先修国际公法)	每周二小时，下学期二学分，选修
	近代中国外交史专题研究	邵循正	本学程于每学年初，约有十次讲演讨论：(一)中国外交史之学术现状；(二)尚待解决之问题；(三)中外史料之概况。余时由学生选题研究(以已修外交史者为限)	每周二小时，全学年四学分，选修
	柏拉图政治哲学(西洋政治思想专家研究之一)		本学程研究柏拉图关于政治及社会问题之三种重要著作：即《共和国》《政治家》及《法律》。如时间允许，兼及其他与政治有关之对话。研究方法，首重书中之精义，次及作者思想之系统，及各书在历史上之影响。参考书中，Barker：*Greek Political*，*Theory*：*Plato and His Predecessors*，以及 Nettleshid：*Lectures on the Republic of Plato* 皆系必读者。每学期作论文一篇(本课目与“卢梭政治哲学”一课隔年轮流讲授)(以已修西洋政治思想史者为限)	每周二小时，全学年四学分，选修
	卢梭政治哲学(西洋政治思想专家研究之二)	张奚若	本课程研究范围以“艺术与科学论”“人类不平等论”“政治经济论”“社会契约论”“高西加宪法刍议”“波兰政府管见”等为中心。如时间允许，并及其他著作。参考书中以 Vanghan：*The Political Writings of J. J. Rousseau* 为必读。每学期作论文一篇。(本课目与“柏拉图政治哲学”一课隔年轮流讲授)(以已修西洋政治思想史者为限)	每周二小时，全学年四学分，选修
	当代政治思想问题	萧公权	当代政治思想中之各问题择要加以讨论。选修此课者，必须预修西洋政治思想史、近代政治思潮或当代西洋政治思想	每周三小时，下学期三学分，选修
	西洋政治思想专题研究	张奚若	本学程专为本系研究生研究西洋政治思想特别问题而设。每学期之始，由教授提出专门问题若干种，由学生自由选定一种研究。每周或两周报告讨论一次。每学期作论文一篇	每周二小时，全学年四学分，选修
	中国政治思想专题研究	萧公权	此课为训练学生研究中国政治思想而设，研究题目每年临时拟定	每周二小时，全学年四学分，选修

[资料来源]根据清华大学校史研究室编《清华大学史料选编 第2卷 国立清华大学时期（1928—1937）》（清华大学出版社，1991）整理而成。

从上表可知，清华大学研究生培养已建立相对完善的课程体系，各专业课程的开设都是各位导师研究的主攻方向，这既有利于扩展学生的学术视野，丰富学生的知识，也有利于进一步夯实研究生的知识结构，为他们从事科学研究奠定坚实的基础。

1937 年，清华大学与北京大学、南开大学组建西南联合大学。在战争环境中，学校集中多方力量，恢复和发展研究生教育，使得高层次人才培养不曾中断。课程由三校共同开设，实行选修制，而且高年级的本科生和助教都可以去听这些课程。以物理学部为例，其开设的课程如表 5.1.4 所示。

表 5.1.4 西南联合大学研究院物理学部的课程设置

课程	学分	教师	课程	学分	教师
流体力学	6	周培源	物理学基础	3	吴大猷
电动力学	3	周培源、王竹溪	动力学	2	王竹溪
统计力学	3	王竹溪	X 射线及电子	6	吴有训
量子力学	6	吴大猷、王竹溪、马仕俊	广义相对论	3	周培源
理论物理	6	马仕俊	光之电磁学说	3	饶毓泰
高等力学	3	吴大猷	量子化学	3	吴大猷
量子力学与原子光谱	3	吴大猷	放射性与原子核物理	6	张文裕
原子核、场论	3	马仕俊			

[资料来源]根据北京大学、清华大学、南开大学、云南师范大学编的《国立西南联合大学史料·教学、科研卷》（云南教育出版社，1998）相关资料整理而成。

在研究生学习期间，杨振宁共选习了 8 门课程，获得 30 多个学分，见表 5.1.5。黄昆于 1942 年考入北京大学研究院，导师为吴大猷。他在西南联合大学期间所修的课程包括分析力学、光之电磁学说、电动力学、量子力学、动力学、相对论、原子核及场论、高等力学、放射性及原子核物理等。[1]

表 5.1.5 杨振宁在西南联合大学读研究生期间所学课程设置情况表

学年	学程	必选修	学期	学分	教师
第一学年（1942—1943 学年）	量子力学	研	全年	6	王竹溪、马仕俊
	普通相对论	研	下	3	周培源
	光之电磁论	研	上	3	饶毓泰
	量子化学	研	上	3	吴大猷
	放射性及原子核物理	研	全年	6	张文裕、霍秉权
	X 射线及电子	研	全年	6	吴有训
第二学年（1943—1944 学年）	高等力学	研	上	3	吴大猷
	电动力学	研、选	下	3	王竹溪

［资料来源］苏国有：《杨振宁在昆明的读书生活》，云南人民出版社，2009，第 221 页。

除上述物理学部开设有系列课程外，抗战时期的西南联合大学在其他各专业也都开设系列课程。以清华工科研究所机械工程部研究生杨立洲所选习的课程为例，其选习的课目如表 5.1.6 所示。

表 5.1.6 清华工科研究所课程设置表

时间	课程	学习方式	学分	任课教师
1939 学年度上学期	机械原理	必修	2	张可治
	理论气体力学	必修	3	张钰哲
	材料研究	必修	2	陆志鸿
	近代德文选	选修	3	李茂祥
	理论力学	选修	3	张钰哲
	金工	选修	1	史宣

①北京大学档案馆馆藏档案："教育部对研究生硕士论文的规定及部分成绩单等材料"，全宗号二，案卷号 LD0000042。

续表

时间	课程	学习方式	学分	任课教师
1939 学年度下学期	机械原理	必修	2	张可治
	理论气体力学	必修	3	张钰哲
	材料研究	必修	2	陆志鸿
	近代德文选	选修	3	李茂祥
1940 学年度下学期	精密检验工具	必修	3	张可治
	自动工具机	必修	3	张可治
	冶铸学	必修	3	陆志鸿
	论文	必修	3	张可治

[资料来源]根据涂上飙《民国时期的研究生教育发展史》（湖北美术出版社，2014）提供的资料整理而成。

从上表可知，西南联合大学的研究生课程，一般以必修课程为主。研究生根据自己入学时的知识储备，经导师同意可以选修一些相关课程；在学制的划分上，一般为两年学习时间，因特殊情况可以延期一年；在分数的认可上，70 分为及格。

较之上述国立大学，教会大学在研究生的培养上也非常重视课程教学。这是因为立身于近代中国的教会大学多与美国有着特殊的联系。可以说，教会大学的研究生教育是美国研究生教育模式的翻版，更加重视课程教学在高层次人才培养中的作用。以燕京大学为例，该校对导师的指导科目都有着非常明确的规定（如表 5.1.7 所示）。

表 5.1.7　1939 年度燕京大学研究生教育师资及指导科目一览表

科别	学部	姓名	指导科目	备注
文科	历史学部	洪业	远东近世史、目录学、年代学	所长
		容庚	考古学、古文字学	
		邓之诚	秦汉以来各代史、制度沿革	
		张尔田	秦汉以来各代史、中国文学史	
		齐思和	中国上古史、西洋史	
		张星烺	辽金元史、中国交通史	
		翁独健	元史	

续表

科别	学部	姓名	指导科目	备注
文科	哲学系	张东荪	中国哲学、宋明理学	
	心理学系	陆志韦	思想记忆、语言思想之关系	
		林嘉通	心理统计	
	教育学系	周学章	教育理论、教育实验、中等教育	
		高厚德	教育哲学、教育法、师范教育	
	生物部	胡经甫	无脊椎动物学、昆虫学	所长兼学部主任
		博爱理	动物生态与脊椎动物之比较解剖	外籍
		李汝棋	实验生物学、遗传学	
	物理学系	班威廉	统计力学、热磁学及热电学	外籍
		陈尚义、何怡贞	光谱学	
法科	政治学部	吴其玉	国际公法、中外关系、现代外交	学部主任
		顾敦鳔	中国及外国政府、县（市）政	外籍
		胡毓杰	民法	
	社会学系	赵承信	中国农村社区研究、人口研究	
		杨垄	家族制度	

[资料来源]根据张玮瑛、王百强、钱辛波主编的《燕京大学史稿》（人民中国出版社，1999）等相关内容整理。

（三）科学研究

在研究生培养过程中，除了课程教学，科学研究也是其中重要的一环。因为教学和科研往往是密不可分的，“苟无研究，便无学术；苟无学术，便无教育”。科学研究是现代大学的重要职能之一，对于培养高层次人才的研究生教育，其重要性更是不言而喻。

1918年12月，蔡元培宣称：“大学以教授高深学问，养成硕学宏才，应国家之需要为宗旨。”“大学为纯粹研究学问之机关，不可视为养成资格之所，亦不可视为贩卖知识之所。”[①]“我们所说的‘大学’并非仅仅是按照课程表

① 蔡元培：《蔡孑民先生言行录》，山东人民出版社，1998，第166页。

授课，培养出大学毕业生的地方。它实际上是在共同关心的知识领域里从事研究……从而创造出新知识，以便提供给国内外学者的地方。”[①]学生们不仅从教授身上学到专门知识，更重要的是能从教授的教诲中学到研究学问的态度及影响自己一生的科学思维方式。

蒋梦麟作为蔡元培在北京大学的继任者，同样十分重视学术研究。他把学术兴衰与社会进步相提并论。他说：“学术衰，则精神怠；精神怠，则文明进步失动力矣。故学术者，社会进化之基础也。”[②]

东南大学校长郭秉文也曾指出：“学术之研究，应特别提倡，为国家根本计，学术不精，则凡百不能进步。”因此，中国若想奋腾起，就应该“多设研究会，尊重发明家，则学术自由发达之望。吾人既不能有所发明，而尊重学术固应尽力提倡是之”。[③]

中央大学罗家伦校长强调：“没有研究工作的大学，在教学上不但不能进步，而且一定会后退。”[④]不仅如此，学校的教学研究还应注重时代的需要，导师对学生研究课题的选择与社会实际运用相联系。“研究是大学的灵魂，专教书而不研究，那所教的必定毫无进步。”[⑤]

清华大学校长梅贻琦也认为：“凡一大学之使命有二：一曰学生之训练，一曰学术之研究。清华为完成此使命，故其发展之途径不徒限于有效之教学，且当致力于研究事业之提倡。此在学术落后之吾国，盖为更不可缓之工作。”[⑥]所以说，“学术研究是立国兴邦的命脉所系，不学无术将使国家民族陷于愚昧的深渊，招致外侮与欺凌，这在中国近代历史上是极为惨痛的教训”[⑦]。

浙江大学校长竺可桢也指出，开展学术研究既是振兴民族、国家的迫切需要，也是大学自身发展的需求，“大学之能发扬光大，在于研究”。他把

---

① 《北京大学月刊》创刊号（1918 年 12 月）上蔡元培的发刊词，载舒新城编《近代中国教育史资料》，人民教育出版社，1979，第 1049 页。

② 曲士培主编：《蒋梦麟教育论著选》，人民教育出版社，1995，第 72 页。

③ 郭秉文：《战后欧美教育近况》，《新教育》第 2 卷（1919 年）第 4 期。

④ 罗家伦：《中央大学之回顾与前瞻》，中央大学出版部，1941，第 115 页。

⑤ 罗家伦：《学术独立与新清华》，转引自王学珍、张万仓《北京高等教育文献资料选编（1861~1948）》，首都师范大学出版社，2004，第 614 页。

⑥ 梅贻琦：《中国人的教育》，中国工人出版社，2016，第 34 页。

⑦ 昆明市政协文史学习委员会编：《抗日时期文化名人在昆明（一）》，云南美术出版社，2000，第 5 页。

大学的研究和教学比作源和流的关系，即只有深入进行学术研究，才会提高教学质量。他引用朱熹的诗句加以说明："半亩方塘一鉴开，天光云影共徘徊。问渠那得清如许，为有源头活水来。""须造成科学研究之空气，使有志少年，均思努力研究，不求仕进，不谋尊荣，而愿尽毕生之力，抱苦攻之决心，以发明真理。惟如是，则中国科学研究前途，庶有希望乎！"[①]

国立武汉大学第一任校长王世杰曾指出："大学的使命，一在教授高深学术，一在促进高深学术。"[②]第二任校长王星拱也强调："在知识的方面，大学应当探研高深的理论。……大学不应当只在教学上做工夫，还得要在研究上去努力。"[③]第三任校长周鲠生也非常重视学术研究，他指出："大学最高的使命，究竟是提高学术。"[④]

除上述校长群体重视科学研究外，研究所的主任们也非常重视科学研究在培养研究生过程中的作用。1941年8月在遵义成立的浙江大学工科研究所化学工程学部由留美博士李寿恒领衔，任学部主任。李寿恒是化学工程教育与科研相结合的积极倡导者和实践者。他认为"教育不能脱离高深研究而存在"，"中国各大学岂乏好学之士，徒以无处研究，致不能与西方各大学相提携。故欲使科学在中国有可观之进步，首先在于有声望之诸大学中设立研究所"。他提出研究所的目的是："（1）使大学教授能有高深研究之机会；（2）使学生练习解决科学上各种问题，明了高深研究之重要；（3）提倡和奖励学生深研科学；（4）为社会或工业界的科学咨询机关。"[⑤]

正是有这样一批教育家对大学学术研究的重视，加上他们或是大学校长，或是各校研究院所主要负责人，使得科学研究在研究生培养过程中受到重视，成为研究生教育的重要一环。

在提高对科学研究的重视程度时，各高校还根据导师的研究专长，确定了

① 竺可桢：《竺可桢全集》第2卷，上海科技教育出版社，2004，第108页。

② 王世杰：《1929年5月22日在国立武汉大学欢迎王世杰校长莅校大会上的演讲》，《国立武汉大学周刊》1929年第23期。

③ 王星拱：《大学的任务》，载徐正榜、陈协强主编《名人名师武汉大学演讲录》，武汉大学出版社，2003，第154—156页。

④ 周鲠生：《1948年10月31日在庆祝国立武汉大学建校20周年典礼上的演讲》，《国立武汉大学周刊》1948年第389期。

⑤ 杨达寿等：《浙大的大师们》，中国经济出版社，2007，第63页。

指导范围，以方便研究生根据自己的兴趣、特长进行选择。在研究生培养过程中，研究生们做科研主要体现在围绕着专题研究查阅资料、做读书笔记或者社会调查、实验操作，以切实提升研究能力。例如，清华大学明确了导师的指导范围，研究生在确定研究方向及毕业论文时，就非常明确（如表 5.1.8 所示）。

表 5.1.8　清华大学各学部研究生导师指导范围一览表

学部名称	导师姓名	指导范围
生物学部	陈桢	动物社会学、遗传学、细胞学
	李继侗	植物生理学、植物生态学
	吴韫珍	植物分类学
	彭光钦	试验原生动物学
	赵以炳	原生质生理学
	刘崇乐	昆虫学
物理学部	叶企孙	物质磁性研究及光学
	萨本栋、任之恭	无线电学及电学
	周培源、任之恭	理论物理学
	赵忠尧、霍秉权	原子核物理学
	吴有训	X 射线
	赵忠尧	原子核物理学
哲学部	冯友兰	中国哲学史研究，老庄、朱子研究
	金岳霖	哲学问题，洛克、休谟、布来得雷研究
	邓以蛰	中国美学史、西洋美术史、西洋美学史
	沈有鼎	《周易》研究、逻辑体系、康德、数理逻辑、逻辑研究

学部名称	导师姓名	指导范围
化学学部	高崇熙	高等无机化学、有机反应及实验
	萨本铁	高等有机化学
	黄子卿	统计力学、热力学、溶液论
	张大煜	胶质化学、电化学
外国语学部	王文显	莎士比亚研读
	叶崇智	近代文学专题研究、近代中国文学之西洋背景
	陈福田	乔叟、密尔顿研究
	陈铨	海贝尔研究
	杨业治	歌德研究
	吴达元	拉丁作家研究
历史学部	雷海宗	中国上古史专题研究、史学方法
	陈寅恪	中国中古史专题研究、隋唐史
	张荫麟	清史专题研究
	邵循正	中国近代外交史专题研究、蒙古史
	孔繁斋	欧洲近代史初期、欧洲中古史

续表

学部名称	导师姓名	指导范围	学部名称	导师姓名	指导范围
中国文学部	王力	方音研究、韵书研究、词汇研究	经济学部	肖蘧、陈岱孙	经济理论
	俞平伯	词		余肇池、蔡可选、麦健曾	会计及商业
	陈寅恪	佛教文学、《世说新语》及魏晋哲理文学		赵人儁、蔡可选	经济统计
	闻一多	《诗经》、楚辞、唐诗、乐府研究、中国古代神话研究		蔡可选、陈岱孙、赵人儁	货币银行
	杨树达	国文法、汉书		陈岱孙、张玮	财政
	刘文典	选学、诸子、中国化之外国语		肖蘧、蔡可选	国际经济
	浦江清	西人汉学论文选读、日人汉学论文选读			
政治学部	陈之迈	议会制度、独裁政治、中国政府、近代政治制度专题研究	政治学部	王化成	国际公法判例、国际组织、近代中国外交史专题研究
	浦薛凤	中国历史政制专题研究、近代政治思潮		燕树棠	国际私法
	沈乃正	地方政府		萧公权	当代西洋政治思想、中国政治思想、当代政治思想问题
	程树德	中国法制史		张奚若	西洋政治思想名著选读、卢梭政治哲学、西洋政治思想专题研究

［资料来源］根据清华大学校史研究室编《清华大学史料选稿·国立清华大学时期（1928—1937）》第二卷下（清华大学出版社，1991）相关内容整理。

清华大学的研究生在修满24学分后，方可在导师的指导下进行科学研究。这些导师大都有研究专长，所研究的领域既有他们在国外所做研究领域的延续，也有在国内开辟的新领域。他们开设的课程大多结合了自己的研究成果，使教学具有很大的启发性和创新性。与此同时，导师和研究生的关系更强调合作，研究生参加导师组织的科研小组，进行专题研究，导师则指导学生发表研究成果。

武汉大学还制定了《研究生研究工作规则》，详细规定了研究生开展研究工作的步骤和程序：

（1）研究生的研究工作应在教授的指导下进行，指导教授由所务会议从相关专业的教授中选定担任。

（2）研究生的研究工作应依从下列程序进行：

a. 研究生应依各部的规定学习本专业的课程并要参加专题讨论；

b. 研究生应在指导教授的指导下收集供研究之用的材料、选择相关的书籍期刊；

c. 研究生应依各部的规定阅读若干与专业相关的书籍；

d. 研究生应将其研究结果写成论文。

（3）如果要选修本专业以外以及本科阶段的部分课程，须经指导教授同意，报部主任同意后，方可进行。

（4）研究生就研究范围内的问题，须外出调查，得经指导教授同意，报所务会议通过在指定的时限内外出调查。

（5）研究生应在指导教授的指导下，每两个月或每三个月提出研究报告一次，陈述研究工作进展情况和读书心得，研究生无故不按期提出报告或报告指导教授认为成绩不良者，由指导教授报告所主任，经所务会议决定给予警告，一年当中，研究生经两次警告而不改者，报学校令其退学。

（6）研究生第一学年主要是学习本专业的课程，参加讨论和阅读参考书。①

从以上规定来看，武汉大学对研究生进行科学研究的内容、要求及形式等都做了较为明确的规定，使研究生的研究工作有章可循，保证了培养质量。1942年，武汉大学文史研究所成立，设文学门和史学门。规定文学门的研究生需围绕如下一些课题进行研究：（1）文学思想，以儒道二家典籍为主，名法释氏次之；（2）历代各大家专书；（3）各体文学流别，即各体文学之专史；（4）历史文学与政治之关系。史学门的研究生围绕如下一些课题进行研习：（1）断代史，以汉魏六朝为一段，唐五代为一段，因其前后各代历

① 周叶中、涂上飙：《武汉大学研究生教育发展史》，武汉大学出版社，2006，第17页。

史研究者较多，故断代史以研究汉唐两代为主；（2）历代史学方法及史学史；（3）专史，如典章制度、民俗等个别专史等；（4）方志，以本校所藏方志为材料加以整理。理科研究所成立之后，下设四部也给研究生设列了相关课题。数学部要围绕代数与数论、几何学、解析学、理论物理学（与物理部合作）等课题开展研习；物理部要围绕物理学、电磁波、应用光学、宇宙线等课题进行研究；化学部要围绕燃料之检定、中国药材之分析、药品之制造、理论化学等课题进行研习；生物部要围绕植物、生物、细胞学、胚胎学、微生物学、生理学等课题进行研习。研究生得在教授的指导下进行认真的读书、研习，得定期向指导教授汇报研究状况，指导教授得认真进行评阅。[①]

除上述提及的清华大学、武汉大学在培养研究生过程中根据导师研究范围指导学生进行科学研究外，其他高校也不例外。然而各校研究所指导研究生进行科学研究的方式却是多种多样的。除最常见的专题研究外，有的重视实地调研，有的注重学术讲座，还有的长于开设讨论班，总之形式多样的教学形式无不为着提升学术氛围和科研效率。下面将以部分高校研究所为例进行具体论述。

中山大学为了能让学生获得第一手的资料、提高研究成绩，各科研究所均运用自己的特色专长培养研究生的科研能力。如文科研究所积极联系相关部门团体，安排学生前往实地进行调查研究，搜集彝族、苗族的语言素材及民间歌谣、风俗习惯等资料，以更好地充实和丰富研究工作。例如，1937 年文科研究所与岭南大学西南社会调查所合作组织海南岛黎苗考察团，派出研究生王兴瑞前往海南岛进行长达五个多月的调查，调查归来后，王兴瑞写成《海南岛黎人研究》，获得硕士学位。[②] 同年夏，研究所派出研究生江应樑与当时的云南地方政府合作，深入调查研究傣族文化。1938 年 5 月，江应樑回广州写成调查报告，并以此研究获得硕士学位。[③]1941 年 4 月，研究所又组织梁钊韬、王启澍到广东乳源乌坑深入瑶山调查，归来后他们分别撰成《瑶人宗教

① 涂上飙主编：《乐山时期的武汉大学（1938—1946）》，长江文艺出版社，2009，第 218—219 页。

② 《海南岛黎苗考察团定期出发》，《国立中山大学日报》1937 年 1 月 30 日。《海南岛黎苗考察团团员工作结束返校》，《国立中山大学日报》1937 年 6 月 8 日。

③ 江应樑：《江应樑民族研究文集》，民族出版社，1992，第 560 页。

信仰》《瑶民经济生活》，把瑶族人的经济生活、社会组织和宗教信仰做一比较研究。[①]又如师范研究所非常重视对学生研究方法的训练，哲学研究法、调查问卷法、测验法、实验法等都被研究生熟练地应用于课题研究中。农科研究所的农林植物部注重通过室内、野外、通讯研究三种方式，提高学生的研究能力。室内工作注重应用标本室的“蜡叶标本”与“液浸标本”的解剖研究，利用图书馆设备参阅各国植物研究杂志图书，利用实验室的设备做各种实验等参与书报讨论。野外工作注重野外采集标本、观察植物的天然环境、实地考察各种特殊问题、利用植物标本园的设备做各种试验、开展苗圃实验等。通讯研究则联合校外专家共同开展，与校外各植物学机构联络而应用其材料。土壤学部则采取演讲、阅读参考书、野外考察、实验室实习、盆栽或田间试验、问题讨论等多种形式。每星期举行一次讨论会，学生报告以上六项的心得或结果，同时讨论学习期间遇到的疑难问题，这种培养模式强调让学生在实践中学习和提高。[②]

清华大学农科研究所的吴韫珍教授经常带着吴征镒等学生去北平西山、八达岭等处采集标本。他注意让学生把植物的特征分布区、生态环境、植物土名和用途登记清楚，从野外回来，就带着大家整理标本，造名录、查文献，分种列检索表，并把已有文献记录的名录作考证处理，鼓励大家提出新的见解。吴韫珍先生的言行对吴征镒的影响尤为深刻。他指导吴征镒从野外调查入手，撰写华北苔属方面的论文，当时这一属在全世界有800余种，华北有近50种，是号称疑难大属的植物。他要求学生在毕业论文中要将每一种的苞片、囊果按同样比例画成精细的鉴别特征图，对其中每一种还要详细考证定名。他对吴征镒说，做学问就像啃骨头，多啃硬骨头方练得出真功夫。[③]

除调查研究外，各高校还举行学术讲座、讨论会等学术活动，以扩大研究生的视野，丰富他们的知识，为今后科学研究奠定基础。竺可桢说：“若一个大学，单从事零星专门知识的传授，既乏学术研究的空气，又无科学方

① 《民俗》第2卷（1943年）第1、2期合刊。
② 吴定宇主编：《中山大学校史（1924—2004）》，中山大学出版社，2006，第204页。
③ 周鸿、吴玉：《绿色的开拓者——中国著名植物学家吴征镒》，科学普及出版社，1994，第26页。

法的训练，则其学生之思想即难收到融会贯通之效。”[①]该校在遵义期间，先后举行过“徐霞客逝世三百周年讨论会”“伽利略逝世三百周年报告会”等学术活动，以活跃学术氛围。例如，1941年12月20日，文科研究所史地学部举行了“徐霞客先生逝世三百周年纪念会”，出席活动的有80多人，既有本校的教授，也有外来交流的各界知名人士，竺可桢和张其昀主持会议，张其昀、竺可桢、叶良辅、任美锷、黄秉维、谭其骧等人宣读论文。会后，学校将与会者提交的论文刊印在《国立浙江大学文科研究所史地学部丛刊》第四号，即《徐霞客先生逝世三百周年纪念刊》，1948年又以论文集形式在商务印书馆正式出版，名为《地理学家徐霞客》。竺可桢宣读论文《徐霞客之时代》，“集中、西之大成于一身，既具有中国之仁爱宽大，又具有寻求自然奥秘、历艰涉险的西洋求知精神”，纵览与徐霞客同时代的欧洲探险家“无一不唯利是图”“形同海盗”者；“欲求如霞客之以求知而探险者，在欧洲并世盖无人焉”，正因为如此，“正以其求知精神之能常留于宇宙而称不朽也”。[②]

北京大学文科研究所也非常重视学术讲座对培养研究生的重要作用，定期聘请校内外专家，围绕他们的研究专长和研究兴趣进行专题报告。例如，罗常培的《研究工作之性质》、闻一多的《什么是九歌》、罗庸的《九歌解题及其读法》、邵循正的《语言与历史》、陈康的《柏拉图的年龄论研究》、陈国符的《道藏源流考》、冯文潜的《美与丑》、冯承植的《德国文学的派别和方法》、许烺光的《说“人”》、徐旭生的《帝后的传说》、冯友兰的《论禅宗》、姚从吾的《匈奴父死妻其后母的风俗之演变》、雷海宗的《西汉皇帝的私生活》等，均是用作培养研究生的专题之研究报告。[③]北京大学还将这些学术演讲汇编成册，由出版社公开印行。“北京大学文科研究所由罗常培主持之讲演会，现已延续至二十一次，讲演集已编成二辑：第一辑名《文史丛谭》，第二辑名《文史讲坛》。闻此两辑现已分别与陪都某某两出版社洽妥，即将开始印行。”曾在北京大学文科研究所学习的任继愈先生回忆：“西南联大的学术空气很浓，课外、晚间的学术讲演，百家争鸣。文科研究所罗

① 竺可桢：《大学生与抗战建国》，《国立浙江大学校刊》1941年复刊第100期。
② 竺可桢：《地理学家徐霞客》，商务印书馆，1948，第5页。
③ 《国立北京大学文科研究所学术讲演继续举行》，《图书季刊》1943年第1、2期合刊。

先生组织的讲演，我记得的有：汤用彤先生讲‘言意之辨’，向达先生讲‘唐代俗讲考’，冯友兰先生讲‘禅宗思想方法’，贺麟先生讲‘知行合一新论’，化工系教授陈国符先生讲‘道藏源流考’。这些讲演有的收入论文集，有的拓展成专著。”①

中山大学文科研究所每学期都会集中一段时间进行学术讲演，如 1942 年第一学期，从当年 11 月 21 日至 1943 年 1 月 28 日共举行了八次讲演。②其中有李达、王亚南、洪深、梅龚彬、石兆棠、许幸之、胡世华、卢鹤绂等，均讲演过自己的科研新作。1943 年，研究所还聘请陈寅恪作为特约教授来校开展专题讲学，7 月 1 日讲论《魏晋南北朝史研究》中的《五胡问题》，其后他还讲了《清谈问题》《南朝民族与文化》《宇文泰及唐朝种族问题》等。罗廷光教授于 1943 年 6 月 11 日至 22 日应邀到师范研究所讲学，“先是研究院文科研究所历史学部主任朱谦之教授作学术讲演，其后连日请罗廷光教授作专题演讲：《各国教育行政之背景与趋势》《我国学制改革问题》《政治教育之展望》《文武合一的教育》等”③。此外，师范研究所有时也采取集中一段时间讲专题的做法，如 1944 年 5 月 15 日至 19 日，一连五天请邱椿教授讲学，总题目为“教育思想体系的演变”。

开设讨论班，坚持教学与科研相结合，也是很多学校采取的研究生教学形式之一。讨论班主要是在一个权威人士带领下，定期或不定期作有关专题的学术讲演和探讨。师生共同参加，互相切磋，共同研究，有利于扩大学生视野，培养其研究兴趣，锻炼其分析探索问题的能力。西南联大数学系的教授们非常重视这项教学活动，先后开展了大量的主题讨论活动，具体情形如表 5.1.9 所示。除此之外，不拘形式、自由结合的小型讨论班活动更是经常举行。

表 5.1.9　西南联合大学数学系讨论班

名称	开设时间	主持教师
代数讨论班	1939—1940 年	华罗庚、蒋硕民、曾远荣、陈省身、王湘浩

① 任继愈：《竹影集：任继愈自选集》，新世界出版社，2002，第 274 页。
② 黄义祥：《中山大学史稿（1924—1949）》，中山大学出版社，1999，第 388—389 页。
③ 《罗廷光教授昨在研究院举行专题讲演》，《国立中山大学日报》1943 年 6 月 18 日。

续表

名称	开设时间	主持教师
形势几何学讨论班	1939—1941 年	陈省身、程毓淮、刘晋年、江泽涵
李群讨论班	1940 年	陈省身、华罗庚、王竹溪
分析讨论班	1940—1941 年	蒋硕民、陈省身、许宝騄、王湘浩、庄圻泰
群论讨论班	1940—1941 年	程毓淮、刘晋年
解析数论讨论班	1941—1942 年	华罗庚
拓扑群讨论班	1943—1944 年	江泽涵

[资料来源]《徐利治访谈录》，转引自刘大椿主编《数学大师：华罗庚　陈省身　吴文俊》，中国科学技术出版社，2012，第 90 页。

以陈建功和苏步青为首的浙江大学数学研究所也非常重视讨论班的作用。他们坚持遵循和平时期形成的制度进行教学和科研，“数学研究”学术讨论班不仅未因战争而停止，反而更活跃，事先贴出布告，每星期六下午均有举行，系主任苏步青风雨无阻，每次必到。“数学研究”分甲、乙两班：甲班是函数与微分几何两专业合在一起的讨论班，每个报告人要读懂一篇指定的外文杂志上的最新数学论文，且要接触数学研究前沿，难度比较大；乙班则分专业进行，要求报告人报告事先选定的文献，一般是最新出版的外文数学专著。[①] 讨论班要求极其严格，报告前必须认真阅读文献、仔细验算，在报告时要提出问题并表达自己的见解，进行讨论。如果报告内容只停留在表面理解上，在座师生即当场提问辩难，“打破砂锅问到底”。这时报告人只好站在台上默默思考，非常被动，当时称之为“挂黑板”。[②] 这种严格的训练，使学生们既打下坚实的基础，又得到研究提问方面的训练，耳濡目染，学生就知道如何提问题、想问题和解决问题，数学论文也就在这样的过程中完成了。

① 张彬：《倡言求是　培育英才——浙江大学校长竺可桢》，山东教育出版社，2004，第 296—297 页。

② 程民德主编：《中国现代数学家传》第 1 卷，江苏教育出版社，1994，第 103 页。

这种把教学和研究密切结合的方法，不停留在教书、兼课、写教材的教学层面，使浙江大学数学研究所成为全国第一流的数学基地，培养了大批的高层次研究人才。[①]

上述各类丰富的学术演讲和实践活动，体现了“教学与研究相结合”的研究生培养理念，为培养和提升研究生的研究能力提供了有力且有效的补充。

（四）学位授予

经过课程学习及科学研究后，学生在导师指导下应在第一学年后半学期确定论文题目。接下来，第二学年主要是论文写作和审查，由此就进入了研究生培养中另外一个非常重要的阶段了。

一是撰写论文。在进行硕士学位考试之前，研究生必须在导师的指导下完成硕士论文的撰写工作。除外国语学科的学生必须用外国文字撰写外，其他学生须用中文撰写，文言文、白话文均可，须用正楷缮写，装订成册，并附送外国文字副本。硕士论文须研究生本人撰写，不得与他人合著。硕士论文须参考已有的研究成果，引用他人的研究成果必须添加备注。撰写毕业论文是培养研究生从事科学研究和专门技术工作的重要环节，也是检查研究生在校学习期间是否掌握了坚实的基础理论和系统的专门知识，以及能否运用已有知识进行综合研究和科研创新的重要方法。因此，毕业论文历来受到人们的重视，研究生学习期满时必须完成毕业论文。曾作为留学生的导师们在国外攻读学位时，对毕业论文非常重视，投入了大量的精力，进行了许多创造性的工作，因此，他们在培养研究生时，同样以严谨的治学态度来要求学生，对毕业论文的指导也非常认真。例如，叶良辅曾负责指导学生杨怀仁的毕业论文。杨怀仁回忆说：“我的研究生毕业论文《黔中地形发育》，篇幅较大，他评阅时花了许多时间。后来刘之远先生（叶师的同事和助手）告诉我叶师审阅论文时曾多次咳嗽咯血。从叶师的谆谆教导和言传身教中，我真正看到‘为人师表’的可敬形象，也真正认识到‘恩师’这二字所包含的无限尊严和崇高。”[②]

二是成立考试委员会。依《学位授予法》及《硕士学位考试细则》规定，

---

① 张奠宙：《中国数学史大系·中国近现代数学的发展》，河北科学技术出版社，2000，第82页。

② 孙鸿烈主编：《20世纪中国知名科学家学术成就概览》地学卷地质学分册（一），科学出版社，2013，第212页。

各研究院所须成立考试委员会，并报当时的教育部核批。考试委员会的校内外专家各占一半，且研究所主任暨导师为当然委员。教育部核准后，考试委员会方能工作。例如武汉大学于 1943 年 2 月成立了当年各所考试委员会，并上报教育部：本校文、理、法、工四研究所，遵照 1935 年 5 月 12 日公布的《硕士学位考试细则》第 7 条的规定，拟定了本校硕士学位考试委员会，包括校内校外考试委员会。又据条例中有校内校外委员各占半数的规定，现因交通障碍，本校所拟定的校外委员会多未超过校内委员会的半数，如果认为有必要增加，请指定人员、姓名，以便延聘。[①] 同时，该校还附上一份各所考试委员会名单（如表 5.1.10 所示）。其中参加研究生硕士学位考试评审的校外专家，得提前一个月通知，并寄送聘函。

表 5.1.10　1943 年武汉大学文、理、法、工四科研究所硕士学位考试委员会委员名单

研究所	学部	校内委员	校外委员
文史研究所	文史	刘永济、刘赜、吴其昌	钱穆（齐鲁大学教授）、龙俊（华西大学国文系主任）
法科研究所	经济学	刘秉麟、杨端六、陶因	张峻（资源委员会所主任）、朱祖晦（成都区银行监理官）
	政治学	刘秉麟、刘乃诚、鲍扬廷	浦薛凤（最高国防委员会专门委员）、杜光埙（中央监学委员）
理化研究所		桂质廷、江仁寿、邬保良	周同庆（中央大学物理系主任）、张达如（四川大学化学教授）
工科研究所	土木工程学	谭声乙、俞忽、涂允成	张含英(全国水利委员会委员长)、王助（航空研究室副院长）
	电机工程学	谭声乙、陈季丹、叶允競	顾毓琇（教育部次长）、包可永（重庆牛角沱资源委员会）

［资料来源］根据周叶中、涂上飙编著的《武汉大学研究生教育发展史》（武汉大学出版社，2006）相关内容整理。

1943 年 3 月 16 日，教育部回复道：“该委员会应称国立武汉大学文法理

① 涂上飙主编：《乐山时期的武汉大学（1938—1946）》，长江文艺出版社，2009，第 224 页。

工四科研究所硕士学位考试委员会；聘请校外委员，按细则进行，不宜破例。”随后，武汉大学又增加了校外委员的名额，经济学部的刘季陶（国民经济研究所主任）、政治学部的萧公权（光华大学教授）、樊德芬（国立编译馆编纂）等先后被聘为考试委员会校外委员。[①]

考试委员会成立以后，委员得对参加学位考试的研究生的学籍、成绩等进行初审，通过后呈至教育部复审，审核通过，研究生方可参加硕士学位考试。

三是学位考试。硕士学位考试分两个部分：学科考试和论文考试。学科考试由考试委员会就考生所学内容，指定与论文有关的两门以上科目出题，理工科可在实验室进行实验考试。论文考试由考试委员会从考生所提交的论文中提出问题，进行口试，必要时可以进行笔试。硕士学位考试成绩的计算方法如下：论文考试成绩占 60%，学科考试成绩占 40%，总评合格，硕士学位考试才算通过。各高校对学位考试非常重视，从西南联大部分毕业研究生的学科考试及论文考试信息（如表 5.1.11 所示），即可见一斑。

表 5.1.11　1941—1945 年度西南联大部分研究生学科考试及论文考试信息一览

姓名	时间	考试科目	考试委员	备注
李赋宁	1941.4.5	法国文学史、法国文学古典理论、17 世纪法国戏剧	陈福田、吴宓、陈铨、吴达元、杨业治、温德、邵循正、闻一多、闻家驷	学科考试
魏珐荪	1942.6.25	莎士比亚文学	闻一多、陈福田、吴宓、陈铨、吴达元、杨业治、温德、朱自清	论文考试
张守廉	1944.5.12	量子力学、相对论及流体力学	严慕光、郑华炽、杨武之、叶企孙、吴正之、王竹溪、赵忠尧	学科考试
杨振宁	1944.5.12	量子力学、统计力学及电力学	严慕光、郑华炽、杨武之、叶企孙、吴正之、王竹溪、赵忠尧	学科考试
傅懋勉	1944.7.6	汉赋研究	闻一多、朱自清、浦江清、王力、许维通、陈梦家、沈有鼎、邵循正、游国恩	论文考试

① 涂上飙主编：《乐山时期的武汉大学（1938—1946）》，长江文艺出版社，2009，第 225 页。

续表

姓名	时间	考试科目	考试委员	备注
季镇淮	1944.7.9	魏晋以前的人品观念	汤用彤、罗常培、冯友兰、闻一多、朱自清、雷海宗、浦江清、王力、许维通、陈梦家	论文考试
王宪钟	1944.7.12	投影几何、复变数函数论、近世代数、微分几何、微分方程论、矩阵论、形势几何、Lebesgue 积分、数论	姜立夫、吴正之、陈省身、熊迪之、周培源、华罗庚、江泽涵、赵访熊、杨武之、许宝騄	学科考试
张守廉	1944.7.14	The Turbulent Flow through a Circular Pipe（通过圆形管道的湍流）；Turbulent Flow in Boundary Layers（边界层中的湍流）	吴正之、叶企孙、王竹溪、马仕俊、钱临照、冯桂连、赵忠尧	论文考试
杨振宁	1944.7.14	The Dependence of Lattice Constants and Interaction Energy on the Degree of Order（晶格常数和相互作用能与有序度的关系）；A Generalization of Quasi-Chemical Method in the Statistical Theory of Super Lattice（超晶格统计理论中准化学方法的推广）	吴正之、叶企孙、王竹溪、马仕俊、钱临照、黄子卿、赵忠尧	论文考试
范宁	1944.11.6	魏晋小说研究	闻一多、汤用彤、游国恩、冯友兰、朱自清、王力、许维通、浦江清	论文考试
应崇福	1945.6.21	发电力学、量子力学、放射性及原子核物理学	饶毓泰、严济慈、张文裕、周培源、赵忠尧、霍秉权、王竹溪、吴有训	学科考试
罗应荣	1945.6.28	中蒙边界问题	张奚若、邵循恪、赵凤喈、陈岱孙、刘崇鋐、崔书琴、钱端升、吴之椿、燕树棠、王赣愚	学科考试

[资料来源]根据齐家莹编撰的《清华人文学科年谱》（清华大学出版社，1999）和清华大学校史研究室编的《清华大学史料选稿——抗日战争时期的清华大学（1937—1946）》第三卷上（清华大学出版社，1994）等相关内容整理。

最后，考试通过后，该生可称为硕士学位候选人。学校还须将硕士学位考试委员会报告书、研究期满成绩表、考试试卷、论文等资料提交教育部审核。

只有审核通过后，教育部才发文授予该候选人硕士学位。

第二节　留学生与我国研究生人才培养特色

如前所述，近代中国的留学生群体或是负笈东游或是远赴欧美。他们在国外接受了系统的高等教育并多获得硕士、博士学位。学成归来后，他们又大多积极投身于高等教育的第一线，成为近代高层次人才培养的倡导者、组织者、实践者和领路人。他们有着深厚的传统文化根底，又系统地接受了欧美高等教育的养分，使近代中国研究生高层次人才的培养逐渐形成了自身的鲜明特色。下文将从这种人才的培养目标、教学内容、教育方式、教学态度及师生关系等方面分别说明。

一、培养目标：专通结合

在近代中国研究生教育和培养过程中，有着留学背景的研究生导师群体多主张专通结合。正如任继愈回忆西南联大的研究生教学情况时所言，联大的“研究生教学主张通才、通识教育，教课不是太专业化，提倡文理科沟通”，文科和法学院的研究生必须学理科的一门到两门课程，理工科学生则必须学文法学院的课程。联大的教师们多鼓励学生听别的系、别的专业的课。当时联大给研究生开设的必修课很少，研究生多余的时间就用来看书，以及听外系的课。①

雷海宗每年都为西南联大非历史专业的学生开设“中国通史”课，吴于廑在南开经济研究所读研究生时，作为旁听生，风雨无阻地听完了这门课，深受老师的教学和课程内容的影响，并在史学研究方面接受了雷氏所授的“文

① 任继愈：《为祖国育人乃立国之本》，载北京大学研究生院编《江山代有才人出：北京大学研究生教育 90 年》，北京大学出版社，2008，第 72 页。

化形态学”的方法。对此，他在其研究生毕业论文《士与古代封建制度之解体》中有此说明：“在方法上，本文不标新立异。我们只是避免因果律的看法，将史实的发生当作一种生长或演化来看而已。”[①] 他在这里所说的方法，正是“文化形态学”的方法。这一方法是当时西方正流行的史学研究方法，也是雷氏在当时进行研究时所运用的方法。清华大学研究生何兆武曾回忆道：“在我的印象中，雷先生不但非常博学，而且记忆力非常了不起，上课没有底稿，也从来没有带过任何一个纸片，可是一提起历史上的某某人哪一年生、哪一年死，或某件事发生在哪一年，他全都是脱口而出，简直是神奇。”[②]

何兆武学术研究的主攻方向是思想史。然而，他在上张奚若的课以前，对思想史这一学科基本上没有多少了解，但是听了张奚若的西方政治思想史与近代政治思想两门课以后，他便“自此喜欢上了从前自己不大看得起的思想史”。为什么会发生这样的转变呢？那是因为张奚若的课让他“感到读思想史不但有助于深化自己的思想，而且不了解思想就无以了解一个历史时代的灵魂”。这成为他一生从事学术研究的基本观点，始终未变。[③] 他在晚年的一篇文章中写道：“我们的历史研究，可以有不同的方法和层次，可以有政治史、经济史、社会史等等，但最重要的还是人们应该研究思想史和心灵史。我觉得无论对于一个人还是对于整个民族的文化，这个层次上的理解才是最根基的。”[④]

钱伟长在中学里爱好文科，而将理科特别是数学、物理视为畏途。九一八事变后，在科学救国思想的刺激下，他决心弃文学理，报考清华大学物理系。当时钱伟长的物理和数学成绩考得并不理想，而中文成绩则相当优秀。中文系的杨树达教授很欣赏钱伟长考试时所作的那篇作文，希望他能就读中文系。历史系的教授也希望钱伟长能入历史系。可是，钱伟长决心学物理学，一再恳求时任物理系主任的吴有训能批准他入学。当时，吴有训对钱伟长能否学好物理表示怀疑，还尽力劝说他到别的系就读。钱伟长向吴有训

---

① 王敦书：《雷海宗与吴于廑——中国世界史学科建设杂忆数则》，《武汉大学学报》（社会科学版）1993 年第 5 期。

② 何兆武：《上学记》，载商友敬主编《过去的教师》，教育科学出版社，2007，第 118 页。

③ 王喜旺：《学术与教育互动：西南联大历史时空中的观照》，山西教育出版社，2008，第 161 页。

④ 何兆武：《历史理性的重建》，北京大学出版社，2005，第 143 页。

保证，让他试读一年，若一年后，物理、数学、化学成绩太差，他主动退出。钱伟长还曾向叶企孙教授诉说此事。当时叶企孙教授举例说，学《史记》就要弄清为什么司马迁要用“志”“本纪”“列传”这样的体系框架来描写这一段社会历史的发展，司马迁用了叙述代表人物的方式来反映这一时期的社会盛衰兴亡的内涵，用“志”来叙述社会发展的总面貌，用“太史公曰”来总结评论某一人物在社会历史发展中的作用，读史贵在融会贯通，弄懂它，不在于死背熟读某些细节。他认为学习物理也是一样，也是重在弄懂而不是死背公式、熟记定律，懂了自然就记得，会用就肯定忘不了。能学好历史，同样也能学好物理。[①] 他的鼓励，增强了钱伟长学物理的信心，也成为他日后学习其他学科的指导方针。在获准学习物理后，钱伟长努力学习，进步很快，四年后以优异成绩毕业，考取了当时的中央研究院实习研究员，同时也考取了清华物理系研究生。由钱伟长的学习经历，人们也能略窥当时西南联大教师在培养学生时的热心及包容，也正是由于这些教师存有专通结合的人才培养理念，才有了这一桩“叶师鼓励学生学物理”的美谈。

通过上述几个鲜活案例可以看到，当时留学归国的研究生导师们不仅仅要求学生专注于从一个专业或一门学科汲取知识的养分，还要求他们旁及其他学科。对其他学科知识和方法的涉猎与学习，不仅能为专业的学习提供深厚的知识积累，还能提供可资借鉴的高效方法，为学术研究打通更多的突破路径。

二、教学内容：学科前沿

国外留学经历，使这一导师群体对国外如何培养研究生也有切身的感受。因此，他们在研究生教学中，非常注重吸取国外研究生培养的经验，强调通过实践发现问题、在教学实践中解决问题。他们往往以国外学术前沿知识结合中国具体的实例进行教学，具备把教学与实践结合起来的能力，使得知识能够本土化、实践化。比如，清华大学的戴芳澜在授课时注重理论联系实际，

① 钱伟长主编：《一代师表叶企孙》，上海科学技术出版社，2013，第8—9页。

亲自管理学生的课堂实验，带领学生去野外采集标本和实习。他在讲坛上讲授的内容大都是国内重要植物病理问题，在实验室里观察的也都是在国内采集来的标本，此外，他也很注意实际操作，常常亲自带领学生到果园中去喷波尔多液防治苹果锈病，并且亲自操作示范。[①]他主张研究生教育以自学为主，提倡自己闯，上课都是以讲自己的研究心得为主，不是买来教科书照着讲。

周培源在清华大学开设了流体力学课程，他在讲课中把学生引导到还没写入参考书的这门学科的最前沿，提出了还没有解决的湍流中动力学粘滞力机制的问题，并希望学生将来能够努力将其解决。后来，胡宁、林家翘和郭永怀等都参加了周培源所指导的湍流研究小组。

1938 年夏，从英国学成归国的王竹溪前往昆明西南联合大学任教。杨振宁当时是西南联合大学物理系的学生，听了王竹溪的演讲，印象很深。进清华大学研究院之后，他就师从王竹溪研究超晶格相变问题。超晶格和相变问题是此后半个多世纪中统计力学研究的一个主要方面，杨振宁选择和进入了这一具有发展前景的研究主流，并取得很大成就。后来在不同的场合，杨振宁曾多次提到自己这段学习经历："一九四二年我在昆明西南联合大学取得理学士学位后，做了该校的研究生。为了准备硕士论文，研究的是统计力学，导师是王竹溪教授。他在三十年代曾到英国师事福勒。王先生把我引进了物理学的这一领域，此后，它便一直是我感兴趣的一门学科。《超晶格》一文是我的硕士论文的一部分。"在《读书教学四十年》一书中，他还指出："王先生把我引到统计力学的领域，这也成为我后来研究的主要领域。"杨振宁甫入王竹溪先生门下时，王竹溪正在研究刚刚发展的统计力学，便将统计力学介绍给了他。统计力学是 20 世纪大有发展的一个学研领域，直到今天依然是物理学的重要分支之一。由于始终走在学术前沿，1957 年，杨振宁与李政道一起，以宇称不守恒理论获得了当年的诺贝尔物理学奖。1983 年，王竹溪教授逝世时，杨振宁发来唁电说："我对统计物理的兴趣即是受了竹溪师的

① 中国科学技术协会编：《中国科学技术专家传略·农学编》植物保护卷 1，中国科学技术出版社，1992，第 20 页。

影响。”[①] 杨振宁在香港曾发表文章说：“我那时在西南联大本科生所学到的东西及后来两年硕士生所学到的东西，比起同时美国最好的大学，可以说是有过之而无不及。”[②]“西南联大的教学风气是非常认真的。我们那时候所念的课，一般老师准备得很好，学习习题做得很多，所以我学了很多东西。”“总的说来，课程都非常有系统，而且都有充分的准备，内容都极深入。直到今天我还保存着当年听王（竹溪）先生教授量子力学时的笔记，它对我仍是有用的参考资料。”[③] 在这样一个学科实力强大的环境中学习，为杨振宁接触到世界物理学前沿的知识、向诺贝尔奖迈进创造了条件。

著名物理学家黄昆于 18 岁考入燕京大学物理系，4 年后获学士学位。他看到当时的西南联大集中了全国最优秀的物理学家，便毅然长途跋涉来到了西南联大。经葛庭燧先生推荐，吴有训对这位年轻的学士进行了严格的全面考查，结论是：黄昆理解能力强，知识渊博，兴趣广泛，擅长物理学。因此，理科研究所所长吴有训让黄昆在物理系担任助教，一边教书，一边继续从事物理学的研究。在西南联大物理系，黄昆如鱼得水，他尽情地向物理学前辈们请教，后又随吴大猷作硕士论文。黄昆回忆道：我到达西南联大后听的第一门课就是吴先生（吴大猷）讲的古典动力学。听课下来后，我感到十分激动，觉得对物理学理论之精湛有了新的理解，对进一步学习物理进入了一个新的思想境界，我当时的感受并不是一时偶发的冲动。[④]1994 年，吴大猷先生通过杨振宁先生赠给黄昆一本书。这本书恰好就是由台湾新竹“清华大学”所复制的、1941 年吴先生给黄昆讲授的课程——古典动力学的讲稿。在他赠给黄昆的这本古典动力学讲义上，吴先生亲笔写下了下面的一段话：“此袋内乃 1941 年秋季在昆明西南联大所授古典动力学课的讲学笔记……该课中约有 20 人，有研究生黄昆，四年级学生杨振宁、张守廉、李荫远、黄授书等人，对着这样一群学生讲古典物理中最完美的一部，是最愉快的一大事也。”[⑤] 这

---

① 杨振东、杨振斌、杨存泉、杨存睿编：《杨振宁谈读书教学和科学研究》，安徽大学出版社，2011，第 19 页。

② 许渊冲：《诗书人生》，百花文艺出版社，2003，第 14 页。

③ 苏国有：《杨振宁在昆明的读书生活》，云南人民出版社，2009，第 126 页。

④ 西南联大北京校友会编：《我心中的西南联大：西南联大建校 70 周年纪念文集》，清华大学出版社，2008，第 196 页。

⑤ 黄昆：《黄昆文集》，北京大学出版社，2004，第 583 页。

十分详细的宝贵资料充分显示了吴先生在当年教授内容的前沿性及持久的生命力。

钱伟长于 1939 年春季从北京到达昆明西南联大时，叶企孙教授要到重庆接任当时的中央研究院总干事，故而把物理系二年级的热力学讲课任务交给了他。钱伟长想到自己在 1933 年听过叶师的热力学的课，自以为学得还不错，便满口应承了下来。叶先生把有关五堂课的讲课笔记交给了钱伟长，以便接课。但在叶企孙离滇后，钱伟长发现课程内容基本原理虽然还是熟知的热力学的第一、第二定律，但所引实例完全是有关金属学的热力学性质，这是钱伟长始料不及的。叶教授博览群书，把金属学学术期刊上的最新发展中利用热力学定律的富有成效的部分，吸收到讲稿中，融入授课内容。这份不到十页的讲稿，对钱伟长教育极深，他体会到做一个大学教授很不容易，每年虽然讲同一门课，但应该随着时代的发展改变其基础理论的应用范围，使一门基础课能跟上科学发展的时代步伐。经常阅读大量有关科技的国际期刊，将其内容消化吸收到教材中去，才算尽到教授的讲课责任。后来他在讲授理论力学和材料力学课程的十年中，经常结合相关领域的最新发展，探讨、讲解了许多新的实际问题，这正是继承了叶企孙教授精神的真实体现。

三、教育方式：启发诱导

启发式教学是指教师在教学过程中根据教学任务和知识传授的客观规律，从学生的实际出发，通过多种方式，引导学生积极主动思考问题的教学方法。在中国，孔子曾提出“不愤不启，不悱不发”。朱熹解释说：“愤者，心求通而未得之意；悱者，口欲言而未能之貌。启，谓开其意；发，谓达其辞。”[①] 愤与悱是内在心理状态在外部容色和言辞上的表现。换言之，即在教学前务必先让学生认真思考，已经思考相当长时间但还想不通，然后就可以去启发他；虽经思考并已有所领会，但未能以适当的言辞表达出来，此时可以去开导他。《学记》进一步提出“道而弗牵，强而弗抑，开而弗达”，阐发了启

① 陈永林编：《中国圣贤智慧》，中国书籍出版社，2013，第 7 页。

发式教学的思想，主张启发学生，引导学生，但不硬牵着他们走；严格要求学生，但不施加压力；指明学习的路径，但不代替他们得出结论。在欧洲，稍后于孔子的古希腊思想家苏格拉底用“问答法”启发学生独立思考以探求真理。可见，启发式教学自古就是中西方优秀的教学方法之一。启发式、讨论式教学方法也被近代中国大学教师充分地应用在研究生培养过程中。

1938 年 12 月，中央大学研究院成立，马洗繁先生兼任法科研究所所长，第一学年给研究生开出的三门必修课是行政学研究、政治制度研究和中国政治制度史料研究。马洗繁先生授课时从不按“部令”寻章摘句，而是鼓励研究生一面借鉴欧美国家的学说，一面独立思考、质疑、讨论，采取“圆桌讨论之集体合作方式”，集思广益，导师再从中指导。学生反映，只要把马先生课堂所学认真记下来，不用整理就是很好的论文。这种教学内容和教学方式深受研究生和指导教授欢迎，成效突出，影响远播海外，印度政府还曾派研究生到该研究所进修。[①]

谈家桢于东吴大学本科毕业后，报考燕京大学生物专业研究生。他在选择主修专业和导师问题上征求胡经甫的意见。胡经甫很看重谈家桢，曾有意让谈家桢攻读他的研究生，主攻昆虫学。但是，谈家桢表示对遗传学很感兴趣，立志要在这个领域里做一番事业。胡经甫尊重谈家桢的选择，把他引荐给李汝祺教授。1930 年秋，李汝祺和谈家桢结下师生间的不解之缘。谈家桢在一年半时间里完成了研究论文，通过了答辩获得了硕士学位。李汝祺对这位学生甚为满意，他曾这样说过：“在谈家桢跟我这段时间里，我并没有花很多的时间对他进行指导。”[②] 其实，李汝祺沿用的是摩尔根实验室培养人才的传统方法，即“教而不包”的教学原则，并在日后的教学实践中逐步形成了自己独特的风格。李汝祺认为，这种教育原则用在有自学能力的研究生身上特别有效，有利于培养学生独立思考问题和解决问题的能力。因此，在谈家桢接受课题后，李先生只是在一些基本问题上加以讲述，至于整个实验计划以及有关文献资料等都由谈家桢自己制订与查阅，经过一段时间的研究之后，

① 中央大学南京校友会、中央大学校友文选编纂委员会编：《南雍骊珠　中央大学名师传略再续》，南京大学出版社，2010，第 86—87 页。

② 赵功民：《谈家桢与遗传学》，广西科学技术出版社，1996，第 28 页。

谈家桢再向老师汇报工作的进展，比如遇到什么难以解决的问题，然后师生再一起商讨予以解决。这种放手的方式也符合谈家桢的心意。[①] 这师生二人的脾性和趣味迥然不同，但自此以后的半个多世纪里，他们之间在事业上始终相互尊重、相互支持，共同开创中国遗传学事业，他们的师生之情被学术界传为佳话。李汝祺在九十高寿时，曾说过这样一句话："谈家桢先生是我一生所带过的研究生中最为突出的一个，这是我一生感到珍惜的一件事。"谈家桢则在李先生九十寿辰祝寿会上动情地回顾了 20 世纪 30 年代跟随他攻读硕士学位的经历，感谢李先生对他的培养。他给李先生的献词是："淳厚朴实，德智体全面发展；六十年如一日，堪为师表。"[②]

周鲠生的课堂非常具有启发性，其特点之一是重点突出，主次分明，很能开发学生的思路；特点之二是旁征博引，层层剖析，颇能提高学生的分析能力；特点之三是在比较阐述的基础上，加以评论，把学生引入更高的学术境界；特点之四是在最后画龙点睛，畅谈其独到的见解，引导水平较高的学生课后进一步钻研。周先生对本科高年级学生和研究生的教学指导，从 20 世纪 30 年代起就采用了习明纳尔（Seminar）研讨会的方式，由学生选择专题和参考书，然后拟出大纲，写成文章，上堂报告。每个环节他都认真指点、把关。每个学生报告以后，先让学生讨论文章内容和报告方式的优缺点，各抒己见，而后他才全面总结，鼓励和指导学生如何进一步提高。这种教学方式加速了学生的成长，但是周先生自己的教学工作量却是成倍增添。[③]

陈桢在指导学生如何阅读参考书上，具有自己独特的风格。他往往只是指定一个题目，让学生自己去找文献阅读，等到学生有了一定了解以后再共同讨论，引导学生抓住问题的关键，提出探索方向。这种指导方式充分调动了学生独立思考的积极性，有助于学生科研思维的形成。启发式教学重在培养学生的独立思考能力，以区别于中小学的灌输式教育。许多教师在开课之前，指定参考书目，让学生自己阅读。正式上课的时候，教师先不讲课，由看过

① 赵功民：《谈家桢与遗传学》，广西科学技术出版社，1996，第 28 页。
② 同上书，第 27 页。
③ 教育部人文社会科学重点研究基础、武汉大学国际法研究所主办：《武大国际法评论》第 12 卷，武汉大学出版社，2010，第 356 页。

参考书目的学生先发言，组织论点，进行课堂讨论，自己只在快下课的时候，作一个总结性发言，提出自己的观点，对学生的论点作必要的补充、完善和修正。[①]这种启发、讨论式的教学，使得教学活动开展得更加顺畅。

叶公超先生授课也着眼于培养学生的能力。他的学生曾回忆他教学时的情景：先在黑板上用英文写下简明扼要的讲课要点，然后提纲挈领地加以解释说明，接着就是自由发挥和当机立断的评论。这种教学法既保证基本理论和基本知识的传授，又能启发学生的独立思考和探索，并能培养学生高雅的趣味和准确可靠的鉴赏力。[②]

自由辩论也是启发式教学的一种形式。北京大学有一个好传统——兼容并包，师生之间也可以进行辩论。学生所讲并非与老师的观点一致或分析相似，只要讲得有道理、有根据，照样拿高分。老师有这个气概，学生也有这个胆量。杨振声指导研究生，学生找他提不同的意见。他说，学生和老师要是意见完全一样，学术还能有进步有发展吗？这番话，让他的学生记了一辈子。[③]正所谓理越辩越明，教学相长，弟子不必不如师。

汤用彤的研究生冯契也曾回忆道：汤先生也欢迎我去谈天，我提出问题，他总是有问必答，或者给我指点，叫我去查什么书；我提出自己的见解，他总是耐心跟我讨论，使我感到无拘无束。所以每次去，我都觉得有所得。[④]

周礼金回忆金岳霖时说：

> 我在作研究生时，选修了金先生的“知识论研究”课程。由于选课人只有我一个，而且我在大学时已经听过他的“知识论”，他就为我规定了一个特别的上课办法。每次课前，他都指定我阅读许多文献，主要是古典哲学名著，如亚里士多德、笛卡尔、洛克、贝克莱、休谟、康德的著作，也有当代哲学家如罗素、穆尔的著作。上课时先由我报告这些指定文献的内容和我对这些内容的看法，然

---

① 李洪涛：《精神的雕像——西南联大纪实》，云南人民出版社，2001，第157页。

② 钟叔河、朱纯编：《过去的大学》，长江文艺出版社，2005，第193—194页。

③ 北京大学研究生院编：《江山代有才人出：北京大学研究生教育90年》，北京大学出版社，2008，第73页。

④ 汤一介、赵建永编：《汤用彤学记》，生活·读书·新知三联书店，2011，第35页。

后他对我的报告发表意见。最后，我们互相讨论。[1]

正是这种完全自由的讨论气氛，使得周礼金有一次因为和金先生的意见不合而回了他一句："不是我思想顽固，是你思想糊涂！"周礼金因失言而内疚不已，金先生则并未生半点儿怨气。金先生在教学过程中总是鼓励学生毫无顾虑地发表不同的意见，即使学生在态度或言辞上有失礼的地方，他也毫不介意。正是这种大度，才使得师生间的辩论能自由进行。

四、教学态度：教风严谨

每位老师都有自己不同的教育风格，这种风格的迥异彰显出不同老师的"可爱之处"，让学生难以忘怀。有的老师讲授深入浅出、娓娓道来，让学生享受学习；有的老师严格要求，不能做错一丝一毫，也让学生受益匪浅。总体看来，这些老师教学严谨而又不失风趣，要求严格而又亲切感人。

著名物理学家钱伟长先生在他撰写的回忆文章《怀念我的老师吴有训教授》中，就对吴有训娓娓道来的教学风格有着细致的描述：

> 吴老师讲课与众不同，从不带讲稿，不是照本宣科。每堂讲一个基本概念，从历史的发展讲起，人们怎样从不全面的自然现象和生产经验中，得到一些原始的往往是不正确的概念，以后从积累的生产经验中发现有矛盾，又怎样从人们有控制的、有意安排的实验中，来分辨这些矛盾概念的正确和错误，从而得出改进了的概念。在进一步的实验中，又发现这种概念的不完备性和矛盾，再用人为的实验进一步验证和分辨其真伪。这种人类对物理世界的认识，以及怎样用这种认识来提高我们的生产水平和满足生活需用的各种事实，激发了同学们对知识的追求探索，启迪了同学们掌握学习的正确道路。听这样的课，真是最高的科学享受。[2]

与吴有训教授不一样，浙江大学叶良辅对学生的要求颇为严格，但他又

① 西南联大北京校友会编：《我心中的西南联大——西南联大建校70周年纪念文集》，清华大学出版社，2008，第158页。

② 钱伟长：《钱伟长文选》第4卷，上海大学出版社，2012，第162页。

十分爱护和关心学生。学生把他当作严父和慈母。为了培养学生的独立思考能力，叶老师指定研究生读英文原著的参考书，并规定每半个月或一个月上交一份读书报告，旨在让学生在独立读书中学会思考问题，并提出自己的见解，而不至于成为书呆子。叶先生在指导学生时，从不给出最终答案，而是一步步启发，让学生自己得出结论。对此学生感到很受启发。

吴宓的研究生李赋宁在回忆吴宓的指导时，提到吴宓对其要求非常严格，他说：

> 先生又极为严格地要求历史事实、人名、地名和历史年代的精确性。有一次先生检查我写的英文作文，发现我把荷马史诗《伊利亚特》拼写成 Illiad。我多写了一个字母 l，正确的拼写是 Iliad。又有一次，先生批改我回答的考卷，发现我把德国哲学家尼采的姓拼错。正确的拼写是 Nietzsche，我拼为 Nietsche，少写了一个字母 z。先生就是这样一丝不苟。先生写汉字，从不写简笔字，字体总是正楷，端庄方正，也是一丝不苟。这种严谨的学风熏陶了我，使我终生受益匪浅。先生讲课，内容充实，条理清楚，从无一句废话。[①]

吴宓不仅对待学生如此，同样他也严格地要求自己，处处做学生的表率。在授课时，他认真负责、一丝不苟，反映了近代硕士研究生导师的风采：“先生对教学极端认真负责，每堂课必早到教室十分钟，擦好黑板，做好上课的准备。先生上课从不缺课，也从不迟到早退。先生每问必答，热情、严肃对待学生的问题，耐心解答，循循善诱，启发学生自己解答问题。先生批改学生的作业更是细心、认真，圈点学生写的好句子和精彩的地方，并写出具体的评语，帮助学生改正错误，不断进步。”学生对吴先生印象极好，亲切地称他“既是学者、诗人，又是一位极好的老师”[②]。当然也正是有像吴宓先生一样认真负责的导师，才能造就一批批社会之英才、国家之栋梁。

另一位史学家陈寅恪不放过一点儿史料的误差，对待学术的严谨程度可见一斑。曾跟随陈寅恪先生一起做研究的汪永兴回忆：先生备课讲课之认真，

---

① 黄世坦编：《回忆吴宓先生》，陕西人民出版社，1990，第 14 页。
② 同上。

用时用力之多，恐无人可以企及。1946—1948年，我任先生助手，侍读先生左右。先生备课讲课时，我始终在他身边，为先生读《资治通鉴》和多种史籍，检视史料；他口授我抄写讲课纲要，上课时，我在黑板上写史料。一字之误，先生都不放过。每讲完一次课，先生极为劳累。他用他的生命去做他认为应做之事，他认为是平常事。全中国有几位教师能像先生这样教学，培育青年，令人深思。[①]

杨石先对学生要求严格而不苛求，但决不容忍懈怠。他在教学上的敬业和负责精神，使每个学生都深受感动。何炳林是他1942年的研究生。他对何炳林的学习、科研抓得很紧，耳提面命，解疑释惑，无论工作多忙，也要按时听取汇报。每份书面报告都要亲自指导、校正，提出学术性意见，甚至连文字修辞也动笔修改。每遇困难，无论业务的还是物质设备的，总要想方设法为之解决。正是这种严格要求和训练，为何炳林日后成才打下了坚实基础。每每回忆起这些，何炳林总是说："受师恩40余年，情深似海，他的教诲和他做事认真、严谨、公正的作风，对我们的影响极为深刻。"[②]

周培源是学生们敬重的先生，以至于多年后，很多受过他教益的学生提起他时仍感到十分亲切。美国纽约州立大学石溪分校教授、曾在西南联合大学读研究生的张守廉曾回忆："周培源先生是我心目中最钦慕的老师，我听到周先生的名气远在上他的课之前，很多是从工学院同学口中听到的。"他又说："我的毕业论文《圆管中之湍流》是周先生指导的，周先生不厌其详地教我解决问题的方法，从中我体会了《论语》上的一句话'夫子教不厌学不倦'。周先生要我用英文写论文，然后他不厌其烦地一句句替我修改。多少年后我才明白他的深刻用意。"他还由衷地感叹："周先生不仅是我的老师，也是我做人的模范。"[③]

总而言之，这些老先生严谨而又亲切的教风，让学生收获颇多，许多学生表示后来走上学术研究的道路，正是受到这些导师的悉心指导以及认真严

---

① 胡守为主编：《陈寅恪与二十世纪中国学术》，浙江人民出版社，2000，第21页。

② 西南联大北京校友会编：《我心中的西南联大：西南联大建校70周年纪念文集》，清华大学出版社，2008，第201页。

③ 齐家莹编著：《清华人物》，作家出版社，2001，第138页。

谨教风的感染。这一批中国最早的研究生导师群体，为刚起步的中国研究生教育事业奠定了坚实基础，于中国高层次知识人才的培养可谓是居功至伟。

五、师生关系：情深意挚

留学归国的研究生导师在培育学生的过程中，始终与学生保持着良好的师生关系。他们之间的这种深情挚意，在研究生们回忆录中的字里行间得到熠熠闪现。

由于当时条件所限，中央研究院历史语言研究所不招收研究生，但杨志玖成绩优异，傅斯年爱才惜才，便尽自己所能从历史语言研究所掌握的一笔款项中每月拨出 30 元给杨志玖作为生活费，让他在研究所安心读书和进行学术研究，为他创造了学习、研究的安定环境。当文科研究所恢复招生时，傅斯年积极劝说他报考，对他可谓关怀备至。在学术研究上，傅斯年也给予杨志玖很多指导和帮助。杨志玖从有关史料中证明马可·波罗确实到过中国，而且从中考证出马可·波罗离开中国的确切时间，并将他的新发现写成论文《关于马可·波罗离华的一段汉文记载》，发表在 1941 年 12 月出版的《文史杂志》（由顾颉刚主编）第 1 卷第 12 期，一时震动中外。杨志玖的此项研究成果正是傅斯年主张的用新发现的史料证明史实的典型事例。看到这篇文章后，傅斯年立即致信杨志玖，对文章的“内容和写法表示赞许”，同时将该文推荐给中央研究院学术评议会参加评奖，并在推荐信中给予该论文高度评价：“斯年读后，觉其于持论有据，考订细密，确史学一重要贡献。且马可·波罗入华事迹，迄今未于汉籍中得一证据。今此说既成，足证马可·波罗离华之年，历来汉学权威如王静安、伯希和等皆不免有小误，此实中国史学界一可喜之事也。兹根据本院《杨铨奖金章程》第七条，推荐于贵会，拟请考虑给予奖金。”杨志玖的论文经评议获得名誉奖。傅斯年的知遇之恩让杨志玖十分感激，他曾两次写信给傅斯年致谢，时隔 60 多年后谈论此事他还相当激动：“想起先生对我的鼓励和关怀，不禁涌起感激和思念之情。”[①]

任继愈回忆起自己在西南联大的那段时光时指出：“我所在的文科是一个比较强的专业。我们的老师有汤用彤、陈寅恪、傅斯年、杨振声等，他们有的几个人住在宿舍楼里，有的就跟学生一起住集体宿舍，吃饭都是一个灶。”在这样的交往和接触中，师生产生了深厚的感情。这种感情既融合了中国传统的师道尊严，又体现了民主平等。

杨武之为中国和世界培养、造就了一批杰出的数学人才。他为中国培养出的第一位自己的数学硕士生——陈省身曾经讲道：从 20 世纪 20 年代末至 40 年代末，清华大学数学系的学生，差不多都受过杨先生的教育。他教书教得很好，人缘也好，对学生很负责任，不仅在学业上，其他各方面都很关心，学生们把他当成可靠的朋友，遇事愿意去找他商量或帮忙。[②] 陈省身还受教于其他导师，在《学算四十年》中写道：我去清华的另一个目的，是想跟孙光远先生做点研究。孙先生于南京高等师范毕业，芝加哥大学博士，专攻“投影微分几何学”。他是当时中国数学家中唯一在国外发表论文的，也是第一个中国数学家，在博士论文后继续写研究论文的。在他的指导下，我在 1932 年清华理科报告发表第一篇研究论文，以后又继续写了两篇这方面的论文，都发表在日本东北数学杂志。[③] 孙光远在教学工作中对学生总是热情指导，循循善诱，诲人不倦，但又严格要求。学生所提的问题他总是认真解答，指出关键所在，而又留有余地启发学生自己继续思考，使学生获益甚多。他为人和蔼可亲，平易近人，师生们都乐于和他接近，讨论学问。他的备课讲稿一贯书写工整，板书简洁，字迹端正，讲课声音洪亮而清晰，以至于有人风趣地称他为“孙声远”。他在教学中也热情指导年轻助教如何备课，如何上好习题课，如何提高教学质量等。同时，他又指导青年教师开展科学研究，使他们迅速成长。他不但关心学生的学习，也热情关怀他们的思想、生活和工作，爱护备至，常告诫学生不要整天读书，要参加文娱体育活动，所以师生都异

---

① 北京大学研究生院编：《江山代有才人出：北京大学研究生教育 90 年》，北京大学出版社，2008，第 49 页。

② 张友余：《回忆杨武之——陈省身教授访谈录》，《科学》1997 年第 1 期。

③ 陈省身：《陈省身文选——传记、通俗演讲及其它》，科学出版社，1989，第 31 页。

口同声地称他是一位“良师”。[①]

数学家程毓淮全身心投入地传播知识火种的启蒙之举，与他朴实诚恳、平易近人的风范相结合，使他的许多学生，如王湘浩、冷生明、邓汉英、王曾贻、聂灵沼、江泽坚等在半个多世纪之后仍感念不已：“程先生不只传授给我们知识，而且也在人格和精神上给了我们深深的教育、启迪和感染。”[②]影响所及，他的许多学生在日后的教育教学工作中也传承着程先生平易近人、厚爱学生的师德风范。

近代中国处于民族矛盾、阶级矛盾异常尖锐的时期。在振兴民族、建设国家的过程中，需要大量的高级专门人才。而在近代中国研究生教育短短几十年的发展过程中，各高校研究院所有留学经历的研究生导师们，将国外的人才培养理念、知识体系和模式同中国的实际需要结合起来，培养出一大批高质量的专门人才，为推进中国社会的现代化发展做出了巨大贡献。留学生大批回国，不仅充实了高校教师队伍，提升了整体师资水平，而且在他们的不懈努力下，还极大地改善和提高了近代中国的高等教育质量，部分高校的研究生教育水准更是得到国际上知名大学的认可。如 1940 年 4 月 13 日，吴有训在一篇关于“理学院”的文章中写道：英国剑桥大学已承认国内大学研究部所给的学分，法国巴黎大学已承认由中国的学士学位可直接进行法国国家博士学位的论文工作。[③]著名物理学家黄昆教授曾回忆道：西南联大从学术方面来讲，还是比较强的。我记得我后来到英国读研究生时，与其他同学比较起来，我明显地比他们基础要强。虽然我是去读博士生，从我实际的情况看，甚至已达到博士后的水平。这就完全反映了当时西南联大在学术方面深厚的底蕴。[④]

随着师资队伍的不断充实，高校研究院所的大量建立，近代中国研究生教育逐步涵盖了文科、理科、法科、工科、农科、医科、师范科和商科等八

---

① 程民德主编：《中国现代数学家传》第 2 卷，江苏教育出版社，1995，第 73 页。

② 程民德主编：《中国现代数学家传》第 4 卷，江苏教育出版社，2000，第 110 页。

③ 吴有训：《关于理学院的一些看法》，载郭奕玲、沈慧君编《吴有训文集》，江西科学技术出版社，2007，第 183 页。

④ 苏智良、毛剑锋、蔡亮、江文君等编著：《去大后方——中国抗战内迁实录》，上海人民出版社，2005，第 217 页。

大学科。早期培育的研究生人才基本上包含国学的文科类人才。北大、清华开办的国学研究院所培养的都是这一类人才，他们成为近代中国的第一批高层次专门型人才。例如，北大早期培养的有郑天挺、容庚、罗庸、商承祚、魏建功、王道昌、周怡然、董作宾、陆侃如、叶俊生等；清华早期培养的有王力、刘盼遂、谢国桢、吴其昌、徐中舒、姜亮夫等。他们中的许多人都成为名噪一时的国学大师、文史专家，为推动中国学术转型和现代学术发展起到了重要作用。

进入 20 世纪 30 年代以后，随着美国教育模式的被采纳，科学教育逐步在研究生教育中占据重要地位。理、工、农、医类人才的培养比例相继扩大。全面抗战时期，应用型人才进一步增添。就学科的学校分布来看，北京大学培养的是文、理、法三个科类人才，中央大学涉及文、理、法、农、工、医、师范等学科，中山大学有文、师范、理、农、医等学科，清华大学有文、法、理、工、农等学科，浙江大学有文、理、工、农等学科，武汉大学有文、理、法、工等学科，金陵大学有文、理、农等学科。可见，自然科学和应用学科得到较快发展。文学、历史、语言、考古、社会、政治、经济、法律、新闻、心理等学科继续得到发展。自然科学中的数学、物理、化学、生物、天文、地理、地质、机械、电气、土木、矿冶、农业、医学，以及一些交叉学科，例如农业经济、人文地理等，也有了初步发展。可见，研究生教育的发展，促成了近代中国人文社会科学和自然科学两大类人才并驾齐驱的发展局面。

结　语

研究生教育是一个国家高等教育体系的重要组成部分，亦是人才培养的高层次部分。中国近代研究生教育是由西方传入，伴随着国内高等教育的发展而孕育、起步并逐渐完善起来的。在这一嬗变和发展过程中，以留学生为主体的新知识分子群体发挥了至关重要的作用。在他们的直接推动下，研究生教育自清末传入我国，于民国前期顺势发展，于民国中后期逐步完善。不到半个世纪，中国近代研究生教育逐步趋于完善，走过了西方各国上百年的演进历程。其中留学生是中国研究生教育的引进者、传播者、建设者。只是由于留学经历、兴趣特长、学术修养、教育理念的不同，他们对研究生教育制度的引进，不是采取单一的一国模式——在研究生教育引进初期以模仿日本为主，在发展阶段效仿德法模式，最终以学习美国教育模式定型，通过与本国实际相结合，形成了以借鉴美国为主，兼采法德日，而具有中国特色的研究生教育制度。研究生教育的实施，不仅促进了近代高等教育的发展，加速了中国教育由传统向现代转型的进程，而且架起了一座同国际教育沟通的桥梁，促进了中外教育的交流与融合。

一、留学生是近代中国研究生教育的引介者和建设者

一般来说，一国高等教育的发展，依赖的是雄厚的经济基础、完善的教育体制和高素质的师资力量，以及学科内生发展等多种因素。其中经济基础是决定性因素，不过在不同历史时期、不同历史语境中也不尽然。

近代以来，西方列强通过一次次的侵略战争，逼迫中国签订了一个又一个不平等条约，一步步将中国推往民族危亡的深渊。社会的急剧变革强烈地震撼着中国人的心灵，激发起国人教育救国的热情。从“师夷长技以制夷”

到“中学为体、西学为用”，再到“科学、民主”精神的高扬，进步的爱国人士将实现国富民强的宏愿寄托于对西方文明的借鉴吸收。在这种社会变迁的大背景中，教育被视为社会转型的重要驱动力。以1862年京师同文馆的创立为嚆矢，中国高等教育蹒跚走上现代化之路。1895年创办的天津中西学堂头等学堂、1898年创办的京师大学堂和南洋公学上院，标志着近代高等教育体系的雏形初现。高等教育体系的建立为研究生教育的实施打下了基础，创造了条件，而与此同时兴起的留学教育则直接推动了研究生教育的发展。研究生教育也正是借西学东渐之风，以适应现代高等教育发展的需要，通过广大留学生传入和实施，逐步传播开来，并逐步建立起适合本国国情的高层次知识人才培养体系。

清末，朝野上下，对于引进和学习西方近代的教育体制尤其是创办高等学堂呼声很高。在这种声浪中，京师大学堂诞生，《钦定学堂章程》《奏定学堂章程》等规制也应运而生。而在京师大学堂的建制中，不仅包括大学预科、本科，还包括相当于现代教育体系中研究生院的“通儒院”。虽然当时中国经济落后，各级教育体系难以完善，新式师资不适应时代需求，但是在学制设计下出现了大学到研究生的教育体制，应该说这是一种模仿和借鉴日本学制的产物。1896年，清政府向日本派遣了13名官费留学生。在时间和规模上，虽然不及1872年的官费留美项目和1877年的官费留欧项目，却开启了中国留学教育新的走向。由于中日两国地理位置毗邻、文化传统相近，再加上政府的极力扶持，留日学生数量远远超过了同期留学欧美的人数。正是通过这些留学生，国人对研究生教育有了间接的认识和了解。他们往往将自己所见所闻的相关内容整理成册，或直接翻译国外相关著作以及学校制度、规章，陆续出版了一些介绍西方教育的书籍，其中有相当一部分涉及研究生教育制度。这种高层次人才培养制度冲击着我国固有的、以科举功名奖励士子的传统观念。国人建立研究生教育制度的意识逐渐萌芽，要求变通科举制度，仿行日本教育制度的呼声日益高涨，开启了建设中国研究生教育的探索之路。虽然在实践层面并未取得任何进展，但是这种制度设计至少“在学制意义上标志了中国研究生院教育的开始，客观上为中国引入现代学位制度铺了路”。清政府在此过程中也明确了两个观念：“一是在整个国家学校制度中，大学本科教育之后，还有一个更为高级的研究生院阶段存在；二是从教育行政管理角度看，学生从不同等秩的学阶毕业时，政府应分等授予相应的学术称号。”[①]

民国建立后，蔡元培出任首任教育总长。他锐意改革，涤荡清末科举遗留的陋习，推动了近代中国教育体系的建立，推进了近代中国教育现代化发展进程。在他的教育思想体系中，高等教育领域是关注的重中之重。蔡元培曾于 1907 年赴德国留学，当时德国的高等教育经过洪堡主持的改革后蒸蒸日上，德国的高等院校被誉为世界科学家的摇篮，成为世界各国大学的楷模。德国高等教育的理论和实际，给蔡元培留下了深刻的印象。回国后，他亲自领导和主持了民国初期的教育改革，使得这一时期的教育设计打下了模仿德法等欧洲国家的烙印。1912 年，教育部颁布了《拟议学校系统草案》，将“大学院”设为研究生教育机构，同时还透露出计划建立学位制度：“大学院生在院研究，有新发明之学理或重要之著述，经大学评议会及该生所属某科之教授会认为合格者，得遵照学位令授以学位。”[②] 这是首次从国家层面将学位制度与研究生教育结合起来，进一步明确了我国研究生教育发展的路径，也更符合世界研究生教育发展趋势。而后，教育部又接二连三地厘定颁发教育制度的文件，诸如《大学规程》《特定教育纲要》等，进一步确立研究生教育在学制体系中的地位。遗憾的是，政局动荡和军阀混战，导致这些规定并没有真正在实际的教育体系中实施。不可否认的是，新规的颁布厘清了中国研究生教育制度的基本思路和主体框架。1917 年，蔡元培出任北京大学校长后，成立了文、理、法三科研究所培养研究生，开我国研究生教育的先河，从而将研究生教育制度设计变为现实。值得注意的是，此时我国研究生教育模仿和借鉴的对象已发生了转移——欧洲国家成为重点。这与以蔡元培为代表的欧美留学生归国后执掌各级教育行政主管部门息息相关。身处异域的留学生们亲身感受了欧美国家高等教育的先进和发达，对研究生教育有着实践体会和更直接的了解，突破了清末时期依靠日本间接了解西方教育的弊端。德国又是近代研究生教育的发源地，其实施也较为成熟，对该国研究生教育

---

① 李华兴主编：《民国教育史》，上海教育出版社，1997，第 545 页。
② 朱有瓛《中国近代学制史料》第 3 辑（上册），华东师范大学出版社，1990，第 2 页，第 24 页。

的引介成为留学生们关注的重点内容。此时，留学潮流的主流也正处于由留日向留学欧美的转变进程中。蔡元培引进的一批教育部官员，大都有着留学欧美的背景。在民国的学制中就有弃大学院制而取德法研究制度的倾向。但是，日本模式的影响仍然很深。同盟会等革命团体成员以留学日本者居多。临时政府建立后，留日学生在社会各个领域均有极大影响。在这样的背景下所进行的教育改革，自然不能不留下时代的烙印。

20 世纪 20 年代以后，大批留美学生相继回国，通过借鉴美国教育，使中国新式教育的改革呈现出新的特点。教育成为留学生实现报效祖国宏愿的重要领域，他们或侧身教育行政，或出掌高校管理，或加入高校教师队伍，为研究生教育在中国的完善和定型聚集更大群体，成为推进研究生教育发展的主力军。在国内高等教育改革的刺激下，留学生们对西方研究生教育的介绍不仅仅局限于政策法规层面，还着眼于本国高教领域的实施，通过比较、鉴别后，呼吁建立起适合我国实际的研究生教育制度，力图促进这种高知人才培养制度的本土化发展。在归国任教的留学生的推动下，一些著名大学，如北京大学、清华大学、东南大学等，开始创办研究生层次的教育，尝试建立起完善的学位与研究生教育制度体系。清华大学最初是留美预备学堂，大部分教师都有留美经历，该校也就成为新式研究生教育的先行者。在成立大学部后，该校增设国学研究院。1934 年，清华大学重订“研究院章程”和“研究院考试细则”，详细规定了研究生教育的各个环节。可以说，在国民政府“学位法”颁布前，清华大学已建立起比较系统的研究生教育制度，为研究生教育最终确定打下了实践基础。

南京国民政府时期，教育部公布的《大学组织法》等，进一步完善研究生教育体系，规定：凡大学设有三个研究所者方能称为研究院；院下设所，所下设若干学部；招收学业优良、有志深造的大学本科毕业生及有相当创造与著述的同等学力者进行专门研究，期限 2 年；毕业时由研究院组织相关学科专家对学生的毕业创作进行审查与测试，合格者方授予硕士学位。1934 年，教育部颁发《大学研究院暂行组织规程》，其中规定：研究院可分文、理、法、教育、农、工、商、医各研究所；研究生的招考以国立、省立及立案之私立大学与独立学院等毕业生经公开考试及格者为限；研究生期满考核成绩及格由大学发给研究生期满考试及格之证书。1935 年 4 月 22 日，《学位授予法》正式颁发，并自同年 7 月 1 日起正式施行。该法规规定学位分学士、硕士、博士三级，并对各级学位的资格和事项做了详细而明确的规定。此外，教育部还颁布了《学位分级细则》《博士学位评定组织法》《博士学位考试细则》《名誉博士学位授予条例》等一系列法令、法规，分别就学位考试制度、学位论文审查答辩以及学位授予程序等做了详尽的规定，初步形成了一套完整的学位体系。

从上述研究生教育制度形成的过程来看，自国人引进西方教育体系起就注重最高层次教育的设计，在经过三十余年的努力后，终于在形式上完成了研究生教育制度体系的构架。虽然在清末以及民国时期建立通儒院和博士授予制度的条件并不成熟，但这些举措为后来国民政府更好、更完善地引进学位制度及颁布规章做出尝试也提供了经验。国民政府时期逐步建立起的完整的学位制度，虽然实施的结果不尽如人意，但客观上推动了国内院校中研究生院的建立和完善，也使得其在招收、培养研究生等方面更加有章可循。

二、留学生是近代研究生教育导师群体的主力军

随着留学生学成归国，一支规模较为庞大的新式知识分子队伍逐渐形成，他们挟其所学在社会各领域发挥着积极作用。受多种因素影响，教育领域成为他们最主要的从业选择，而高校则是最理想的安身立命之所。这些集中西方教育理论和科学文化知识于一身的精英人才，纷纷投身到高等教育领域之中。他们在大学中钻研高深学问、培养高层次人才、开拓学科建设、推动学术交流，成为研究生教育的最主要推动力，构成了研究生导师群体的主体。留学归国的研究生导师群体有着丰富的学习经历，大多在国外获得研究生学位，学术造诣深厚，成为各学科的学术带头人。他们将自己的发展和国家命运、民族兴衰紧密地结合起来，满怀“教育救国”的热情，在引进学位制度、创建研究院所的同时，积极开展研究生培养工作。

当晚清政府决定兴办新学时，最感困恼者莫过于师资的缺乏。虽然举国上下不乏科举功名之士，但他们对其时所谓的新学或新知，或知之甚少，或

一窍不通。在这种情况下，清政府采取“请进来”与“走出去”并举的办法。一是聘请外国教员来华，二是派遣学子出国学习。清廷曾颁布《奏定学务纲要》称：“此时开办学堂，教员乏人。初办之师范学堂及普通中学堂以上，势不能不聘用西师。”聘请外国教习来华教学，只是一种临时性的应急措施，借派遣留学生来培养自己的师资力量才是长久之计。“亟应多派学生分赴东西洋各国学习专门，以备将来学成回国，可充大学教习，庶几中国办理学堂尚有不待借材操纵自如之一日。”[①] 同时，新学师资的培养是清政府派遣留学生的重要目标之一。留学生回国后，把自己所学的教育精神、思潮和理论以及先进的科学文化知识、教学方法等，都引进中国，并应用到我国高等教育的改革中，在高等教育领域掀起了一股股改革浪潮，尤其重要的是解决了当时师资的燃眉之急。

新文化运动前后，归国留学生从事教育的重心，逐渐由基层教育移向高等教育。当研究生教育由理想设计变为实践蓝图时，留学生群体更是大显身手，逐步形成了三支蔚为可观的队伍：

一是以蔡元培、蒋梦麟、梅贻琦、罗家伦、竺可桢、王世杰、周鲠生、邹鲁、胡适等为代表的一支队伍。他们先后以校长身份兼任各有关高校研究院院长一职，成为近代研究生教育的领导层。一方面，他们利用自己的特殊身份，在政府层面筹划研究生教育的顶层设计；另一方面，他们还将研究生教育纳入学校发展的整体规划，作为提高学校办学实力、提升学校办学层次的重要内容。他们非常重视学术研究和师资建设，通过搭建学科平台，大力吸引归国留学生来充实教师队伍，为研究生教育发展提供人力支撑。

二是以傅斯年、闻一多、雷海宗、冯友兰、吴宓、吴康、杨成志、楼光来、叶良辅、洪业、周炳琳、燕树棠、张奚若、陈岱孙、何廉、孙本文、杨端六、饶毓泰、吴大猷、孙云铸、吴有训、叶企孙、李继侗、苏步青、陈建功、贝时璋、桂质廷、张克忠、张洪沅、李寿恒、施嘉炀、崔载阳、李建勋、陆志韦、陈焕镛、章文才、王绶、梁希、汤佩松等为代表的一支队伍。他们兼任各学校研究所所长一职，具体负责研究生教育的管理事宜，成为近代研究生教育的管理层。

① 舒新城编：《中国近代教育史资料》（上册），人民出版社，1981，第 207 页。

同时，他们还是各学科带头人，是各自学研领域的学术标杆式人物，成为研究生导师队伍的中坚力量。在他们的带领下，各学校都形成各具特色的学科优势，凝聚力量，将他们在国外所学所获运用到研究所学科建设中来。

三是研究生教育的具体实施者和人才培养者，如朱自清、陈寅恪、汤用彤、姚从吾、金岳霖、朱谦之、张荫麟、张星烺、钱端升、吴之椿、陈序经、张汇文、吴文藻、郑华炽、殷宏章、赵忠尧、王竹溪、吴韫珍、许宝騄、谈家桢、侯毓汾、陈礼江、毛礼锐、邰爽秋、常导直、魏景超等即是其中的翘楚。他们是各个学科的学术骨干，具体肩负着研究生教育发展的重任，是近代研究生导师群体的主力军。从招生考试，到学习培养，再到学位授予，从课程教学，到科学研究，再到情感关怀，所有的研究生培养环节，无不凝聚着这批留学生出身的导师们的心血。他们深谙中国传统文化，又直接受过欧美教育的熏陶。他们不仅视野开阔，思想解放，学研根基深厚，学术素养优异，而且具有强烈的社会关怀之心，在教育和文化领域颇具影响力和社会人脉。他们以自己的实际行动从事研究生培养，他们的学术水平、治学风格、学术道德等形成了优良的教育传统，对我国研究生教育产生了潜移默化的影响，也为今日研究生教育的指导者们树立了历史的典范。

三、留学生的事业作为促进了我国研究生培养模式的完善

中国研究生教育是在模仿和借鉴外国培养方式的基础上形成的。起步阶段主要仿照日本和德国，采取“学徒式”的培养模式。随后，又开始学习美国和英国，采用“专业式”的培养方式，最终形成了以美英专业式培养为主的研究生培养模式。在模仿借鉴过程中，留学生发挥了重要的推动作用，对研究生培养方式的转变有着重大影响。

作为开中国研究生教育之先河的北京大学，在蔡元培的总体设计下，其培养目标偏向于“纯理论”，培养方式以研究生自由独立研究为主，研究题目、研究方向和范围完全由导师和学生自由选定，导师对研究生的指导也无严格的责任制。其培养过程主要重视学生独立的科学研究，而放松系统课程的学习和学分的积得，即不重视通过课堂教学进行系统性学科知识的传授。总体

而言，北京大学的研究生教育培养模式，主要以德国和日本研究生培养模式为样板，明显带有“学徒式”的特点。

新文化运动前后，随着留美归国人士的增多，美国及其进步的教育理论在中国的影响突出。20世纪，美国在科技上取得了显著成就，取代了德国在世界科学技术史上的领先地位，美国的教育模式也成为其他国家竞相模仿的对象。留美学生归国后大多进入高等院校从事教学活动或者出掌教育行政，非常自然地将美国教育方式带入了学校的实际教学和管理中。由此建立起来的清华大学国学研究院的研究生教育体制，成为与北京大学相区别的另一种具有代表性意义的主要模式。这种培养模式包括严格的招生考试、严密的课程学习、严谨的科学研究、严肃的学位授予等环节，表现为教学与科研统一的特点，通过集体教育来培养研究生，从而使学位制度与研究生教育联系得更加紧密，也符合世界研究生教育的发展趋势。

当前，留学教育和研究生教育都是学校教育体系内非常活跃的领域。它们在蓬勃发展的同时，还隐藏着许多急需解决的现实难题，例如：如何从近代留学生群体身上吸取有益的教育养分，继续为我国现代化建设提供充沛的人力支撑和智力支持？如何从近代研究生教育发展的生动案例中吸取有益的培养经验，促进研究生教育深化改革，培养量多质优的高层次知识人才？这些都是学术界乃至整个高教领域必须正视的问题。有鉴于此，本书正是希望从历史的角度，以近代研究生教育的发展为观测点，全面分析留学生与中国教育现代化以及教育如何走向国际化的关系，力图为当前学校教育的两大域区的改革，提供有益的历史借鉴。

主要参考文献

[1] 舒新城 . 中国近代教育史资料 [M]. 北京：人民教育出版社，1981.

[2] 杨振宁 . 读书教学四十年 [M]. 香港：三联书店香港分店，1985.

[3] 李喜所 . 近代中国的留学生 [M]. 北京：人民出版社，1987.

[4] 卢茨 . 中国教会大学史：1850—1950[M]. 曾钜生，译 . 杭州：浙江教育出版社，1988.

[5] 克拉克 . 高等教育新论：多学科的研究 [M]. 王承绪，徐辉，郑继伟，等译 . 杭州：浙江教育出版社，1988.

[6] 戴毅然 . 中外研究生教育比较 [M]. 济南：山东教育出版社，1990.

[7] 王奇生 . 中国留学生的历史轨迹：1872—1949[M]. 武汉：湖北教育出版社，1992.

[8] 吴学昭 . 吴宓与陈寅恪 [M]. 北京：清华大学出版社，1992.

[9]《科学家传记大辞典》编辑组 . 中国现代科学家传记：第 5 集 [M]. 北京：科学出版社，1994.

[10] 金林祥 . 蔡元培教育思想研究 [M]. 沈阳：辽宁教育出版社，1994.

[11] 梁柱 . 蔡元培与北京大学 [M]. 修订本 . 北京：北京大学出版社，1996 .

[12] 田正平 . 留学生与中国教育近代化 [M]. 广州：广东教育出版社，1996.

[13] 何晓夏，史静寰 . 教会学校与中国教育近代化 [M]. 广州：广东教育出版社，1996.

[14] 章开沅 . 文化传播与教会大学 [M]. 武汉：湖北教育出版社，1996 .

[15] 谢泳 . 西南联大与中国现代知识分子 [M]. 长沙：湖南文艺出版社，1998 .

[16] 陶飞亚，吴梓明 . 基督教大学与国学研究 [M]. 福州：福建教育出版社，

1998.

[17] 北京大学，清华大学，南开大学，等 . 国立西南联合大学史料：教学科研卷 [M]. 昆明：云南教育出版社，1998 .

[18] 周棉 . 中国留学生大辞典 [M]. 南京：南京大学出版社，1999.

[19] 齐家莹 . 清华人文学科年谱 [M]. 北京：清华大学出版社，1999.

[20] 黄义祥 . 中山大学史稿：1924—1949[M]. 广州：中山大学出版社，1999.

[21] 张玮瑛，王百强，钱辛波 . 燕京大学史稿 [M]. 北京：人民中国出版社，1999.

[22] 安宇，周棉 . 留学生与中外文化交流 [M]. 南京：南京大学出版社，2000.

[23] 余子侠 . 民族危机下的教育应对 [M]. 武汉：华中师范大学出版社，2001.

[24] 苏云峰 . 从清华学堂到清华大学：1928—1937[M]. 北京：生活·读书·新知三联书店，2001.

[25] 刘英杰 . 中国教育大事典：1840—1949[M]. 杭州：浙江教育出版社，2001.

[26] 方惠坚，张思敬 . 清华大学志：上册 [M]. 北京：清华大学出版社，2001.

[27] 胡适 . 胡适留学日记 [M]. 长沙：岳麓书社，2000.

[28] 王学珍，郭建荣 . 北京大学史料：第 2 卷 [M]. 北京：北京大学出版社，2000.

[29] 中国第二历史档案馆 . 中华民国史档案资料汇编：第五辑　第三编　教育 [M]. 南京：江苏古籍出版社，2000.

[30] 薛天祥 . 研究生教育学 [M]. 桂林：广西师范大学出版社，2001.

[31] 清华大学校史研究室 . 清华大学九十年 [M]. 北京：清华大学出版社，2001.

[32] 克拉克 . 探究的场所: 现代大学的科研和研究生教育 [M]. 王承绪，译 . 杭州：浙江教育出版社，2001.

[33] 宋秋蓉 . 近代中国私立大学研究 [M]. 天津：天津人民出版社，2003.

[34] 孙敦恒 . 清华国学研究院史话 [M]. 北京：清华大学出版社，2002.

[35] 陈以爱 . 中国现代学术研究机构的兴起：以北大研究所国学门为中心的探讨 [M]. 南昌：江西教育出版社，2002.

[36] 王德滋 . 南京大学百年史 [M]. 南京：南京大学出版社，2002.

[37] 张宪文 . 金陵大学史 [M]. 南京：南京大学出版社，2002.

[38] 王学珍，张万仓 . 北京高等教育文献资料选编：1861—1948[M]. 北京：首都师范大学出版社，2004.

[39] 周洪宇 . 学位与研究生教育史 [M]. 北京：高等教育出版社，2004.

[40] 史贵全 . 中国近代高等工程教育研究 [M]. 上海：上海交通大学出版社，2004.

[41] 罗义贤 . 司徒雷登与燕京大学 [M]. 贵阳：贵州人民出版社，2005.

[42] 许纪霖 .20 世纪中国知识分子史论 [M]. 北京：新星出版社，2005.

[43] 马嘶 .1937 年中国知识界 [M]. 北京：北京图书馆出版社，2005.

[44] 叶隽 . 另一种西学：中国现代留德学人及其对德国文化的接受 [M]. 北京：北京大学出版社，2005.

[45] 宋恩荣，章咸 . 中华民国教育法规选编 [M]. 修订版 . 南京：江苏教育出版社，2005.

[46] 吴民祥 . 流动与求索——中国近代大学教师流动研究：1898—1949[M]. 杭州：浙江教育出版社，2006.

[47] 陈洪捷 . 德国古典大学观及其对中国的影响 [M]. 修订版 . 北京：北京大学出版社，2006.

[48] 周叶中，涂上飙 . 武汉大学研究生教育发展史 [M]. 武汉：武汉大学出版社，2006.

[49] 潘懋元，刘海峰 . 中国近代教育史资料汇编：高等教育 [M]. 上海：上海教育出版社，2007.

[50] 西南联合大学北京校友会 . 国立西南联合大学校史 [M]. 修订版 . 北京：北京大学出版社，2006.

[51] 李喜所 . 中国留学史论稿 [M]. 北京：中华书局，2007.

[52] 王学珍，王效挺，黄文一，等 . 北京大学纪事（1898—1997）[M].2 版 . 北京：北京大学出版社，2008.

[53] 左玉河 . 移植与转化：中国现代学术机构的建立 [M]. 郑州：大象出版社，2008.

[54] 北京大学研究生院 . 江山代有才人出：北京大学研究生教育 90 年 [M]. 北京：北京大学出版社，2008.

[55] 涂上飙 . 乐山时期的武汉大学（1938—1946）[M]. 武汉：长江文艺出版社，2009.

[56] 张雁 . 西方大学理念在近代中国的传入与影响 [M]. 杭州：浙江大学出版社，2009.

[57] 闻黎明 . 抗日战争与中国知识分子：西南联合大学的抗战轨迹 [M]. 北京：社会科学文献出版社，2009.

[58] 李喜所 . 中国留学通史：晚清卷 [M]. 广州：广东教育出版社，2010.

[59] 李喜所 . 中国留学通史：民国卷 [M]. 广州：广东教育出版社，2010.

[60] 曹健 . 研究生培养模式论 [M]. 镇江：江苏大学出版社，2011.

[61] 周川 . 中国近现代高等教育人物辞典 [M]. 福州：福建教育出版社，2012.

[62] 章开沅，余子侠 . 中国人留学史 [M]. 北京：社会科学文献出版社，2013.

[63] 涂上飙 . 民国时期的研究生教育发展史 [M]. 武汉：湖北美术出版社，2014.

[64] 余子侠，冉春 . 抗日战争时期中国教育研究 [M]. 北京：团结出版社，2015.

[65] 蔡元培 . 论大学应设各科研究所之理由 [J]. 东方杂志，1935（1）：13–14.

[66] 陈东原 . 我国之大学研究院 [J]. 学生之友，1942（1）：26–29.

[67] 叶佩华 . 我国大学研究院所设施情形之检讨 [J]. 高等教育季刊，1942（4）：66–123.

[68] 孙敦恒 . 清华国学研究院的研究工作 [J]. 清华大学学报（哲学社会科

学版），1996（2）：14–21.

[69] 房鑫亮 . 清华国学研究院与人才培养 [J]. 探索与争鸣，2003（1）：35–37.

[70] 胡建华 . 科学研究在大学中的历史演进 [J]. 南京师大学报（社会科学版），2006（4）：76–81.

[71] 胡逢祥 . 从北大国学门到清华国学研究院：对现代高校学术机构体制与功能的一项考察 [J]. 中国图书评论，2006（10）：30–35.

[72] 许德雅 . 国民政府时期学位制度“中国化”的历史演变 [J]. 学位与研究生教育，2008（1）：58–62.

[73] 陈亚玲 . 民国时期研究所的建立与现代学术的自主创新 [J]. 现代大学教育，2009（4）：49–53.

[74] 左玉河 . 中国现代大学研究院制度的创建 [J]. 北京大学教育评论，2010（3）：51–64，189.